# 重返伯明翰

英国文化研究的系谱学考察

徐德林 著

**图书在版编目（CIP）数据**

重返伯明翰：英国文化研究的系谱学考察/徐德林著. —北京：北京大学出版社，2014.1
ISBN 978 – 7 – 301 – 23406 – 8

Ⅰ. ①重… Ⅱ. ①徐… Ⅲ. ①文化研究－英国 Ⅳ. ①G156.1

中国版本图书馆 CIP 数据核字（2013）第 256613 号

| | |
|---|---|
| 书　　　名： | 重返伯明翰——英国文化研究的系谱学考察 |
| 著作责任者： | 徐德林　著 |
| 责 任 编 辑： | 闵艳芸 |
| 标 准 书 号： | ISBN 978 – 7 – 301 – 23406 – 8/I·2686 |
| 出 版 发 行： | 北京大学出版社 |
| 地　　　址： | 北京市海淀区成府路 205 号　100871 |
| 网　　　址： | http://www.pup.cn |
| 新 浪 微 博： | @北京大学出版社 |
| 电 子 信 箱： | zpup@pup.cn |
| 电　　　话： | 邮购部 62752015　发行部 62750672　编辑部 62750673　出版部 62754962 |
| 印 刷 者： | 三河市北燕印装有限公司 |
| 经 销 者： | 新华书店 |
| | 965 毫米×1300 毫米　16 开本　24.25 印张　414 千字 |
| | 2014 年 1 月第 1 版　2014 年 1 月第 1 次印刷 |
| 定　　　价： | 55.00 元 |

未经许可，不得以任何方式复制或抄袭本书之部分或全部内容。
版权所有，侵权必究
举报电话：010 – 62752024　电子信箱：fd@pup.pku.edu.cn

# 目　录

引言 …………………………………………………………… (1)
　第一节　中国文化研究:问题与出路 ……………………… (1)
　第二节　文化研究史书写概说 …………………………… (13)
　第三节　英国文化研究关键词 …………………………… (20)
第一章　择取第三条道路 …………………………………… (43)
　第一节　英国新左派的诞生 ……………………………… (45)
　第二节　新左运动与成人教育 …………………………… (63)
第二章　形塑研究范式 ……………………………………… (83)
　第一节　文化主义思想的传承 …………………………… (86)
　第二节　文化主义范式的显影 …………………………… (112)
第三章　开启学科化进程 …………………………………… (151)
　第一节　伯明翰当代文化研究中心的建立 ……………… (154)
　第二节　伯明翰学派的浮现 ……………………………… (171)
第四章　迎接理论化时代 …………………………………… (190)
　第一节　英国新左派内部纷争 …………………………… (192)
　第二节　结构主义作为干扰 ……………………………… (201)
　第三节　文化主义—结构主义论争 ……………………… (220)
　第四节　文化研究的后学转向 …………………………… (233)
第五章　范式转型再出发 …………………………………… (250)
　第一节　文化研究与意识形态传统 ……………………… (252)
　第二节　文化研究与结构主义马克思主义 ……………… (268)
　第三节　伯明翰学派与葛兰西工程 ……………………… (293)
　第四节　走向接合理论 …………………………………… (305)
　第五节　形塑文化唯物主义 ……………………………… (319)
余论　文化研究的播散 ……………………………………… (331)
主要参考文献 ………………………………………………… (357)
附录 …………………………………………………………… (378)
后记 …………………………………………………………… (384)

# 引 言

## 第一节　中国文化研究:问题与出路

市场经济主导地位在新时期中国的逐步确立,已然使中国的文化现实发生了结构性的变化;1990年代以降日益勃兴与繁荣的大众文化,逐渐进入了人文学者的视野。"90年代尤其是1993年以降,'大众'文化的迅速扩张和繁荣,以及它对社会日常生活的大举入侵和深刻影响,使我们无法对它继续保持可敬的缄默"。① 大众文化"不但成了日常生活化的意识形态的构建者和主要承载者,而且还气势汹汹地要求在渐趋分裂并多元的社会主流文化中占有一席之地",② 人文学者因此从1980年代的"启蒙者"抑或文化建构者的中心走向了1990年代的被边缘化,③ 体味到了前所未有的挑战与危机。换言之,在新的历史语境中,新启蒙主义、人道主义马克思主义等1980年代的批判利器集体失灵,以及伴随后现代主义旋风而来的消费主义文化的遽然兴起,合力使中国大陆人文学者的既有批判性意识形态遭到了排斥和被喜剧化,④ "不再能分享那种处于社会中心位置的精英幻觉,从而产生了一种文化危机"。⑤ 由于文化危机的消除"不仅仅意味着研究与关注对象的转移与扩展,而且意味着对既定知识结构、话语系统的质疑;它同时意味着对发言人的现实立场和理论立场的追问",⑥ 诸多人文学者在1990

---

① 戴锦华:《隐形书写——90年代中国文化研究》,江苏人民出版社,1999年,第1页。
② 同上。
③ 李泽厚在《启蒙与救亡的双重变奏》一文中指出,"五四"运动以来,中国知识分子的社会角色始终处于启蒙与救亡的双重变奏之中;具体就1980年代而言,中国知识分子的社会角色主要是启蒙。李泽厚的"新启蒙"观一经提出,立即在社会上引起了巨大反响。详见李泽厚:《中国现代思想史论》,天津社会科学院出版社,2003年,第1—43页。
④ 参见汪晖:《九十年代中国大陆的文化研究与文化批评》,《电影艺术》,1995年第1期,第16页。
⑤ 贺桂梅:《人文学的想象力》,河南大学出版社,2005年,第135页。
⑥ 戴锦华:《隐形书写——90年代中国文化研究》,江苏人民出版社,1999年,第2页。

年代初陷入了短暂的集体性"失语"之中。首先走出"失语"状态的,是那些素有强烈现实关切和参与意识的学者;他们对自己进行一番调整之后重新活跃在了社会批判的前沿,造就了一浪又一浪旨在收复所逝去的文化空间的社会思潮。

社会思潮的产生绝不是偶然的。它一般产生在社会的转变时期、历史的转折时期。当时,社会和历史都发生了大变动。原来的许多社会意识形态已不能和变化了的社会生活相适应,于是社会上的各阶级或阶级中的某一阶层的代表人物就起来倡导某种思想,企图适应或者抵制变化了的社会生活。如果这种思想确实反映了该阶级、该阶层中部分人的利益、意志、愿望和要求,确实掌握了一部分群众,并在和别种思想的斗争中产生了影响,形成了潮流,这种思想也就在这个变动了的时代和历史中成了社会思潮。①

新时期中国的各种社会思潮,比如"历史文化反思运动"、"人文精神大讨论"、"新左派与自由主义之争",无不关涉着处于转型期的社会,极大地影响甚至支配着人文学者的思想乃至整个人文学科的发展,最终催生出了作为一门学科或者一种研究范式的文化研究。具体地讲,首先,诸多新时期人文学者都有一种显在的"文化情结",尤其是在1980年代的历史文化反思之中;受马克斯·韦伯(Max Weber)等西方思想家的影响,②他们把中国落后、贫弱的根源归结为中国文化的劣根性,把走向现代化的希望寄托在"先进"的西方文化之上。或者借用楼宇烈的话来讲,"有些人甚至把现代化与西化等同起来,认为只有按西方文化的精神和模式才能走向现代化,而东方文化则是通向现代化道路上的一种障碍"。③ 在1990年代的人文精神大讨论、新左派与自由主义之争中,这样的一种视西方文化为优、奉西方文化为圭臬的思维模式一度占据主导地位,甚至时至今日仍在一定范围内流行。尽管其中的对西方文化盲目崇拜、对中国(东方)文化妄自菲薄的态度理应受到批判,但从历史与发展的角度看,这样的一种态度无疑彰显了文化的作

---

① 陈辽:《新时期的文学思潮》,辽宁大学出版社,1986年,第3页。
② 进入新时期以后,以四川人民出版社出版发行的《新教伦理与资本主义精神》(马克斯·韦伯著,彭强、黄晓京译,1986年)为代表的诸多西方著述,在观念和方法论层面引发了1980年代中国学人对文化等非经济因素在经济发展过程中的作用的大规模讨论与探究,"文化"一词因此成为了时人分析中国所面临的历史与现实问题的关键所在,聚焦于西方批评理论、文学理论及相关学科的"文化热"随之出现。
③ 楼宇烈:《东方文化大观》,安徽人民出版社,1996年,第2页。

用，客观上孕育了文化研究在中国的形成。其次，中国人文学界在1990年代中期实行文化转向，或者说文化研究得以形成并崛起于1990年代中期的中国一个重要原因是新的文化现实要求新的文化理论，以及学者们对文化研究的价值的发现。一如戴锦华所言：

> 毋庸置疑，这一特定的文化现实对中国的人文学者乃至整个人文学科构成了全新的挑战……我们间或需要一种文化理论，以研究"全部生活诸要素间的关系"，用以显现这一过程中历史的维度及日常生活表象背后的社会发展趋势。对此，我们姑且借助"文化研究"来称呼这一新的研究对象与领域。①

中国人文学者在1990年代的"文化危机突围"中发现了"唯一在欧美已经成为'显学'而国内尚无系统介绍"的文化研究，认识到了"无论对于学院知识生产，还是对于谋取话语权的学术政治，它都非常重要"；②于是他们便在正蓬勃兴起、有力且有效地建构转型期当代中国文化的大众文化的召唤之下，将其关注对象转向消费文学（文化）现象，投身于文化研究。③ 此间重要的并非是这些学者当时是否已然窥得文化研究的就里，而是他们对文化研究的有意识或者策略性选择：他们认识到文化研究的"动力不仅来自学术研究的需要，而且也来自社会发展的进程。当代社会的种种新的现象和问题迫切地需要人民作[做]出解释、分析和批判，文化研究提供了解释这些新的社会现象的可能性"。④ 文化研究能够登临新时期中国的另一个重要原因在于它是"作为政治的一种学术实践"，⑤能够很好地满足人文学者对社会批判研究能指的需求，为他们的社会介入提供学理保障。对于新时期中国社会的巨变，学者看法不尽相同：欣欣鼓舞者有之，满怀困惑者有之。那些对社会巨变深感困惑的学者，更倾向于以冷静的批判眼光看待社会现实，以跨学科的手段客观而深入地考察与分析社会现实。"他们实际想做的，是一种类似批判社会研究的事情，但在今日中国的特殊情况下，他们需要新

---

① 戴锦华：《隐形书写——90年代中国文化研究》，江苏人民出版社，1999年，第2页。
② 王晓明：《中国大陆文化研究的"冷"和"热"：以上海为例》，《台湾社会研究》，第62期，2006年6月，第224页。
③ 贺桂梅：《人文学的想象力》，河南大学出版社，2005年，第135页。
④ 汪晖：《九十年代中国大陆的文化研究与文化批评》，《电影艺术》，1995年第1期，第16页。
⑤ 约翰·斯道雷：《记忆与欲望的耦合——英国文化研究中的文化与权力》，徐德林译，广西师范大学出版社，2007年，第107页。

的思想资源,也需要新的名义。正是这两方面的考虑,使他们觉得可以借用'文化研究'来给自己命名"。①

在新时期中国各种社会思潮的助推之下,在新的文化现实的"催逼"之个,文化研究最终在1995年"登堂入室",正式显影于中国学界。我们之所以可以把1995年视为中国的"文化研究元年",不仅因为1995年中国第一个以文化研究为主题的国际大会——"文化研究:中国与西方国际研讨会"——在大连召开,②而且第一个文化研究工作坊——北京大学文化研究工作坊也在同一年诞生。③ 此间必须指出的是,首先,1994年9月,《读书》杂志发起的中国当代文化问题与文化研究讨论可谓是中国文化研究正式登台的一次彩排,虽然它具备了文化研究的跨学科、当下关切等特点:一方面,参与讨论者人多面广,不仅有"文化研究"专家,还有人文学者、社会学家、国际关系学家、媒介人士等;另一方面,讨论的议题丰富广泛,涉及到了消费文化、后89中国艺术、后89中国民间刊物、中国文化研究的社会语境等。④ 其次,虽然文化研究在1990年代中国的出现并迅速发展的根本动力是中国社会文化现实的需求,而不是西方文化研究的"理论旅行",但西方文化研究的理论确乎是中国文化研究的重要催生剂,其间的代表包括《后现代主义与文化理论——弗·杰姆逊教授讲演录》、《启蒙辩证法》及《文化与社会:1780—1950》(以下简称《文化与社会》)。从这个意义上讲,在中国文化研究的孕育期或史前史中,有两位学者是无法绕开的,一位是中国学者王逢振,另一位是美国马克思主义文化理论家弗雷德里克·杰姆逊(Frederic Jameson,又译詹明信、詹姆逊)。在文化研究开始攻城略地于世界各地的1983年,王逢振参加了举办于美国伊利诺伊斯大学的"马克思

---

① 王晓明:《中国大陆文化研究的"冷"和"热":以上海为例》,《台湾社会研究》,第62期,2006年6月,第225页。
② Wang Ning (2003) "Globalization, Cultural Studies and Comparative Literature", in Mao Sihui (ed.) Decoding Contemporary Britain: Essays in British Literary and Cultural Studies, Beijing: Peking University Press, p.259.
③ 1995年,北京大学教授戴锦华组建成立了中国第一个文化研究工作坊——北京大学文化研究工作坊(2009年6月,更名为北京大学电影与文化研究中心);工作坊/中心成员多为北京大学的博士及硕士研究生,以集体阅读、讨论及写作的运作方式围绕雷蒙德·威廉斯(Raymond Williams,又译雷蒙德·威廉姆斯)意义上的"日常生活"进行知识生产、现实关怀,已出版《书写文化英雄》(江苏人民出版社,2000年)、《光影之隙》(北京大学出版社,2011年)、《光影之忆》(北京大学出版社,2012年)等著述若干。
④ 汪晖:《九十年代中国大陆的文化研究与文化批评》,《电影艺术》,1995年第1期,第12页。

主义与文化阐释世界文化研究大会"(Marxism and the Interpretation of Culture），完成了中国学者与文化研究的第一次亲密接触。① 王逢振自此便展开了西方文化理论的译介工作，先后与杰姆逊、J. 希利斯·米勒(J. Hillis Miller)等当代知名批评理论家合作，主编《先锋译丛》、《知识分子图书馆丛书》等丛书，②为中国学者提供接触欧美文化理论的机会，使他们获得了文化研究的基本教养。

1985年，杰姆逊应邀到北京大学讲学。在持续数月的"后现代主义与文化理论"系列讲座中，杰姆逊向沉浸在"文化热"中的中国听众系统介绍了"当代西方的理论与文化里的各种观点和争鸣，从心理分析到后结构主义，从符号学到辩证法传统"，③使他们借助"直接接触"国际前沿的理论家享受了一次知识的盛宴，实现了学理知识上从现代到后现代、从结构到解构的"一夜暴富"。后来，随着《后现代主义与文化理论——弗·杰姆逊教授讲演录》在1987年的出版发行，更多的燕园内外学者领略到了杰姆逊对广告、建筑及绘画等非传统文学文本的恣意援引或挪用，领会了他对大众文化与消费文化的特别强调，于是便出现了中国学者愿意为"射雕"放弃"红楼"、愿意为"麦姐"放弃"莎翁"，开始正视与关注中国大众文化，虽然"总体而言，'能指'与'所指'还存在一些错位"。④

1995年，文化研究在中国浮出地表之后，诸多人文学者纷纷举起文化研究的大旗，开始透过各式大众文化文本讨论和分析中国的社会现实与文化实践，比如主流意识形态问题、市场化问题、大众问题、文化研究的体制化问题；文化研究抑或文化批评蔚然成风，催生了言人人殊的"文化转向"之

---

① John Hartley (2003) *A Short History of Cultural Studies*, London：Sage, pp. 157—8；陈晨、尹星：《一场演讲与新时期学术转型——王宁、王逢振访谈录》，《中国图书评论》，2007年第1期，第76页。

② 王逢振主编的《先锋译丛》现已由天津社会科学院出版社出版11种；王逢振、J. 希利斯·米勒(J. Hillis Miller)共同主编的《知识分子图书馆丛书》现已由中国社会科学出版社出版近40种。

③ 弗雷德里克·杰姆逊：《后现代主义与文化理论——弗·杰姆逊教授讲演录》，唐小兵译，陕西师范大学出版社，1987年，第1页。

④ 赵勇：《大众文化》，载赵一凡、张中载、李德恩主编：《西方文论关键词》，外语教学与研究出版社，2006年，第32页。

势,引发了人文学者围绕文化研究的激烈论争。① 然而,尽管文化研究实践者人数众多,但其间鲜有学者全面而准确地认识到大众文化——文化研究的主要研究对象——对中国主流意识形态的建构作用,认识到中国大众文化的"隐形书写"功能。一如戴锦华所言:"如果我仍关心中国文化的现实,我就不能无视大众文化,因为 90 年代以来,它们无疑比精英文化更为有力地参与着对中国社会的构造过程。简单地拒绝或否认它,就意味着放弃了你对中国社会文化现实的重要部分的关注。"②所以,我们必须承认,国内文化研究学人的成果迄今尚不多见,或者说不如人们所想象或希冀的那般丰硕。在文化研究已然登临中国多年之后的 2007 年,一直在勉力扶植文化研究成长的文化理论家王晓明深有感触地说道:"毫不夸张地说,现在,上海已经被看做是中国大陆的'文化研究'重镇了,但是,上海却至今没有一套文化研究的著作丛书……"③文化研究重镇尚且如此,其他地方的情况可想而知。1990 年代中期以降,中国各大刊物与出版社不断推出文化研究著述,甚至文化研究丛书,比如湖北教育出版社推出的由金元浦主编的《六洲歌头当代文化批评丛书》,④但客观地讲,具有专业规模的文化研究成果可

---

① 在 1990 年代中期以降的中国人文思想界,一道亮丽的风景线乃是人文知识分子围绕文化研究的论争,尤其是在文艺理论及中国当代文学研究领域;参与论争者之多、论争之激烈,远远超乎了人们的想象。表面上,这场论争所关涉的是新生的文化研究的本体论面向,如研究对象、研究方法、理论资源等,但实际上所针对的却是文化研究的学科地位问题;更加具体地讲,这场论争的核心是文学研究与文化研究的关系问题——文化研究是有别于文学研究的一门独立学科还是仅仅为文学研究的一种路径? 文化研究正式登临中国大陆以后产生的若干学术论文,比如周小仪的《文学研究与理论——文化研究:分裂还是融合?》(《国外文学》,1995 年第 4 期)、周宪的《文化研究:学科抑或策略?》(《文艺研究》,2002 年第 4 期),以及专著,比如陶东风的《文化研究:西方与中国》(北京师范大学出版社,2001 年)、陆扬的《文化研究概论》(复旦大学出版社,2007 年),无不反映出学人们在这一问题上的显在分歧,充分证明了文学研究与文化研究之争的持续性。从理论上讲,文学研究与文化研究之争的持续存在表明文化研究已然得到学人的持续关注,进而会推动文化研究拓展边界、历练队伍、日臻成熟。但历史地看,尤其是基于该论争在新世纪的最新发展来看,文化研究已在很大程度上成为论争双方的一个空洞能指,以致一方面,文学研究与文化研究的关系问题被进一步复杂化,另一方面,文化研究的存在与发展空间受到进一步挤压。

② 戴锦华:《犹在镜中——戴锦华访谈录》,知识出版社,1999 年,第 5—6 页。

③ 王晓明:"编者的话",载许宝强:《资本主义不是什么》,上海人民出版社,2007 年,第 1 页。

④ 丛书包括王岳川:《目击道存:世纪之交的文化研究散论》、陈晓明:《移动的边界:多元文化与欲望的表达》、周宪:《崎岖的思路:文化批判论集》、程光炜:《雨中听枫:文坛回忆与批评》、王一川:《杂语与沟通:世纪转折期中国文艺潮》、周宁:《永远的乌托邦:西方的中国形象》。

谓仅有江苏人民出版社出版的由李陀主编的《大众文化批判丛书》。① 与本土文化研究成果稀缺形成鲜明对比的是,漂洋过海而来的文化研究著述信手拈来;先是零星译介,后来则是系列译丛和专门性学术辑刊,②如中央编译出版社推出的由李陀主编的《大众文化研究译丛》、③南京大学出版社推出的由张一兵主编的《当代学术棱镜译丛》、④中国社会科学出版社推出的由常昌富主编的《传播与文化译丛》、⑤中国社会科学出版社推出的由王逢振、J.希利斯·米勒主编的《知识分子图书馆丛书》、以及商务印书馆推出的由周宪、许钧主编的《文化和传播丛书》。⑥

这便是中国文化研究的一个显在特征,即"内外倒挂"——本土成果少、外来成果多。中国文化研究的另一个突出特征,是它迄今为止的发展严

---

① 2004年,《大众文化批判丛书》改名为《文化研究丛书》,包括戴锦华:《隐形书写——90年代中国文化研究》、胡大平:《崇高的暧昧:作为现代生活方式的休闲》、王晓明:《在新意识形态的笼罩下:90年代的文化与文学分析》、陈昕:《救赎与消费:当代中国日常生活中的消费主义》,以及包亚明、王宏图、朱生坚:《上海酒吧:空间、消费与想象》。作为"中国大陆唯一专收文化研究著作的丛书"(王晓明:《中国大陆文化研究的"冷"和"热":以上海为例》,《台湾社会研究》,第62期,2006年6月,第227页),大众文化批判丛书不仅集中展现了中国文化研究学者的相关研究成果,而且还为年轻一辈文化研究实践者发挥了极大的范式作用。

② 受唯西方为是思想的影响,文化研究译介中存在着明显的欧美中心主义,即"几乎所有的这些翻译和介绍,都集中在欧美的文化研究上面,对其他地区的文化研究的翻译和介绍,差不多是空白"(王晓明:《中国大陆文化研究的"冷"和"热":以上海为例》,《台湾社会研究》,第62期,2006年6月,第226页)。另外,虽然国内学界对西学译介保持着持久的热情,但我们不难发现,译介并没有引发译介所必须的系统而深入的相关性研究,以及对译介文本的生成语境的深度考察。

③ 丛书包括安吉拉·默克罗比(Angela McRobbie):《后现代主义与大众文化》、珍妮弗·克雷克(Jennifer Craik):《时装的面貌》、劳拉·斯坦普尔·蒙福德(Laura Stempel Mumford):《午后的爱情与意识形态》以及安德鲁·古德温(Adrew Goodwin)、加里·惠内尔(Garry Whannel):《电视的真相》、约翰·菲斯克(John Fiske):《理解大众文化》。

④ 译丛包括让·波德里亚(Jean Baudrillard):《消费社会》、约翰·斯道雷(John Storey):《文化理论与通俗文化导论》、弗雷德里克·杰姆逊、三好江夫(Masao Miyoshi,又译马斯奥·米约西):《全球化的文化》、尼古拉斯·阿伯克龙比(Nicholas Abercrombie):《电视与社会》。

⑤ 译丛包括罗伯特·C. 艾伦(Robert C. Allen):《重组话语频道》、丹尼斯·K. 姆贝(Denis K. Mumby):《组织中的传播和权利:话语、意识形态和统治》、斯蒂芬·利特尔约翰(Stephen Littlejohn):《人类传播理论》、大卫·鲍德韦尔(David Bordwell)、诺埃尔·卡罗尔(Noël Carroll):《后理论:重建电影研究》,以及常昌富:《大众传播学:影响研究范式》。

⑥ 丛书包括马歇尔·麦克卢汉(Marshall McLuhan):《理解媒介——论人的延伸》、道格拉斯·凯尔纳(Douglas Kellner):《媒体文化——介于现代与后现代之间的文化研究、认同性与政治》、约翰·塔罗克(John Tulloch):《电视受众研究——文化理论与方法》、菲利普·史密斯(Philip Smith):《文化理论:导论》,以及泰勒·考恩(Tyler Cowen):《商业文化礼赞》。

重失衡甚至畸形。表面上看,文化研究已然于新世纪在诸多高校成为显学,呈现出问鼎中国人文学界之势:"就是在这认真算来还不满十年的光景里,文化研究异军突起,在高校的各个院系之间攻城略地,完成了从舶来到本土化的历史转型。"①此间我们暂且不论作为舶来品的文化研究是否已在中国完成本土化的转型过程,不争的事实是,北京大学、中国人民大学、山东大学、黑龙江大学等高校已在有关系部或学院内开设研究生层次的文化研究课程、设置文化研究为硕士与博士研究方向,上海大学甚至已经设立文化研究系,招收硕士和博士研究生。定位于文化研究的专业研究机构与刊物、网站也正雨后春笋般出现,如宁越敏教授主持的华东师范大学中国现代城市研究中心、陶东风教授和周宪教授主编的《文化研究》(集刊)、旅美学者李陀与中国社会科学院陈燕谷主编的《视界》(集刊)、中国人民大学金元浦教授主持的"文化研究网"(www.culstudies.com)、②上海大学王晓明教授主持的"当代文化研究网"(www.cul-studies.com),等等。从这个意义上讲,当下中国大陆的文化研究堪称一派欣欣向荣之势,以致学界内出现了文学研究将被文化研究取缔的担忧。但是,我们必须看到繁荣的另一面,或者说认识到我们为了这一繁荣景象将会或已然付出的代价。首先,中国大陆的文化研究机构、文化理论家与文化批评家大多集中于北京、上海等发达大城市的知名高校,广大的西部及欠发展地区几乎全然处于无语无形状态之中;严格地讲,我们现在尚不可见"中国文化研究",可见的只是"北京文化研究"或"上海文化研究"。毋庸置疑,如果我们不对这样一种失衡状态加以遏制,我们必将误入歧途——误把"北京"当中国。其次,当下中国大陆的文化研究客体在很大程度上集中于都市生活的各个面向,比如时尚消费、成功人士形象等。虽然近年的"三农"问题讨论已然使社会"底层"浮出了地表,进入了学者的法眼,但这并未从根本上改变中国文化研究的整体格局。本应成为文化研究主要研究对象的大众——"在当代中国特定的现实语境中,关于'大众',一个最为切近而'自然'的联想,是'人民大众'、'劳苦大众'、'工农大众'"——及大众文化,往往在具体的文化研究实践中遭到诸多学者的无情抛弃或拒绝,尽管这与"作为中国知识界基本共识的社会民主理想"有着"深刻而内在的结构性冲突"。③ 这不仅已然导致有关学人在面对

---

① 陆扬:《伯明翰中心的遗产》,《中国图书评论》,2007年第4期,第102页。
② 金元浦教授等人2002年4月创办的文化研究网(www.culstudies.com)是中国第一家定位于文化研究的专业网站,现已因故关闭。
③ 戴锦华:《隐形书写——90年代中国文化研究》,江苏人民出版社,1999年,第9页。

大众文化现实时"自相矛盾与文化失语",①阻碍他们有效地进行知识生产,而且导致他们的"产品"注定难以适销对路,或者说仅限于发动"书斋里的革命"。

细察"内外倒挂"及"发展失衡"所表征的中国文化研究的尴尬情势,我们不难发现,既有本土成果不仅数量少,而且由于资料有限、人手不足、经费紧张等原因,无论是在基本事实方面,还是在观点方面,都有不少疏漏或有待精准之处。② 不少成果虽然已被贴上文化研究的标签,但事实一如王晓明所言,也许其中的一部分"很难算是完全的文化研究",③因为它们"都是一些较为随意的时评和随笔,而非规范性的学术论文,尤其是那种引经据典地引述西方理论著作的论文"。④ 或者换言之,中国文化研究的当下成果仍未摆脱入场之初的诸多问题;甚至教材也不例外。所以,在向那些已然为中国文化研究迈出艰难的第一步、为文化研究后生留下宝贵经验的前辈及同仁表示深深敬意的同时,我们理应要问:影响中国文化研究发展的根本症结何在? 对于这一必然仁者见仁、智者见智的问题,我认为,答案首先在于我们对作为文化研究主要对象的大众文化的认识有失偏颇。一些文化研究理论家及实践者仍然受精英主义思想的束缚,习惯于以俯瞰及不屑的精英姿态对待大众文化。如中国文化研究拓荒者李陀所言:

在知识界和理论界,对大众文化的轻视是非常普遍的。只要看看

---

① 戴锦华:《隐形书写——90年代中国文化研究》,江苏人民出版社,1999年,第11页。

② 一个例子是《什么是"文化研究"?》(李欧梵、汪晖,《读书》,1994年第7期,第57—61页)一文。文中(第58页)讲到:"雷蒙〔德〕·威廉姆斯是一个极有意思的人,他是真正的实践,除了写理论,还写剧本,目的就是想要与工人阶级的生活结合,可惜在伯明翰的中心成立时就死了",然而真正"可惜"的是,威廉[姆]斯并非逝世于伯明翰当代文化研究中心成立的1964年,而是1988年。另一个例子是《文化研究导论》(陆扬、王毅著,复旦大学出版社,2006年)。该书已被国家教育部推荐为研究生教学用书,但其中却不乏纰漏之处。比如,它对"文化主义"的介绍:"'文化主义'一词系斯图亚特·霍尔1992年在他《文化研究及其理论遗产》一文中提出的概念,用以指理查德·霍加特、爱德华·汤普森和雷蒙德·威廉斯的人类学和历史主义的文化研究方法。"(第139页)诚然,"文化主义"通常主要关涉威廉斯、霍加特及汤普森,把霍尔列入其中也并不为过,但"文化主义"一词却并非霍尔的发明;作为一个术语的文化主义是理查德·约翰逊的专利。详见Richard Johnson, "Three problematics: elements of a theory of working-class culture", in John Clarke, Chas Critcher and Richard Johnson (1979) *Working-Class Culture: Studies in history and theory*, London: Hutchinson, pp. 201—237。

③ 王晓明:《中国大陆文化研究的"冷"和"热":以上海为例》,《台湾社会研究》,第62期,2006年6月,第227页。

④ 贺桂梅:《人文学的想象力》,河南大学出版社,2005年,第138—139页。

大学里的学科建制,再看一下人文领域中有关的大学教材,我们就能很容易明白,大众文化这事不仅和当代大学教育没什么关系,而且完全没有能够进入大学课堂的意思。换句话说,以大学体制为象征的现代知识体系,根本上拒绝大众文化成为人们认识当今社会和历史的一个重要的知识对象,更不必说把大众文化研究看做是现代知识体系中的一个必不可少的领域。①

正确认识作为文化研究主要对象的大众文化,意味着我们既不能"站立于经典文化的'孤岛'上,将杂芜且蓬勃的'大众'文化指斥为'垃圾'并慨叹当代文化的'荒芜'或'废都'",也不能"热情洋溢地拥抱'大众'文化,或以大理石的基座、黑丝绒的衬底将其映衬为当代文化的'瑰宝'"。② 唯有如此,我们方能跨过文化研究的第一道关口,为中国文化研究突破其当下瓶颈状态打下坚实基础。

影响中国文化研究发展的另一大症结关涉我们对新时期中国现实的乐观想象。当原产于英国伯明翰大学的作为一门学科的文化研究于新时期带着美国包装转口来到中国时,诸多中国学者错误地把中国视为"全球一体化景观中一块并无杂质与差异的拼版",③虚妄地把已然经过美国过滤的文化理论视为"元理论",并试图以中国的文化现象去印证它。这既是一个认识问题,但同时更是一个立场问题;消除它唯有依靠语境还原去回溯中国文化研究开拓者所走过的历程,以及考察文化研究的旅行路线。所以,为了保证文化研究能在中国如愿发展,使其成为处于社会主义建设重要转折时期的人文学者参与话语权建构的一种有效工具,在文化研究后发之地从事文化研究的我们,必须绕开我们习以为常的新时期取经之地——美国,从"过滤状态"回到具有实体性质的英国文化研究,重返伯明翰。"似乎是一次偶然或比如,当代中国所面临的社会、文化与英国伯明翰学派——文化研究的源头——创始之际所提出的问题,显现出惊人的贴近,尽管其历史语境有着如此深刻的不同。"④从源头上了解文化研究的成长生态,把握文化研究的理论资源与研究方法,这是合理而有效地实现文化研究在中国的本土化、实

---

① 李陀:"序",载戴锦华:《隐形书写——90年代中国文化研究》,江苏人民出版社,1999年,第1—2页。
② 戴锦华:《隐形书写——90年代中国文化研究》,江苏人民出版社,1999年,第2—3页。
③ 同上书,第4页。
④ 同上书,第17页。

现我们借助文化研究参与现实改造这一政治抱负的唯一路径。

回到具有实体性质的英国文化研究,重返伯明翰,首先是指考察与研究作为文化研究源头之一的伯明翰学派文化研究的形成机制,继而梳理与建构伯明翰学派文化研究所代表的英国文化研究的发展历史。此举并非旨在建构文化研究为"一个智识专制政权",①而是意在捍卫文化研究的学科合法性。一方面,"从传统意义上讲,一门学科是由三个标准予以定义的:第一、自己的研究对象;第二、支撑考察研究对象的方法的基本假设;第三、学科本身的历史";②另一方面,历史的维度恰好是文化研究具有学科合法性的否定者对其质疑与诟病之处,要么指责其毫无历史可言,要么视其历史已然终结。所以,本书旨在为文化研究梳理与建构出一段清晰可辨的历史:第一、作为一种批判性智识努力的文化研究显影于1950年代的英国,或者更加准确地讲,1956年的英国;第二、作为一门学科的文化研究于1964年诞生在伯明翰当代文化研究中心(The Birmingham Centre for Contemporary Cultural Studies,简称 BCCCS 或 CCCS)。虽然作为文化研究象征的伯明翰当代文化研究中心已于1987年化身为伯明翰大学文化研究与社会学系的一部分,而且该系已于2002年被校方关闭,但这并非意味着伯明翰当代文化研究中心所代表的英国文化研究的历史已然终结。一如我们将看到的,目前,作为一门学科的文化研究的历史仍在通过广泛开展于英伦高校与中学的文化研究教学,借助美国文化研究、澳大利亚文化研究、中国文化研究等"子嗣",得到延续与丰富。通过耦合伯明翰学派文化研究的经验与宏观的社会史思索,梳理与建构不再有家却又处处有家的英国文化研究的历史,不仅会有利于收集和整理英国文化研究的基础资料,而且也可以概括和提升已然播散于包括中国在内的世界各地的文化研究范式,进而从理论上阐明文化研究的学科合法性,帮助作为一门学科的文化研究在中国在内的世界各地坚守与巩固已有阵地。

梳理文化研究学科史不但具有上述学理重要性,而且具有现实紧迫性。经过近半个世纪的论战式发展,作为一门学科的文化研究已然消除了无数反对者的质疑,赢得了他们的认可与接受,顺利完成了全球播散。现在,无

---

① Marjorie Ferguson and Peter Golding (1995) "Cultural Studies and Changing Times: An Introduction", in Marjorie Ferguson and Peter Golding (eds.) *Cultural Studies in Question*, London: Sage, xxvi.

② John Storey (1998) "Cultural studies: an introduction", in John Storey (ed.) *What Is Cultural Studies?: A Reader*, London: Arnold, p.1.

论是在其诞生地英国,还是在世界其他国家和地区,比如美国、澳大利亚、包括中国在内的亚洲,我们都能见到人气指数不断飙升的文化研究;文化研究已从游离于学院体制内外到扎根于学院体制之内,在一定意义上实现了从学术边缘向中心的转移。这一成就的取得直接联系着理查德·霍加特(Richard Hoggart)、雷蒙德·威廉斯(Raymond Williams)、E. P. 汤普森(E. P. Thompson)、斯图亚特·霍尔(Stuart Hall)等文化研究理论家的不懈努力;他们不仅建起了文化理论的高塔,而且通过批判性地考察威廉斯意义上的文化——日常生活——的各个维度,尤其是"种族、阶级与性别咒语",① 揭示其间的不平等现象,让人看到了文化研究的功用,造就了大批文化研究实践者。然而,必须同时看到,尽管如特里·伊格尔顿(Terry Eagleton)所言:"文化理论必须要能够对自己在历史上的兴起、茁壮与停顿提出某种解释",②但受学科特性的影响及历史语境的制约,文化研究的历史迄今尚未得到系统总结和梳理。文化研究理论家及实践者的这一"疏忽"不但一如前文所述,导致了反对者的质疑与诟病,而且已然引发文化研究"对其自身的焦虑",一如约翰·哈特利(John Hartley)忧心如焚地疾呼:"本领域已经到了该有历史的时刻。"③

另外,随着伯明翰当代文化研究中心等具有重大历史意义的中心或机构的消失,④英国文化研究不仅有了自己的"始",而且也在某种意义上有了自己的"终"。尽管这一"始"一"终"未必正好构成了"那里的重大智识发展的一段历史",⑤但毋庸置疑,它们为书写或建构作为一门学科的文化研究的历史提供着方便与现实可能性。抓住并利用这一时机梳理文化研究的学科发展历程,必将有助于文化研究学人了解文化研究的学科格局,包括其性质、特点与现状,帮助他们"寻找自己可能的位置,明白自己可以做什么,什么问题的探询可能是有意义的……感觉自己工作的价值",从而与"既有的或者相关的研究对话,对既有的研究结论或超越,或颠覆,或有所补充,或有所发挥,或另辟蹊径,或触类旁通",因为"无论'接着说'还是'重新说',

---

① Cary Nelson (1996) "Always already cultural studies: academic conferences and a manifesto", in John Storey (ed.) *What Is Cultural Studies?: A Reader*, London: Arnold, p.281.
② Terry Eagleton (2002) *After Theory*, New York: Basic Books, p.23.
③ John Hartley (2003) *A Short History of Cultural Studies*, London: Sage, p.9, p.8.
④ 与伯明翰当代文化研究中心一起消失的,还有莱斯特大学媒体研究中心(Leicester University Centre for Media Research)。
⑤ Michael Green (1996) "The Centre for Contemporary Cultural Studies", in John Storey (ed.) *What Is Cultural Studies?: A Reader*, London: Arnold, p.49.

既有的或相关的研究都可能是一种前提,一种引发,或一种基础"。① 换言之,梳理文化研究的学科史将有助于文化研究学人全面了解作为一门学科的文化研究的历史与现状,领略各种不同的研究视野、方法、范式及风格,并"由此觅得进入研究的门径,学会触发研究的问题,找到适合自己的研究方向"。② 从这个意义上讲,梳理文化研究的学科发展历程将帮助文化研究学人在做文章的基础上,学会做学问。

面对梳理文化研究学科史的学理重要性、现实紧迫性以及操作可能性,在美国文化理论家、文化研究权威刊物 *Cultural Studies*(《文化研究》)主编劳伦斯·格罗斯伯格(Lawrence Grossberg)所谓的"关键时刻",在社会普遍浮躁、急功近利思想已然成为一种集体无意识的当下中国从事文化研究的我们,有责任和义务带着自觉意识对当下社会转型及智识生产状况进行理性分析和批判。为此,本书将以米歇尔·福柯(Michel Foucault)意义上的系谱学为视角,追溯与探究以伯明翰学派为中心的英国文化研究的发展历程,辨章学术,考镜源流,一方面了解文化研究,尤其是作为一门学科的文化研究的建构机制、研究范式,另一方面考察文化研究所面临的问题,以期在帮助充实文化研究成果的同时,证明文化研究绝非学院知识分子的智识游戏,而是旨在改造当下社会的智识实践。

## 第二节 文化研究史书写概说

伯明翰当代文化研究中心消失以降,不断有人发起"抢救文化研究运动",或者探讨英国文化研究的历史发展和概貌,或者研究英国新左派和文化研究的兴起,或者考察英国的马克思主义传统、马克思主义研究及其危机,等等。他们的研究成果为我们研究(英国)文化研究的生成语境、反思其思想资源与研究成果,提供了不可多得且不可或缺的资料,尽管他们于其间不断凸显威廉斯等文化研究创始人、细细打理1960年代的伯明翰当代文

---

① 温儒敏:《学科史的梳理与反思——〈中国现当代文学学科概要〉引言》,《海南师范学院学报》(社会科学版),2005年第2期,第1页。
② 同上。

化研究中心曾遭人诟病。① 第一本得到公认的英国文化研究发展史专著是1990年首先在美国出版的《英国文化研究导论》(British Cultural Studies: An Introduction)——"第一本和最好的一本英国文化研究导读,过去如此,现在仍然如此",②其作者为澳大利亚文化理论家格雷姆·特纳(Graeme Turner)。《英国文化研究导论》由两部分组成:第一部分简要介绍英国文化研究的基本概念,包括语言与文化、符号学与意指实践(signification)、马克思主义与意识形态、个人主义与主体性、文本与语境及话语等,通过讨论威廉斯、霍加特、汤普森、霍尔等理论家的经典著作及其主要观点,以及伯明翰当代文化研究中心,勾勒出英国文化研究的发展历程;第二部分借助《十字路口》(Crossroads)、《东区人》(Eastenders)等文本,讨论英国文化研究的若干核心范畴,包括文本与语境、受众、人种志与历史及社会学、意识形态、政治等。在1996年面世的第二版中,《英国文化研究导论》的内容得到了扩充,增加了后现代主义、愉悦与新修正主义、文化研究的政治等相对意义上的新内容;在2003年面世的第三版中,《英国文化研究导论》再次被扩容,增加了人类学的消费理论、运用文化研究的原则、如何开展文化研究与反思研究方法等内容。面世以降,《英国文化研究导论》一直深受各地文化研究及相关专业入门者的青睐,但不可否认的是,作为"导论"的它也有其先天不足。旨在"采取偏向教材的形式……帮助学生与其他读者衔接基本素材与概念背景之间的鸿沟",③抑或说其定位并非是英国文化研究的历史,而是英国的媒体与文化研究概要,《英国文化研究导论》对英国文化研究发展历史的介绍难免浮光掠影,尤其是缺乏对英国文化研究的发展及播散连续性的详细考察。

受特纳的影响与启发,具有一定影响力的文化研究发展史专著不断问世,比如约翰·斯道雷(John Storey)的《文化理论与大众文化导论》(An Introduction to Cultural Theory and Popular Culture,1993)、尼克·库尔德里(Nick Couldry)的《文化之内——重新想象文化研究的方法》(Inside Culture—Re-imagining the Method of Cultural Studies,2000)、伊格尔顿的《理论之

---

① 目睹文化研究史学家详细介绍文化理论家的迁徙、彼此间的师承关系,英国文化理论家马丁·贝克(Martin Barker)与安妮·贝泽尔(Anne Beezer)戏谑地指出,英国文化研究"俨然就像一个二十五岁的足球运动员一样忙于写自传";详见 Martin Baker and Anne Beezer (1992) Reading into Cultural Studies, London and New York: Routledge, p.3.
② 约翰·斯道雷(John Storey),英文版《英国文化研究导论》第三版封底推荐语。
③ Graeme Turner:《英国文化研究导论》,唐维敏译,台湾亚太出版公司,1998年,第V页。

后》(After Theory,2003)、弗里德·英格里斯(Fred Inglis)的《艰难的和平:日常生活与冷战》(The Cruel Peace: Everyday Life and the Cold War,1991)。斯道雷以概述文化、意识形态及大众文化等文化研究基本概念开篇,通过讨论"文化与文明"传统、文化主义、马克思主义、精神分析、结构主义与后结构主义、后现代主义、后殖民主义等视野下的大众文化研究,全面阐释了大众文化诞生以降的理论化路径,明确提出了大众文化是人们从文化产业的商品与商品化实践中所生产之物的结论,信心十足地建议了以葛兰西的霸权理论为代表的后马克思主义文化研究策略。库尔德里基丁对文化研究学科地位的接受,凸显了文化研究批评实践之中的方法问题,尤其是如何做文化研究与如何教/学文化研究。伊格尔顿基于"文化理论"的综合性失败或者不合时宜这一认知,考察和探讨了文化理论的发展脉络,对文化研究的未来发展趋势进行了预测与提醒。英格里斯聚焦于冷战期间的电影、小说、戏剧及诗歌,以独特的视野探讨了浸润在美苏两大冷战对峙阵营内部的日常生活政治,有效地书写了催生过英国文化研究的新左运动的后期历史。所以,这些著述很好地考察、陈述与分析了文化研究发展历程中的某一个/些面向,但客观地讲,均未构成对作为一门学科的文化研究的发展历程的系统性研究,尤其是缺少对文化研究的跨语境应用研究、比较研究和影响研究,难以让人既见树木又见森林。比如,斯道雷在很大程度上忽略了大众文化理论生产的历史条件以及生产与再生产之间的政治关系,库尔德里并没有考察英国文化研究的起源,伊格尔顿对英国文化研究的发展,尤其是对伯明翰当代文化研究中心在文化研究发展史上的作用的分析也不够深入。

从某种意义上讲,上述问题已成为梳理与书写文化研究发展史的"通病",甚至不同程度地见诸备受关注的新著,包括约翰·哈特利的《文化研究简史》(A Short History of Cultural Studies,2003)、理查德·E.李(Richard E. Lee)的《文化研究的生命与时代》(Life and Times of Cultural Studies,2003)、汤姆·斯迪尔(Tom Steele)的《文化研究的诞生1945—1965:文化政治、成人教育与"英语"问题》(The Emergence of Cultural Studies 1945—1965: Adult Education, Cultural Politics and the "English" Question,1997,以下简称《文化研究的诞生》)。在《文化研究的诞生》中,斯迪尔从历史唯物主义的高度,对英国文化研究的诞生进行考古学式考察,发掘出英国文化研究的成人教育根源,从而为文化研究是否源自文学研究内部这一旷日持久的争论,做出了令人信服的解释,但是他对英国文化研究诞生的考察却囿于对社会历史的关注而忽视了思想资源,更不用说他对文化研究进入学院体制之后的发展情况只字未提。哈特利的《文化研究简史》在一些方面显著胜过了其他同类著述,比如他基于对文化研究客体及研究范式的考察,从不同面向界定文化研究并借此梳理文化研究的发展历史,又如他表征与描述了影响过伯明翰当代文化中心及其他各派文化研究的卡迪夫学派,但全书却像一架校音不佳的名贵钢琴,未能和谐地弹出优美的旋律。尽管 E. 李在《文化研究的生命与时代》中依托伊曼努尔·沃勒斯坦(Immanuel Wallerstein)的现代世界体系理论,①即时/空分割为短暂的地理政治时/空(Episodic-geopolitical Time/Space)与周期性的意识形态时/空(Cyclico-ideological Time-Space),分别从历时和共时角度梳理了文化研究的历史,但他显然缺少文化批判家应有的激进批判精神。另外,这些问题也见诸相关的一些专题文章。虽然夏洛特·布伦斯顿(Charlotte Brunsdon)、保罗·吉尔罗伊(Paul Gilroy)、安吉拉·麦克罗比(Angela McRobbie)、大卫·莫利(David Morley)、伊丽莎白·威尔逊(Elizabeth Wilson)等英国文化理论家,始终自觉地把文化研究的发展历史融入自己的研究之中,但是,布伦斯顿仅仅关注女性主义在 1970 年代的进入伯明翰当代文化研究中心,吉尔罗伊仅仅关注种族问题进入英国文化研究的脉络,麦克罗比仅仅关注后现代主义与大众文化的耦合路径。

值得一提的是,随着文化研究的全球播散以及反大西洋主义运动的日

---

① 伊曼努尔·沃勒斯坦,美国著名社会学家、世界体系理论的主要代表;毕业于哥伦比亚大学,任职于纽约州立大学,早年从事非洲问题研究,后来专门研究世界经济体系。在《现代世界体系》(Modern World System, 1974)、《历史资本主义》(Historical Capitalism, 1983)、《世界经济的政治学》(The Politics of World Economy, 1984)、《资本主义世界经济体系》(The Capitalist World Economy, 1987)等论著中,沃勒斯坦系统地阐述了他的世界体系理论,其要旨包括:(1)现代世界体系是一个资本主义的世界经济体系,它诞生于欧洲,并在几个世纪内扩展到全球;(2)资本主义世界经济体系由核心、半外围和外围三个部分组成,核心—外围之间的关系是不平等的交换关系,这种关系加剧了全球范围内的经济两极分化;(3)资本主义世界经济体系的结构是运动的,经历着周期和循环;(4)资本主义世界经济体系的基本政治现实不是国家政权,而是阶级斗争,它与阶段意识、种族意识、民族主义和国际主义交织在一起;(5)资本主义世界经济体系存在着内在的基本矛盾,社会运动和民族运动作为该体系的反社会力量,将促使它最终走向灭亡,被代之以一个更公正、更自由、更平等的全球体系。不难发现,沃勒斯坦是沿着依附论的研究道路走出来的,但又发展了依附论;他的世界体系理论的思想来源还包括法国年鉴学派学者费尔南·布罗代尔(Fernand Braudel)的史学观和马克思的历史唯物主义。

益活跃,梳理文化研究的发展历程已不再是"黄蜂"(WASP)的专利;①在文化研究后发之地的中国,以戴锦华、罗钢、刘象愚、萧俊明为代表的一批学人也加入了其中。他们通过自己的著述,比如戴锦华的论文《文化研究的理论与实践》,②罗钢、刘象愚的论文《文化研究的历史、理论与方法》,③萧俊明的专著《文化转向的由来》,对文化研究的发展历程做出了极具启发性的回顾与总结,虽然他们的论述受制于篇幅的限制,未能详细阐释纠缠于其中的原因。需要特别指出的是,近年来,随着文化研究在中国的发展明显加快,有关(英国)文化研究学科发展史的学位论文已实现零的突破。根据中国国家图书馆学位论文库的资料显示,自中国社会科学院付德根的博士论文《走向文化唯物主义》于1998年问世以来,迄今已有多篇关涉(英国)文化研究发展史的博士、硕士学位论文,比如北京师范大学赵国新的博士论文《背离与整合:雷蒙德·威廉斯与英国文化研究》(1999年)、山东大学尤战生的博士论文《大众文化:大众的文化?——法兰克福学派大众文化批判》(2001年)、黑龙江大学于文秀的博士论文《"文化研究"思潮中的反权力话语研究》(2002年)、中国人民大学彭晓娟的硕士论文《"英国文化研究"浅析》(2005年)。这些分属不同领域的学位论文不乏值得肯定之处,给予了本书作者诸多启发,但严格地从学科史的意义上讲,它们无不具有改进的空间,要么是在问题意识的突出方面,要么是在论域的广度方面,要么是在资料的准确性方面。

文化研究学科发展史领域的既有成果中存在的某种"缝隙",要求我们以一种新的视野审视既有研究方式,以一种新的问题意识考察其间的既有问题与新近出现的问题,借助新的研究范式"在看到新问题的同时,也看到老问题在新的历史链接中的呈现以及在整体结构中把握新的关联点之所在,看到原有研究范式的缺陷以及这种内在的缺陷带来的新可能性"。④ 在关于文化研究形成的标准叙述中,文化研究是由两个决定的范畴所构成:"首先,文化研究已持续不断地摆脱了与其理论'他者'的一系列论争,即它

---

① "黄蜂"源自英语首字母缩略语 WASP,其全称为 White Anglo-Saxon Protestant,原指在美国社会中居于中上阶层的盎格鲁—撒克逊裔白人新教徒,此间泛指英语世界中影响文化研究学科发展的理论家和实践者。
② 戴锦华:《文化研究的理论与实践(代前言)》,载阿兰·斯威伍德:《大众文化的神话》,冯建三译,生活·读书·新知三联书店,2003年,第1—6页。
③ 罗钢、刘象愚:《前言:文化研究的历史、理论与方法》,载罗钢、刘象愚主编:《大众文化读本》,中国社会科学出版社,2000年,第1—39页。
④ 王晓路:《序论:语词背后的思想轨迹》,载王晓路等:《文化批评关键词研究》,北京大学出版社,2007年,第4页。

经常被表征于其间的斗争,最终在理论极端之间采取中间立场。其次,文化研究已持续不断地直接基于显而易见的历史事件与需求重新耦合自己。"①这样的一种叙述虽然具有提供关于意识形态与话语的唯物主义理论的优点,但它一方面有太过线性主义或者进步主义之嫌,另一方面忽视了文化研究内部的对立与冲突。因此,本书将以通过与既有成果对话推进及拓展既有成果为起点,勉力建构文化研究学科史的问题意识,整合关涉文化研究形成、发展和播散的各种政治、社会、文化、思想因素,分析作为一门学科的文化研究的形成、发展和播散与社会政治和思想、文化运动之间的"共联关系"(community),证明无论是文化研究学科地位的确立,还是其发展与播散,皆为社会文化现实与学理发展合力作用的产物。同时,本书也将基于或独立或集体地工作的个人乃学科历史不可化约的核心这一认知,突出威廉斯、霍尔等文化研究代表人物与文化研究的学科性,力求通过代表人物和学科地位与文化研究作为一门学科的形成、发展和播散之间有机关联的探讨,引申出梳理与书写英国文化研究发展史时应该予以重视的学科史观及方法论,证明虽然"在严肃的、批判性的智识工作中并不存在'绝对的开始'及少有未曾中断的连续性",②但是就作为一门学科的文化研究而言,情况并非如此:它不仅有"绝对的开始",而且也有未曾中断的连续性。

为此,我将编排英国文化研究的诸多没有现成秩序的档案材料,在无序的历史空间内阅读它们,力争基于以讲述故事的方式说明故事如何被讲述这一原则,讲述作为"差异中的同一性"(unity-in-difference)的(英国)文化研究的一种新故事:尽管文化研究具有揭示文化与权力之间关系的一致性,但不同历史时段、不同空间的文化研究之间不乏微妙而重要的差异。或者一如安吉拉·麦克罗比所言,文化研究"不是一门壁垒森严的学科,而是一个移动的领域,一个充满争论与辩论的场所"。③ 尽管本书会借鉴新史学家普遍采用的长时段论述策略,但必须指出的是,首先,本书绝非旨在给文化研究强加一段线性历史的统一性,而是证明"文化研究的历史不可能对有

---

① Lawrence Grossberg (1993) "The Formations of Cultural Studies: An American in Birmingham", in Valda Blundell, John Shepherd and Ian Taylor (eds.) *Relocating Cultural Studies: Developments in theory and research*, London and New York: Routledge, p.23.

② Stuart Hall (1996) "Cultural studies: two paradigms", in John Storey (ed.) *What Is Cultural Studies?: A Reader*, London: Arnold, p.31.

③ Angela McRobbie (2009) *The Uses of Cultural Studies*, Peking University Press, p.2.

关它的思想的反复无常、转瞬即逝的本质不敏感",①必然反映出其智识、政治、社会及历史语境的特定状况。文化研究的发展一方面正如霍尔所言,有极强的阶段性特征,已然依次经历文化主义阶段、结构主义阶段、葛兰西转向,但另一方面,其阶段性特征并非总是显在:在葛兰西转向以降的三十年中,文化研究的发展"并没有什么严格的分期,只是各种影响相互交织"。②从这个意义上讲,本书建构出来的文化研究学科发展史仅会具有"一段线性历史的虚假统一性"。③ 其次,由于文化研究拥有多个源头,以及它作为智识空间的不断扩张,有关文化研究的文献可谓已然汗牛充栋,本书在梳理形成于特定社会及文化语境下的文化研究的发展历程时,对相关文献进行了选择。一如克里斯·巴克(Chris Barker)所言:

> 任何关于文化研究的著述,都必然是有所选择的,而且可能引起辩论、争执、甚至冲突。为文化研究提供一种真正全面的叙述,便是重述,或者至少是概括在文化研究范畴内写就的每一文本。对于任何一位作者而言,这都会是一项过于巨大的工程,而且还存在决定把哪些文化纳入的问题。④

出自更好地服务于原创性的考虑,本书将突出西学研究中的文献价值与信息价值,把文本选择的目光首先集中于英国文化理论家,以及与他们有密切关系的澳大利亚、美国文化理论家的文本,其次是以法国和德国为代表的欧陆理论家的英文文本。即使这些文本已有中译本也不例外。⑤ 所以,本书最终梳理或建构出来的仅仅是文化研究学科发展史的一种版本而已,"文化研究从不用一种声音进行言说,它也不能被一种声音进行言说,笔者也并没有用以表征它的一种声音"。⑥ 未被纳入本书考察视野的文本很可能与本书有"差异中的同一性",是本书不可或缺的互文本。正是因为对资

---

① John Hartley (2003) *A Short History of Cultural Studies*, London: Sage, pp. 12—3.
② 黄卓越:《伯明翰文化研究学派后期的界定——斯图亚特·霍尔访谈录》,《中国图书评论》,2007年第4期,第109页。
③ John Hartley (2003) *A Short History of Cultural Studies*, London: Sage, p. 8.
④ Chris Barker (2000) *Cultural Studies: Theory and Practice*, London: Sage, p. 3.
⑤ 其间的另一个重要原因是诸多中文译本都存在着这样或那样的翻译问题;或许可以说,中国大陆文化研究的部分问题或不足之处正是因翻译而起,更何况,翻译密切联系着支配性意识形态,文化研究的译介问题本身足以构成一本专著的选题。参见滕威:《"边界"之南:拉丁美洲文学汉译与中国当代文学(1949—1999)》,北京大学出版社,2011年。
⑥ Chris Barker (2000) *Cultural Studies: Theory and Practice*, London: Sage, p. 4.

料的选择,本书将像诸多英国文化理论家所做的一样,尽可能引用理论家、批评家的"原话",以期最大限度地避免转述及阐释所引起的误解与误传。

## 第三节 英国文化研究关键词

威廉斯在解释《关键词:文化与社会的词汇》(*Key Words: A vocabulary of culture and society*)的词条选择时指出:"我是在两个相关的意义上称这些词为关键词:在某些特殊活动及它们的阐释中,它们是重要且相关的词;在某些思想形态中,它们是重要且具指示性的词。"[①]一门学科的某一概念是否够格成为威廉斯意义上的关键词,取决于我们是否可以通过对它的质询、探讨与呈现,不仅看到它的词义的历史演变,而且更为重要的是,加深我们对自己致力于其间的某一学科、身处其间的当下世界的了解。或者如评论家就文化研究关键词历史变迁所言:"有很多词,从历史的深处顽强地延伸下来,在历史的延伸过程中,词义发生了戏剧性的变化,词义的流变和生成,不仅负载着词语自身的历史,而且还负载着历史本身"。[②] 我把"文化"、"大众文化"、"文化研究"选作本书的关键词进行尝试性定义抑或解释,并非旨在追逐新时期以来的学术时髦,[③]而是因为从文化研究的历史深处顽强地延伸下来的它们"重要且相关"、"重要且具指示性",负载着(英国)文化研究

---

① Raymond Williams([1976]1985) *Key Words: A vocabulary of culture and society*, New York: Oxford University Press, p.15.

② 汪民安:"编者前言",汪民安主编:《文化研究关键词》,江苏人民出版社,2007年,第2页。

③ 新时期以来,尤其是新世纪以来,文化研究关键词研究已然成为中国学界,尤其是文艺理论、文化研究等领域的一个新的学术增长点;在面世的多本或编撰或译介的文化研究关键词著作中,较有影响的包括:约翰·菲斯克等:《关键概念——传播与文化研究词典》(李彬译注,新华出版社,2004年)、雷蒙·威廉斯:《关键词:文化与社会的词汇》(刘建基译,生活·读书·新知三联书店,2005年)、丹尼·卡瓦拉罗:《文化理论关键词》(张卫东、张生、赵顺宏译,江苏人民出版社,2006年)、赵一凡、张中载、李德恩主编:《西方文论关键词》(外语教学与研究出版社,2006年)、汪民安主编:《文化研究关键词》(江苏人民出版社,2007年)、王晓路等:《文化批评关键词研究》(北京大学出版社,2007年),等等。这一现象的发生让我们再次看到了西方中心主义的存在,其原因是值得深思的:它是否意味着我们的文艺理论研究已然处于某种范式危机之中? 它是否反映了我们对作为舶来品的文化研究的认知偏差? 或者证明了陆建德先生的一语成谶:"文化研究在我国学界只是停留在空洞的'理论'关怀的层面上,它是和'后现代'之类的语词泡沫一样,是一个给人以方便和制高点的口号,一种'与世界接轨'的动人姿态。"(详见陆建德:《词语的政治学[代序序]》,载雷蒙·威廉斯:《关键词:文化与社会的词汇》,刘建基译,生活·读书·新知三联书店,2005年,第9页)

的历史。从这个意义上讲，与其说我是旨在为读者提供这些术语的某种权威定义，澄清它们的意涵，毋宁说是向他们呈现这些术语被定义的方式，抑或说表征不同情势下的不同群体参照多重结构性因素定义它们的方式。

鉴于法国年鉴学派奠基人之一马克·布洛赫（Marc Bloch）的警告——"当我们的注意力集中于研究'真正'的问题时，在一开始就去下乏味而僵硬的定义将是毫无意义的"，①我执意在此进行"毫无意义的"定义亦可谓是方便论述与理解的权宜之计，虽然这样做实则艰巨且危险。其艰巨性源自英国文化研究拒绝定义自身，置身于其间的学者总是带着或明或暗的"他者性"（otherness）在使用这些概念，任何一种定义（抑或解释）都难以做到完全的"兼容性"（inclusiveness），难以得到一致的认可；其危险性源自这些概念本质上皆为空洞的、动态的概念范畴，缺乏可以被锁定的固有或自明特质，使用者往往根据自己所在的不同语境为它们注入不同的内容，即是说它们的意义必须根据它们在特定语境中的特定所指来确定。

## 1. 文化

作为文化研究术语的"文化"相当或对应于英文中的"culture"一词；该词源自拉丁语"cultura"及古法语"couture"，原本主要意指耕作、培育、居住等义，后来因为人类生存空间与生存方式的改变，以及因之而起的社会思想运动，经历了复杂的词义演变，逐渐脱离诞生于其间的自然存在物，开始与人类心智、精神及其产物相融合，成为了"英语中最难定义的两三个词之一"。② 作为"感觉、意义与意识的社会化生产与再生产，将生产领域（经济）与社会关系领域（政治）联系起来的意义领域"，③当下的文化一词具有复杂性、包容性、生成性、派生性等特性，"有着诸多不尽相同，往往截然相反的

---

① 马克·布洛赫：《为历史辩护》，张和声、程郁译，中国人民大学出版社，2006年，第17页。

② Raymond Williams（[1976]1985）*Key Words: A vocabulary of culture and society*, New York: Oxford University Press, p.87. 鉴于要明确地定义文化并非易事，威廉斯后来曾不无感慨地说："不知多少次，我真希望我从来没有听说过这个该死的词"，详见 Raymond Williams (1981) *Politics and Letters: Interviews with New Left Review*, London: Verso, p.174；参见付德根、王杰：《20世纪英国马克思主义文艺理论研究》，北京大学出版社，2012年，第82页。

③ 约翰·菲斯克等编：《关键概念——传播与文化研究辞典》，李彬译注，新华出版社，2004年，第62页。

含义。即使是在作为一个科学术语时,它也同时表示……工艺与……产品"。① 或者一如约翰·G.赫尔德(Johann G. Herder)所言:"没有什么比这个词[文化]的意义更不确定;没有什么比将这个词应用到所有国家与历史时期更虚假。"②人类进入现代社会以降,或者更加具体地讲,自赫尔德把文化区隔为"智识文化"(learned culture)与"通俗文化"(popular culture)以来,③人们不断把文化作为一个术语问题化,勉力对其精准定义。受马克思的生产方式、上层建筑、社会意识的区隔的影响,以及马克斯·韦伯(Max Weber)的阶级、政党、地位的区隔的影响,情况更是如此。据考察,已经在一定范围内使用的文化定义可以大致地归类为描述性定义、历史性定义、规范性定义、心理学定义及遗传学定义等,总数不亚于一百六十种,④因学科、语境、使用者的不同而各有侧重。历史学家眼中的文化强调传递给后代的社会遗产或传统,人类学家眼中的文化强调知识、信仰、道德、法律、艺术及生活方式等因素的复合体,社会学家眼中的文化强调人类群体或者社会的共享成果,而心理学家眼中的文化则强调存在于人类之中并把人与动物区别开来的思想或习得行为。正因如此,文化之间既有理解、交流与借鉴,也有误解、争论甚至冲突,一如著名批评家爱德华·W.萨义德(Edward W. Said,又译赛义德)所言:

> 我所谓的文化,有两重意思。首先,它指的是描述、交流和表达的艺术等活动。这些活动相对独立于经济、社会和政治领域。同时,它们通常以美学的形式而存在,主要目的之一是娱乐。……在某一时候,文化积极地与民族或国家联系在一起,从而有利"我们"和"他们"的区别,而且时常是带有一定程度的排外主义。……在这第二种意义上,文化成为一个舞台,各种政治的、意识形态的力量都在这个舞台上较量。

---

① Dick Hebdige ([1979]1997) *Subculture: The Meaning of Style*, London and New York: Routledge, p.5.

② 转引自 Raymond Williams ([1976]1985) *Key Words: A vocabulary of culture and society*, New York: Oxford University Press, p.89.

③ 18世纪末期,赫尔德及其追随者建构了"智识文化"与"通俗文化"的区隔,并且着手研究后者;在工业资本主义被形塑于英国、现代民主被催生于美国独立战争和法国大革命之际,赫尔德的"通俗文化的发现"既有美学的一面,同时也有政治的一面。详见 Jim McGuigan (1992) *Cultural Populism*, London: Routledge, p.10.

④ 齐格蒙特·鲍曼:《作为实践的文化》,郑莉译,北京大学出版社,2009年,第77页。多数学者认为,当下流行的文化定义介于160—180种之间,虽然有学者指出,自爱德华·泰勒(Edward Tyler)的文化定义诞生以来,现代人类学家及社会学家已经为文化给出200多种定义。

文化不但不是一个文雅平静的领地,它甚至可以成为一个战场,各种力量在上面亮相,互相角逐。①

从这个意义上讲,文化一词可谓是属于多重话语,游走在诸多彼此不同的话语之间,"对每种话语来说,文化的意义都取决于关系,或者说取决于否定性,即取决于它在特定话语中同其他意义的差别,而不是取决于肯定性,即取决于什么内在的或不言而喻的、永远都被指认为文化本质的属性"。② 在拒绝定义自身的文化研究的话语中,并不存在某种一致认同的文化定义,虽然不乏"关于文化的话语,或许可以更准确地讲,关于文化的诸多不同话语";③一如文化研究精神领袖霍尔所言:"事实是此间并不存在单一的、没有问题的'文化'定义"。④ 对于文化这一"众所周知的模糊不清的概念",⑤文化理论家们往往基于自己的视野与利益进行定义,以致文化研究中已有多种在一定范围内使用的、并非完全同质的文化定义。⑥ 齐格蒙特·鲍曼(Zygmunt Bauman)的文化是实践(praxis),⑦约翰·菲斯克(John Fiske)的文化是"一个持续地生产关于与来自社会实践的意义过程"、⑧"一个活生生的、主动的过程",⑨托尼·本尼特(Tony Bennett)认为文化是"一门改革家的科学"。⑩ 尽管如此,威廉斯所建议的文化定义享有最大数量的接受者与使用者,在诸多关于文化的定义中居于支配地位。曾在其辉煌一生中多次定义文化的威廉斯,基于对 18 世纪以降的"文化与社会"论争之中的两条轨迹的考察——一条通往以"和谐的完美"为特征的"有机社会"

---

① 爱德华·W. 萨义德:《文化与帝国主义》,李琨译,生活·读书·新知三联书店,2003年,第2—4页。
② 约翰·菲斯克等编:《关键概念——传播与文化研究辞典》,李彬译注,新华出版社,2004年,第63页。
③ Andrew Milner (1994) *Contemporary Cultural Theory: An Introduction*, London: UCL Press, p.3.
④ Stuart Hall (1996) "Cultural Studies: Two Paradigms", in John Storey (ed.) *What Is Cultural Studies?: A Reader*, London: Arnold, p.33.
⑤ Dick Hebdige ([1979]1997) *Subculture: The Mening of Style*, London and New York: Routledge, p.5.
⑥ Andrew Milner (1994) *Contemporary Cultural Theory: An Introduction*, London: UCL Press, pp.3—4.
⑦ Zygmunt Bauman (1973) *Culture as Praxis*, London: Routledge and Kegan Paul.
⑧ John Fiske ([1989]1997) *Reading the Popular*, London: Routledge, p.1.
⑨ John Fiske ([1989]1996) *Understanding Popular Culture*, London: Routledge, p.23.
⑩ Tony Bennett (1998) *Culture—A Reformer's Science*, London: Sage.

(过去)、一条指向社会主义乌托邦(未来),在《文化与社会》中首次全面阐述了其文化观:

> 第一,它[文化]意味着"心灵的普遍状态或者习惯",密切关涉人类追求完美的思想。第二,它意味着"作为一个整体的社会的智识发展的普遍状态"。第三,它意味着"总体的艺术"。第四,……它意味着"整个生活方式,包括物质、智识和精神"。①

这里的第四个层次,即文化是"整个生活方式,包括物质、智识和精神",在文化研究的理论探讨与批评实践中得到了最广泛的接受和使用,虽然正如本书第二章将详细阐述的那样,相对"文化与文明传统"及利维斯主义而言,视文化为整个生活方式无疑是一个历史性的进步,但它显然是人类学影响的产物。英国人类学家爱德华·泰勒(Edward Tylor)在其发轫性的《原始文化》(*Primitive Culture*)开篇处指出:"从其最广义的民族志意义来讲,文化或者文明都是一个复合的整体,包括知识、信仰、艺术、道德、法律、习俗,以及人作为社会成员所获得的任何其他能力与习惯";②一切人类社会都有自己独特的文化,以及文化并非仅仅意指高雅文化,而是同时浸透于一个民族或社会的物质与精神层面。随着威廉斯对文化与社会之间关系的考察与认识的深入,加之欧陆思想的影响,威廉斯后来在《关键词:文化与社会的词汇》——《文化与社会》的续篇——中,修订了自己先前的文化定义,将其提炼为三个层次:

> (一)独立、抽象的名词——用来描述18世纪以来思想、精神与美学的一般过程;(二)独立的名词——不管在广义还是狭义方面,用来表示一种特殊的生活方式(关于一个民族、一个时期、一个群体或全体人类……(三)独立抽象的名词——用来描述关于知性的作品与活动,尤其是艺术方面的……[如]音乐、文学、绘画与雕刻、戏剧与电影。③

不难看出,此间的第一层次指向柏拉图之类伟大哲学家或齐白石之类杰出

---

① Raymond Williams (1958) *Culture and Society 1780—1950*, London: Happer & Torchbooks, xiv.

② Wilfred L. Guerin (2004) *A Handbook of Critical Approaches to Literature*, Beijing: Foreign Languange Teaching and Research Press, Oxford University Press, p. 245. 参见爱德华·泰勒:《人类学:人及其文化研究》,连树声译,广西师范大学出版社,2004年。

③ Raymond Williams ([1976]1985) *Key Words: A vocabulary of culture and society*, New York: Oxford University Press, p. 90.

艺术家;第二层次指向穆斯林麦加朝圣之类宗教活动或国人的"黄金周"旅行之类文化实践;第三层次指向"辣妹组合"音乐会之类流行音乐或《亮剑》之类电视连续剧。就具体的文化研究或者批评实践而言,人们通常挪用威廉斯所说的第二和第三个层次上的文化,虽然一如《现代悲剧》(*Modern Tragedy*)所证明的,威廉斯本人未曾对第一层次上的文化有任何疏忽。换言之,威廉斯所谓的第一层次上的文化,比如经典文学文本虽然并未在文化研究中占据特殊的位置,但这并不意味着文化研究对文学经典或其他高雅文化形式不感兴趣。另外,从意义生产的角度来看,威廉斯的第三层次上的文化实乃"一种被实现的表意系统"(a realized signifying system),[①]虽然他对此的立场亦并非一致;在安东尼奥·葛兰西(Antnio Gramsci)的霸权理论的影响之下,威廉斯的文化作为"一种被实现的表意系统",经历了从早期的一个被分享的意义之网,到后期的同时包括被分享的意义和被争夺的意义的变化。意义争夺的发生是因为作为"一种被实现的表意系统"的文化并非一个和谐的、有机的整体,而是恰恰相反,使文化得以产生的文本往往是"复调的"或"多声部的";文本的表意方式是多样的,其间的冲突在所难免,而文化与权力间的冲突正是文化研究的兴趣之所在。[②]

一言以蔽之,对文化的定义已然成为一种学术现象,它所表征的是文化与人类、与社会的密切关联,揭示文化与人类社会进程的关系、与人类社会整体的联系。正如美国著名政治学家塞缪尔·菲利普斯·亨廷顿(Samuel Phillips Huntington)所指出的那样,人类社会进入20世纪以降,作为一个概念的文化分别在1940年代及1950年代、在1980年代两次引起了人文及社会科学学者的极大关注,其间的原因便是文化已然成为人们理解社会、分析社会间差异、解释各个社会的经济与政治发展之间关系的关键要素。[③] 从这个意义上讲,面对文化这一动态的开放系统,人们不但不会因为已有的任何一种文化定义丧失定义文化,尤其是更为恰当地定义文化的热情,而且还将继续对之言人人殊。

---

[①] Raymond Williams (1981) *Culture*, London: Fontana, p.209.
[②] 约翰·斯道雷:《英国的文化研究》,王晓路译,载《文化研究》第7辑,广西师范大学出版社,第219—228页,第220页。
[③] Samuel P. Huntington (2000) "Forward", in Lawrence E. Harrison and Samuel P. Huntingdon (eds.) *Culture Matters—How Values Shape Human Progress*, New York: Basic Books, xiii—xiv.

## 2. 大众文化

大众文化是一个相对较新的概念,①对中国学者尤其如此。1920 年代,大众一词被从西洋引入中国,而作为一个概念在中国被介绍则发生于 1981 年,虽然鉴于大众文化在 1980 年代中国并不具备合法性,中国学界并未旋即给予作为一个概念的大众文化以兴趣与关注。进入 1990 年代以后,中国学界逐渐意识到了大众文化的冲击,于是开始了对大众文化的持续讨论,大致分为三个阶段:基于法兰克福学派理论资源的大众文化批判阶段(1990 年代初期到中期)、走出"阿多诺模式"的大众文化反思与重新认识阶段(1990 年代中期到后期)、大众文化研究的众声喧哗阶段(新世纪以来),中国的大众文化研究于其间完成了"从批判理论到文化研究的位移"。② 如今,中国学界依旧在全方位地探讨作为"一个矛盾体"的大众文化:

> 从社会学意义上解释,大众文化得以风行,并且在二十世纪末、二十一世纪初成为近乎带有全球意义的生活方式,与现代性的状态、人性的状态有关。它其中包含着关于现代性的焦虑问题、感性生命的价值重新被解释的问题。大众文化现象既体现了现代的人性扩展、自我重新发现,又使现代性本身成为问题,成为一个矛盾体。③

作为文化研究术语的"大众文化"在英文中有两种表达方式,一种是 mass culture,另一种是 popular culture;为了表示区别及叙述的方便,我将权宜之计地在此称前者为"群众文化",称后者为"大众文化"。④ 我之所以这

---

① 根据利奥·洛文塔尔的考察,大众文化的历史几乎与人类文明一样古老,虽然直到 16 世纪,人们才把大众文化作为一个特殊现象予以考察;详见 Leo Lowenthal (1961) *Literature, Popular Culture, and Society*, London: Prentice Hall, 1961(利奥·洛文塔尔:《文学、通俗文化和社会》,甘锋译,中国人民大学出版社,2012 年)。彼得·伯克认为,在近代欧洲(1500—1800),大众文化最初被称做"非官方文化"或者"非精英文化",直接联系着由手工艺人与农夫所构成的群体;详见 Peter Burke (1981), "The 'Discovery' of Popular Culture", in Raphael Samuel (ed.) *People's History and Socialist Theory*, London: Routledge & Kegan Paul。

② 赵勇:《大众文化》,载赵一凡、张中载、李德恩主编:《西方文论关键词》,外语教学与研究出版社,2006 年,第 31—33 页。

③ 扈海鹂:《解读大众文化——在社会学的视野中》,上海人民出版社,2003 年,第 232 页。

④ 参见 Raymond Williams (1958) *Culture and Society 1780—1950*, London: Harper Torchbooks, pp.297—300;戴锦华:《隐形书写——90 年代中国文化研究》,江苏人民出版社,1999 年,第 9—11 页。

样区隔它们,首先是因为 mass culture 这一表达方式主要意指文化工业为满足批量消费而批量生产的标准化的商业文化,往往充当政治与商业合力欺骗 masses——群众——的工具,因而带有贬义色彩,而 popular culture 则主要表示"为普通民众所拥有,为普通民族所享用,为普通民众所钟爱的文化",①因而是中性的,甚至具有褒义色彩。其次,文化研究,尤其是伯明翰学派文化研究,反对对文化进行高雅/低俗之分、精英/大众之别,主张文化消费者乃主动的行动者,具有主体性,因而有意识地扬弃直接联系着法兰克福学派及其精英主义文化观的 mass culture——群众文化,选择了启用 popular culture——大众文化。联系到威廉斯及诸多其他文化理论家对 mass、popular 的词义多重性及其演变的强调,此间的区隔暗示"大众文化"可谓一如"文化",是一个言人人殊的概念。正因如此,文化理论家已然基于大众乃对立于统治或者支配集团的从属集团这一共识,参照彼此各不相同的理论、方法、视角对大众文化进行定义。威廉斯贡献了多种关于大众文化的定义或者解释,比如大众文化是"普通百姓自己创造出来的文化"、②"大众喜爱的"文化、"激进的'为人民'的"文化、"适合'民众'需求的"文化,③等等。霍尔也曾提出了大众文化的多个定义:基于"'市场'或商业定义",大众文化即"商业大众文化";基于"描述性的定义",大众文化是"'大众'做或者曾经做的一切事情",包括"'大众'的文化、社会习惯、风俗和民风";基于"较为复杂"的定义,大众文化是"以特定阶级的社会和物质条件为基础"的"形式和活动","体现在大众传统和实践之中"。④

然而,由于译介的缘故,中国学者更熟悉的是斯道雷所归纳出来的大众文化定义:以数量为标准的定义、以价值为标准的定义、以目的为标准的定义、以源头为标准的定义、以霸权为基础的定义、后现代主义的定义。根据以数量为标准的定义,大众文化是"一种广受欢迎或者深受众人喜爱的文

---

① 约翰·菲斯克等编:《关键概念——传播与文化研究辞典》,李彬译注,新华出版社,2004年,第212页。
② Raymond Williams([1976]1985) *Key Words: A vocabulary of culture and society*, New York: Oxford University Press, p.237.
③ 雷蒙·威廉斯:《出版业和大众文化:历史的透视》,严辉译,载陆扬、王毅选编:《大众文化研究》,上海三联书店,2001年,第118—119页。
④ 斯图亚特·霍尔:《结构"大众"笔记》,戴从容译,载陆扬、王毅选编:《大众文化研究》,上海三联书店,2001年,第48—50页。

化"。① 诚然,大众文化必须"深受众人喜爱",但问题是"众人"究竟是多少人? 这是否意味着我们要为文化产品设定一个基数:当其销售量或消费者数量达到或超过这一基数便是大众文化,反之则不然? 数量之于大众文化的界定固然重要,但不应成为其间的唯一准绳,否则我们该如何解释《塞维里亚理发师》(*The Barber of Seville*)之类拥有大批听众的歌剧、《红楼梦》之类拥有无数读者的小说? 无论如何,它们都不该被划入大众文化之列。事实上,正如霍加特所说,如果我们始终追求和坚持大众文化应满足最大多数人的需求,我们就可能遭遇"数量成为质量"的尴尬,陷入马修·阿诺德(Matthew Arnold)的"冷淡主义"(indifferentism)泥潭。②

基于价值的定义——大众文化是"剔除我们所谓的高雅文化之后残存的文化"③——同样有问题。首先,一如皮埃尔·布迪厄(Pierre Bourdieu)所言,体现文化区隔的"艺术及文化消费被有意识或者无意识地、出自好意或者恶意地预设,以期实现社会差异合法化这一社会功能",④所以,对价值的坚持,无论是道德价值还是美学价值,最终必然导致对文化区隔合理性的坚持,进而导致对阶级区隔合理性的坚持。价值一旦联系上具体的文化产品或文化实践,就会裹挟上浓厚的意识形态色彩及时代性。比如,在1990年代的中国,

> 定位于中产阶级的大众文化,与其说是在小心翼翼地满足着中产阶级的需求,不如说是在谆谆教诲、规范着一个未来的中产阶级群体。说得直白些,90年代中国的"大众"文化,其自我定位的社会功能之一,便是为"下一个世纪的中国",呼唤和构建着中产阶级社群。早在七八十年代之交,"中产阶级"已成为现代性话语建构过程的重要组成部分之一,用以指称民主体制的基石及社会富裕的程度。⑤

其次,大众文化与高雅/精英文化之间的区隔绝非是固有的或永恒地存在。

---

① John Storey ([1993]1997) *An Introduction to Cultural Theory and Popular Culture*, London: Prentice Hall/Harvester Wheatsheaf, p.6.

② Richard Hoggart ([1957]1970) *The Uses of Literacy: Aspects of Working-Class Life*, New York: Oxford University Press, p.161.

③ John Storey ([1993]1997) *An Introduction to Cultural Theory and Popular Culture*, London: Prentice Hall/Harvester Wheatsheaf, pp.7—8.

④ Pierre Bourdieu ([1986]2003) *Distinction: A Social Critique of the Judgement of Taste*, New York and London: Routledge, p.7.

⑤ 戴锦华:《隐形书写——90年代中国文化研究》,江苏人民出版社,1999年,第14页。

大众文化与高雅文化之间的区隔并非是一个程度的问题,"因为这样的术语暗示了独特而不连贯的阶段,事实永远不可能如此"。① 霍加特、威廉斯与汤普森等人已经以各种方式证明,大众文化与高雅文化时常合力制造出新的聚合体,因为"在一个以市场经济为基础的社会里,其精英文化与通俗文化之间有一条非常直接的通道"。② 一些今日的高雅文化即是昔日的大众文化(比如莎士比亚的戏剧),今天的大众文化也可能成就为明天的高雅文化(比如金庸的小说),以及某些文化实践中的高雅/大众(抑或通俗)区隔已然消解(比如由世界著名男高音歌唱家帕瓦罗蒂领衔的 2001 年"世界三大男高音紫禁城广场音乐会")。精英文化与大众文化的比对诚然有助于我们对大众文化的理解,或者说大众文化与精英文化之间固然有差别,但仅从精英文化与大众文化的价值差别来解释大众文化显然是不够的。

根据类似于以价值为标准的定义的以目的为标准的定义,大众文化即"群众文化"。③ 持这种观点的人认为,大众文化是为满足批量消费而批量生产的商业文化,其本质刻板贫乏、具有被操控性,其消费者是被动的,毫无鉴赏力可言。这种观点曾经十分流行,尤其是在法兰克福学派受热捧时期,殊不知其合法性十分可疑。如果为满足批量消费而批量生产的商业文化果真具有可操控性、其消费者果真完全被动,文化产业无疑就会永远杜绝亏损,永远为朝阳产业。但事实恰恰相反,一如菲斯克所言:

> 虽然广告业在游说生产者和经销商购买其服务方面的成功毋庸置疑,但它在游说消费者购买特定产品方面的成功却大打折扣——尽管广告铺天盖地,仍有 80% 到 90% 的新产品以失败而告终。再举一例,诸多电影的票房收入甚至不足以抵消其促销费用。④

霍尔与帕迪·霍内尔(Paddy Whannel)也有类似发现:虽然"每周发行的单曲唱片大约有四十张——八十面",但其中真正能赚钱或进入排行榜

---

① Raymond Williams (1958) *Culture and Society 1790—1950*, London: Harper Torchbooks, p.321.
② 亶海鹏:《解读大众文化——在社会学的视野中》,上海人民出版社,2003 年,第 28 页。
③ John Storey ([1993]1997) *An Introduction to Cultural Theory and Popular Culture*, London: Prentice Hall/Harvester Wheatsheaf, p.10.
④ John Fiske ([1989] 1996) *Understanding Popular Culture*, London and New York: Routledge, pp.30—31.

前二十的"至多有两三张"。① 所以,大众文化产品的消费者始终有自己的别样视野与选择,拒绝受大众文化产品提供者的操控,就像房客可以拒绝受房东控制一样。"房东提供我们居住于其间的房舍……但居在房东的房舍之中,我们便把它变为了我们的空间;居住实践是我们的实践,而不是他的实践"。② 换言之,大众文化产品的消费者始终在微观政治层面上保持着其对抗性(oppositionality),尽管他们与社会的支配集团并非处于持续的对立之中。

> 因此,大众文化并非受操控者的文化。受白人父权制的资本主义制度所制约的人并非不可救药地受它的束缚。他们在经济及社会上所受到的剥夺并没有夺走他们的差异,或者他们抵制、规避制约他们的力量的能力;恰恰相反,它激励他们谋划出不断具有适应性的日常抵制策略,从不让权力集团有喘息之机、觉得胜券在握。③

从根源上讲,那些持大众文化乃群众文化这一观点的人,比如阿诺德及法兰克福学派的拥趸,无不有着一种或明或暗的怀旧之情,哀叹有机社会或民间文化所代表的黄金时代已然烟消云散。但一如菲斯克所言:

> 我们生活于工业社会之中,因此我们的大众文化当然亦如我们的所有资源,是一种工业化的文化。……资本主义社会中不存在借以衡定群众文化的"非本真性"的所谓本真的民间文化,因此哀叹本真的陨落仅仅是浪漫怀旧之中的徒劳之举。④

从这个意义上讲,对大众文化的理解必须同时依赖于对它与作为它的"他者"的通俗文化、民间文化之间关系的理解和把握。比如,工业社会初期的大众文化与通俗文化并非泾渭分明,虽然在后现代的今天,

> 通俗文化与大众文化不能混为一谈,其重要差距在于,产生于前工业社会或工业社会的早期的通俗文化尽管也有经济因素,但主要还是受制于强大的社会习俗伦理;大众文化产生于工业社会向后工业社会的过渡中,产生于后现代主义的文化背景下,它不仅有强大的追求商业

---

① Stuart Hall and Paddy Whannel ([1964]1965) *The Popular Arts*, London: Pantheon Books, p.293.
② John Fiske ([1989]1996) *Understanding Popular Culture*, London and New York: Routledge, p.33.
③ Ibid., p.169.
④ Ibid., p.27.

化的工具主义动力,而且它还有后现代主义的文化背景。商业的工具主义赋予它经济的创新力;后现代主义使之获得的是自我人性,包括个性方面的创造力与解释力。①

文化成为大众文化的前提之一是它在群众中的流行;虽然文化的流行最终很可能与商业合流,但这并非是文化流行本身的初衷。类似地,虽然大众文化与民间文化有着某些共同特征,但工业社会的民众并非民间,大众文化亦并非民间文化。"民间文化不同于大众文化,它是相对稳定、传统的社会秩序的产物,其间的社会差异并非具有冲突性,因此其特征与其说是社会冲突,不如说是社会一致"。②

大家普遍认为,本质为都市文化的大众文化是由商业文化、传播文化、通俗文化、消费文化复合而成,构成或表征现代都市社会或大众消费社会的一种特定社会结构或独特文化、生活方式,但我们必须知道,不同语境下的大众文化之间必然存在微妙的差异,甚至同一语境下的大众文化也可能如此。就大众文化的兴起而言,"在西方,它与后工业社会、后现代思潮的背景相联系,它代表了审美标准的某种'平面感、断裂感、零散化'",但在中国,以民间文化、通俗文化和革命大众文艺为源头的大众文化的兴起则"与结束十年文革、结束冷战时代,开始改革开放、进入市场经济联系在一起的。中国大众文化的发展,一定程度上可以刺激那样一种历史积淀起来的单薄、封闭。"③又如,相同的美国大众文化在大西洋两岸得到的是不一样的反应:在美国本土它是被作为集体幻觉(public fantasy)而接受的,但当其漂洋过海到英国时,却被同时接受为一种解放力量和一种威胁。一如斯道雷所言:

> 在1950年代(美国化的关键时期之一),对于许多英国年轻人来说,美国文化所代表的是一种反对灰色的英国文化生活的解放力量。同样显明的是,对美国化的恐惧密切联系着对正在显影的种种大众文化的不信任……受到威胁的要么是高雅文化的传统价值观,要么是

---

① 鄢海鹏:《解读大众文化——在社会学的视野中》,上海人民出版社,2003年,第118页。
② John Fiske([1989]1996) *Understanding Popular Culture*, London and New York: Routledge, p.169.
③ 鄢海鹏:《解读大众文化——在社会学的视野中》,上海人民出版社,2003年,第132—133页。

"被诱惑的"工人阶级的传统生活方式。①

有一种大众文化观与"受操控的群众文化"形似神异,它坚持大众文化是"人民"(the people)的文化,即"为人民服务的人民文化",②或者中国人所熟悉的工农兵文艺。这一看似完美的观点至少存在着两方面的问题:一是人民是谁或谁有资格被纳入人民的范畴,一是文化之源在何方,因为无论是在西方还是在中国,人民的资格、生产大众文化的原材料都直接联系着主流意识形态。一如戴锦华对春节联欢晚会这一"为人民服务的人民文化"的分析:

> 1999年,中国中央电视台春节联欢晚会上首次出现了一个表现下岗工人的小品。尽管对照着七八十年代之交的空前盛况,春节联欢晚会……已黯然失色、风光不再……但对于绝大多数中下层的城市家庭说来,这一台晚会仍是聊胜于无的娱乐时间……在此,何种节目演出、以何种方式出演,仍举足轻重,意味无穷。正是在这个小品中,出现了一个乐天知命的下岗工人,并提供了新的一年新的"俏皮话":"苦不苦,想想人家萨达姆;顺不顺,想想人家克林顿。"……如果说,此时出现在主流媒体上的已是王朔式的"误用"和调侃,那么,确乎借助昔日意识形态有效表达的,则是这位下岗工人如何以自己的善良和乐天使一位下岗干部……走出了情绪的低谷。这仍是"卑贱者最聪明,高贵者最愚蠢"的模式。③

很显然,取材于国内重要媒体、显影于中国中央电视台这一权力媒体的小品中的人民,不可能包括现实中的上百万下岗工人,因为它被主流意识形态寄予了提供"想象性的抚慰与现实合理"的重任。即是说,类似的为人民服务的人民文化"只能是一幅想象性的社会图景",必须视阶级话语为"一份深刻的禁忌",虽然"阶级现实日渐浸透了人们的日常生活"。④

斯道雷总结出来的第五种定义即葛兰西式文化研究或新葛兰西霸权理论(neo-Gramscian hegemony theory)认为,大众文化是"社会从属团体的'抵

---

① John Storey([1993]1997) *An Introduction to Cultural Theory and Popular Culture*, London: Prentice Hall/Harvester Wheatsheaf, p.12.
② Ibid.
③ 戴锦华:《隐形书写——90年代中国文化研究》,江苏人民出版社,1999年,第17—18页。
④ 同上书,第21页。

制'力量与社会支配团体的'融合'力量之间的斗争场域";①大众文化既不像那些持群众文化观的人所认为的,是一种自上而下强加的文化,也不像那些持人民文化观的人所认为的,是一种自下而上自发形成的对立文化。相反,

> 大众文化既不是一种本真的工人阶级文化,也不是一种由文化产业强加的文化,而是葛兰西所谓的二者间的一种折中平衡(compromise equilibrium),一个底层力量和上层力量的矛盾混合体;它既是商业性的、也是本真的,既有抵制的特征、也有融合的特征,既是结构、也是能动性。②

折中平衡的过程既是历时的,也是共时的。比如,旅行之于中国人而言,受黄金周制度的实行及国民收入的普遍增加等因素的影响,它已从过去的少数人的专利演变为当下蔚为壮观、耐人寻味的大众文化现象;曾经遭人蔑视的黑白电影现如今已成为艺术品。一如本尼特所指出的,以折中平衡为特征的大众文化领域浸透着意识形态斗争:

> 大众文化领域是由统治阶级夺取霸权的努力及这一努力的各种对立形式所结构的。因此,它的构成要素既不仅仅有吻合于支配性意识形态的被强加的群众文化,也不仅仅有自发的对立文化,而是确切地说,二者间的一个谈判领域,支配性的、从属性的、对立性的文化及意识形态价值观与要素错综复杂地"混杂"于其间——在不同类型的特定大众文化之中。③

新葛兰西霸权理论不仅引发了人们对大众文化概念本身的重新思考,而且促成了大众文化研究的性质的改变。一如特纳所言,葛兰西霸权理论指导之下的大众文化研究不仅具有学术价值,而且同时具有政治意义。"大众文化是一个可以考察日常生活的建构的场域。这样做的意义不仅仅是学术性的——即理解一个过程或者实践的努力——而且也是政治性的,即考察构成该种日常生活的权力关系,并因此揭示这一结构所服务的利益

---

① John Storey([1993]1997) *An Introduction to Cultural Theory and Popular Culture*, London: Prentice Hall/Harvester Wheatsheaf, pp.13—4.

② 约翰·斯道雷:《记忆与欲望的耦合——英国文化研究中的文化与权力》,徐德林译,广西师范大学出版社,2007年,第108页。

③ Tony Bennett([1994]2006) "Popular Culture and the 'turn to Gramsci'", in John Storey (ed.) *Cultural Theory and Popular Culture: A Reader*, London: Prentice Hall, p.96.

组合"。①

斯道雷总结出来的第六种大众文化是后现代主义大众文化,其定义的核心是绝对价值标准的崩溃、文化全球化及文化融合。②虽然人们对"涵盖1970与1980年代知识分子文化、艺术与时尚行业的诸般发展"的后现代主义这一"包罗万象的术语"言人人殊,③但这并未妨碍它"像一阵清新的风一样"影响甚至支配英国学界;④以让-弗朗索瓦·利奥塔(Jean-Francois Lyotard)所谓的现代主义宏大叙事(meta-narrative)瓦解这样一种知识状况、让·鲍德里亚(Jean Baudrillard)所谓的拟像(simulacrum)世界、杰姆逊所谓的晚期资本主义的文化逻辑为代表的种种后现代主义话语,以殖民式的速度急邃扩张于1980年代的英国学界,改变了诸多英国学者对当代大众文化的理解与认识。一如迪克·赫布迪格(Dick Hebdige)所言:

> 室内装饰、建筑设计、电影叙事、唱片或者"抓拍"视频、电视广告、艺术纪录片的设计、或者它们之间的"互文"关系、时尚杂志或者时政期刊的版面设计、认识论中的反本体论趋向、对"在场的形而上学"的批评、感觉的普遍衰减、战后"婴儿潮"一代遭遇中年危机时的集体懊恼与病态投身、反思的"困境"、一系列修辞转义、表层的增殖、商品拜物教的新阶段、对"意象"、代码及风格的迷恋、一连串文化、政治或者存在主义的碎片化与危机、主体的"去中心化"、"对宏大叙事的怀疑"、单一权力轴心为多元权力/话语型构所替代、"意义的内爆"、文化等级结构的崩溃、核武器自爆的危险所引发的恐惧、大学的衰落、新式微技术的运作与效应、社会与经济广泛进入"媒体"、"消费者"或者"跨国"阶段、"失空"(placelessness)感(取决于你阅读谁的著述)或者失空感的放弃("批评性地域主义"),或者(甚至)空间对时间的全面替代,当把所有这些统统描述为"后现代"变得有可能的时候⋯⋯那么我们显

---

① Graeme Turner ([1990]2003) *British Cultural Studies: An Introduction*, London and New York: Routledge, p.7.
② John Storey ([1993]1997) *An Introduction to Cultural Theory and Popular Culture*, London: Prentice Hall/Harvester Wheatsheaf, pp.17—8.
③ 约翰·菲斯克等编:《关键概念——传播与文化研究辞典》,李彬译注,新华出版社,2004年,第214—215页。
④ Angela McRobbie (1994) *Postmodernism and Popular Culture*, London and New York: Routledge, p.15.

然是在面对一个时髦之词。①

浸润在后现代主义话语之中的理论家们否认大众文化与高雅文化之间有区隔的存在,或者主张商业已然与文化融合。所以,后现代主义大众文化观既表征大众文化的最终战胜高雅文化,也暗示文化的最终商业化。面对后现代大众文化产品时,消费者难免会对其消费对象"犯晕"。比如,就中国新浪网上很受网民喜爱的一个视频节目《心灵花园》而言,网民消费的显然不仅仅是它所提供的偷窥他人隐私,或者米歇尔·德·赛都(Michel de Certeau)意义上的盗猎(poaching)机会(商业),而且还有贯穿整个节目的美妙的背景音乐(艺术);正是商业与艺术在此间的结合才最终吸引了网民。

透过上述种种大众文化的定义,我们不难发现,作为一个术语的大众文化往往因分析者的不同、分析方法的不同而发生变化;这些定义自有其存在的价值与理由,但以后见之明来看,某些标准及相应定义则可能有这样或那样的显在缺陷。所以,我们必须注意的是,因为"大众文化不是靠人民而是由他人所鉴定",②大众文化并非是历史地形成的一系列一成不变的文本与实践,也不是历史地形成的一个一成不变的概念范畴;理论审视的对象因时而异,在一定程度上是为理论介入行为本身所建构的。从这个意义上讲,无论我们采取何种视角考察大众文化,我们都必须基于大众文化的这样一些特征,比如历史性、商品化、政治化或者意识形态化。③

## 3. 文化研究

作为新时期以来的一个人文社科高频术语,"文化研究"对中国学者并不陌生,虽然并非人尽皆知的是,文化研究原本有广义与狭义之别。广义文化研究大致相当于英语中的 the study of culture,即对文化问题、文化理论的研究,或者马克思主义、女性主义、心理分析等某一学科抑或流派的理论与

---

① Dick Hebdige ([1994]2006) "Postmodernism and 'The Other Side'", in John Storey (ed.) *Cultural Theory and Popular Culture: A Reader*, London: Prentice Hall, p.410.

② Raymond Williams ([1976]1985) *Key Words: A vocabulary of culture and society*, New York: Oxford University Press, p.237.

③ 参见黄怀军:《大众文化》,载王晓路等:《文化批评关键词研究》,北京大学出版社,2007年,第56—57页。

文化问题、文化理论相结合而形成的思想运动及学术传统。① 历代中国文人不亦乐乎而为之的文化批评,从古代的"策论"到近代的"报章",再到现代的"杂感",直到文革时期的"大批判",②以及作为文学批评、思想评论、社会分析的混合体的当代中国文化批评,或者更加具体地讲,钱穆式文化研究,③莫不属此列。狭义的文化研究即英语世界大写的 Cultural Studies,特指威廉斯、霍加特、汤普森、霍尔等英国新左派成员在新左运动中开创的一种知识传统;它以伯明翰学派为代表,旨在揭示(大众)文化与权力之间的关系,④虽然它"并非是一种有着固定议程的连贯紧密、统一的运动,而是连贯松散的一组趋势、议题与问题"。⑤ 广义文化研究与狭义文化研究之间不乏差异的存在,比如就它们的历史而言,"直接联系着**治理国家**的时政男人"的广义文化研究始于现代初期,是"自亚里士多德以来的绅士业余爱好者的工作,是 18 世纪以降的'市民人文主义'的理想",⑥而狭义文化研究的历史则始于 1950 年代,但严格地讲,文化研究的广义/狭义之分亦并非是绝对的。一如有评论家所指出的,正是广义文化研究在为狭义文化研究提供理论资源与思想武器,狭义文化研究是广义文化研究的进一步拓展,使广义文化研究得以进入具体的应用与批评阶段。⑦ 事实上,即使仅就狭义文化研究而言,也存在着"边界不清"的问题,即它往往交叉抑或重叠于媒体与传播研究、文化史、文化地理学、文化社会学、文化政策研究,以及某些形式的人类学。⑧

本书所聚焦的以伯明翰学派为中心的英国文化研究属狭义文化研究;

---

① 萧俊明:《文化转向的由来》,社会科学出版社,2004 年,第 24 页;陆扬、王毅选编:《大众文化研究》,上海三联书店,2001 年,第 275 页。

② 曾军:"前言",载曾军主编:《文化批评教程》,上海大学出版社,2008 年,第 2 页。

③ 在出版于 1948 年的《中国文化史导论》中,钱穆在中国现代史上第一个系统地研究了中国文化史,提出了极富创见的文明/文化二分模式。

④ Marjorie Ferguson and Peter Golding (1995) "Cultural Studies and Changing Times: An Introduction", in Marjorie Ferguson and Peter Golding (eds.) *Cultural Studies in Question*, London: Sage, xv;陈光兴,《英国文化研究的谱系学》,《思想文综》第 4 辑,暨南大学出版社,1999 年,第 10 页。

⑤ Patrick Brantlinger (1990) *Crusoe's Footprints: Cultural Studies in Britain and America*, New York and London: Routledge, ix.

⑥ John Hartley (2003) *A Short History of Cultural Studies*, London: Sage, p. 19。

⑦ 萧俊明:《文化转向的由来》,社会科学出版社,2004 年,第 25—26 页。

⑧ John Frow, http://www. Australianhumanitiesreview. org/archive/Issue-December-2005/frow. html,2011-12-5,原载 *Australian Humanities Review*, Issue 37, December 2005。

它既是一个政治工程,也是一门学科,并非只是传统人文或社会科学的延伸,而是旨在打破学科间既定壁垒与规范,以跨学科甚至反学科的姿态关注与介入当下社会现实。所以,虽然此间的文化研究仍以文化为研究对象,"但它不是过去广泛进行的各种各样的'文化讨论'中所针对的那个文化,而是与今天市场经济密切联系的商品文化,特别是与工业生产方式紧密联系的大众文化"。① 借用 Cultural Studies(《文化研究》季刊)在发刊词中的自我定位来讲,②本书所论及的文化研究

> 与其说是在被某种理论议程驱使,还不如说是在被其基于历史语境建构具有即刻性或者想象性的种种可能性的欲望驱使;它试图更好地阐释我们之所在,以便我们可以建构出其基础不仅仅为自由、平等原则及财富与权力的分配的新的历史语境与结构。

然而,这并非意味着智识团体或学术机构已对何为文化研究达成"一致"的认识,虽然文化研究已被广泛接受为一个学术、智识和激进主义探究、分析和批判的领域;事实恰好相反,人们对何为文化研究的理解以显在的"差异"为特征,要么视其为一种批判性实践,要么视其为一种机构设置。霍尔认为文化研究是"一种契合性实践",③斯道雷主张文化研究为一种作为政治的学术实践,④E. 李主张文化研究为"一种智识运动和政治工程"。⑤ 尤其值得一提的是,哈特利总结出了基于不同视野的六种文化研究定义,比如基于文化研究与文学批评的关联,"文化研究是一宗批评性事业,而非学科性事业";又如基于文化研究与大众社会的关联,"文化研究是对大众或者通俗文化的研究,特别是对大众社会的大众媒体的研究;它也关注文化政治,即……通俗或者大众文化与高雅或者少数人文化之间的斗争。"⑥

---

① 李陀:"序",载戴锦华:《隐形书写——90年代中国文化研究》,江苏人民出版社,1999年,第7页。

② Cultural Studies(《文化研究》季刊)是世界上最权威的文化研究刊物,其主办发行方为著名出版公司 Routledge(劳特里奇出版公司)。Cultural Studies 的编委固定为 50 位专家,在世界范围内挑选产生,定期更换;台湾清华大学陈光兴教授是当下编委会中唯一的华人编委。

③ Stuart Hall (1990) "The Emergence of Cultural Studies and the Crisis of the Humanities", October, vol. 53, p. 11.

④ 约翰·斯道雷:《记忆与欲望的耦合——英国文化研究中的文化与权力》,徐德林译,广西师范大学出版社,2007年,第 107—117 页。

⑤ Richard E. Lee (2003) Life and Times of Cultural Studies, Durham: Duke University Press, p. 1.

⑥ John Hartley (2003) A Short History of Cultural Studies, London: Sage, p. 8, p. 31.

体现文化研究具有"差异中的同一性"的,是人们认同于文化研究是对日常生活的研究,虽然一方面,作为文化研究考察对象的日常生活显在地不同于个人及团体所经历的日常生活,另一方面,作为文化研究考察对象的日常生活因实践者的学术观点及意识形态的不同而不同。文化研究试图从意义、权力、意识形态及主体性的角度理解当今社会之中的日常生活,但受学科及智识关注的影响,文化研究对日常生活的关注与研究并无任何的预设与成见。因为文化研究自身同时身为政治与学术话语的历史,它对日常生活的研究有着这样一种强烈意识,即"任何对日常生活的研究的目的都是批评性的,其关键并不仅仅要理解这个世界,而是要改造世界。"①换言之,由于"被文化研究带入人们视野的日常生活弥漫着媒体、权力、差异与现代管理策略,其特征是混合、模糊、混杂、商业及去民主化",②作为文化研究研究对象的日常生活必须同时被视为舞台与症候,展现与表征斗争、意识形态、压迫、权力结构,以便人们可以从中找到代表着文化研究发展过程的"延续和联系、裂隙和毁灭"。③

伯明翰学派堪称具有相当实体性质的英国文化研究的代表,但必须指出的是,尽管"很少有人会质疑文化研究的'起源神话'是英国造",④英国文化研究并不完全等同于伯明翰学派。换言之,虽然从源头上讲,作为一个术语的文化研究的现代意义源自伯明翰当代文化研究中心,但我们并不能因此认为,伯明翰当代文化研究中心是文化研究的唯一合法代言人。作为福柯意义上的一种话语建构(discursive formation),英国文化研究内部不无差异;一方面,提供文化研究课程的英国大学有着互不相同的跨学科背景,或者与大众传播同室,或者与文学研究为伴,另一方面,既有堪称"斗争派"(The "struggle" strand)的伯明翰学派,也有可谓"民主化派"(The "democratisation" strand)的卡迪夫学派,以及以政治经济学研究著称的莱斯特学派等。以伯明翰当代文化研究中心为大本营的伯明翰学派,与以卡迪夫大学传播与文化研究中心(The Cardiff Institute of Communism and Cultural Stu-

---

① John Hartley (2003) *A Short History of Cultural Studies*, London: Sage, p.121.
② Ibid., p.123.
③ Richard E. Lee (2003) *Life and Times of Cultural Studies*, Durham: Duke University Press, p.1.
④ Marjorie Ferguson and Peter Golding (1995) "Cultural Studies and Changing Times: An Introduction", in Marjorie Ferguson and Peter Golding (eds.) *Cultural Studies in Question*, London: Sage, xv.

dies)为大本营的卡迪夫学派有着复杂的纠缠,①虽然后者时常受人忽视或者被遮蔽。

卡迪夫学派或民主化派文化研究的重要先驱包括 1940 年代和 1950 年代任教于卡迪夫大学的 S. L. 贝舍尔(S. L. Bethall),以及在卡迪夫大学任教四十余年(从 1950 年代中期到 1990 年代末期)、几乎把其整个事业都献给了卡迪夫大学的特伦斯·霍克斯(Terence Hawkes)等人。与伯明翰学派文化研究一样,卡迪夫学派文化研究首先寓居在英语系之中,后因院系调整,即英语系与哲学、语言学、传播与新闻等学科的合并,文化研究与媒体及新闻等学科于 1990 年代共居一室,成为卡迪夫大学新闻、媒体与文化研究学院的一部分。霍克斯退休之后,编辑出身的汤姆·霍普金森(Tom Hopkinson)执掌帅印,②卡迪夫派文化研究逐渐从关于现代性的想象性文本系统走向了现实主义文本系统。③ 卡迪夫学派与伯明翰学派的另一个相似之处,是其成员间的"血缘关系",比如贝舍尔和墨尔温·麦金特(Moelwyn Merchant)之间,④麦金特和霍克斯之间,霍克斯和哈特利之间都有着直接的师承关系。

卡迪夫学派文化研究的奠基性文本是贝舍尔的代表作《莎士比亚与通俗戏剧传统》(Shakespeare and the Popular Dramatic Tradition),旨在通过戏剧关注社会、介入现实。虽然置身于战火纷飞的年代,民族存亡未卜,贝舍尔仍坚持认为,对民族地位的重视必须以对戏剧的关照为前提,或者换言之,由于"欣欣向荣的戏剧是欣欣向荣的、有机的民族文化的附带现象(epiphe-

---

① 卡迪夫学派文化研究同样是建构之物,其主要建构者为卡迪夫大学文化理论家约翰·哈特利。哈特利指出,卡迪夫学派或者民主化派文化研究的代表人物包括墨美姬(Meaghan Morris)与约翰·菲斯克,但我在 2007 年亚际文化研究上海会议(2007 Inter-Asia Cultural Studies Shanghai Conference)期间就此向墨美姬本人求证时,墨美姬对此予以了坚决的否认。所以,我们不妨大胆构想,这是一个建构与反建构/解构的问题,就像曾经在 E. P. 汤普森那里发生过的情况一样:E. P. 汤普森经常被人贴上文化主义的标签,但他本人却始终否认自己的文化主义者身份。参见 John Hartley (2003) *A Short History of Cultural Studies*, London: Sage, p. 33。

② 汤姆·霍普金森(Tom Hopkinson)是卡迪夫大学及英国的第一位新闻学教授。为了表示对霍普金森的纪念和缅怀,英国摄影协会设置了以他的名字命名的"汤姆·霍普金森奖",每年颁发一次。

③ John Hartley (2003) *A Short History of Cultural Studies*, London: Sage, pp.48—49。

④ 墨尔温·麦金特任教于埃克塞特大学(The University of Exeter),但他与卡迪夫大学之间的联系是深刻而多方面的。

nomenon)",①在文化上排斥通俗大众的行为在本质上无异于非人化的行为;民族文化繁荣之所需并非智识文化,而是通俗戏剧传统。所以,贝舍尔重点考察和分析了1940年代通俗戏剧艺术,包括哑剧、时事讽刺剧、音乐喜剧、纯商业性好莱坞电影等,提出了著名的"多重意识原则"(The principle of multi-consciousness),即"一个普通观众倘若没有受到抽象的、带倾向性的戏剧理论的影响,会同时注意到一个场景的诸多不同维度,且不会发生任何混乱",②主张兼容性、主张向通俗观众及通俗艺术学习。正因如此,贝舍尔在探究17世纪以来的英国历史的过程中,发现了当代电影与伊丽莎白时代戏剧间的内在关联,显在地把电影置于了未来之希望的位置上:

> 喜剧与悲剧在莎士比亚戏剧之中的融合是如此之显在,无需现代例证的阐明,但看到好莱坞电影对大众传统的这一面向的保持仍感有趣。风格化、非自然主义的纯轻喜剧段落仍出现在十分严肃的戏剧之中;侦探电影(侦探小说)的爱好者一定会记住那个极为滑稽的无能警察,他可能会惨遭横死或者暴毙而亡。此等事件往往受到电影批评家的责难,他们的正确的"高雅严肃性"要求语气一致。然而,老套的商业娱乐世界的任何残存,则至少暗示这样的一个希望,即在人造艺术的无瑕外表之下,可能潜伏着也许会在时运更佳时浮现出来的真正艺术品质。③

不难发现,利维斯主义者贝舍尔通过在观众之中、在最低级的当代大众艺术形式之中寻找希望,最终达成了对利维斯主义的超越。他所期盼的"时运更佳"最终随电视的出现而浮现出来,因为电视赋予通俗戏剧以新载体,使拥有欣欣向荣的民族文化的未来有了新希望。④

电视出现之后,进一步探讨通俗戏剧传统的重任转移至卡迪夫学派第二代传人霍克斯的肩上。在《莎士比亚的能言善道的动物:社会中的语言与戏剧》(*Shakespeare's Talking Animals: Language and Drama in Society*)——基于他在BBC3中播出过的两篇文章:《消灭实况戏剧》(*Stamp Out Live Theatre*)与《摄像机中的戏剧》(*Drama in Camera*)——中,霍克斯宣称电视

---

① S. L. Bethell (1944) *Shakespeare and the Popular Dramatic Tradition*, London: Staples, p.29.
② Ibid., pp.28—9.
③ Ibid., p.112.
④ John Hartley (2003) *A Short History of Cultural Studies*, London: Sage, p.51.

乃伊丽莎白时代戏剧的"嫡系传人"：

> [伊丽莎白时代的]观众及其戏剧是真正"通俗的"；是文化诸元素的结晶，是在艺术上对文化的真实"投射"。一旦融合分崩离析，可以在戏剧之中感觉到的"普世性"随之消失……当我们把王朝复辟时期的戏剧与伊丽莎白时代的戏剧、詹姆士一世时期的戏剧并置时，它的缺席就会强力凸现自己。虽然这种戏剧绝无再生的可能，但它在我们文化之中的嫡系传人只可能是电视。电视构成了我们的社会可能拥有的唯一的真正"民族"戏剧。①

霍克斯认为，持续排除电视于学术讨论与考察之外已经让人感到尴尬，因为"电视以戏剧从不可能希望比肩的方式紧紧地、构成性地、数字地联系着我们社会，这一情势讽刺性地减弱了媒体所遭遇的惯常性学术轻蔑"。② 所以，

> 更为广义地看，电视就像所有公众艺术一样，其作用是关照社会。这可以说是戏剧的最终目的……因为我们的社会与伊丽莎白时代的英国大相径庭，是一个分散、衍射的社会，其间的一致性往往难得成为被感知的现实存在。电视对这样一个社会的影响被证明为具有即刻的诊断性与补救性……因此，电视最重要的品质即是我们的社会最需要的品质。它显现为一种普遍能力，集合起四分五裂的个体、创造统一性、赋予生活以整体性。③

电视的影响"具有即刻的诊断性与补救性"，研究电视的霍克斯的影响也不例外。霍克斯的电视观念不仅直接促成了菲斯克与哈特利的《阅读电视》(*Reading Television*)，而且对威廉斯也有明显影响。虽然我们难以对霍克斯与威廉斯之间的交往细节进行查考，但透过威廉斯最终凭《现代悲剧》《从易卜生到布莱希特的戏剧》(*Drama from Ibsen to Brecht*)等杰作，在1974年被剑桥大学任命为国王爱德华七世戏剧教授(King Edward VII Professor of Drama)时所发表的就职演说——《戏剧化社会中的戏剧》，我们可以清晰地看到，威廉斯在戏剧、社会与电视之间进行了霍克斯式关联。威廉

---

① Terrence Hawkes (1973) *Shakespeare's Talking Animals: Language and Drama in Society*, London: Edward Arnold, p.231.
② Ibid., p.4.
③ Ibid., p.240.

斯在认识到"当下最具戏剧性的表演是在电影及电视摄影棚之中"的同时,指出鉴于戏剧通过电视出其不意地参与日常生活的建构,对戏剧的考察"不仅不失为一种看待某些社会面向的方法,而且不失为一种借以了解把我们集合为社会本身的某些基本习俗的方法"。① 事实上,关注戏剧的社会建构作用既是作为一种非都市性或者乡土气息的卡迪夫学派文化研究的特点,也是它能与其他学派的英国文化研究相得益彰的基石。

所以,卡迪夫学派与伯明翰学派之间可谓并无本质性冲突,或者更加具体地说,卡迪夫学派所选取的现实介入路径与威廉斯、霍尔所开辟的现实介入路径有颇多相似;它们都选取了通俗/大众文化作为关注对象,虽然它们的侧重点有所不同。伯明翰学派更加关注通俗/大众文化在极为不平等的阶级社会里的结构性位置,卡迪夫学派更加关注自下而上更新的可能性。相比较而言,卡迪夫学派在情绪上更加乐观、更倾向于把日常性视为民主化的目的而不是权力的手段,所以其终极目标与其说是权力、还不如说是意义(故事、歌曲、景象、言语等),与其说是可统治性(governability)、还不如说是解放,其兴趣所在与其说是统治、还不如说是教学,与其说是阶级对立、还不如说是文化制度的生产能力,与其说是治理(governmentality)、还不如说是作为"文化公民权"(cultural citizenship)的延伸工具的媒体。② 从历史与发展的角度看,两个流派之间的最大差异在于最终命运的迥然不同:在文化研究作为一门学科逐渐从边缘走向中心并拓疆于世界各地的时候,伯明翰学派被"有幸地"建构成英国文化研究的合法代言人,不断得到史学家的彰显,而卡迪夫学派则"意外地"滞留于文化研究竞技场的边缘,甚至一直被遮蔽,直至特纳,尤其是哈特利使其获得重现。其间的原因可能言人人殊,但可以肯定的是,一如大卫·莫利等人所暗示的,英国文化研究中明显存在的英格兰中心主义难辞其咎。卡迪夫学派遭遇遮蔽,不仅关乎伯明翰学派在学理上的成就,更重要的是与它在文化地理上偏处大不列颠边缘——威尔士——不无关联,虽然它曾深刻地影响过伯明翰学派,尤其是在电视研究方面。

---

① Alan O'connor (1989) (ed.) *Raymond Williams on Television: Selected Writings*, New York and London: Routledge, p.11.
② John Hartley (2003) *A Short History of Cultural Studies*, London: Sage, p.33.

# 第一章　择取第三条道路

  我有时候读到一些对文化研究的发展的描述，它们很有特点地根据**文本**去追溯文化研究的各种发展。我们大家都知道这样的一些描述，它们把《文化的用途》、《英国工人阶级的形成》、《文化与社会》等著作排列起来，并确定它们的年代。但事实上，早在[19]40年代末期，尤其是战争期间军队教育的著名先例，而且还有一些先例——尽管它们主要是经济和外交事务方面的——甚至是在[19]30年代，文化研究便在成人教育中极其活跃了。正是因为后来的这些著作，它才变为出版物，才获得某种智识认可。①

  作为一种被建构之物，伯明翰传统的文化研究并非某种理论或社会现象一夜间作用的结果，而是社会、经济、教育、外交等多种力量长期纠缠与耦合的产物。一如上述引言所暗示的，就其形成话语与形成过程而言，1962年正式显影在伯明翰当代文化研究中心的英国文化研究自有其特殊性与复杂性，其历史必须被回溯到1940年代，甚至1930年代，而并非像伊格尔顿所断言的那样，"严格说来，这一[文化]理论可以追溯到柏拉图。但就最为我们所熟悉的形式而言，它其实是一段长约15年的产物，大约从1965年到1980年"。②

  众所周知，英国文化以根深蒂固的经验主义著称，天然敌视欧陆理论，尤其是日耳曼的抽象思想。所以，尽管马克思曾侨居英国多年，但在马克思生前，英国既未出现马克思主义理论大家，也未诞生重量级的马克思主义活动家；直到经济大萧条爆发以及法西斯势力日益猖獗的1930年代，因为阿历克·韦斯特（Alick West）、克里斯托弗·考德威尔（Christopher Caudwell）等人的努力，马克思主义才开始在英国流行。然而，《苏德互不侵犯条约》的签订，以及令大英帝国最终瓦解的第二次世界大战的爆发，一方面造成了

---

① Raymond Williams（[1989]2007）*Politics of Modernism*, London and New York: Verso, p. 154.

② Terry Eagleton（2003）*After Theory*, London: Basic Books, p. 38.

马克思主义在英国的影响逐渐式微,另一方面导致了英国思想界与学术界对马克思主义的认识长期停留于1930年代的水平,继续奉行苏联式马克思主义。直到英国新左派在1956年的出现,尤其是英国新左派领导权在1960年代从第一代成员转移至第二代成员,英国新左派从社会运动阶段进入理论探讨阶段,英国的马克思主义研究才开始迅猛发展,英国因此成为了马克思主义理论的输出重镇,一如评论家所言:"在六十年代之后,英国的马克思主义研究开始突飞猛进……英国马克思主义思想传统的复兴,以及它斐然的学术成就,是战后英国新左派知识分子不懈努力的结果。"①

  英国新左派的出现直接联系着英国左翼知识分子在二战前后的"活生生的经验",以及二战之后的英国社会情势。出生于1920年代前后的英国左翼知识分子大多曾因西班牙内战、纳粹德国的崛起、经济大萧条、十月革命,尤其是苏联"这边风景独好"等因素的影响,②对共产主义心向往之,坚持认为英国应该走社会主义道路。二战期间,他们纷纷中止学业,奔赴欧洲甚至远在北非的战斗前线;二战结束之初,他们回到了校园完成学业,但旋即又基于和平主义的考虑积极参加核裁军运动、基于改变英国社会的考虑全力投身成人教育运动。随着"一道横贯欧洲大陆的铁幕"的降落,以美国、苏联为代表的冷战双方在政治、经济、军事、外交、文化及意识形态等方面的持续对抗、冲突和竞争无论对世界的局势还是人们的精神世界都发生了深刻的影响,而发生在1956年的一系列事件:苏联共产党第二十次代表大会(以下简称苏共二十大)、苏联军队入侵匈牙利、苏伊士运河危机,更极大地震撼了英国左翼知识分子,激起了他们对英国社会发展道路的重新思考和深刻反省。换言之,鉴于冷战阴云笼罩下的英国社会情势,暗流涌动的1956年鼓励了英国左翼社会力量停止在苏维埃与英国社会民主之间进行

---

① 赵国新:《英国新左派的思想画像》,《读书》,2006年第8期,第39页。
② 1928年,斯大林放弃了列宁生前制定及实施的"新经济政策"(NEP),代之以国家计划经济,大力推进工业化。无论是在过去还是现在,斯大林的"新经济政策"从不乏批评者,但不可否认,通过五年计划的执行,苏联国民生产总值在1928—1952年间增加了三倍半,苏联在全球工业生产中所占份额从1921年的1.5%增加到1939年的10%,1966年的20%;国民受教育程度不断提高,入学率1926年为56.6%,1939年为87.4%,1959年为98.5%;医疗方面,1913—1961年间,苏联医生的数量从23200名增加到425700名,人均寿命从32岁上升到69岁,婴儿死亡率从273‰下降到32‰。苏联所取得的成就对世界各国的影响是巨大的;包括英国人在内的许多西方人,对苏联模式的态度从最初的怀疑变为了后来的真正感兴趣。详见 L. S. Stavrianos (2004) *A Global History: From Prehistory to the 21st century*, Peking University Press, pp. 573—577。

非此即彼式选择,造成了英国左翼社会力量的分化,催生了在苏联式共产主义与英国式资本主义之外寻求别样道路的英国新左派(The New Left),或者借用较早梳理英国新左派历史的旅英华人学者林春的话来讲:"大致说来,新左派产生于其间的环境便是消费资本主义与冷战。"①具有强烈政治诉求的英国新左派成员一方面积极参与核裁军运动、中产阶级激进运动、成人教育运动等新左运动,另一方面勉力创办新刊,反思马克思主义理论和实践,探讨文化理论和当代英国社会问题,最终有效地为文化研究的形塑与诞生,奠定了坚实的社会及政治基础。

## 第一节　英国新左派的诞生

在英国文化研究中占据着关键词地位的"新左派"一词源自法语 nouvelle gauche(新左运动),它直接联系着法国作家、记者、政治家克劳德·布尔代(Claude Bourdet)及其编辑的周报《法兰西观察家》(*France Observateur*)。作为法国抵抗运动的主要领导人之一,布尔代在二战结束之后积极致力于开辟欧洲政治的"第三条道路"(the third way),以期以"第三种立场"(the third position)拒斥处于支配地位的两种既有左翼立场——斯大林主义与社会民主主义,超越北约与华约军事集团,反对美国与苏联在欧洲的存在。在风云突变的 1956 年,因无党派社会主义者乔治·道格拉斯·霍华德·科尔(George Douglas Howard Cole)等人的倡议,旨在联合东、西欧的国际社会主义协会(International Socialist Society)在巴黎召开筹备大会;期间,斯图亚特·霍尔等人在布尔代的启发下,加深了对正在发生的传统或"旧"的英国社会左翼力量分化的理解,回到英国后开始自称"新左派"。② 所以,

---

①　Lin Chun (1993) *The British New Left*, Edinburgh: Edinburgh University Press, p.1.

②　1930 年,22 个国家的进步作家在前苏联的哈尔科夫举行国际会议,随后英国成立了一个革命作家国际联合体,承担反对法西斯主义、吸引工人群众进入文学界的重任。1934 年,一些英国作家在伦敦组织了革命作家联合会不列颠分会,创办了分会机关报——著名的 *Left Review*(《左派评论》),以期把进步知识分子团结在自己周围,使他们成为反对战争和法西斯主义、保卫苏联的战士。二战后,由于英国工党政府的接受美国贷款、规劝工人阶级"进行生产以拯救国家"等举措,尤其是英共的反对组织和参与罢工的号召,英国左翼社会力量内部出现了严重分歧和分化。参见 Stuart Hall (1989) "The First New Left", in Robin Archer *et al.* (eds.) *Out of Apathy*, London: Verso, pp.14—5;Lin Chun (1993) *The British New Left*, Edinburgh: Edinburgh University Press, xviii;Richard E. Lee (2003) *Life and Times of Cultural Studies*, Durham: Duke University Press, p.217.

我们必须知道,首先,虽然新左派曾作为一种国际现象存在于世界各地,但英国新左派属于"1956 年一代",显在地不同于"68 年一代"(Sixty-Eighters)——1960 年代末席卷发达资本主义世界的青年激进运动,比如反越战示威、黑人民权运动、工人罢工及占领工厂、传统阶级斗争以外的各式解放运动。虽然英国新左派曾在 1968 年国际革命高潮期间与国际趋势有过短暂合流,但直到 1970 年代中后期,它才与国际运动真正接轨。① 其次,从定义或者逻辑上讲,英国新左派与老左派的决裂并非彻底:前者旨在修复与连接后者的认识与社会现实之间的鸿沟与断裂,实现拉尔夫·米利班德(Ralph Miliband)所谓的"从转变到转变"——有效地重新激活工党运动,虽然新左派创立者对老左派的工会主义、社团主义、议会主义的批判,新左派年轻一代对盎格鲁—撒克逊思想的本质及民族文化的挑战,致使英国社会主义传统中的积极因素乃至本质被严重忽视或低估。②

  只要把新左派和传统左派的理论态度和政治态度对照一下,即可看出它们的主要差别:新左派反对与传统左派政党及其领导传统有关的中央集权下的经济统制、政治集权和制度化的等级制。因此,新左派思想家注重赞美自下而上的自主性、差异和多样性,极力证明社会主义中存在一些被忽略了的、但实际上应当被放置到左派政治斗争最前沿的东西。当然,最显著的一点差别是传统左派以政党形式存在,而新左派则不然。新左派没有成为一个致力于选举战的政党的好处在于这让创造性和原创性的思想极大地喷射了出来,不利之处在于这使得运动无法继续维系下去,因为运动没有发展出一种可以支撑其继续发展的体制或能让其继续存在的群众基础。③

为了告别与国家权力直接结合的激进左派的暴力崇拜、斯大林主义、僵硬的计划经济与集权政治体制,告别老左派单纯从意识形态视角论述问题的思路,新左派以伸张人民主权与普遍民主的姿态、反对资本主义的政经权力垄断及文化霸权的姿态赫然显影,在同情弱者的同时,批判主流。所以,英国新左派成员多为左翼知识分子,包括学者、教师及其他专业人士,虽然

---

① Lin Chun (1993) *The British New Left*, Edinburgh: Edinburgh University Press, xiii.
② Ibid. xvi.
③ 张亮、迈克尔·肯尼:《英国新左派运动及对它的当代审理——迈克尔·肯尼教授访谈录》,载张亮:《阶级、文化与民族传统——爱德华·P. 汤普森的历史唯物主义研究》,江苏人民出版社,2008 年,第 202 页。

必须指出的是,其中不乏来自英国前殖民地、难以进入英国左派主流阵营的知识分子,比如霍尔;正是因为这样的成员的存在,英国新左派及其后来所形塑的文化研究一开始便具有边缘性与国际性。他们团结在出版与研究机构等文化阵地周围,或个人或集体地进行智识反动。在诸多批评家看来,他们采取这样一种态度至少有如下两个目的:一是对传统马克思主义进行必要的补充和完善,因为尽管马克思本人确有较高的文学、艺术修养,甚至曾经对文学、艺术做出过精彩评点,但他从未在自己的作品中对文学、艺术进行系统的理论阐释; 是为了与苏联或斯大林式"正统马克思主义"保持适当距离。① 英国新左派的思想资源是多元的,除影响较小的革命基督教徒、社会主义女性主义、"绿色政治"、亚文化或者反主流文化的美学等左翼思想以外,较有影响的左翼思想至少有三大流派:一、基于工人阶级文化、政治及 19 世纪本土激进传统的别样共产主义;二、作为牛桥智识中产阶级的激进主义与伦敦民粹主义抗议传统的融合的无党派社会主义;三、受古典国际主义与欧洲大陆马克思主义潮流影响的理论马克思主义。② 正因如此,英国新左派内部有着显在的差异性;组织力量的缺乏使英国新左派的范畴

> 从持不同政见的共产主义……到与比如存在主义、心理分析等其他思想体系的各式马克思主义对决,再到吸收不同的激进传统及工团主义传统的各式革命社会主义。与其有密切关联的任何人……都知道,在一场所谓的运动内部究竟有着多少争议。③

英国新左派的内部差异性首先见诸不同代际之间。第一代新左派成员大多成长于 1930 年代后期的反法西斯主义大众运动,所受影响主要来自老一辈英共党员及早期社会主义思想家:汤普森深受威廉·莫里斯(William Morris)的影响、霍尔深受科尔的影响,而第二代新左派成员则大多成长于 1950 年代冷战时期,所受影响主要来自欧陆的各种当代思潮,几乎与英国共产主义运动无关。其次,同一代新左派成员之间也存在差异。由于成长经历、教育背景和社会阅历相似,汤普森、威廉斯、米利班德等思想家对很多问题采取了相近的立场和态度,因而被无差别地列为第一代新左派成员,但

---

① 马海良:《文化政治美学——伊格尔顿批评理论研究》,中国社会科学出版社,2004 年,第 13—14 页。
② Lin Chun (1993) *The British New Left*, Edinburgh: Edinburgh University Press, xiii.
③ Raymond Williams, in Lin Chun (1993) *The British New Left*, Edinburgh: Edinburgh University Press, p.17.

事实是,汤普森与威廉斯所聚焦的是工人阶级文化与政治,而米利班德则更关注无党派社会主义事业。正是在这个意义上,霍尔曾经在回溯英国新左派的历史时指出:"新左派远不是在政治上铁板一块,而且从未在文化或者政治上变得具有同质性……因此,极为错误的是,试图回溯性地重构某种固有的'新左派',以及给它强加上某种它从未拥有过的政治一致性。"①

毋庸置疑,为英国新左派"强加上某种它从未拥有过的政治一致性"是"极为错误的",但同样"极为错误的"是,无视或者否定英国新左派高度一致的政治之源,即1956年的世界局势剧变,其起点是苏共中央第一书记赫鲁晓夫对其前任斯大林的彻底否定与清算。1956年2月14日,苏共二十大开幕;在向大会所作的以"三和理论"为核心的工作报告中,赫鲁晓夫重申了苏共对不同社会制度和政治制度国家之间和平共处政策的支持,否定了列宁关于只要帝国主义存在,战争就不可避免的理论,并且认为,在一些国家通过议会的道路可以和平过渡到社会主义。1956年2月24日深夜,赫鲁晓夫"突然"向与会代表作了长达4小时的报告——《关于个人崇拜及其后果》,史称《秘密报告》,②开宗明义地严厉谴责斯大林,批评抑或抨击斯大林主义。③

> 这个报告的目的不是要对斯大林的生平和活动作全面的评价。斯大林的功绩在他活着的时候已经有足够数量的书籍、小册子和研究著作讲过了……我们此刻要谈的问题,无论现在还是将来对党都是极为重要的,即关于斯大林的个人崇拜是如何发展起来的,这种个人崇拜到某一特殊阶段竟成为一系列极其严重地违反党的原则、违反党的民主

---

① Stuart Hall (1989) "The First New Left", in Robert Archer et al. (eds.) *Out of Apathy*, London: Verso, p. 23.

② 赫鲁晓夫的报告绝非即席演说,而是经过了精心的准备、有着详细的材料罗列;它的"突然"完全是源自与会代表的反应。时隔数年之后,赫鲁晓夫对此予以了公开承认。详见 Fred Ingris (1991) *The Cruel Peace: Everyday Life and the Cold War*, New York: Basic Books, p. 129.

③ 赫鲁晓夫之所以"极端无情"地批判其前任斯大林,其中既有政治路线及其斗争的缘故,也有个人恩怨。二战期间,赫鲁晓夫的儿子飞行员列昂尼德·赫鲁晓夫被德军俘虏后,对德军进行了妥协,于是在被押解回苏联后,被莫斯科军区军事法庭判处了死刑。赫鲁晓夫当时曾多次请求斯大林对他儿子从宽处理,但斯大林仍在召开政治会议讨论后决定对列昂尼德执行枪决。赫鲁晓夫从此与斯大林结下了很深的个人恩怨。详见洪堡:《中央情报局档案》,上海社会科学院出版社,2005年,第120页。

和革命法制的[行为的]根源。①

为了从根本上否定斯大林,肃清斯大林个人崇拜在各个领域的流毒和影响,赫鲁晓夫在报告中讲述了斯大林如何违背马克思主义、如何违背列宁遗嘱,在苏联卫国战争期间和社会主义建设时期所做出的有悖于苏联共产党、有悖于苏联人民的种种劣迹:斯大林通过一次次大清洗,致使布哈林、季诺维也夫、加米涅夫等一大批老布尔什维克,图哈切夫斯基元帅等数百名苏联红军将领和数以千计的苏联工程技术人员遭杀害,数百万苏联普通民众遭流放。所以,赫鲁晓夫认为,人们即使把斯大林视为一位暴君、十恶不赦的历史罪人,也绝不为过。

赫鲁晓夫曾告诫会议大厅里惊愕不已的代表:"我们不能把这个问题捅到党外去,尤其是不能捅到报刊上去。正因如此,我们才在代表大会的秘密会议上考虑这个问题",②但《秘密报告》还是在苏共二十大结束后不久,落入了美国中央情报局(CIA)特工之手。③ 美国中央情报局通过全球广播电台"美国之音"(The Voice of America,VOA)反复播报《秘密报告》,④把苏联所领导的共产主义阵营置于了一个关键性的转折点之上。一如出席过苏共二十大的意共领导人维·维达利(Vittorio Vidali)所言:

> 对我本人来说,第二十次代表大会是一个出人意料的事件,它已经引起一连串情绪上的反应:愤怒不平和拍手称快;疑虑重重和坚信不疑。我深信,这次代表大会将使我们的敌人感到解恨,而在国际共产主义运动中则将引起疑虑重重、激励舌战和弃党叛离……第二十次代表大会不仅使我苦恼,也使我认识到,我们现在正跨在自己作为共产党人的一生中一个新阶段的门槛上;在这个新阶段里,我们不得不抛弃我们都是活的意识形态百科全书、都是绝对真理保管员的想法。⑤

---

① 维·维达利:《"苏联共产党第二十次代表大会"日记》,王德树译,东方出版社,2006年,第225—226页。

② 同上书,第294页。

③ 赫鲁晓夫认为,《秘密报告》的外泄是由出席过苏共二十大的波兰中央委员会书记博莱斯瓦夫·贝鲁特(Bolesaw Beirut)突然辞世造成的,详见 Fred Ingris (1991) *The Cruel Peace: Everyday Life and the Cold War*, New York:Basic Books, p.129。

④ 美国中央情报局收到赫鲁晓夫的秘密报告后,立即让"美国之音"每隔一小时播一遍。详见洪堡:《中央情报局档案》,上海社会科学院出版社,2005年,第117—128页。

⑤ 维·维达利:《"苏联共产党第二十次代表大会"日记》,王德树译,东方出版社,2006年,第122—124页。

继《秘密报告》全盘否定斯大林之后,苏联政府官员"将斯大林像从公共场所移走,重新命名那些用他的名字命名的机构和地点,委派历史学家重新编写教科书以降低斯大林的威望"。① 斯大林生前所享有的无限崇拜和美化与死后所受到的无情批判,两者的鲜明对照不但使苏联公众,而且也使包括英国人在内的西方公众,经历了一个过山车似的认知过程,极大地动摇了他们的社会主义信仰,于是便有了霍尔所谓的"解冻"(thaw)的加速:

> "解冻"始于对一系列当下问题的索然无味、犹豫不定的辩论:保守党重新执政后的工党及左派的未来、福利国家与战后资本主义的性质、战后十年的"富裕"初年的文化变迁对英国社会的影响,等等。这场辩论的节奏被赫鲁晓夫在苏共二十大上的揭露加快了。②

正是因为赫鲁晓夫的《秘密报告》,诸多英国左翼知识分子才渐渐获得参与对话与辩论的信心,质疑正统政治辩论的术语及打乱既有组织边界;倘若没有苏共二十大的"前期准备",无论是下文将论及的英国左翼知识分子对匈牙利事件及苏伊士运河危机的反应,还是英国新左派的形成,都不可能发生。其间的主要原因在于冷战支配下的 1950 年代政治情势:

> 战后十年是日渐颓败的政治教条于其间居于支配地位的十年。每一个政治概念都变成了思想冷战中的一种武器,每一种思想在政治光谱中都有其标签,每一个人都有其位置,每一种形式的政治行为——在某人眼中——都显现为一种优雅的背叛。建议吸收中国入联便是自取"同路人"之辱,说当代资本主义的特征已然变化便是被视为"凯恩斯自由主义者"。在斯大林主义俄罗斯的高大城堡与混合经济的"完美的福利国家"丛林之间,似乎一物不存,唯有不毛荒地。在这些严格区隔的世界里……英国社会主义遭受了一种道德与智识的黯淡……然而,教条的时代已然再次被历史事件超越……解冻在进行之中……③

然而,赫鲁晓夫所引发的斯大林主义批判运动不但普遍见诸包括英国在内的诸多西方国家,而且更为重要的是,导致了波兰、匈牙利等东欧社会主义国家批判斯大林、批判共产国际、批判共产主义与社会主义,直接挑战

---

① 杰里·本特利、赫伯特·齐格勒:《新全球史》,魏凤莲、张颖、白玉广译,北京大学出版社,2009 年,第 1139 页。

② Stuart Hall (1989) "The First New Left", in Robin Archer et al. (eds.) *Out of Apathy*, London: Verso, p.17.

③ Editorial of *Universities and Left Review*, no.1, i.

苏联在东欧的支配地位。受苏共二十大及斯大林主义批判运动的影响,加之波兰"波兹南事件"的鼓励,①以裴多菲俱乐部(The Petofi Circle)为代表的匈牙利知识分子掀起了一股要求民族自主和改革的潮流;他们组织会议,发表时政评论文章,批评党和政府机械推行苏联式路线和政策,要求实行全面经济与政治改革,以及断绝与莫斯科和华约组织的联系。随着匈牙利政府以"反党反人民"的罪名镇压裴多菲俱乐部的活动,匈牙利政局及整个社会陷入动荡之中;甚至苏联控制下的领导人更替也未能使局势稳定下来,党内外不满情绪日益增长。

1956年7月,匈牙利劳动人民党解除拉科西·马加什(Rákosi Mátyás)中央第一书记职务,匈牙利政治形势更趋恶化。10月6日,匈牙利劳动人民党中央被迫为"铁托分子"拉伊克·拉斯诺(Rajk Laszlo)举行国葬,引发了一场30万人的大示威。10月22日,裴多菲俱乐部和布达佩斯大专院校学生团体联席会议向党中央、政府提出"十点要求",要求改组党的领导机关、进行经济和政治体制改革、撤走苏联驻军、维护民族独立和尊严。因为政府的不作为,群众的不满和愤怒最终激烈地爆发了出来。10月23日,布达佩斯的大学生首先走上街头示威游行,并迅速得到各界人士的声援。政府事后对游行示威的谴责、对参与者的威胁导致事态急剧恶化;示威者占领电台、电信局、党中央机关报、印刷厂和警察局。匈牙利党中央随即宣布实行全国戒严、请求苏联出兵维持秩序;10月24日,苏军坦克开进布达佩斯,事态继续恶化。由于部分军人和警察已加入到示威者行列,武器弹药已流入示威者之手,布达佩斯出现严重流血冲突局面。10月30日,匈牙利宣布取消一党专政、3天后组成多党联合政府;10月31日,匈牙利劳动人民党中

---

① 受赫鲁晓夫《秘密报告》的影响,1956年6月上旬,波兰波兹南斯大林机车车辆厂工人派出代表团前往华沙与政府谈判,要求减少税收和增加工资;当局表示可以考虑减少税收,但拒绝增加工资。6月28日,斯大林机车车辆厂的1.6万余名工人举行罢工和游行示威;他们要求市委领导接见其代表,遭到拒绝,加之听说了派往华沙的代表团被扣留的传闻,一时群情激奋。部分游行者冲击党政机关和市委大楼,夺取武器,枪击公安人员;当局出动军队进行镇压,造成数十人死亡,200多人受伤,数百人被捕。6月29日,波兰领导人称这次事件是"挑衅分子"受帝国主义特务和反动分子的唆使,企图"夺取人民政权"。6月30日,当局采取缓和矛盾的措施,骚乱平息。10月19日至21日,波兰统一工人党中央委员会选举产生以弗拉迪斯拉夫·哥穆尔卡为中央第一书记的新的领导核心,将"斯大林分子"排除出政治局。哥穆尔卡认为,波兹南工人游行示威"抗议反对的不是人民波兰,他们抗议反对的是对社会主义的基本原则的歪曲"。10月19日,赫鲁晓夫和苏联其他领导人飞抵华沙,苏联坦克兵团向华沙推进。波兰领导人坚决予以抵制;在中国共产党的规劝之下,苏联领导人命令所有驻扎在波兰的苏联军队返回基地。"波兹南事件"后,东欧一些国家社会动荡加剧。

央宣布解散匈牙利劳动人民党,组建新的匈牙利社会主义工人党。11月1日,匈牙利宣布退出华沙条约组织,实行中立,呼吁联合国进行干预。匈牙利政府的举措引起了苏联及其盟友的严重关切;为阻止匈牙利脱离社会主义阵营,防止匈牙利事态向其他社会主义国家蔓延,在与阵营各国紧急协商后,苏联决定出兵干预已然构成对其在东欧最严峻的挑战的匈牙利。从1956年11月1日起,大批苏联军队和坦克、装甲车开进匈牙利,占领布达佩斯及其重要据点,对武装暴动分子和抵抗者进行强力镇压。在苏联政府和军队的"帮助"下,11月中旬,匈牙利局势得到平定,社会秩序逐渐恢复。①

在匈牙利事件发生的同时,将对世界局势产生重大影响的另一起事件也正在发生,那就是"苏伊士运河危机"。虽然埃及已凭签订于1936年的《英埃条约》获准独立,但直至1954年《英埃协定》的签订,②英国军队一直驻扎在苏伊士运河基地,严重威胁着埃及领土完整。正如时任埃及总统的加麦尔·阿卜杜勒·纳赛尔(Gamal Abdel Nasser)会见美国中情局特使科尔米特·罗斯福(Kermit Roosevelt)时所说:"伊拉克和土耳其正在企图侵犯我们,而且在我们的国土上——苏伊士运河,还有大量的英国军队。这是十分危险的"。③ 所以,一方面出于对英美两国出尔反尔、收回帮助埃及在尼罗河上修建阿斯旺水坝提供的经济援助的行为的愤怒,另一方面出于对美国拒绝提供武器援助的愤怒,以发动反西方和反以色列的泛阿拉伯运动而闻名于世的纳赛尔于1956年7月26日宣布,埃及将苏伊士运河公司收归国有。英法两国政府对此大为不满,一方面向纳赛尔政府正式提出外交抗议、冻结埃及的英镑资产,另一方面则于1956年10月23日与以色列达成秘密协议:先由以色列进攻埃及的西奈半岛,然后由英法两国以保护运河、制止战争为由,下令埃及和以色列撤出苏伊士河地区,重新夺回苏伊士运河。

正是基于这样的安排,1956年10月29日,以色列军队向西奈半岛发起

---

① 雷尼·彼得:《1956年匈牙利事件的经过和历史教训》,赵平生等译,人民出版社,1984年。

② 《英埃协定》的签订在很大程度上是美国努力的结果。为了争夺苏伊士运河管理权,美国政府与新生的纳赛尔政权进行了一系列秘密接触,帮助纳赛尔政权对抗英国,并最终通过谈判和威胁等手段,迫使英国做出让步,同意撤出苏伊士运河地区。详见洪堡:《中央情报局档案》,上海社会科学院出版社,2005年,第93—94页。

③ 洪堡:《中央情报局档案》,上海社会科学院出版社,2005年,第94页。

突然进攻,英法两国随即按计划向交战双方发出最后通牒,要求埃及和以色列各自从苏伊士运河东西向后撤、让英法军队暂时驻扎运河沿岸,否则将实行武力干涉。纳赛尔不但断然拒绝了英法两国的最后通牒,而且急速增兵西奈半岛,所以,英法联军于1956年10月31日开始攻击埃及,轰炸开罗、亚历山大等埃及城市,入侵埃及领土;苏伊士运河危机随之出现。1956年11月2日,联合国安理会就苏伊士运河危机召开紧急会议,要求各方立即停火;11月4日,联合国派出紧急部队监督各方停火。与此同时,对苏伊士运河地区同样垂涎三尺的苏联、美国不断向英法联军施压,"他们[英法以联军]的军事行动是成功的,但不幸的是,他们在外交上遭遇了失败,受到了两极世界这一体系的折磨。他们并没有与美国进行磋商,因此遭到了美国的强烈谴责,并迫使他们撤军。苏联也强烈表示反对……"①英法联军被迫于1956年12月22日撤出埃及,以色列军队也于1957年3月8日撤出;苏伊士运河危机随之解除。②

相继发生的苏联出兵匈牙利事件与苏伊士运河危机,让人看到了支配着1950年代政治生活的两种社会制度——西方帝国主义与斯大林主义——的危险性,破坏了人们对英国政治与文化的永久幻想。一如霍尔在回忆这段经历时所言:

> 似乎对我们而言,"匈牙利事件"之后的社会主义者都必须心怀俄罗斯革命蜕变为斯大林主义为20世纪左派所表征的悲剧意识。"匈牙利事件"终结了某种社会主义"清白"。另一方面,"苏伊士运河危机"表明了错误之巨大,相信在一些前殖民地降下联合王国国旗必然意味着"帝国主义的终结",或者福利国家的实际好处、物质富足的扩大意味着不平等与剥削的终结。因此,"匈牙利事件"与"苏伊士运河危机"是"具有阈限作用的"、划定边界的经历。它们象征着政治冰河时代(Ice Age)的结束。③

所以,匈牙利事件与苏伊士运河危机虽然持续时间并不长,但对英国左翼社

---

① 杰里·本特利、赫伯特·齐格勒:《新全球史》,魏凤莲、张颖、白玉广译,北京大学出版社,2009年,第1167页。
② W. N. 梅德利科特:《英国现代史(1914—1964)》,张毓文等译,商务印书馆,1990年,第582—591页;阿伦·斯克特、克里斯·库克:《战后英国政治史》,王子珍、秦新民译,世界知识出版社,1985年,第112—119页。
③ Stuart Hall (1989) "The First New Left", in Robin Archer et al. (eds.) *Out of Apathy*, London: Verso, p.13.

会力量的影响却是长久而深远的,正如台湾学者陈光兴所言:

> 在匈牙利事件之后,英国社会主义分子已经不可能盲目地相信斯大林主义的教条,甚至必须根本地质疑苏联革命已降的历史大悲剧。另一方面,苏伊士事件也使左翼分子觉醒到殖民主义并未终结,福利国家的出现更不代表剥削的消失。①

英共党员艰难地徘徊在去与留之间;差不多三分之一的英共党员在力图改变英共方针失败后,选择了退出英共、在党外为社会主义奋斗的策略。换言之,英国左翼社会力量基于匈牙利事件、苏伊士运河危机等划定的政治边际与界限,同时拒斥了共产主义及资本主义,做出了在共产主义与资本主义之外寻求"第三度"政治空间的抉择;他们眼中代表着暴政、强加的沉默与政治僵局的终结、冷战在政治上的终结,代表着开辟一项新的社会主义事业的可能性的新左派随之逐渐成形、显影。从这个意义上讲,源自英国左翼社会力量分化的新左派,其历史的起点"并非是1968年,而是1956年"。②

事实上,英国左翼社会力量对别样道路的选择及英国新左派的出现是传统马克思主义无力从政治上、理论上解释新的社会结构问题的产物;苏共二十大是其间的分水岭式事件。虽然自斯大林逝世的1953年以来,对斯大林的批判及关于苏联政治、政策的论争日益公开和激烈,赫鲁晓夫在苏共二十大上对斯大林共产主义的清算及个人崇拜的猛烈抨击,仍给英国左翼社会力量造成了深刻的信仰危机。1956年4月1日,英共中央通过一项决议,要求苏共中央就赫鲁晓夫的报告发表公开声明;6月22日,英国《工人日报》刊登了英共政治委员会的声明,对苏共中央没有就赫鲁晓夫的报告问题发表公开声明表示遗憾。然而,无论人们如何看待1956年匈牙利事件,视其为一场真正的革命或者一场真正的政治悲剧,它都决定性地让英国左翼社会力量意识到了苏维埃政权的侵略本性及其对共产主义运动的霸权。③ 同样,苏伊士运河危机最终也让英国左翼社会力量对英国帝国主义的存在产生了警醒,虽然在英法联军对埃及进行

---

① 陈光兴:《英国文化研究的谱系学》,《思想文综》第4辑,暨南大学出版社,1999年,第11页。
② Stuart Hall (1990) "The Emergence of Cultural Studies and the Crisis of the Humanities", *October*, vol. 53, p.12.
③ 雷蒙德·威廉斯先于其他人认识到苏联的侵略性;早在苏联出兵干预1953年6月的东德起义的时候,他就不再相信正义的国际共产主义事业的存在。详见 Raymond Williams (1981) *Politics and Letters: Interviews with New Left Review*, London: Verso, pp.84—93。

军事打击时,他们曾在帝国怀旧情结的驱使下,毫不犹豫地选择了站在政府一边。①

当然,英国左翼社会力量对别样道路的选择及新左派的出现,除去上述外因,更有其深刻内因。首先,英国经济在二战后的快速增长——物质极大丰富、生活水平显著提高,使得无论是英国的右翼保守势力还是左翼激进力量,无不沉醉在"一种无阶级意识"之中,没有意识到英国已经远远落后于美国等竞争对手、英国的世界领袖地位已不复存在。换言之,由于英国经济的战后繁荣,英国左翼社会力量不仅未能跳出大众媒体,或者乌尔里奇·恩芩斯贝格(Ulrich Enzensberger)所谓的"意识产业"所建构的"虚假的国民自我形象"(false national self-image),而且完全无视战后发达资本主义国家在阶级及社会结构方面的快速变化,尽管这些已然在全方位地挑战着传统的马克思主义信念。②时代呼唤着一种以已然发生变化、正在发生变化的社会状况及关系为基础的政治分析与批判,全面考察资本主义社会中的各种对立因素;它最终"从根本上分裂了社会左翼"。③

英国社会左翼力量的分化同时直接联系着战后英国工党及工党运动。受凯恩斯主义与费边主义的影响,英国工党在二战后逐渐陷入了修正主义的泥潭:"事实证明,尽管工党多年来一直鼓吹社会主义,却并没有制定实行大规模国有化的计划。"④工党理论家查尔斯·克罗斯兰(Charles Crosland)在 1956 年出版的《社会主义的未来》(*The Future of Socialism*)便是一个有力例证;他对修正主义的系统、全面的阐释,使亲工党的左翼知识分子产生了一种强烈的挫折感。斯大林主义阴影所带来的去道德化共产主义危机及冷战背景下的去道德化费边主义,致使英国工党运动自 1950 年代中期以降进入了一个相对低谷时期。社会左翼力量虽然并非对此一无所知,但由于老一辈马克思主义者的去世或影响力大幅减弱、传统的左派抱负及组织顷刻间荡然无存,社会左翼力量失去了正确认识英国社会关系及状况的能力;他们对资本主义的批判仅仅停留于战前水平上,无力提出具体可行的未来图景。换言之,社会左翼虽然认识到社会主义不可能在现有工党框架

---

① Lin Chun (1993) *The British New Left*, Edinburgh: Edinburgh University Press, pp.1—2.
② Michael Green (1996) "The Centre for Contemporary Cultural Studies", in John Storey (ed.) *What Is Cultural Studies?: A Reader*, London: Arnold, p.50.
③ Lin Chun (1993) *The British New Left*, Edinburgh: Edinburgh University Press, p.1.
④ 阿伦·斯克特、克里斯·库克:《战后英国政治史》,王子珍、秦新民译,世界知识出版社,1985 年,第 17 页。

内有所成就,但同时又主张任何严肃意义上的左翼政治都不可能抛弃工党,以致"始终在运作于工党之内还是工党之外这个问题上挣扎不已,举棋不定"。① 在这样一种思想、政治背景之下,试图寻找第三种政治空间(Third Space)、重新界定社会主义立场的思想运动纷纷登场,比如"靠左走集团"、"第三势力"。鉴于1945年上台的工党政府带来了经济恢复,"正在寻求一种'社会主义化的'外交政策"的靠左走集团以不同程度的强调和热情,敦促执政的工党在国内执行左的路线,以便达到建成一个全面的社会主义国家的最高目标"。② 随着冷战逐步升级,迈克尔·富特(Michael Foot)所谓的"一种第三势力"出现在苏维埃共产主义和美国资本主义两种立场之间,主张"只要英国能把俄国的'经济民主'同西方的'政治民主'结合起来,它就可以成为世界的精神领袖。总之,英国加上英联邦国家可以形成'第三势力',以自己的模范作用改造世界"。③ 从这个意义上讲,新左派的出现"并非是一个阵营对另一个阵营的胜利,而是两大阵营的溃散及劳苦大众的胜利",它所反映的是这样一些被重新激发出来的兴趣:"青年马克思"、"人道主义立场"(humanist propositions)、"道德能动性"、"个人责任"。④ 甚至可以说,无论是作为一个高度关涉某些出版及研究机构的组织松散的机构,还是作为一种深受马克思主义理论影响的智识趋势,英国新左派都是从混乱中迸发出的。⑤

英国新左派的实际形成过程见诸《新理性者》(The New Reasoner,又译《新理性人》)与《大学与左派评论》(Universities and Left Review)在1957年的创刊。《新理性者》的前身为仅出版过三期的《理性者》(The Reasoner),其编委包括 E. P. 汤普森及其妻子多洛茜·汤普森(Dorothy Thompson)、约翰·萨维尔(John Saville)等人。《理性者》在很大程度上直接联系着1930年代及1940年代初的英国共产主义与人民阵线政治,其成员

---

① Lin Chun (1993) *The British New Left*, Edinburgh: Edinburgh University Press, p.6.
② W. N. 梅德利科特:《英国现代史(1914—1964)》,张毓文等译,商务印书馆,1990年,第521页。
③ 阿伦·斯克特、克里斯·库克:《战后英国政治史》,王子珍、秦新民译,世界知识出版社,1985年,第36页。
④ Richard E. Lee (2003) *Life and Times of Cultural Studies*, Durham: Duke University Press, p.217.
⑤ Idid., p.15.

多为共产党历史学家小组(Communist Party Historians' Group)的成员;①他们因苏共二十大陷入了痛苦之中,但"无意凭一时冲动便与英国的马克思主义传统及共产主义传统决裂",虽然坚持认为需要对英国马克思主义传统及共产主义传统进行重新发现及重新确定。② 本着在党内讨论"基本原则、目的及策略问题"的目的,③《理性者》第一期全面、坦诚、严肃地围绕苏共二十大讨论了斯大林主义、马克思主义运用的失败等问题,指出了党的民主化在未来工党运动中的急迫性与必要性;第二期讨论了党的最高利益问题;第三期讨论了以硝烟弥漫中的布达佩斯为代表的苏军侵略问题。但从第二期开始,《理性者》被贴上了表达宗派意见的标签,不断受到英共党内持不同政见者的批评,尤其是英共领导人的批评,④以致讨论逐渐偏离创刊者的以斯大林主义为核心的初衷,多数"理性者"要么退党要么被开除出党。鉴于"甚至埃及危机的紧迫性也无法掩盖这一事实——对我们的党而言,布达佩斯事件代表一个至关重要的转折点。英国帝国主义的侵略比以前的帝国主义侵略更加丑陋、更加令人愤世嫉俗,但世界共产主义的危机现在性质不同了",⑤受1957年沃特里社会主义论坛(The Wortley Conference of Socialist Forums)的启发,E. P.汤普森等人创办了《新理性者》,定位于批判斯大林主义及革新马克思主义:"我们采取的立场是那些在苏联和东欧为共产主义原则的回归而奋斗的工人及知识分子的立场,即别号为'去斯

---

① 共产党历史学家小组,英国共产党为进行唯物主义历史研究而成立的一个专门小组,主要成员有汤普森夫妇、克里斯托弗·希尔(Christopher Hill)、埃瑞克·霍布斯鲍姆(Eric Hobsbawm)、A. L.莫顿(A. L. Morton)、维克多·基尔南(Victor Kiernan)、拉斐尔·萨缪尔(Raphael Samuel)等,创办有刊物《过去与现在》(Past and Present);他们大多经历过辉煌的"人民阵线"时期,其信仰也是在这一阶段确立,其中的部分成员后来成为了新左运动的核心人物。在多纳·托尔(Dona Torr)——英国共产党创始人之一、英国马克思主义历史学家——的启发下,共产党历史学家小组对英国历史进行了几乎不受党派约束、极具原创性的解读,有效地建构了一种"自下而上的历史"(history from below),发展了一种密切联系英国大众激进主义且风格独特的马克思主义政治,在英国左翼政治图谱中具有明显的承上启下作用;它所秉持的信念,所遭遇的来自左右两派的危机,以及在危机中酝酿的突围力量,对后来的新左运动产生了深远影响。参见 Dennis Dworkin (1997) *Cultural Marxism in Postwar Britain: History, the New Left, and the Origins of Cultural Studies*, Durham and London: Duke University Press, pp. 10—11; Richard E. Lee (2003) *Life and Times of Cultural Studies*, Durham: Duke University Press, p. 218.
② Editorial of *The New Reasoner*, no. 1, p. 2.
③ Editorial of *The Reasoner*, no. 1.
④ E. P. Thompson ([1978]1981) *The Poverty of Theory & Other Essays*, London: Merlin, i.
⑤ Editorial of *The Reasoner*, no. 3.

大林化'的自由的延伸"。① 很显然,从本质上讲,《新理性者》希望回归社会左翼力量所反对的社会主义人道主义,因此被贴上了"走向修正主义"的标签。②

《大学与左派评论》源自《牛津左派》,③其编辑包括霍尔、加布里埃尔·皮尔逊(Gabriel Pearson)、拉尔夫·萨缪尔(Ralph Samuel)、查尔斯·泰勒(Charles Taylor)等人。这支以移民为主的编辑队伍均为牛津大学"科尔小组"(Cole Group)成员,④他们反对工党政府在工业国有化等问题上的保守态度,希望"与党派组织保持一定距离",⑤后来因1956年的英国及世界情势变化卷入了国家及国际左派政治的漩涡,政治成分与态度较复杂。作为新一代英国知识分子的代表,他们热爱电影但不喜欢戏剧、钟情于美国文学但不喜欢法国文学、迷恋流行音乐但不喜欢古典音乐。所以,《大学与左派评论》表面上聚焦于青年文化及生活方式,给人一种生动活泼、轻松愉快的感觉,但事实上政治意味极浓,旨在耦合资本主义批判与现代文化批判,因此得到了不同代际、不同背景的左翼知识分子的支持,并以威廉斯、艾瑞克·霍布斯鲍姆(Eric Hobsbawm)最为著名。⑥ 为了显现出大学左派与正统政治语言以及传统政治框架的重大决裂,《大学与左派评论》注重经济描述与文化分析的结合,致力于"重建自由、公开、充分讨论的整个传统",因为

> 斯大林主义导致了一种担心,其后果是当代生活的所有领域都已陨落在我们的"政治"任务之外。文学、艺术是我们对工业社会中的生活质量及社区的感觉——这些统统被交付给了某种无政治意义的不稳定状态。但悖论的是,在社会主义价值观失去与一切人类活动的联系

---

① Editorial of *The New Reasoner*, no. 1, p. 2.
② Lin Chun (1993) *The British New Left*, Edinburgh: Edinburgh University Press, p. 12.
③ 《大学与左派评论》刊名中的"大学"一词表示该刊物旨在为日益增多的大学生"左派"、无党派左翼知识分子提供一个公共交流平台,推动以大学为基点的社会介入,而"左派评论"则暗示该刊物与《左派评论》的联系,以凸显刊物对文化问题的关注。
④ Ian Davies (1995) *Cultural Studies and Beyond*, London: Routledge, p. 10.
⑤ Stuart Hall (1989) "The First New Left", in Robin Archer et al. (eds.) *Out of Apathy*, London: Verso, p. 15.
⑥ Lin Chun (1993) *The British New Left*, Edinburgh: Edinburgh University Press, pp. 13—4. 霍布斯鲍姆的思想非常接近新左派知识分子,虽然在1956年的退党风潮中,他是唯一选择留在党内的共产党历史学家小组成员。英国学界对他为什么没有退党这一问题言人人殊,但他给出的理由却无疑是真诚的:即使他当时已经切实感受到了共产主义的瑕疵与失败,并且也全然不赞成苏联出兵匈牙利,但他并未找到可以抛弃共产主义信仰的理由。

时,它们也就失去了其"政治"意义。它们就变得不重要。①

为此,《大学与左派评论》登载了多篇关于"重建自由、公开、充分讨论的整个传统"这一任务的文章:第一期 1 篇、第二期 1 篇、第四期 7 篇。霍尔曾在《大学与左派评论》第四期"任务"专号的导言中指出:"文学与'文化的政治'的'中立'这一问题并非一种政治返祖形式……[社会主义现实主义不能被用于]讹诈[左派]接受文学与艺术在众价值观中处于中立。"虽然由任务所汇集的以艺术及文学创作为中心的文化范畴迅速枯竭,但是关注媒体及社会意识的文化分析始终保持着吸引力,致力于在历史语境中考察"阶级"、"艺术"的语言以及"浪漫主义"、"现实主义",批判性地研究各种价值观。②

不难发现,虽然同为英国新左派思想最初的发源地,《新理性者》与《大学与左派评论》所遵循的传统显著不同:前者体现反法西斯运动的共产主义传统,联系着约克郡、英格兰北部工业区的工人阶级文化,具有古典性,后者体现牛桥的中产阶级激进主义传统,联系着大都市文化,具有现代性。借用霍尔的话来讲,《新理性者》属于"共产主义人道主义"传统,而《大学与左派评论》则属于"无党派社会主义"传统;两种传统之间的区别"并非是年龄而是形塑的区别——**政治代际**的问题,二战于其间构成了象征性的分界线"。③ 尽管如此,《新理性者》与《大学与左派评论》最终合并成《新左评论》(*New Left Review*),如期在 1960 年 1 月出版了第一期。虽然"工党在 1959 年大选中的败北帮助把二者拉到了一起"这一意见不无道理,④但或许可以说,《新理性者》与《大学与左派评论》的成功联姻主要是源自它们"在倡导一种民主的、人道主义的社会主义的政治主张上"的一致性,⑤即"为社会主义开拓道路,像旧时的传教士一样,宛若燃烧的火焰照亮我们社会的黑

---

① Editorial of *Universities and Left Review*, no.1, iii.
② Richard E. Lee (2003) *Life and Times of Cultural Studies*, Durham: Duke University Press, p.219.
③ Stuart Hall (1989) "The First New Left", in Robin Archer et al. (eds.) *Out of Apathy*, London: Verso, p.15, p.22.
④ Lin Chun (1993) *The British New Left*, Edinburgh: Edinburgh University Press, p.15.
⑤ 罗钢、刘象愚:"前言:文化研究的历史、理论与方法",载罗钢、刘象愚主编:《文化研究读本》,中国社会科学出版社,2000 年,第 3 页。

暗角落"。① 《新左评论》的创刊标志着英国新左派的正式诞生,②以及政治经历与风格相异的两代知识分子的不同传统的融合。

然而,作为两种传统融合的产物,英国新左派并非在政治上铁板一块,也从未在文化上、政治上变为一个同质整体。"因此,试图回溯性地重建某种本质性的'新左派'、为它强加一种它从未拥有的政治一致性都是非常错误的";让英国新左派作为一种政治型构而凸显的,是它的"一套链接的主题",其核心思想是"左派的复兴必须始于一个社会主义新概念,以及对战后资本主义的动力与文化的全新分析。"③由于战后英国已然从马克思所谓的"企业家资本主义"(entrepreneurial capitalism)嬗变为"公司资本主义"(corporate capitalism),其经济、组织、社会与文化形式悉数发生了质的变化,诸多新左派成员选择了以全新视角分析其所处时代,开始了他们影响深远、抱负远大、多面向的智识工程。新左派为此采取了修正主义或者"平行线"(parallel)策略,在批评"改良主义"(reformism)与"工党政策"(Labourism)的同时,拒绝正统马克思主义。这一方面直接联系着《新理性者》周围的共产主义异见者,以及通过与正统及教条式马克思主义对话进入政治的《大学与左派评论》的读者,另一方面关乎作为一个概念的政治的被拓展。一如迈克尔·库尔曼(Michael Kullman)在《新左评论》第一期上的文章《诺丁山讲坛》(Notting Hill Hustings)所证明的,新左派成员坚持社会主义的语言必须讨论"我们现在如何生活及我们应该如何生活"这一问题,主张在对现代资本主义的任何理解中,种族、住房、市政规划等当下维度与贫穷、失业等传统维度同等重要。这样一种被拓展的政治概念,使得批评流行于1950年代英国的改良主义及工党政策成为了一种必须。基于斯大林主义及冷战情势来看,对那些一方面希望社会财富的分配能够更加公平、社会能够更加正义,另一方面致力于西方社会的"文明价值"的人而言,改良主义无疑是最为理性的选择,但它却并非新左派成员之希冀。

---

① Editorial of *New Left Review*, no. 1.
② 多数学者把《新左评论》在1960年1月的正式出刊视为英国新左派诞生的标志,但威廉斯却坚持认为,霍加特的《文化的用途》在1957年的出版、他自己的《文化与社会》在1958年的出版、诺曼·马更生(Norman Mackenzie)的《信念》(*Conviction*)在1958年的创刊标志着一种"新的左派出现了或正处于形成的边缘"。参见 Raymond Williams (1960) "The New British Left", in *Partisan Review* 27, no. 2 (spring), p. 345; Richard E. Lee (2003) *Life and Times of Cultural Studies*, Durham: Duke University Press, p. 217。
③ Stuart Hall (1989) "The First New Left", in Robin Archer et al. (eds.) *Out of Apathy*, London: Verso, p. 23.

> 我们盼望社会的一种更为激进的结构变换:在一定程度上是因为我们致力于经典社会主义计划的诸多基本观点,在一定程度上是因为我们在现代资本主义制度中,看到了社会权力的更大而不是更小的集中,能够在远离即刻劳资剥削现场的生活领域追溯"商品化"的影响——但首先是因为我们大大拓展了对"资本主义文明与文化"的批评。①

对新左派成员而言,异化问题、市民社会中民主的薄弱问题与"生活质量"问题同等重要。从这个意义上讲,新左派成员依旧是传统意义上的"革命派",但同时必须指出的是,新左派成员认为,文化辩论与活动和传统意义上的政治同等重要。所以,鲜有新左派成员依旧笃信无需民主与文化的"漫长的革命"便可借由无产阶级先锋队的夺取政权、国家控制下的生产方式变革实现老左派所希冀的社会结构变化。霍尔认为,其间的原因在于"对我们中的许多人而言,'改良'与'革命'之间的对立似乎过时了:本质上,它与其说是拥有任何实际分析—历史价值,毋宁说是诅咒、谴责他人的一种方法"。②

英国新左派采取这样的一种修正主义或者平行线策略,其目的在于通过更加有效的"社会主义宣传",制造出能够以新视角分析战后英国的新情势与社会变化的社会主义者,从而凸显自己相较于老左派的"新"。一如汤普森所言:

> 新左派并不打算让自己成为一个可供那些已然参与其间的人选择的组织;相反,它向既有组织内外的那些人提供两个目标——具体的思想宣传,以及可靠的实用服务(期刊、俱乐部、学校等)。令新左派引人注目的,是它与党内宗派主义传统的决裂,是它对面向作为一个整体的大众的开放性联盟、社会主义教育及活动的恢复……它将坚持工人运动不是一个目标,而是男男女女的联盟,以及坚持劳动人民并非是经济与文化调节的被动接受者,而是有智识、有道德的人……它将通过理性的辩论与道德挑战吸引大众。它将诉诸全部人类利益与潜力,建构产业工人与科学、艺术专家进行交流的新渠道,反驳老左派的庸俗唯物主义与反智识主义。它将不再把社会主义的满意度推延至"革命之后"

---

① Stuart Hall (1989) "The First New Left", in Robin Archer et al. (eds.) *Out of Apathy*, London: Verso, pp.26—7.
② Ibid., p.27.

的某一假设时期,而将勉力在当下、尤其是在大的工人阶级生活中心,提倡一种更加丰富的社区意识。①

英国新左派成员坚持大众要自发地采取措施,自下而上地在当下建设社会主义,而不是去等待某种抽象的革命一夜之间改变一切。所以,《新左评论》创刊号发出了这样的呼吁:

> 我们必须深入城镇、大学与工学院、青年俱乐部与工会分支机构,并且像莫里斯那样,**制造社会主义者**于其间。我们已然经历200年的资本主义,以及100年的帝国主义。人们为何要——自然地——致力于社会主义?谁也无法保证工人运动……将颤动进入社会主义,或者我们可以再次……依靠贫穷与剥削把大众像盲兽一样赶往社会主义。社会主义是而且将继续是对新社会的一种积极信仰,我们是作为有意识、有思想的人致力于它。大众必须面对经验,被召唤至"人人平等的社会",这不是因为他们从未过得如此之糟,而是因为"人人平等的社会"胜过了最佳的劝诱推销型消费资本主义社会;生活是**被经历**之物,不是人们像茶水经过过滤器一样经历之物。②

创刊之初,《新左评论》的编辑队伍十分庞大;除主编霍尔以外,威廉斯、汤普森等新左派成员也都活跃于其间。后来经过原《新理性者》与《大学与左派评论》编委会的协商与让步,《新左评论》的编辑工作被委托给霍尔。主持《新左评论》伊始,霍尔基于理论的贫困制约着英国社会主义发展的认知,指出作为"一场思想运动"的新左运动应致力于社会主义的教育、分析与宣传,以及对霸权或文化领导权等概念的阐释,"我们意在介入英国政治生活,发展预示着社会主义本身的一种自发组织的参与式政治实践",③从而实现了《新左评论》与新左运动的任务分工:前者旨在实现"知识分子与工人的真正对话",后者致力于"制造社会主义者"——"我们现在处于宣传阶段……新左派……必须通过为社会主义工作而开拓出一条通往未来之路"。④ 一如1960年的《新左评论》文章所证明的,包括创刊号上威廉斯与霍加特围绕"工人阶级态度"(working class attitude)的深度对话、第

---

① E. P. Thompson (1959) "The New Left", *The New Reasoner*, no. 10, p. 16.
② Stuart Hall (1960) "Introduction", *New Left Review*, no. 1, p. 1.
③ Stuart Hall (1989) "The First New Left", in Robin Archer *et al.* (eds.), *Out of Apathy*, London: Verso, p. 31.
④ Editorial of *New Left Review*, no. 1.

四期上威廉斯的《不可思议的制度》(The Magic System)、多萝西·汤普森的《告别福利国家》(Farewell to the Welfare State),第五期上威廉斯的《艺术中的自由与所有权》(Freedom and Ownership in the Arts),以及第二期上组论《走向奥尔德马斯顿》(Towards Aldermaston)所代表的对核裁军运动的持续关注,霍尔的编辑理念基本得到实施。《新左评论》体现出平易近人与主动介入的特征,在积极响应"当下"政治议题的同时,以崭新的视角关注并考察英国的大众文化,对现代传播产业的民主化提出极具创新的规划。所以,虽然英国新左派的历史可以追溯到《新理性者》与《大学与左派评论》,但毋庸置疑,《新左评论》的创刊不但构成了英国社会左翼运动发展史上的一个重要转折点,而且势必奠定英国文化研究的政治基础:

> 该刊成为了这一不断发展的运动的喉舌及社会主义思想的另一个中心,外在于共产党及其他正式的马克思主义组织的马克思主义可以在其间获得发展……尽管它有着自己的缺点与不足,《新左评论》点燃了马克思主义在英国的复兴,使自己一方面成为了西方主要左翼论坛之一,另一方面成为了社会主义理论重建领域的知名出版机构。①

## 第二节　新左运动与成人教育

英国新左派的发展大致经历了三个阶段:1957—1962 年、1963—1969 年、1970—1977 年;前两个阶段主要为社会运动阶段,第三阶段主要为理论建设阶段。② 在作为一种"运动"而不是"期刊"——理论建设——阶段,英国新左派以修正主义或平行线策略为指导,其发展直接联系着伦敦《大学与左派评论》俱乐部(London ULR Club),以及后来的伦敦新左派俱乐部(London New Left Club);它们组织读者围绕文化、社会主义人道主义、第三世界、核裁军运动、"中立主义"(centrism)、大众文化与传媒等主题开展讨论、辩论,有效地宣传了左派的政治文化,显在地形塑了新左派的发展方向与步伐。《大学与左派评论》创刊发行之后,编辑部召开了旨在促进作者与读者交流的"读者见面会"(Reader's meeting),吸引了数百人参加,于是便有了伦敦《大学与左派评论》俱乐部及其定期举行的读者见面会。随着伦敦《大学与左派评论》俱乐部演变为伦敦新左派俱乐部,尤其是俱乐部进驻伦

---

① Lin Chun (1993) *The British New Left*, Edinburgh: Edinburgh University Press, p.16.
② Ibid., xiv.

敦卡莱尔大街(Carlisle Street)巴尔底山(Partisan,又译"游击队")咖啡吧——伦敦第一家左派咖啡吧——之后,俱乐部成为了伦敦左派政治的一个重要的独立中心,因为"它的目的并非招募成员,而是通过论证、辩论、讨论与教育,在广阔的正面接触左派的政治文化"。① 由于伦敦新左派俱乐部位处伦敦市中心,加之霍尔等主要组织者多为中学教员,俱乐部很快就成为了都市文化的一部分,而巴尔底山咖啡吧则成为了索和(Soho)中产阶级社区生活的地下文化要地。因此,伦敦左派俱乐部的"核裁军运动奥尔德马斯顿游行"(CND Aldermaston March)的呼吁旋即得到了俱乐部成员的积极响应与支持,启动了新左派、现代和平运动与作为一个群众性政治组织的核裁军运动之间的密切关联。正是在这个意义上,有评论家指出,英国新左派首先是通过参与核裁军运动迈出了其发展的第一步:"核裁军运动所走过的轨迹一方面构成了第一代新左派的发展基础,另一方面代表了1950年代末1960年代初的英国政治行动的冲突。"②受苏联氢弹试验成功等因素的影响,哈罗德·麦克米伦(Harold MacMillan)领导下的英国保守党政府在1957年白皮书中确定了以发展独立的核威慑力量、减少常规部队力量为重点的国防政策。③ 这一"国家战略"虽然得到了除自由党以外的英国各政党赞同与支持,但激起了诸多社会人士的不满与反对,尤其是那些作为伦敦新左派俱乐部成员的左翼中产阶级知识分子及政治家;他们不但把自己集结起来,前往英国原子武器研究机构所在地,即位于伯克郡的奥尔德马斯顿示威游行,而且还通过《新理性者》与《大学与左派评论》发出强大声音,在全社会范围内发起了声势浩大的核裁军运动,这场运动直至1962年古巴导弹危机的爆发,才逐渐走向低潮。

那么,核裁军运动与威廉斯所谓的新左派的"主要政治表达"之间关联何在?新左派认同以中产阶级为基础的和平运动的原因何在?表面上,核裁军运动与新左运动似乎毫不相干,但实际上却因为改变了英国工人阶级满足于"建立自己的兄弟合作机构而不是要夺取全部政治权力"和变革整

---

① Stuart Hall (1989) "The First New Left", in Robin Archer et al. (eds.) *Out of Apathy*, London: Verso, p.28.

② Richard E. Lee (2003) *Life and Times of Cultural Studies*, Durham: Duke University Press, p.16.

③ 阿伦·斯克特、克里斯·库克:《战后英国政治史》,王子珍、秦新民译,世界知识出版社,1985年,第123—124页。

个社会的消极状态,①构成了新左政治的重要基础:"如果任何事件已经对苏伊士运河危机及匈牙利事件以来的政治的过程、节奏及基调构成了影响,那便是核裁军运动的形成"。② 在"核希望与核威胁"(nuclear promise and nuclear threat)伴随下成长起来的英国中产阶级知识分子及政治家在政治上拒绝中立,通过道德问题的政治化看到了为和平而斗争与为社会主义而斗争之间的本质相通性,③或者更加具体地讲,认识到了"从意识形态上讲,和平主义可以在社会主义思想框架内得到确认,而且支持核裁军运动并不意味着仅仅反对核武器。从组织上讲,社会主义的潜力似乎存在于大众抗议运动之中"。④ 正是在这里,威廉斯等新左派成员看到了新的希望,即革命的意识形态维度可能首先来自于意识形态上的支配阶级内部,实现了与中产阶级和平运动的联姻。核裁军运动与新左运动能够有效耦合,同时也是因为一些重要左翼机构的弱化甚至信誉扫地,使其成了反对政治权力与政治文化的新的集结点。对那些曾因 1956 年世界局势退出英共或徘徊在不同政党之间的人而言,核裁军运动的不妥协态势可以赋予其支持者道德立场,核裁军运动因此成为了他们的政治归属的天然焦点,为英国政治结构的重组提供了场域。⑤

在霍尔看来,新左派之所以能够与核裁军运动成功联姻或者耦合,一个重要原因在于它们彼此的"勾连性",一如最后一期《大学与左派评论》的"编者按"所言:

> 这是一场大众运动,他们被争取自完全不同的背景,厌倦政党官僚机构的相互推诿,厌烦"大规模报复"与"两大阵营"定势的冷战口号,恐惧于 C. 赖特·米尔斯(C. Wright Mills)所谓的走向第三次世界大战的"漂移与趋势"。虽然我们不能居功于这次运动的活力与成功,但我们自豪于促成了它,并且通过期刊与俱乐部发展了它的一些社会主义含意……这些大众团体认为与我们志同道合,不仅仅是因为个人的问

---

① Raymond Williams (1965) "The British Left", *New Left Review*, no. 30, p. 12.
② Editorial of *Universities and Left Review*, no. 7.
③ Michael Green (1996) "The Centre for Contemporary Cultural Studies", in John Storey (ed.) *What Is Cultural Studies?: A Reader*, London: Arnold, p. 51.
④ Lin Chun (1993) *The British New Left*, Edinburgh: Edinburgh University Press, p. 8。一战以后,英国社会各界开始拥抱和平主义;进入 1930 年代以后,即使是在战争阴云笼罩的情势下,英国人依旧对和平主义抱有幻想。
⑤ Ibid., pp. 9—10.

题,而且是因为他们这样是在帮助确立社会主义可以构建于其上的唯一基础……倘若《新左派论》有任何政治根基,根基即**在此**。倘若没有核裁军运动的支持者、"反对丑陋运动"(Anti-Ugly)的抗议者、非裔示威者、免费电影运动及废除死刑协会,我们就将一事无成。①

鉴于核裁军运动提出了如何在新情势下耦合社会力量与左派的传统阶级政治,以及如何通过这一耦合改造左派事业的问题,新左派确定了这样的目的,即拓展左派政治、培养民众的道德良知,阐明核武器、资本主义、斯大林主义、北约与华约之间的关系,因此采取了持续支持核裁军运动但力避宗派主义的策略。这一策略所关涉的既包括英国新左派的"修正主义"信念,也包括其成员坚信大众参与政治的意义可以胜过基于经典马克思主义的政治路线,以及他们从中看到了一种政治动员新方式的萌芽。作为最早兴起于战后英国的大众社会运动之一,核裁军运动显在的激进目标、含蓄地反对资本主义的内容、形成于市民社会围绕具体问题的自发活动、超越传统的阶级身份及组织忠诚等特征,让英国新左派成员一方面意识到了老左派的组织议程的局限,另一方面看到了大规模政治动员与现代社会的激进变革之间的密切关联。

在伦敦新左派俱乐部的组织之下,新左派成员在参与核裁军运动的同时,积极参与"中产阶级激进运动"(middle-class radicalism)的和平抗议活动,分享青年文化反叛者的愤怒,以期通过将中产阶级激进运动引入通往社会主义的政治运动,实现超越中产阶级激进运动的目标。② 中产阶级激进运动活跃于1950年代末的英国社会,其能指之一是剧作家约翰·奥斯本(John Osborne)在《愤怒中回顾》(*Look Back in Anger*)中所塑造的以吉米·波特(Jimmy Porter)为代表的"愤怒的年轻人"(Angry Young Men):他们既是通过大清洗及匈牙利事件对苏联有所了解的一代,也是通过苏伊士运河危机对西方世界有所认知的一代,力图用批判的眼光表达一种"无厘头的反叛"。中产阶级激进运动的另一能指是马更生编辑出版的《信念》。《信念》旨在探寻道德与政治立场的表征,反映左翼知识分子在战后英国历史上的一段转折或过渡时期内积极地重新激活社会主义思想与政治的努力,所以,在1958年甫一面世,《信念》立即被视为了新左派或新社会主义宣言。虽然其撰稿人的背景各不相同,既有马克思主义者,也有利维斯主义者,但

---

① Editorial of *Universities and Left Review*, no. 7.
② Lin Chun (1993) *The British New Left*, Edinburgh: Edinburgh University Press, p. 6.

他们确因对既有状态的拒绝走在了一起;在他们眼中,英国政治的既有状态一方面类同于美国的权力精英,另一方面无异于苏联的官僚政治。①

然而,英国新左派的主要发展动力却是源自它为重新定义政治而在多个层次发起的文化运动。不同于英国"老左派"的这样一种主张,即1950年代英国的社会制度依旧为资本主义制度,其间的阶级及阶级斗争并未发生任何重大变化,英国新左派成员大多认为,战后英国的资本主义制度确乎发生变化,表现为已然对社会结构及政治意识产生影响的财产、公司组织、现代积累与消费动力学的新形式。"消费主义的传播导致了很多传统文化态度与社会层级的脱节,这一情势已然影响了社会主义必须接受的左派的政治、变革支持者、机构及工作事项。"②在拒绝老左派的二元逻辑的同时,英国新左派也未认同这一流行观点——战后英国的社会及文化变化趋势已然隐隐约约消除了作为整个左派大厦及社会主义事业基础的很多关系与结构,但它们尚不足以证明英国社会的转型。在新左派成员看来,鉴于已然发生的社会变迁的重要性,上述的这两种对"世界图景"的认识不免有些过于简单,他们选择了更为复杂的第三种描述。具体地讲,英国新左派成员首先基于对已然变化的社会力量及社会运动的理解,拓展政治这一概念的内涵,使其不再囿于议会辩论或定期举行的大选。他们认为,由于普通大众是政治实践的关键性社会力量,以及由于文化可以在社会变迁与转型之中扮演政治角色,"文化既不仅仅是社会关系的反映,也并非政治权力的次要面向",③任何社会主义政治实践都必须与普通大众的直接经验或活生生的文化相耦合。"'文化'不是超验的可以任意飘浮的能指,而是与我们的日常感觉紧紧联系着的实在问题,是现实政治问题;文化范畴仍然是利益和权力激烈斗争的场所,是矛盾和问题本身,而不是消除问题的方法。"④所以,在描述社会变迁的意义的过程中,新左派成员选取了文化作为最重要的维度,如霍尔在回顾英国新左派时所言:

  首先,因为正是在文化与意识形态领域,社会变迁似乎非常引人注目地显影。其次,因为文化维度在我们看来,似乎并非是社会的次要

---

① Lin Chun(1993)*The British New Left*, Edinburgh: Edinburgh University Press, pp. 7—8.
② Stuart Hall(1989)"The First New Left", in Robin Archer et al. (eds.) *Out of Apathy*, London: Verso, p. 24.
③ Lin Chun(1993)*The British New Left*, Edinburgh: Edinburgh University Press, p. 26.
④ 马海良:《文化政治美学——伊格尔顿批评理论研究》,中国社会科学出版社,2004年,第9页。

的,而是构成性的维度。(这在一定程度上反映了新左派与基础——上层建筑隐喻的化约论及经济主义的长期论争。)再次,对可以借以重新描述社会主义的任何语言而言,文化话语在我们看来,似乎是从根本上必需的。因此,新左派蹒跚地迈出了最初的步伐,将文化分析与文化政治置于其政治的核心。①

即是说,"当联系着斯大林主义的传统经济基础—上层建筑模式名誉扫地、美国的价值中立量化模式遭到拒绝时,关涉价值、经验、能动性及阶级等主题的'文化'这一范畴,为英国的左派知识分子提供了一条出路"。②

文化之所以同时成为新左派的对象和工具,有着一系列的深刻原因。其一,英国经济的战后繁荣不仅提高了国民生活水平、改变了国民生活方式、导致了英国阶级结构变化,而且引发了资本主义文化危机——"传统文化,尤其是传统的阶级文化显在瓦解",③身处其间的社会主义者因此失去了从生产或经济剥削等传统批判视野解答新生政治问题的可能。其二,源自福利制度的国民受教育面的扩大、受教育程度的提高与传播技术的改进相互作用,影响并改变了英国社会,考察大众传媒及大众社会对英国社会的影响、从文化与意识形态角度批判资本主义因此成为了一种必须。其三,随着"社会主义戏剧"(Socialist Theatre)及"免费电影运动"(Free Cinema)等新式政治抗议成为新左运动的至关重要维度,以民间音乐及大众艺术为载体的青年反叛文化开始凸现。④ 其四,对斯大林主义、经济化约论的批判,使得重新思考关涉道德、异化等维度的文化问题成为了一种必须:"面对似乎不能为人提供控制其生命的能力的斯大林主义及社会民主,新左派重申了以经验和能动性为重点的人文主义价值。"⑤其五,长期以来,新左派成员不但显示了介入文化事务的兴趣,而且已然通过参与成人教育实践积累了介入文化事务的经验、形成了介入文化事务的传统。

---

① Stuart Hall (1987) "The First New Left", in Robin Archer et al. (eds.) *Out of Apathy*, London: Verso, pp. 25—6.

② Richard E. Lee (2003) *Life and Times of Cultural Studies*, Durham: Duke University Press, p. 4.

③ Stuart Hall (1990) "The Emergence of Cultural Studies and the Crisis of the Humanities", *October*, vol. 53, p. 12.

④ Lin Chun (1993) *The British New Left*, Edinburgh: Edinburgh University Press, pp. 27—8.

⑤ Richard E. Lee (2003) *Life and Times of Cultural Studies*, Durham: Duke University Press, p. 15.

同时,受法国大革命的影响,19世纪英国知识分子普遍认同变化乃社会常态;在对社会变迁的解释工作中,文学知识分子发挥着领导作用。他们关注阶级、不平等、通俗文化及教育等民族性问题,使这些问题构成了19世纪前半叶的"革命论战(Revolution Controversy)及英国状况问题(Condition-of-England Question)的区域"。① 19世纪下半叶以降,英国社会批判的政治色彩明显褪去,服务于英国人民族身份问题的"英文研究"(English Studies)应运而生,逐渐被体制化。从这个意义上讲,1950年代末的英国新左派转向文化或视义化为重要分析范畴,其实是对文化的回归。② 正是通过关注和强调文化问题,尤其是强调政治的文化维度及批评的社会功能,英国新左派突显了自己与关注和强调面包与黄油、机械照搬斯大林主义的老左派的差别,一如E. P. 汤普森所言:"这些'文化问题'是关涉生命的问题。因为新左派渴求达成某个目的的政治及经济变化,以便人们可以集体地对自己的生活有所作为。"③事实上,关注和强调文化问题也是英国新左派知识分子希望介入社会的表现;在一定程度上讲,知识分子唯有借助文化问题方能在建构核心于社会、政治、历史生产的个人创造性、能动性的理论及实践方面,发挥领导作用,耦合政治、艺术及日常生活。所以,《新左评论》创刊号具体阐述了思想与文化领域对发展社会主义与抵制资本主义的核心作用:

> 社会主义的人文主义力量——它们是真正受欢迎的社会主义运动的基础——必须在按照经济及政治条件的同时,也按照文化及社会条件加以发展……在《新左评论》上讨论电影或青少年文化的目的,并非是要用某种时髦的方式来表明我们的与时俱进。它们直接关涉到必须生活于资本主义制度之下的人的想象性抵制……对于当下的社会主义而言,最急迫的任务仍然是对思想的净化。④

《新左评论》的主张得到了新左派成员的普遍认同和倾力实施,尤其是在霍加特、威廉斯及E. P. 汤普森都积极参加的成人教育运动之中。原因既有欧洲大陆思想的影响,尤其是由卡尔·曼海姆(Karl Mannheim)所代表的马克思主义社会学的影响,但更为重要的是,19世纪以降,其历史可以追溯到18世纪末的

---

① Richard E. Lee (2003) *Life and Times of Cultural Studies*, Durham: Duke University Press, p.36.
② Ibid., p.37.
③ E. P. Thompson (1959) "The New Left", *The New Reasoner*, no. 9, p.11.
④ Editorial of *New Left Review*, no. 1, pp.1—2.

职工讲习所的成人教育"一直是充满对话与协商的批评场域",一方为勉力实现英国现代化的各种力量,另一方为正在出现的社会运动,尤其是劳工运动或工人阶级运动。① 到 1930 年代末,成人教育已然成为诸多深受欧洲思潮影响的英国知识分子进行社会介入的主要教学场所。②

具体地讲,鉴于工业革命对技术工人的需求及其所引发的政治运动,古典经济学家亚当·斯密(Adam Smith)的国民教育主张、以政治活动家托马斯·潘恩(Thomas Paine)为代表的激进改革者的改革议会的要求,在 18 世纪末逐渐获得了英国政府及社会各界的接受与支持,"以成人为对象的教育运动也随之蓬勃发展起来"。③ 1789 年,彼得·尼科尔森(Peter Nicholson)在伦敦索豪开设了供木匠、职工学习应用数学的夜校;1799 年,约翰·安德森(John Anderson)在格拉斯哥开办了向工人讲授实验哲学的讲习所。这些遍布英国各大城市的职工讲习所虽然在教学内容与政治态度等面向上不尽相同,但莫不是当时的激进思想的产物。必须指出的是,在职工讲习所中参加成人教育工作的人大多没有受过有组织有系统的教育,所以,尽管他们都有非凡的自学能力,为开拓工人教育新途径留下了不可或缺的经验,但他们的努力并未起到立竿见影的效果。19 世纪下半叶,英国政府基于来自 1851 年伦敦万国博览会、1867 年巴黎万国博览会的威胁或者潜在威胁,实施了一系列教育改革,促成了英国高等教育的大发展,比如以伯明翰大学为代表的新型大学的出现,但英国成人教育的大规模发展则是始于 20 世纪初。随着 1902 年教育法的实施及大学资助委员会在 1911 年的成立,英国教育部与地方当局开始拨款资助各大学开设校外教学部,以夜校等形式的成人补习学校为工人、14 岁至 16 岁的辍学少年提供教育服务,学校开设古典语言、逻辑等旨在帮助受教育者提升基本素养的课程,以及定位于技能培训的商业、技术甚至家政等课程。在星火燎原般出现的成人教育机构中,最引人注目的是牛津大学老师阿尔伯特·曼斯布列齐(Albert Mansbridge)在 1903 年组织的英国工人教育协会(Worker's Educational Association);到 1914

---

① Tom Steele (1997) *The Emergence of Cultural Studies 1945—1965: Cultural Politics, Adult Education and the English Question*, London: Lawrence & Wishart, p.2.

② Ibid., p.4.

③ 日本世界教育史研究会:《六国技术教育史》,李永连、赵秀琴、李秀英译,教育科学出版社,1984 年,第 93 页。

年,它在英国各地的分支机构已达 179 个之多,学生数量超过了一万人。①虽然 1920 年代的民穷财尽、社会动荡等因素使学校的发展受到了一定程度的影响,②但进入 1930 年代以后,它们又因国家奖学金制度的重新实施、对培养专门职业人才的强调等因素恢复了活力。而其中的一个重要因素,是英国财政部通过大学资助委员会提供的大学经费并不足以保证各大学的收支平衡,大多数老师的薪金等级因此低于伯纳姆教师薪金级别(Burnham Scale)的规定;③地方大学人文学科的情况尤其如此。为了"补贴大学教师比较菲薄的固定薪金",各大学纷纷效仿牛津大学,在校外设立可以给老师提供较优厚报酬的成人进修部。④

必须提及的是,二战后英国成人教育的发展在很大程度上也可谓是新左派知识分子有意识的努力的结果,其直接动因或可解释为英国的福利制度的实施和美国文化的入侵使得英国工人阶级意识和文化的衰落。作为一种社会控制手段,社会福利一直是英国保守主义与自由主义知识分子争论不休的话题,"在 1860 年代的各种事件之后,自由思潮的关注重点从个人主义及'守夜人国家'(The Nightwatchman State)转向了借国家干预实行社会福利"。⑤ 1905 年,自由党在英国大选中获胜。鉴于在意识形态、政治操作方面所面临的一系列困境与危机,以及世界格局的变化,自由党选择了国家干预的策略,上台伊始便开始制定社会立法,包括工会立法、工伤保险立法、学校供应午餐的立法等。1908 年,赫伯特·亨利·阿斯奎斯(Herbert Henry Asquith)自由党政府加快了社会立法的步伐,制定了英国历史上首部"养老金法"。促成 1911 年议会改革法案获得通过之后,自由党旋即提出了《国民保险法》,通过规定保险金由国家、雇主与个人三方分担,让 1400 万英国工

---

① 张泰金:《英国的高等教育:历史·现状》,上海外语教育出版社,1994 年,第 45—46 页。
② F. E. 霍利迪:《简明英国史》,洪永珊译,江西人民出版社,1985 年,第 138 页;程西筠、王璋辉:《英国简史》,商务印书馆,1981 年,第 115—116 页。
③ 伯纳姆教师薪金级别,英国政府于 1924 年开始在英格兰及威尔士地区公立学校执行的工资标准:男教师最低工资为 475 镑,最高工资为 900 镑,级差为 27 镑 10 便士;女教师最低工资为 430 镑,最高工资为 720 镑,级差为 22 镑。现在,已然被多次修正的伯纳姆教师薪金级别仍在发挥作用。
④ W. N. 梅德利科特:《英国现代史(1914—1964)》,张毓文等译,商务印书馆,1990 年,第 94—96 页。
⑤ Robert E. Lee (2003) *Life and Times of Cultural Studies*, Durham: Duke University Press, p. 65.

人获得了病残保险或失业保险。"这是英国在建立社会保障制度方面迈出的重要一步,虽说还不是'福利国家',但国家终究在消除社会贫困方面承担了一部分责任……"①1929 年世界经济大萧条以来,历届英国政府均在凯恩斯主义的影响之下,实行在国内巧妙运用赤字财政、在国外进行货币管理的经济政策,逐步改善国民福利。鉴于二战结束之前英国民众"出现了向左转的倾向……普遍认为某种形式的社会主义势在必行",②加上战争期间人们对战后改革与重建的期望与信任,③在 1945 年大选中轻松上台的克莱门特·艾德礼(Clement Richard Attlee)工党政府借助与美国的金融协定及"马歇尔计划"(The Marshal Plan),④开始实施 1942 年《贝弗里奇报告》,⑤勉力建设"从摇篮到坟墓"的社会福利制度,其内容涉及国民保险、国民保健、个人社会福利、教育等诸多方面,包括提高义务教育年限到 15 岁、提高学校的文化技术和现代化水平、发放大学奖学金、促进教育机会均等、提供社会保障、实行全民免费医疗等。由于时值"认同的十年"(a decade of consensus),⑥艾德礼工党政府启动和执行的改革被丘吉尔保守党政府有效地延续;到 1950 年代中期,相对于战前而言,英国工人工资明显提高、工时显著缩短、民众健康状况大为改善,整个社会呈现出"中产阶级化"(embourgeoisement)

---

① 钱乘旦、许洁明:《英国通史》,上海社会科学院出版社,2007 年,第 315 页。
② 阿伦·斯克特、克里斯·库克:《战后英国政治史》,王子珍、秦新民译,世界知识出版社,1985 年,第 4 页。
③ 经过 1930 年代红色风暴与反法西斯战争的洗礼,英国民众寄予工党厚望:把英国建设成为一个新国家,不论社会地位、家庭出身和教育背景,人人享有平等机会,消除贫困、失业、文盲与恐惧。参见 Lin Chun (1993) *The British New Left*, Edinburgh: Edinburgh University Press, p.4。
④ 1945 年 8 月,执政伊始的克莱门特·艾德礼派出凯恩斯前往华盛顿与美国政府进行谈判,其结果是凯恩斯帮助英国从美国政府争取到了一笔 37.5 亿美元的贷款;另外,总额为 130 亿美元的马歇尔计划的实施,让英国政府从美国政府分得了 12.63 亿美元的经济援助。
⑤ 贝弗里奇:《贝弗里奇报告——社会保障和相关服务》,劳动和社会保障部社会保险研究所译,中国劳动社会保障出版社,1995 年。1941 年,英国政府成立社会保险和相关服务部际协调委员会,着手制定战后社会保障计划。经济学家威廉姆·贝弗里奇爵士(Sir William Beveridge)受英国战时内阁财政部长、英国战后重建委员会主席阿瑟·格林伍德委托,出任社会保险和相关服务部际协调委员会主席,负责调查现行国家社会保险方案及相关服务,构思设计战后重建社会保障计划,提出具体方案和建议。1942 年,贝弗里奇根据部际协调委员会的工作成果提交了题为"社会保险和相关服务"(Social Insurance and Allied Services)的报告,即著名的"贝弗里奇报告"。
⑥ 1945—1955 年间,英国的党派政治已然在一定程度上消失,所以这十年往往被历史学家及政治家称为"认同的十年"。

趋势。① 即使是在"经济紧缩时代"(1945—1951),英国人的生活也"不再是一场搏斗了。由于有了'福利国家',人们不用担心医疗保健问题。1944年以降,孩子们上中小学和上大学的机会显然增加了。人们活得更长了,生活水平提高了,并且不用担心失业问题"。② 正因如此,1950年代的英国流行着这样一种支配性观点:"我们正步入一个'后资本主义'社会,通过战后繁荣,加之福利国家的发展、凯恩斯宏观经济调控及管理革命的'人性一面',社会分配的主要问题已然于其间得到解决。"③

中产阶级化让英国工人阶级产生了"一种无阶级意识"抑或阶级和解的幻觉,认为英国即将百利无一害地进入现代乌托邦,其结果是传统的阶级文化被破坏、民众运动与左翼思潮渐趋低迷。对此,威廉斯既有失望的慨叹,"战后民主化的全面繁荣景象受到了严重损害:某些重要的东西正在迅速消失",④也有尖锐的批评,"战后工人阶级的相对富裕导致了工党的衰弱"。⑤ 中产阶级化带来了英国工人阶级物质生活水平的提高,抑或说中产阶级的出现意味着英国社会结构经过战后的全面调整,正在逐渐从工业资本主义转向后工业资本主义或消费资本主义。英国工人阶级被进一步整合进资本逻辑的运行之中,其革命的诉求被消费主义转换,其日常生活的异化被消费主义遮蔽,虽然令他们抱怨的理由不但继续存在,而且还很多。"人们抱怨得最多的是:实利主义的价值观、脱衣舞俱乐部、酗酒、赌博、青少年犯罪急剧上升、卖淫及其他非法活动"。⑥ 隐藏在物质生活条件改善背后的这些内忧致使诸多英国人产生了有机社会在丧失、道德标准在退化的强烈意识,各种怀旧思潮随之盛行于世。与此同时,英国人正遭遇着文化美国化的外患。就流行音乐而言,"自摇滚传入以来,美国风格及趣味在很大程度

---

① W. N. 梅德利科特:《英国现代史(1914—1964)》,张毓文等译,商务印书馆,1990年,第516页;金秋:《世界名人传——撒切尔夫人》,内蒙古人民出版社,2005年,第39页;F. E. 霍利迪:《简明英国史》,洪永珊译,江西人民出版社,1985年,第137—139页。

② 阿伦·斯克特、克里斯·库克:《战后英国政治史》,王子珍、秦新民译,世界知识出版社,1985年,第176页。

③ Stuart Hall (1989) "The First New Left", in Robin Archer et al. (eds.) *Out of Apathy*, London: Verso, p. 24.

④ Raymond Williams (1981) *Politics and Letters: Interviews with New Left Review*, London: Verso, p. 81.

⑤ Raymond Williams (1965) "The British Left", *New Left Review*, no. 30, p. 19.

⑥ 阿伦·斯克特、克里斯·库克:《战后英国政治史》,王子珍、秦新民译,世界知识出版社,1985年,第176页。

上支配着[英国的]流行乐坛"。①

在文化上,美国文化的入侵,以流行音乐、麦当劳的大众文化形式包抄了英国的文化环境,特别是大众传播媒体科技的资本化及理性化,填满了整块文化生活空间。大量的人口首次被吸进这块空间。"美国化"的危机确实威胁到原有的"本土文化";这种威胁所指向的不必然是精英阶级或是社群文化,而是工人阶级的文化,以及文化型构民主化的可能性。②

这里所说的工人阶级文化"并不仅仅是定位于某种过去的一组态度与仪式,而是旨在改善他们所遭受的被明确理解为阶级压迫的个人及集体命运的一系列有意而为之的活动"。③ 英国的工人阶级文化一方面通过创造有别于中产阶级生活方式的独特生活方式建构出了英国工人阶级,另一方面又被为实现个人启蒙和社会进步而积极挪用教育和"更高级"文化的英国工人阶级建构;英国工人阶级文化的同时处于建构与被建构之中不仅使它最终成了一种超越阶级的共同文化,而且促成了一种将工人阶级铭写进"英国性"(Englishness)的现代民族概念。④ 借用霍布斯鲍姆的话来讲,"现代"的英国工人阶级身份与英国身份催生了彼此,一方面,新的民主国家意识到了其文化内存在着一个独立的工人阶级,另一方面,广大工人在视自己为工人阶级的同时,也视自己为英国人。⑤ 所以,当英国本土文化,尤其是已然在艾德礼工党政府时期(1945—1951)目睹其巅峰状态的英国工人阶级文化因各种威胁走向衰落时,诸多英国新左派成员责无旁贷地选择了成人教育运动作为新的公民教育及知识与思想的再生之地,希望通过自己持续的努力,帮助英国工人阶级文化拥有更为坚实的基础、保持其纯正的英国风格。⑥ 正如威廉斯在谈到自己加入成人教育时的情况那样:

我可以告诉你们,我这代人中有很多人所做的工作,并不亚于我们任何人所做的,现在在教文化研究的人们完全不知道他们的姓名,他们做这

---

① Stuart Hall and Paddy Whannel([1964]1965) *The Popular Arts*, New York: Pantheon Books, p.305.
② 陈光兴:《英国文化研究的谱系学》,《思想文综》第4辑,暨南大学出版社,1999年,第11页。
③ Tom Steele (1997) *The Emergence of Cultural Studies 1945—1965: Cutural Politics, Adult Education and the English Question*, London: Lawrence & Wishart, p.33.
④ Ibid.
⑤ Eric J. Hobsbawm (1987) *The Age of Empire*, London: Cardinal, p.263.
⑥ Stuart Hall and Paddy Whannel([1964]1965) *The Popular Arts*, New York: Pantheon Books, p.305.

种事的场合正好被选择来替代利维斯小组。应当予以强调的是,它是一种**选择**:加入成人教育显然是作为一项使命,而不是作为一种职业——爱德华·汤普森,霍加特,我自己,以及其姓名不为人知的其他许多人。①

当然,如果从更加个人的层面去考察,不同人的"选择"背后的原因必然各不相同:对威廉斯而言,加入成人教育讲师之列是因为"这种社会及文化形式使他们[成教学员]得以看到把自身历史中的纷乱之物重新结合起来的可能性:高等教育的价值与对出自他们原初或者所属阶级的大多数人所进行的持续性教育剥夺";②对 E. P. 汤普森而言,选择当成人教育讲师更多地是因为他对社会主义的坚定信念,对探求大众经验的热情。

威廉斯等英国新左派成员选择加入成人教育运动,同时也是因为他们透过"英文研究"看到了成人教育的政治潜力和运作手段。学界对英文研究的原始动力的认识言人人殊,比如伊格尔顿基于文化唯物主义认为英文研究是工业中产阶级对工人阶级新兴政治力量进行霸权争夺的产物;伊恩·亨特(Ian Hunter)基于福柯的观点认为英文研究的兴起源自监督的需要;斯迪尔认为英文研究的兴起是因为内部殖民。但可以肯定的是,旨在培养英国性的英文研究在提供"一种简便的英国人文主义教育"的同时,推动了英文教育在大英帝国内外的发展,③尤其是题为"英格兰的英文教学"(The Teaching of English in England)的"纽博尔德报告"(The Newbold Report)在1921年正式发布以后。④ 鉴于英文教育从满足殖民需要到实现民族统一的发展、⑤从校外成人教育演变为校内专业系科的

---

① Raymond Williams (1996) "The Future of Cultural Studies", in John Storey (ed.) *What Is Cultural Studies? : A Reader*, London: Arnold, p.171.
② Raymond Williams (1986) "The uses of cultural theory", *New Left Review*, no. 158, p. 25.
③ 程巍:"序",《隐匿的整体》,河南大学出版社,2009年,第1页。
④ 1919年5月19日,一个以亨利·纽博尔德(Henry Newbold)勋爵为主席的委员会受英国教育委员会主席 H. A. L. 费舍尔(H. A. L. Fisher)的委托,开始在英格兰各地了解与考察英语在国家教育制度中的地位;经过14位成员约两个月时间的努力,委员会交出了众所周知的"纽博尔德报告",即1921年正式出版发行的《英格兰的英文教学》。
⑤ 1857年印度民族大起义后,英国政府于1858年取消了东印度公司在印度的特权,成立了直接管理印度的印度事务部(The India Civil Service)。英国政府向印度派驻总督(又称副王),为印度最高行政长官,总督之下是一个五人行政会议,行政会议之下设立一个印度文官系统,从牛津、剑桥大学毕业生中公开招募任职者,而英文则是招募选拔考试的主要科目。详见 Richard E. Lee (2003) *Life and Times of Cultural Studies*, Durham: Duke University Press, pp.52—4.

长期发展,①富有战争宣传经验的英国文学教师在"纽博尔德报告"中借用了阿诺德的名言"文化统一阶级"(culture unites classes)作为口号,旨在提升英文作为民族复兴基本要素的地位,并且取得了成功:"1920年代初,英文学习完全无人问津,但到1930年代时,人们的问题变为了为什么要浪费时间去学英文以外的东西。"②多数参与英文研究的老师不但思想激进活跃,而且教学方法灵活;无论是向男性学员讲授政治、经济、科学理性主义,还是向女性学员讲授英语、历史,他们都非常注重理论与实践的结合。在英国处于大英帝国即将最终建成的关键时刻,他们鉴于新的民族意识已然"自觉"吸收工人阶级文化及其价值观,把公民权问题及现代民主英国的形态作为了教学中最为重要的问题之一。在被乔治·艾略特(George Eliot)视为"教化工具"的文学课上讲授密尔顿、莎士比亚、狄更斯等经典文学大师的作品时,他们非但没有鼓励学生去从中学习"文化"或被教化,而且还启发学生基于自己的生活经验,体味密尔顿作品中的神学颠覆、莎士比亚作品中的贵族和君王的软弱轻率、狄更斯作品对非人性的资本主义的生动描述。③

　　福利制度赋予英国工人享受教育的权利与机会,而以威廉斯为代表的英国新左派成员选择加入成人教育运动,二者最终通过广大工人的教育向往得到有效耦合。英国工人对教育的向往有两方面的原因:一是认为教育可以同时帮助实现个人及阶级的进步,启蒙思想是各个阶级的共同遗产,历来重视教育;④一是中产阶级化并非意味着阶级区隔的真正消失,而是尽管

---

① 1828年,伦敦大学学院(UCL)率先开设英文课程,并于1829年任命了第一位英文教授。剑桥大学国王学院于1831年开设了英国文学研究课程,于1878年设立了包含英文在内的"中世纪及现代语言委员会"(The Board of Medieval and Modern Languages),于1911年任命了第一位英国文学教授阿瑟·伍尔加·维罗尔(Arthur Woollgar Verrall),于1917年设立了以文学为重点的英文学院,开始实行新的学士学位荣誉学位考试(Tripos),将英文专业的荣誉考试与现代语言专业的荣誉考试相分离。牛津大学于1895年设立了英语语言及文学莫顿教授席位(The Merton Professorship),于1904年任命了第一位英国文学教授瓦特·雷利爵士(Sir Walter Raleigh)。参见 Richard E. Lee (2003) *Life and Times of Cultural Studies*, Durham: Duke University Press, pp. 52—54; Tom Steele (1997) *The Emergence of Cultural Studies 1945—1965: Cutural Politics, Adult Education and the English Question*, London: Lawrence & Wishart, pp. 49—70.
② Terry Eagleton (1983) *Literary Theory: An Introduction*, London: Blackwell, p. 27.
③ Tom Steele (1997) *The Emergence of Cultural Studies 1945—1965: Cutural Politics, Adult Education and the English Question*, London: Lawrence & Wishart, p. 44.
④ Jonathan Rose (2001) *The Intellectual Life of the British Working Class*, New Haven and London: Yale University Press.

旧有的区隔象征已经消失或在经济上变得难以接近,但是"智识、文化及休闲活动越来越多地发挥着决定阶级地位的作用"。① 所以,当"保持独立的生存样式……越来越难"或"整个生活方式变得过时"时,②充斥战后中产阶级各大报纸的"对'文化'的显在强调"很自然地把有着相当的空闲时光、向往中产阶级生活的广大工人送进了成人辅导班,接受成人讲师们的"文化"教育。③

必须指出的是,尽管自19世纪末期的社会主义、工会主义浪潮以来,英国工人的革命热情不断减弱,以致二战以后,尤其是1950年代末以降,英国成人教育的政治意义渐渐消解,霍加特所谓的"热心的少数派"(the earnest minority)或约克郡工人教育联合会秘书乔治·汤普森(George Thompson)所谓的"社会有生力量"(the socially effective)的人数不断下降,但作为一种激进的政治教育传统,英国的成人教育仍旧发挥着巨大的象征作用:它所代表的不仅是公众教育、平等教育等价值观,迥异于精英主义文化的非精英主义文化,更重要的是作为英国工人阶级的文化身份的社会主义。④ 从本质上讲,英国成人教育旨在建构一种有着工人阶级广泛参与的新型社会意识与新型文化,或者更加具体地说,通过把教育从强加统治阶级文化的机制转变为反击统治阶级文化的工具帮助工人阶级实现自我解放,所以,英国成人教育深深地吸引了英国新左派。坚信社会主义革命的成功并不仅仅意味着精英主义革命党的夺权,而是需要自下而上地进行长期斗争。英国新左派成员自登上成人教育大舞台伊始,便采取了使用工人阶级的语言讲授理论、赋予理论以现实意义、与工人建立起动态联系等措施,对成人教育进行从形式到内容的改造。威廉斯、霍加特、汤普森等一干在1956年之前便参与成人教育的讲师们,不但在教学中广泛采用跨学科的新方法或新手段,而且还在讲授经典文学文本的同时,基于"文学既是正式的经验记录,而且每部作品都是文学与以不同方式保存下来的共同语言的契合点"的认识,⑤从现实语

---

① Robert E. Lee (2003) *Life and Times of Cultural Studies*, Durham: Duke University Press, p. 13.

② Ibid., pp. 12—3.

③ E. J. Hobsbawm, (1969) "Industry and Empire: From 1750 to the Present Day", *The Pelican Economic History of Britain*, Volume 3, New York: Penguin.

④ Göran Therborn (1992) "The Life and Times of Socialism", *New Left Review*, no. 194, p. 18.

⑤ Raymond Williams (1958) *Culture and Society 1780—1950*, London: Happer & Torchbooks, p. 255.

境中选取文本,讲授工人阶级的历史、民族文化、社会主义政治、大众文化,因为尽管文学教育是所有教育中的一件中心大事,但是它显然并不等于整个教育。

在来自新左派的成人教育讲师中,最著名的是霍加特、汤普森与威廉斯;他们既是英国新左派的创始人,也是英国文化研究的奠基人。正是因为他们在成人教育中所开创与挪用的跨学科研究("成人教育的跨学科研究是学术性的英国文化研究的一个重要先驱"),以及他们对传统的文学、艺术教育的挑战,"文化研究的特殊语境通过围绕'文学'、'社会学'在成人文化教育中的作用与地位的论争,清晰了起来",①文化研究在成人教育中日渐成形,最终破土而出。霍加特在执教于赫尔(Hull)期间,为了考查工人阶级的抵抗力量,通过把《查泰莱夫人的情人》等通俗小说引入自己的文学课堂,建构出了一种以女性为中心的工人阶级生活:"我是在重构一种我所熟悉的工人阶级生活,那是一种以女性为中心的生活。"②作为利兹大学约克郡校外辅导班讲师的汤普森,在教学中逐渐把自己的兴趣从文学转向了社会历史,借助大众经验拯救了为正统历史叙述所不屑的激进大众运动,揭示了一段未曾被讲述的自下而上的英国历史。在威廉斯以牛津大学成人教育讲师身份任教于英格兰东南地区期间,远离大都市的他对诸多新兴文化问题进行了深刻而又有创见的批判,建构了一种影响深远的文化政治学(cultural politics)。威廉斯给自己定下的首要任务是要把文学与写作研究变为一种政治活动,显在地视其为交流的一个维度,所以他不但属于最早意识到电影及电视作为研究对象的意义的人之列,而且率先在成人班中把电影与电视用作了教学文本。另外,威廉斯还通过重建对19世纪资本主义的浪漫主义批评,暗示如果把工人阶级运动的目标和斗争置于更广泛的斗争之中,便可找到一种充实的、有创造性的、正确的生活方式。③

所以,英国文化研究既非直接产生于学院体制下的文学研究内部,也不等同于成人教育,而是二者在新形势下相结合,"把高等教育及文化领域本身民主化"的产物。④ 英国成人教育是英国文化研究的"助产婆",英国文化研究诞生于英国成人教育中的文学、艺术教育,或者更加准确地说,萌芽于

---

① Tom Steele (1997) *The Emergence of Cultural Studies 1945—1965: Cutural Politics, Adult Education and the English Question*, London: Lawrence & Wishart, p. 2.
② Ibid., p. 29.
③ Ibid., p. 6.
④ John Hartley (2003) *A Short History of Cultural Studies*, London: Sage, p. 3.

1930 年代中后期的文学、艺术教育论争。借用斯迪尔的话来讲:

> 关于作为一门学科的英国文化研究,一种流行的误解是它全副武装地诞生在大学英语系一侧。虽然这样的一个系可能是助产婆,但更加准确地讲,文化研究这一工程联系着二战前后的成人教育的实验、跨学科性及政治诉求……从独立工人教育运动的灰烬中,升起了文化研究的凤凰。①

然而,英国文化研究的成人教育史前史往往被人忽视,甚至被一些伯明翰学派理论家忽视,尤其是在 1990 年代以前,以致英国文化研究的系谱成为了"一个迷失的系谱"(a lost genealogy)。迈克尔·格林(Michael Green),伯明翰当代文化研究中心的三元老之一,曾在一篇题为《当代文化研究中心》的重要论文里指出:"文化研究是作为英语系的展露部分而开始的。它为人所知的奠基性文本均是野心勃勃、胆大妄为,但同时又寂寞孤独的冒险行为,其前提在很大程度上源自它们在左派利维斯主义中的共同基础。"②这当然并非故事的全部。这个故事还有着截然不同的另一半:一方面,根据我现在所掌握的材料来看,斯图亚特·莱恩(Stuart Laing)、特纳、艾恩·戴维斯(Ioan Davies)等文化理论家已然对英国文化研究的这段历史予以了考察,③另一方面,威廉斯、汤普森、霍尔及霍加特等文化研究奠基人也都在自己的著述中对此予以了说明与阐释。在展望英国文化研究的未来时,威廉斯曾对英国文化研究的历史做过这样的回顾:

> 如果你考察其间出现了进一步的变化过程、与众不同的计划得到了界定的场域,它又是在成人教育方面。确实,可能无论如何强调都不为过的是,我们现在所理解的那种意义上的文化研究……出现在成人教育之中:在工人教育协会里,在分校的校外班里。④

---

① Tom Steele (1997) *The Emergence of Cultural Studies 1945—1965: Cutural Politics, Adult Education and the English Question*, London: Lawrence & Wishart, p.9.

② Michael Green ([1982]1996) "The Centre for Contemporary Cultural Studies", in John Storey (ed.) *What Is Cultural Studies?: A Reader*, London: Arnold, p.49.

③ 详见 Stuart Laing (1986) *Representations of Working-class Life 1957—1964*, London: MacMillan; Graeme Turner ([1990]2003) *British Cultural Studies: An Introduction*, London and New York: Routledge; Ioan Davies (1996) *Cultural Studies and Beyond: Fragments of Empire*, London and New York: Routledge。

④ Raymond Williams (1996) "The Future of Cultural Studies", in John Storey (ed.) *What Is Cultural Studies?: A Reader*, London: Arnold, p.170.

汤普森在论述社会历史与成人教育的关系时,不仅注意到了正是成人教育运动孕育了被大学历史系忽视的社会史这一事实,而且还指出了成人教育经验对整个教育过程微妙而激进的修订作用:

> 在大学历史院系里长期被人忽视的研究领域,而且在某些地方仍在被人忽视,在过去的几十年中在大学辅导班里得到了探讨:人们现在仍可看到社会历史的衍生物——在地方史中、在工业考古学中、在工业关系史中、在由理查德·霍加特在本国开拓出来的文化研究这一领域中;这些开创性行为往往是"自下而上地"形成的、出自成教班及成教老师,而不是出自学术性的院系。①

霍尔也曾多次论及文化研究与成人教育的关系。他在著名的《文化研究的起源与人文学科的危机》一文中指出,1950年代的英国政治论战是围绕描述与理解英国社会变化方式而开展的,参与其间的第一代新左派所开展的活动便是文化研究,而第一代新左派的理论资源则几乎全部出自威廉斯、霍加特及汤普森等成人教育讲师之手:

> 第一代新左派建立在这样的著作之上:理查德·霍加特的《文化的用途》(他本人并非大学英文教授,而是所谓的大学校外部的成人工人学生的老师)、雷蒙德·威廉斯的《文化与社会》(他是作为校外辅导老师任教于英格兰南部)、爱德华·汤普森的《英国工人阶级的形成》(他是在利兹的一名校外老师)。我自己的工作也是一名校外老师。②

综上所述,以阶级为基础的独立工人教育的衰落、以民族为基础的大众成人教育的兴起,为英国文化研究的形成奠定了社会基础。早在二战结束之前,作为一种重要政治构成的独立工人阶级教育便已处于垂死挣扎之中。一方面,工人学校(The Labour College)陷入了最后的危机之中,另一方面,活跃在工人阶级教育中的开拓性前辈已经筋疲力尽。各大学趁机在战后新

---

① 1968年,汤普森应邀到利兹大学成人继续教育系发表了题为"教育与经验"的演讲,其间他特别论述了社会历史与成人教育之间的关系。详见 Tom Steele (1997) *The Emergence of Cultural Studies 1945—1965*: *Cutural Politics*, *Adult Education and the English Question*, London: Lawrence & Wishart, p.16。

② Stuart Hall (1990) "The Emergence of Cultural Studies and the Crisis of the Humanities", *October*, vol.53, p.12.

建的校外教学部开疆拓土,把以前的工人阶级教育领地纳入自己的版图。①这一过程能够顺利发生,②是因为前者向后者转换的过程一如新左派之希望,既是对阶级身份与民族身份的融合,同时也是为意识形态论争重新设定场域。③ 冷战期间有着社会正义感、历史责任感的人文学者与知识分子对社会的冷静反思,使原本一片沉寂的人文学科因文化研究的出现而呈现出一派繁荣的景象,尤其是促成了社会批判理论与实践的有效耦合。一如迈克尔·肯尼总结社会运动阶段的新左派的影响所言:

> 至于这个阶段的理论遗产,我愿意强调如下三点:一、促进了对马克思列宁主义和社会民主主义形式的社会主义的伦理反思和批评的诞生;二、促进了社会批判和激进文化政治学的诞生,这源于重建更加现代的、多元化的社会主义理论这种理论欲望,而非左派政党的推动;三、导致对社会主义的中央集权下的经济统制和集体主义观念的有力批判的出现,这为更加个人主义的和更加自由主义的精神在英国左派政治舞台上的崛起开辟了空间。④

从这个意义上讲,冷战虽然曾给世界人民造成了无尽的伤害,但我们必须承认,文化研究的形成在一定意义上正是因为冷战这份遗产。冷战情势下的1950年代可谓是英国思想左派的"失败的十年",⑤但新左派的出现刺激了激进智识文化在英国的逐渐复兴,抑或说延续了"始于布莱克和浪漫主义,经由拉斯金和莫里斯,直到劳伦斯"的英国激进主义传统。⑥ 英国新左派成员勉力创造一种根植于英国传统但不囿于过去的正统观念的民主社

---

① Tom Steele (1997) *The Emergence of Cultural Studies 1945—1965*: *Cutural Politics, Adult Education and the English Question*, London: Lawrence & Wishart, p. 10.

② 大众成人教育接替工人阶级教育的过程并非一帆风顺,其间也不断出现反对的声音,比如新左派精神导师G. D. H.科尔就曾表态说:"我对成人教育丝毫不感兴趣,我感兴趣的是工人教育。"详见 G. D. H. Cole (1952) "What Workers' Education Means', *The Highway*, Oct. p. 11.

③ Tom Steele (1997) *The Emergence of Cultural Studies 1945—1965*: *Cutural Politics, Adult Education and the English Question*, London: Lawrence & Wishart, p. 3.

④ 张亮、迈克尔·肯尼:《英国新左派运动及对它的当代审理——迈克尔·肯尼教授访谈录》,载张亮:《阶级、文化与民族传统——爱德华·P.汤普森的历史唯物主义研究》,江苏人民出版社,2008年,第203页。

⑤ Dennis Dworkin (1997) *Cultural Marxism in Postwar Britain*: *History, the New Left, and the Origins of Cultural Studies*, Durham and London: Duke University Press, p. 45.

⑥ Perry Anderson (1965) "The Left in the Fifties", *New Left Review*, no. 29, p. 15.

会主义政治,其结果是虽然"他们从未成功建立一个永久的组织,但他们创立了一个关于左派的新的政治空间;对英国的激进史学与文化研究而言,他们的工程是至关重要的"。[1] 新左派成员强烈反对帝国主义和种族主义,广泛支持工业国有化,要求废除经济和政治特权,试图重新确立社会主义的理论和实践,创造一种民主社会主义政治,积极关注新兴的大众文化。因此,新左运动之于英国文化研究的兴起是不可或缺的,一方面为其确定了某些政治倾向和研究对象,另一方面为其完成了人才储备;威廉斯、霍加特及汤普森等新左运动的核心成员成为了后来英国文化研究的灵魂,他们的著述为文化研究的形成奠定了基础。

---

[1] Dennis Dworkin (1997) *Cultural Marxism in Postwar Britain: History, the New Left, and the Origins of Cultural Studies*, Durham and London: Duke University Press, p.45.

# 第二章　形塑研究范式

作为一门学科的文化研究显然是成立于 1964 年的伯明翰当代文化研究中心，而作为一种研究范式的文化主义被形塑的过程则可谓是其前史和主要前提之一。通过积极参与战后英国成人教育运动，雷蒙德·威廉斯等新左派成人教育讲师从以精英主义为底色的文化主义思想传统内部，整合出了强调大众文化、旨在考察文化政治的文化主义研究范式，有效地促成了文化研究的诞生。可以说，作为一门学科的文化研究孕育于战后英国的精英—大众文化论争，或者借用斯图亚特·霍尔的话准确地讲，"在我看来，文化研究确乎始于围绕战后英国社会及文化变迁的本质的辩论"。①

作为一种研究范式的文化主义显著地不同于它从中断裂而出的文化主义思想传统。首先，英国文化主义思想传统的历史可以追溯到 18 世纪，大致分为两大脉络：一脉以马修·阿诺德、T. S. 艾略特（Thomas Sterns Eliot）为代表，一脉以珀西·比希·雪莱（Percy Bysshe Shelley）、威廉·莫里斯为代表。虽然两大脉络共享着这样一种精英主义思想——"社会构成中属于支配阶层的少数人能'凭借某些假定的、被认为仅仅属于他们的优异禀赋而实施或宣称对社会与文化的领导权'"，②但是，阿诺德、艾略特所代表的反工业文明派基于资本主义现代民主导致了文化衰落这一认识，主张对资本主义现代性保持坚决的反抗态度。一如艾略特在谈论文化定义时所言：

> 我试图说明的是：以我之见，这些便是文化的发展与生存所需的基本条件。如果它们与读者的强烈信念相冲突——比如，如果他觉得文化与平等主义相冲突这一见解骇人听闻、如果他觉得大家都应该有"天生的优势"这一想法恐怖万分——我不会请他改变其信念，我只会

---

① Stuart Hall (1990) "The Emergence of Cultural Studies and the Crisis of the Humanities", *October*, vol. 53, p. 12.

② 约翰·菲斯克等编:《关键概念——传播与文化研究辞典》，李彬译注，新华出版社，2004 年，第 93—94 页。

请他别再说有关文化的冠冕堂皇的话。①

相反,以雪莱为代表的工业文明派却对资本主义现代性的进步向往持肯定态度,在谈到因资本主义的英国而处于水深火热之中的爱尔兰人民时他说:

> 那个根本的要求是所有的人对于普遍幸福、自由和平等的要求……这些要求可以根据英国宪法精神而得到实现……这些要求的基础是真理与正义,真理与正义是不可变动的,它们将在政府的废墟中,像凤凰涅槃似的从灰烬中飞升。②

即是说,尽管文化主义思想传统的两大脉络之间不无差异,但透过英国的浪漫主义诗歌,以及19世纪现实主义小说,我们不难发现,无论是以艾略特为代表的"保守派",还是以雪莱为代表的"进步派",都坚信以艺术为核心的文化必然对立于现代工业文明,坚决反对资本主义工业化,以及英国思想传统中根深蒂固的功利主义。③

相反,作为研究范式的文化主义则为新近发明之物,或者更准确地讲,它是文化研究作为一门学科落户伯明翰当代文化研究中心之后的一个谥号,彰显于与结构主义的论争。1979年,时任伯明翰当代文化研究中心主任的理查德·约翰逊(Richard Johnson)在《三个问题系:工人阶级文化的理论构成》一文中,④基于文化研究是建立在英国马克思主义与法国结构主义马克思主义(structuralist Marxism)的融合之上这一认知,自创了作为文化研究术语的"文化主义",以之意指威廉斯、理查德·霍加特、E. P. 汤普森之间的理论连贯性,即他们主张各种文化形式、经验及阶级之间必然的对应关系,强调文化之"普通",强调大众主动、创造性地建构有意义的共享实践的能力。约翰逊特别感兴趣于英国工人阶级历史中的阶级文化、民主及社会主义等问题,后来在题为"究竟什么是文化研究?"的演讲中,他进一步从理论与方法论的角度阐释了文化主义、文化主义者,即文化主义者:

---

① T. S. Eliot (1949) *Notes towards the Definition of Culture*, New York: Harcourt, Brace and Company, pp.14—5.
② 雪莱:《雪莱政治论文选》,杨熙龄译,商务印书馆,1981年,第42页。
③ Andrew Milner (1994) *Contemporary Cultural Theory: An Introduction*, London: UCL Press, pp.20—1.
④ Richard Johnson (1979) "Three problematics: elements of a theory of working-class culture", in John Clarke, Chas Cristcher and Richard Johnson (eds.) *Working-Class Culture: Studies in history and theory*, London: Hutchinson, pp.201—37.

坚持"文化"必须被作为一个整体来研究,并且必须在原地、被置于它们的实际语境中。他们怀疑抽象与"理论",他们的实用理论实际上是"文化主义的"。他们经常沉迷于威廉斯或者 E. P. 汤普森的那些论述,认为文化是整个生活方式或者整个斗争方式。在方法论方面,他们强调复杂、具体描述的重要性,尤其是坚持文化形式与物质生活的同一性或者同质性。因此,他们偏向于文化或者文化运动的社会——历史再创造,或者人种志的文化描述,或者再创造社会本位"经验"的种种写作(比如自传、口述史,或者现实主义形式的小说)。①

在霍尔的《文化研究:两种范式》等著述的呼应与推进下,约翰逊的观点迅速传播,旋即对文化研究学人的理论认知与批评实践产生了深刻影响;作为一个文化研究术语的"文化主义"因此在伯明翰中心内外得到了广泛运用与阐释,成为了全球文化研究这一"想象的共同体"的标志性语汇之一。

其次,作为思想传统的文化主义乃不列颠之产物,②而作为研究范式的文化主义则是盎格鲁—撒克逊民族与欧洲大陆及美洲"异族"耦合的结果,一如威廉斯所暗示的:

在英国,两种重要传统正在探寻它们[语言的变异]的形塑:在文学研究中,一种毋庸置疑地处于支配地位的批评观念——从阿诺德到利维斯——把文化视为其核心语词之一;在社会讨论中,一种人类学观念延伸至大众讨论,它过去显然是作为专用术语的,但现在因为与日俱增的美国影响,以及曼海姆等思想家的类似影响,正日益被接纳。③

随着二战后英国外交政策的调整,英国社会及文化现实与欧陆的联系日益密切,诸多英国知识分子开始有意识地接触各种欧陆理论,比如文学理论、哲学理论、社会理论,因此得以在更加有效地抵制本土的精英主义文化、更

---

① Richard Johnson (1996) "What is cultural studies anyway?", in John Storey (ed.) *What Is Cultural Studies?: A Reader*, London: Arnold, p. 86.

② 必须指出的是,倘若我们考察文化主义思想传统的非马克思主义源头,我们会发现,作为一种探索文化与社会之间关系的思想传统——一种"反功利主义"(anti-utilitarianism),文化主义同时见诸英国与德国,虽然本书仅仅聚焦于英国的文化主义思想传统。(参见 J. G. 荷尔德:《论语言的起源》,姚小平译,商务印书馆,1999年;诺贝德·埃利亚斯:《文明的进程:文明的社会起源和心理起源的研究》,王佩莉、袁志英译,上海译文出版社,2009年。)

③ Raymond Williams ([1976]1985) *Key Words: A vocabulary of culture and society*, New York: Oxford University Press, p. 12.

新本土的经验主义传统的同时,批评性地对话僵化的庸俗马克思主义。①在此过程中,他们不但大大拓展了文化的定义,而且更为重要的是,创造性地形塑了作为一种研究范式的文化主义,坚实地奠定了作为一门学科的文化研究的思想及学术基础。

## 第一节 文化主义思想的传承

18世纪开始彰显于英伦,作为一种思想传统的文化主义得到了一代又一代英国文化巨人的推进,其间的代表包括塞缪尔·泰勒·柯勒律治(Samuel Taylor Coleridge)、本杰明·迪斯累里(Benjamin Disraeli,又译本杰明·迪斯雷利)、阿诺德、艾略特、I. A. 瑞恰兹(Ivor Armstrong Richards)、利维斯夫妇等。在这些人中,阿诺德、F. R. 利维斯尤其引人注目;前者确立了旨在消除"转折的年代"人文精神危机的"文化与文明传统"(The Culture and Civilization Tradition),后者通过承继前者的思想,发展出了密切联系着文学批评体制化的利维斯主义。他们以文化的健康为旨归,坚决捍卫高雅/精英文学、批评与抵制低俗/大众文学,不但鼓励并推动了基于文化批评的文学批评,而且更重要的是,孕育了"几乎等同于我们的整个日常生活"的文化观念,②从这个意义上讲,阿诺德与F. R. 利维斯等人可谓作为一门学科的文化研究的智识先驱。

不同于诸多文化研究术语的是,"文化与文明传统"一词已在文化研究中获得一致性认知,它的发明主要关涉维多利亚时期的文化巨人马修·阿诺德。1822年,阿诺德出生在英格兰的一个教师家庭,其父托马斯·阿诺德(Thomas Arnold)是当时英国著名的罗马史专家、教育家,曾任久负盛名的拉格比公学(Rugby School)校长。1844年,阿诺德毕业于牛津大学贝里奥尔学院,之后先后担任牛津大学奥里尔学院院士、枢密院议长兰兹唐勋爵(Lord Lansdowne,又译兰斯多恩勋爵)私人秘书、教育调查委员会巡视员(Her Majesty's Inspector of Schools)、牛津大学诗歌教授等多种职业。所有的职业经历,尤其是长达35年(1851—1886)的教育调查委员会巡视员生涯,使得阿诺德远比大多数同时代人了解英国的铁路交通,熟知英国的教育状

---

① Dennis Dworkin (1997) *Cultural Marxism in Postwar Britain: History, the New Left, and the Origins of Cultural Studies*, Durham and London: Duke University Press, pp.6—7.

② Raymond Williams (1958) *Culture and Society 1780—1950*, London: Happer & Torchbooks, p.256.

况,这对他的文化批评事业有至关重要的影响,如评论家所指出的:

> 其[阿诺德]文坛的成就分诗歌和散文两个方面,散文著作涉及文学、社会、政治、宗教、教育等几个相互关联的领域,但他在不同的时期有不同的关注点;大致可以说,[18]50 年代是其诗歌时代,此后是"散文时代":60 年代是文学批评和社会、政治批评时代,70 年代是宗教批评和教育批评时代,80 年代又回到文学批评。①

就其声誉之源诗歌而言,阿诺德不但出版了《迷途的狂欢者及其他》(*The Strayed Reveller and Other Poems*)、《恩培多克利斯在埃特纳》(*Empedocles on Etna*)、《新诗集》(*Poems, A New Edition*)、《诗歌二集》(*Poems, Second Series*)等多部诗集,而且留下了《多佛海滩》(*Dover Beach*)这一传世佳作。《多佛海滩》创作于阿诺德的新婚燕尔之际,但弥漫于其中的却是凄悯与悲观的情绪,这既是他彼时个人情感的真实写照,②更是他对当时英国社会情势的思考的表征。在阿诺德生活于其间的维多利亚英国,工业革命的完成使得英国成为了世界工厂与第一工业强国:

> 它一个国家的生产能力比世界上其他国家的总和还要多得多,它成为全世界的加工厂,它庞大的远洋船队把数不尽的工业品运往世界各地,再把原材料运回国,加工成工业品,然后再运出去。1851 年,英国在伦敦市中心举办世界博览会……博览会向全世界宣告英国已进入工业时代,英国是世界上第一个工业国家,也是最强的国家。③

然而,在阿诺德看来,隐藏在英国工业经济与物质财富的繁华景象背后的,是深层次信仰缺失所带来的精神危机;英国社会表面上浸淫着美丽、幻想、希望,实则流淌着痛苦、悲伤和失望。一方面,牛津运动(Oxford Movement,又称书册派运动[Tractarian Movement])所代表的宗教运动、达尔文进化论所代表的科学进步,使得曾经支撑英国人精神世界的宗教体系濒于解体、宗教阐释逐步失效,以致世事无常的困惑绝望之声随处可闻。另一方面,受功

---

① 韩敏中:""译本序",载马修·阿诺德:《文化与无政府状态:政治与社会批评》(修订译本),韩敏中译,生活·读书·新知三联书店,2008 年版,第 6 页。

② 为了养家,阿诺德 1851 年接受了教育调查委员会巡视员一职。这一"官差"既使得阿诺德作为教育改革干事能够实施教育改革举措,但也使他陷入了诸多繁琐耗时的具体事务之中,比如作为老师的危机公关人以及考官巡视各地的学校,因而无力充分施展自己的诗歌才华,所以新婚燕尔之际的阿诺德在内心深处"快乐并痛着"。

③ 钱乘旦、许洁明:《英国通史》,上海社会科学院出版社,2007 年,第 221 页。

利主义的驱使,英国社会普遍追逐物质利益,庸俗与市侩气息盛行,传统的人文精神轰然坍塌。面对这一切,涉世未深的诗人阿诺德倍感迷茫与困惑,创作了诗歌《多佛海滩》,以多佛海滩变幻无常的景象隐喻人生命运的不确定性,抒发自己怀旧和伤感之情、表达对未来不知所终的焦虑情绪。"正是怀着这样一种愤世嫉俗的心情和对传统文明的深深依恋,阿诺德以他低沉的歌声和忧郁的情调抒发出他心中的郁闷和悲哀,写出了刚跨入现代社会的人所经历的精神上的孤独和异化的倾向。"[1]

阿诺德在《多佛海滩》中表达孤独无助心态、沮丧绝望心情的技法令人叹服,他也因此在英语文学界获得了名声,甚至有幸成为了牛津大学诗歌讲座教授。但是,在评论家看来,阿诺德仍不过是"一首诗诗人"而已;他得以"留名诗史"并非是因为诗歌创作,而是因为诗歌(文学)评论。换言之,阿诺德的文学成就主要在于他是"统领英国文学批评界那片荒芜之地的、最出色的批评家",奠定了英国文学学术批评的基础。[2] 作为创作型评论家,阿诺德通过《论荷马史诗的译本》(On Translating Homer)等著述,对诗歌内容、诗歌内容与形式的关系、诗歌风格、诗歌批评、诗歌翻译与风格等重要问题进行了系统阐释。阿诺德认为,因为诗歌承担着崇高的使命,"我们应当认识到诗是有更大效用、更大使命的……我们必须求助于诗来为我们解释生活,安慰我们,支持我们。没有诗,我们的科学就要显得不完备;而今天我们大部分当作宗教或哲学看的东西,也将为诗所代替",诗歌必须具有真实与严肃的品质,"诗所以优于历史的,在于它具有一种更高的真实与严肃",否则就无缘成为经典,"乔叟诗的内容,对事物的观点,对生活的批评是广阔的、自由的、敏锐的、敦厚的,但它缺少严肃。荷马对生活的批评是有的,但丁有,莎士比亚也有。主要是这种严肃,给我们精神以凭藉……"[3]同时,诗歌必须有趣,予人以快乐,"所以一首诗,只是正确的,因而便是有趣的表现,却还没有存在的理由;它还得是我们能吸取到快乐的表现";是故,诗歌必须描写伟大的行动、崇高的人物,"凡是伟大而激烈的行动,对我们性情的基本因素,对我们的激情,是永远有趣的;而这种趣味就完全同行动的伟

---

[1] 刘守兰:《英美名诗解读》,上海外语教育出版社,2003年,第480页。
[2] 韩敏中:译本序,载马修·阿诺德:《文化与无政府状态:政治与社会批评》(修订译本),韩敏中译,生活·读书·新知三联书店,2008年版,第6页。
[3] 安诺德:《安诺德文学评论选集》殷葆瑹译,人民文学出版社,1958年,第82—83页、第93页、第99页、第116页。

然而,最能证明阿诺德是"统领英国文学批评界那片荒芜之地的、最出色的评论家"的,是他在 1864 年发表于《国民评论》(National Review)的《当今批评的功用》(The Function of Criticism at the Present Time)一文。阿诺德指出,批评旨在帮助人们看清事物的本质;只要批评是"严肃的、朴素的、灵活的、热情的、不断拓宽其知识的",它就能通过"一个思想的秩序"的建立"使最佳的思想流行",②使文学创作成为可能。相反,文学创作倘若没有批评努力作为支撑或者缺乏对生活与世界之间关系的深刻理解,就会成为"一件相当乏味、无聊、短命的事情";拜伦、雪莱、华兹华斯等人的诗之所以不如歌德的诗具有生命力,是因为他们没有像歌德一样受滋养于"一种巨大的批评努力",③以及整个英国民族的缺乏对纯粹理性的热情、对政治实践及具体行动的热衷,因而无法借其强大创造力利用/消费工业革命带来的丰富能量。所以,阿诺德认为,英国文学界应致力于追求完美的批评——"学习与宣传世界上的最佳知识与思想的客观公允的努力",以及基于"英国文学批评必须在很大程度上依赖外国思想"这一认识扩大认知范畴,克服褊狭主义,学习欧洲大陆的德国、法国。④ 不难发现,此间的阿诺德已然将其批评触角从文学扩展到了社会人生,显露出了"文学乃人生批评"的基本轮廓以及他作为文学评论家的过人之处。正因如此,评论界在对阿诺德大加赞誉的同时,形成了阿诺德的文学创作成就不如评论大的普遍认知。

《当今批评的功用》不但巩固和提升了阿诺德作为诗歌(文学)批评家的声誉和地位,并且为他日后转向文化批评奠定了基础。在《当今批评的功用》发表后的短短几年内,英国国内外情势急转直下,一方面,国际强国地位不断受到法国等国的挑战,另一方面,国内政局日益令人担忧:党派及宗教纷争不断、示威游行频发、爱尔兰问题悬而未决。所以,阿诺德的论敌、信奉功利主义的菲茨詹姆斯·斯蒂芬(Fitzjames Stephen)对《当今批评的功用》的回应长文《马修·阿诺德先生与国人》(Mr. Arnold and His Countrymen)毫无悬念地引发了阿诺德的激情,促使他转向了社会与政治批评,致力于通过道德及智识改革消除正在出现的"无政府状态",追求"完美的自

---

① 安诺德:《安诺德文学评论选集》,殷葆瑹译,人民文学出版社,1958 年,第 118 页。
② Matthew Arnold (1993), *Culture and Anarchy and Other Writings*, edited by Stefan Collini, Cambridge: Cambridge University Press, p. 51, p. 29, p. 49.
③ Ibid., p. 50.
④ Ibid., p. 49.

我"。在1866—1868年间,先后发表了《我们英国人》(Our Countrymen)、《文化与其敌人》(Culture and Its Enemies)、《无政府状态与权威》(Anarchy and Authority)等评论文章对斯蒂芬等论敌进行回应;1869年,阿诺德将《文化与其敌人》、《无政府状态与权威》等文章结集出版,于是便有了至今仍为英美国家人文学科学生的必读经典、对他们的文学与文化生产工作起引领与规范作用的《文化与无政府状态:政治与社会批评》(*Culture and Anarchy: An Essay in Political and Social Criticism*,下文简称《文化与无政府状态》)。

在阿诺德生活于其间的艾瑞克·霍布斯鲍姆所谓的"帝国的年代",英国遭遇着旧传统已然瓦解、新传统尚未建立的尴尬情势,出现了以宗教与哲学地位的日渐衰落为标志的价值失衡,文化陷入可悲境地:侈谈文化之人不过是"对希腊和拉丁这两门死语言略知一二而已"、"或许当下最愚蠢的高谈阔论莫过于满口文化了⋯⋯若论掉书袋、缺智慧,没有人比得上文化人。"①有感于此,在以劝诫"促进基督教知识学会"(The Society for Promoting Christian Knowledge)开篇的《文化与无政府状态》中,阿诺德力主通过"让理性与上帝的意志传播","树立'国家'这个权威,由'国家'代表在历史上曾经由贵族提出的高尚理想及理念,凝聚国民的健全理智,扭转已在上升的无政府状态。"②通过语境还原我们可以发现,阿诺德所谓的"无政府状态"直接联系着1860年代发生在大英帝国境内的一系列示威抗议行动,比如发生在1860年的伦敦东区圣乔治教堂暴力事件、发生在1866年的海德公园骚乱事件(The Hyde Park Riots),等等。具体地讲,随着"饥饿的四十年代"的远去及1851年伦敦世界博览会所代表的无限进步年代的开启,③公民选举权,尤其是工人阶级的选举权,成为1860年代英国的热门话题之一。当英国政府推出的1866年选举法修正法案(The Reform Bill of 1866)遭到议会否决时,英国各地的工人,尤其是伦敦的工人在改革团(The Reform League)和改革联盟(The Reform Union)的组织下,在伦敦进行了一系列声势浩大的示威抗议运动。继1866年6月29日的特拉法尔加广场(Trafalgar Square)万人集会之后,约6000名来自英国各地的示威游行工人相约于7月23日会师海德公园。因为当时的海德公园乃伦敦中产阶级市民的休闲娱乐场所,内政部在示威游行队伍到达海德公园前下令关闭了公园,示威游行人员最

---

① Matthew Arnold (1961) *Culture and Anarchy*, London: Cambridge University Press, p.39.
② 韩敏中:"译本序",载马修·阿诺德:《文化与无政府状态:政治与社会批评》(修订译本),韩敏中译,生活·读书·新知三联书店,2008年版,第13页。
③ Matthew Arnold (1961) *Culture and Anarchy*, London: Cambridge University Press, XXII.

终进入海德公园未果。随后,大部分游行人员有序地撤离,去了特拉法尔加广场,但少数人留了下来;留下来的示威游行人员不仅拆毁了海德公园的栅栏,而且还和民众一起涌入园内,践踏花木,破坏房屋,造成了意义深远的海德公园骚乱事件。骚乱持续了数日;英国的既定秩序遭到了极大破坏,因此陷入了"无政府状态"之中。英国的传统秩序维护者无不为此忧心忡忡,一如法国贵族之目睹巴士底狱坍塌。①

阿诺德在自家露台上亲眼目睹了这一切。表面上,阿诺德并不像托马斯·卡莱尔(Thomas Carlyle)等同时代人那样,认为"1869 年的英国将[因此]陷入无政府状态的漩涡",但实际上,海德公园骚乱事件的阴影一直笼罩着他,左右着他对《文化与无政府状态》的写作。阿诺德仔细描述了自己所处时代的无政府状态趋势及事件,以期揭示"英国人**精神上**根深蒂固的无政府状态",尤其是"骇人听闻地延伸的工业城市,高声叫嚣的个人自由,沉闷、僵化及刚愎自用的基督教形式,崇拜规模、数量、财富及各种机械,无视国家(state-blindness),迷信……冲突为唯一拯救方式"。② 从这个意义上讲,阿诺德与其同时代人并无本质差异,同为既有秩序的坚定拥护者,反对任何形式的无政府状态:

> 对我们而言——我们相信健全的理性,相信应该而且可能提炼出和提升我们的最佳自我,相信人类的向完美前行——对我们而言,社会的架构是这出庄严的戏剧必须上演于其间的舞台,因而是神圣的;无论谁在管理这个社会,无论我们可能多么想从他们手中夺过管理权,但在他们管理期间,我们都必须持续地、同心协力地支持他们制止无政府状态与混乱;因为没有秩序就不可能有社会,没有社会也就不可能有人类的完美。③

阿诺德不但直言不讳自己对源自权力的无政府状态的态度,"切忌因没有选举权而吵闹——这样就太庸俗了;切莫举行盛大集会鼓动改革法案、

---

① Matthew Arnold (1961) *Culture and Anarchy*, London: Cambridge University Press, XXV-XXVI; Richard E. Lee (2003) *Life and Times of Cultural Studies*, Durham: Duke University Press, pp. 47—8.

② Matthew Arnold (1961) *Culture and Anarchy*, London: Cambridge University Press, XXXI-II.

③ Matthew Arnold (1961) *Culture and Anarchy*, London: Cambridge University Press, pp. 202—3.

废除谷物法——这样就庸俗到家了",①而且详细探究了无政府状态的根源。阿诺德认为,无政府状态首先源自人们对工具文明的推崇:"工具崇拜和迷信外在行为的倾向"必然导致"**总体智识**……或对事物的理性关注"的缺失,②传统精神、道德价值、文化品位因此面临灭顶之灾的威胁,民族政治会因此遭遇崩溃或无政府状态的危险。所以,医治或消除无政府状态唯有依靠对立或矛盾于工具文明的文化,尤其是高雅文化。一方面,"文化……必须为人类履行一个十分重要的职责。这个职责在我们的现代世界特别重要,因为与希腊罗马文明相比,整个现代文明在很大程度上都是机器文明,是外部文明,而且有趋势表明将愈发如此"。③ 另一方面,

> ……文化是摆脱我们目前困境的得力助手;在最关涉我们的所有问题上,即世上的最佳思想与言论,文化都要了解,借此追求我们的总体完美;并借助这一知识,把一股清新自由的思想吹向我们目前坚定而机械地尊奉的陈腐观念与习惯……④

阿诺德进一步指出,文化之所以能够成为"摆脱我们目前困境的得力助手",是因为文化"是对完美的研究,它引导我们……把真正的人类完美想象为一种**和谐的**完美,发展我们人性的所有面向;并作为一种**普遍的**完美,发展我们社会的各个部分"。⑤ "和谐"、"普遍"所联系的,是"个体必须携同他人一起向完美迈进,必须不断地尽他所能,扩大并增加那涌向完美的人流的规模。倘若他违背这个道理,他自己的发展将受到阻碍和被削弱"。⑥ 即是说,对完美的追求不是一种个体行为,而是一种社会行为,是一种普遍的活动,而这种普遍性是个人完美的有效保证。从这个意义上讲,文化之追求完美并非仅仅在于完美是文化的化身,同时也是因为在阿诺德身处的社会转型时期,

> 追求完美……即是追求甜美(sweetness)与光明(light)。为甜美工作的人最终也是为光明工作;为光明工作的人最终也是为甜美工作。但同时为甜美与光明工作的人,是在使理性与上帝的意志得以通行天

---

① Matthew Arnold (1961) *Culture and Anarchy*, London: Cambridge University Press, p.40.
② Ibid., p.7, p.19.
③ Ibid., pp.48—9.
④ Ibid., p.6.
⑤ Ibid., p.11.
⑥ Ibid., p.48.

下而工作。为机械工作的人,为仇恨工作的人,只是在为混乱工作。文化的视野超越机械,文化憎恨仇恨;文化有着伟大的热情,即对甜美与光明的热情。它甚至有更大的热情——使它们**蔚然成风**的热情。①

阿诺德强调"追求完美的文化",是因为唯有这样的文化才能满足任何阶级、任何个体自我修养的需要,虽然它能否发挥、在多大程度上发挥帮助实现个人与社会完美的功能,在很大程度上取决于教育。一方面,教育是"通往文化的光明大道",能够创造出作为完美基础的"思维与精神的内在状况",促成"构成人性之美与价值的所有能力的和谐发展";②反对教育者无异于操控政治制度、经济制度或舆论,是文化的大敌。另一方面,教育的作用往往随阶级而变:对由野蛮人(barbarian)构成的贵族阶级而言,因为他们精力充沛、闭目塞听、墨守成规、缺乏创新意识,教育的作用在于使其习惯没落与流放;对由市侩(philistine,又译非利士人)组成的中产阶级而言,因为他们坚守信仰、富有事业心、沉溺于物质文明、唯利是图、缺乏对甜美与光明的追求,教育的意义在于使其孩子做好掌权的准备;对由大众(masses)或民众(populace)组成的工人阶级而言,因为他们或者效仿中产阶级,或者沉沦于在粗野与愚昧中体味贫困与肮脏,教育的功能在于教化他们接受服从、差别与被剥削的命运。③另外,各阶级对教育的需求程度不尽相同:最为迫切地需要教育的是已然取得历史支配地位的中产阶级,因为受清教徒思想及希伯来思想的影响,这个阶级远离了文化与总体性,尚未做好接过霸权的准备;④最不需要教育的是工人阶级,因为海德公园骚乱已然表明,以"为所欲为"为核心内容的工人阶级文化无异于"无政府状态"的根源,或者说"无政府状态"无异于工人阶级文化的代名词。所以,阿诺德在面对需要教育帮助与服务的各个阶级时,最为关注中产阶级,矢志不渝地致力于建立一套中产阶级教育体系,尽管从理论上讲,他所提出的国家教育策略针对的是所有阶级。⑤

阿诺德对教育的这般认识显现了其书标题"文化与无政府状态"的寓意所在:国家是文化的必然结果——国家是文化的化身与媒介,因而是神圣

---

① Matthew Arnold (1961) *Culture and Anarchy*, London: Cambridge University Press, p. 69.
② Ibid., p. 209, p. 48.
③ John Storey ([1993]1997) *An Introduction to Cultural Theory and Popular Culture*, London: Prentice Hall/Harvester Wheatsheaf, pp. 25—6.
④ Matthew Arnold (1961) *Culture and Anarchy*, London: Cambridge University Press, p. 20.
⑤ 从这个意义上讲,阿诺德亦可谓是安东尼奥·葛兰西意义上的"有机知识分子";详见拙文《作为有机知识分子的阿诺德》,《国外文学》,2010 年第 3 期,第 13—22 页。

的;暗示了他的毕生贡献所在——教育。阿诺德不仅基于数十载的教育委员会巡视员经历留下了《大陆的大众教育》(*Popular Education on the Continent*,1861)、《法国的伊顿,或者中产阶级教育与国家》(*A French Eton, or middle-class education and the state*,1864)、《大陆的中小学与大学》(*Schools and Universities on the Continent*,1868)等著述,而且更为重要的是,他在托马斯·阿诺德与约翰·亨利·纽曼(John Henry Newman)的启发下提出了独到的教育理念,促成了现代英文教育的创立。① 阿诺德认为,既然教育的目的在于传播文化,教育的任务唯有依靠作为"平等的真正使者"的文化人或文化传教士方能完成;②唯有通过他们,文化方可在帮助实现个人人格完美的同时,帮助实现社会的完美。文化人能够帮助实现"真正的甜美与真正的光明":

> 诸多人都设法为大众……提供根据自己心目中的大众的实际状况准备和调制的智识粮食。日常的通俗文学就是这种方式运作于大众的一个例子。诸多人都设法给大众灌输构成他们自己的行业或者党派信条的成套思想与判断。我们的宗教与政治组织就是这种方式运作于大众的一个例子。我无意对二者进行指责,但是文化的运作不同。它并非设法到底层阶级去进行教化工作;它并非用现成的判断与口号去为自己这个或者那个宗派争取他们。它设法消除阶级,设法让世界上的最佳思想与言论遍及各地,设法让所有人都生活在甜美与光明的氛围之中……③

---

① 以詹姆斯·瓦特(James Watt)在1769年申请蒸汽机专利为起点的英国工业革命,在19世纪上半叶引发了一场又一场围绕英国大学教育的大辩论,其结果是英国大学数量的增加,以及由伦敦大学的主张理论联系实际所代表的大学定位的转变。继1809年、1830年的两次大辩论之后,1849年见证了关于英国大学教育的第三次大辩论,其导火线是约翰·亨利·纽曼在就任贝尔法斯特女王大学校长的就职演说中,"为牛津、剑桥的传统做法百般辩护,同时攻击了伦敦大学"。纽曼认为,知识分为博雅知识(liberal knowledge)与专业知识(porfessional knowledge)两种,与之相应的则是两种不同的教育方法:一种是哲学性的、发展人的思维;另一种是机械的、具体的、外在的;知识一旦具体化、专业化,就不成其为知识,而是培养奴隶式劳动的工具。纽曼指出,唯有博雅教育才能培养出绅士,才能使他们具备才智、趣味高雅、坦率公正、沉着冷静、行为高尚、彬彬有礼等有益于社会、造福于世界的品质,所以,大学的职能便是培养这些品质。尽管纽曼的观点在随后的辩论中遭到了赫伯特·斯宾塞(Herbert Spencer)等人的坚决反击,但在若干年后得到了阿诺德的热情支持。详见张泰金:《英国的高等教育:历史·现状》,上海外语教育出版社,1994年,第24—30页。
② Matthew Arnold (1961) *Culture and Anarchy*, London: Cambridge University Press, p.70.
③ Ibid., pp.69—70.

不难发现,深陷无政府状态之中的阿诺德依然相信完美的可能性,没有像同代人那样屈服于恐慌的尖叫或者绝望地求助于上层阶级,但他的文化观被一层厚厚的理想主义色彩包裹着。在阿诺德的理想主义文化观之中,就知识与真理这两个词的充分意义而言,大部分人很可能因为仅仅满足于一知半解而无法成为文化人;文化人只能是生活在一个小圈子里的少数人,他们是有高度修养的人,是人类知识与真理的器官。所以,文化人专指那些"残余"(remnant)或者"局外人"(alien)。

> 因此,当我们把自己分为野蛮人、市侩与大众进行谈论的时候,必须明白我们始终在暗示这些阶级内部有着一定数量的局外人,如果我们可以这样称呼他们的话——他们主要不是受他们的阶级精神所引导,而是受一种普遍的**人类**精神、对人类完美的热爱所引导;这部分人的数量既能被减少也能被增加。我的意思是那些将成功地开发这一快乐本能的人的数量,将同时根据他们自身内部的原始本能的力量,以及他们将从那些没有这种本能的人那里遭遇到的阻碍或是鼓励,变得更大或者更小。①

从这个意义上讲,阿诺德眼中的"残余"或"局外人"属于柯尔律治所谓的"受国家资助的知识阶级",包括"一切所谓文科和科学的……圣贤与教授";②这些圣贤与教授公正不阿地学习与传播世界上的最佳思想与言论,通过创造性、经验性、客观性的融合促成最佳思想和言论与大众的连接,先知般确立清晰正确的思想潮流,捍卫作为社会——国家——个人进步源泉的"核心标准"。③

显然,阿诺德所谓的文化仍将是少数人的专利,工人阶级所代表的大众将因此继续生活在痛苦与黑暗之中,尽管教育旨在帮助他们体味甜美与光明、向他们展示国家未来的美好前景。正因如此,《文化与无政府状态》面世以降,尤其是文化研究形成以降,阿诺德时常被视为文化精英主义者,受到大众文化支持者的尖锐批评。威廉·莫里斯曾基于艺术的大众化对阿诺德作如是批评:"如果现在已经病入膏肓的艺术要想继续存在下去,而不是

---

① Matthew Arnold (1961) *Culture and Anarchy*, London: Cambridge University Press, p.109.
② Raymond Williams (1958) *Culture and Society 1780—1950*, London: Happer & Torchbooks, p.63.
③ Richard E. Lee (2003) *Life and Times of Cultural Studies*, Durham: Duke University Press, p.46.

消亡,今后它就必须民有、民治、民享;它就必须理解所有的人及被所有的人理解。"①艾略特也曾就此对阿诺德提出过批评:尽管阿诺德从阶级的角度分出了野蛮人、市侩及民众,但他的阶级批评却局限于对这些阶级的缺陷的指控,没有能够进一步讨论每个阶级的适当功能或者"完美"应当是什么,②所以他无法显示"少数人"能在何种机制中组织起来。或者如威廉斯等文化研究学人所指出的,阿诺德自己也没法解释国家何以是为分散在各个经济支柱的少数人而不是为阶级所左右,从而让这少数人来担当起振兴文化、管理国家(帝国)的大任。因此,虽然阿诺德的根本性批评原则是公正不阿及政治疏离,③他所描述的理想国家必将轰然坍塌,摇身一变为与理想相去甚远的现实国家的辩护者。④ 正如伦敦大学英国文学史专家克里斯·鲍尔迪克(Chris Baldick)所言:

> 阿诺德经常谈起为了使英国民众脱离阶级冲突与智识混乱而向他们施加起软化作用与教化作用的影响的必要性,并且已经把诗歌作为达此目的的手段。已经在进行之中的通过机械学院、工人学院及校外辅导班在中产阶级及工人阶级中介绍文学研究,正是出自这一目的。⑤

1860—1880年代英国被一种关于大众管理的帝国话语支配着,其间充满了政治愤慨、教育改革、帝国至上、商业及科学唯物主义、人口爆炸等问题,"正是在这一混杂之中,文化首次成为了政治的烫手山芋"。⑥ 所以,我们必须承认阿诺德的文化观具有合理性,既反映了维多利亚时代中期英国的社会政治,也反映了其时英国的教育现状,⑦但同时必须知道,阿诺德的文化观念"往远说是背靠西方的理性主义传统来铸造一种道德规范,往近

---

① William Morris, cited in Matthew Arnold (1961) *Culture and Anarchy*, London: Cambridge University Press, XXXVI.

② T. S. Eliot (1949) *Notes towards the Definition of Culture*, New York: Harcourt, Brace and Company, p. 20.

③ Richard E. Lee (2003) *Life and Times of Cultural Studies*, Durham: Duke University Press, p. 46.

④ Raymond Williams (1958) *Culture and Society 1780—1950*, London: Happer & Torchbooks, p. 133.

⑤ Chris Baldick (1987) *The Social Mission of English Criticism: 1848—1932*, Oxford: Oxford University Press, p. 63.

⑥ John Hartley (2003) *A Short History of Cultural Studies*, London: Sage, p. 31.

⑦ Matthew Arnold (1961) *Culture and Anarchy*, London: Cambridge University Press, p. 58.

说就在于让这显然还是缥缈在乌托邦里的道德规范,来对大众出演警察功能。"①阿诺德所代表的文化与文明传统的实质是精英主义,其效果难有保证;有评论家因此指出,阿诺德式文化观依赖于一种共同文化而非经济状况,未免太过书卷气、太多学术味,太不切实际:"总的说来,社会批评的开展与固化,一方面是在对被马修·阿诺德显在地等同为文化的秩序的追求之中,另一方面是在反对被等同为无政府状态的改革运动的激进主义与牙买加及爱尔兰的叛乱之中"。② 然而,我们必须知道,无论是阿诺德本人还是威廉斯等阿诺德的批评者,都未曾设想过如果把阿诺德所谓的"残余"理解为一个社会阶级,而非"局外人"的集合,结果又会如何。阿诺德及其批评者未能在此意义上就现代国家的教育功能做出满意的解释,正是因为他们对这一问题的"忽视"。事实上,如果我们把那些"残余"视为一个阶级,我们就会看到他们至少可以在某些方面对国家进行指导,就像野蛮人、市侩或者民众那样,因为作为一个知识分子阶级的"残余"的指导思想很可能是他们的阶级精神,而不是总体的人类精神或者对人类完美的热爱。如果"残余"能证明自己可以在文化目标方面影响甚至指导国家政策,这就说明它不仅有自己的组织能力,而且有自己的独特阶级利益;如果"残余"是一个独特的阶级,其动机就很可能如其他主要社会集团的动机,隐而不露。③以后见之明来看,阿诺德之所以犯下这一错误,一个重要原因是他在方法论上的摇摆。阿诺德挪用有机主义的、反个人主义的术语捍卫文化,表明了他对功利主义的拒绝以及对马克思主义的亲近;但是他对功利主义文化的批判最终又因他对无政府主义的担心及对"残余"的信任,使他投向了法国实证主义社会学的怀抱、远离了马克思主义。

尽管如此,阿诺德留给后人的遗产依然丰厚,极大地影响了英国的社会、政治及学术。首先,他主张通过提高大众的文学阅读能力来消除无政府状态,"在一个充满工业化、民主化及商业化的时期,在文学阅读方面'领先一筹'是民族生存的一个前提条件",④客观上推动了文学阅读运动。其次,尽管阿诺德是在毕其一生之功建构和拯救精英主义思想,但他对通俗文化

---

① 陆扬、王毅:《文化研究导论》,复旦大学出版社,2006年,第70页。

② Robert E. Lee (2003) *Life and Times of Cultural Studies*, Durham: Duke University Press, pp. 67—8.

③ Andrew Milner (1994) *Contemporary Cultural Theory: An Introduction*, London: UCL Press, pp. 23—4.

④ John Hartley (2003) *A Short History of Cultural Studies*, London: Sage, p. 38.

的"关注"在客观上减弱了文化主义传统的精英色彩,拯救了通俗文化,开启了大众文化的教育与研究空间。换言之,虽然阿诺德在《文化与无政府状态》中并未直接就文化研究或大众文化进行言说,但他对文化研究的意义仍是不可估量的,或者借用约翰·斯道雷的话准确地讲:"阿诺德的意义就在于他首开了一个传统,一种审视大众文化的具体方式,一种把大众文化置于整体的文化领域的具体方法。这一传统现在已经成为了众所周知的'文明与文化'传统。"①阿诺德式文化批评理论及其传统后来经过威廉斯等左派利维斯主义者、马克思主义批评家的努力,孕育出了"几乎等同于我们的整个日常生活"的文化观念,奠定了威廉斯等批评家建构作为一项社会工程的文化研究所急需的文化主义研究范式的基础。正因如此,曾经十分尖锐地批评过阿诺德的威廉斯也曾撰文《文化与无政府状态一百年》,对阿诺德做出了毫不吝啬的正面评价:

  阿多诺对文化的强调,虽然用的是他自己的强调方式,是对他那个时代社会危机的直接反应。他视之为文化对立面的"无政府状态",在某种意义上颇为相似近年来公共描述中层出不穷的示威抗议运动。他没有将自己表述为一个反对派,而是自视为优雅和人文价值的护卫人。这便是他的魅力所在,过去是这样,今天也是这样。②

  尽管阿诺德对希腊精神与希伯来精神的尊奉确乎妨碍了英文研究在英国大学的发展,但他对文学重要性的强调无疑又鼓励了英国各大学对文学教育的反思。一如纽博尔德报告所指出的,鉴于工人教育运动与妇女教育运动的日益活跃,以及印度事务部的重组,到19世纪末20世纪初,越来越多的英国教育家认识到了希腊文、拉丁文等古典教育与现实生活的脱节,力主以英文研究及教育提高国民文化素质。正是在这样一种情势之下,加之一战前后弥漫英国社会的反日耳曼情绪,作为一门学科的"英国文学"在英国的高等教育机构诞生,尤其是在科技学院、工人学院、大学校外教学部及成人夜校,为工人、妇女和那些希望向殖民地人民炫耀自己的人提供"一种简便的人文主义教育"。曾任剑桥大学圣约翰学院研究员的伊恩·瓦特(Ian Watt)在讨论小说的兴起时说道:

  绝大多数流动图书馆都收藏有各种类型的文学作品,但小说却被

---

①  John Storey([1993]1997) *An Introduction to Cultural Theory and Popular Culture*, London:Prentice Hall/Harvester Wheatsheaf, p.22.
②  转引自陆扬、王毅:《文化研究导论》,复旦大学出版社,2006年,第64—65页。

广泛地认为是它们的主要吸引力。几乎无可怀疑,正是这些图书馆导致了那个世纪的虚构故事读者大众最显著的增多。无疑,它们引起了对阅读普及到下层社会的现象最大数量的当代评论。这些"文学上的廉价商品"据说腐蚀了"遍及三个王国"的学童、农家子弟、"出色的女佣",甚至"所有的屠夫、面包师、补鞋匠和补锅匠"的心灵。①

随着第一次世界大战后国家重建计划的启动,曾经的"廉价商品"英国文学作为英国民族团结的黏合剂,成功冲破了阿诺德生前坚决维护的牛津/剑桥贵族传统;正是在这个意义上,"自从其产生之初,英文系和英国文学批评就有强烈的社会使命感,教师和学生在不同程度上都是阿诺德的信徒"。② 在此过程中,英国现代派诗歌之父、评论家艾略特,新批评派鼻祖瑞恰兹发挥了不可或缺的作用。一方面,艾略特像阿诺德一样主张文化是学识及关于过去的智慧、文化是哲学、文化是艺术的同时,③分享着阿诺德的悲观,"我们的时代是一个衰退的时代……我看不到文化衰退不会进一步加剧的原因",所以,如果不对当下的工业主义加以节制,人们就会遭遇一个"没有文化"的未来,被抛入"在宗教、艺术、学问的意义上,不会有什么东西可以称得上文化"的"荒原"(waste land)。④ 另一方面,艾略特通过强调文化乃整个生活方式、坚持文化分层——文化分为"有意识的文化"和"无意识的文化",显在地推进了阿诺德的精英主义文化理论:

> 读者必须像本书作者经常不得不做的那样,提醒自己有多少内容被包容在**文化**这一术语中。它包括一个民族的所有独特活动及兴趣:德比马赛、亨利划船比赛(Henley Regatta)、考斯赛船会(Cowes)、猎鸡日(the twelfth of August)、足总杯决赛、赛狗会、弹球游戏、飞镖、温斯利代干酪(Wensleydale cheese)、清水碎白菜(boiled cabbage cut into pieces)、腌甜菜、19世纪哥特式教堂,以及[爱德华·]埃尔加(Elgar)的音乐。⑤

---

① 伊恩·P. 瓦特:《小说的兴起:笛福、理查逊、菲尔丁研究》,高原、董红钧译,生活·读书·新知三联书店,1992年,第41页。
② 陆建德:"序",F. R. 利维斯:《伟大的传统》,袁伟译,生活·读书·新知三联书店,2002年,第6—7页。
③ T. S. Eliot (1949) *Notes towards the Definition of Culture*, New York: Harcourt, Brace and Company, p. 21.
④ Ibid., p. 17.
⑤ Ibid., p. 30.

或许是因为剑桥大学第二位英国文学教授阿瑟·奎勒-库奇(Arthur Quiller-Couch)是纽博尔德委员会成员之一的缘故,并未在牛津大学掀起波澜的纽博尔德报告却引起了剑桥人的极大关注,在那里掀起了一场英文研究的革命。是故,不同于艾略特讨论"荒原"时的闪烁其词,剑桥大学文学教师瑞恰兹基于文学机构在第一次世界大战中所显现的能力及所产生的影响,在具有划时代意义的《文学批评原理》(Principles of Literature Criticism)与《实用批评》(Practical Criticism)等著作中进一步发展了阿诺德的观点:"诗可以拯救我们,它完全可能是克服混乱的工具"。①

> 我们通常借助我们对之一无所知的方式从混沌状态过渡到较有组织的状态。典型的是通过其他心灵的影响。文学与艺术是这些影响得以扩散的主要方式。在一个人口众多的社会,坚持高度文明,换言之,自由、多彩与不浪费的生活对它们的依赖程度,自然不必多说。②

瑞恰兹的阿诺德式主张得到了诸多强调文学(尤其是诗歌)及知识分子社会功能的人的支持与响应,并因此为后人留下了影响深远的双重遗产:作为社会秩序的能动者的文学研究、可以为体制性成功提供必要支持的教学及考试方法——实用批评。③

经过艾略特、瑞恰兹等人的传承,文化与文明传统于20世纪上半叶在剑桥大学找到了其"终结者":"这个始于阿诺德把'文化'与'批评'等同起来、尔后又不断重新界定的过程被利维斯完成了";④或者借用哈特利的话来讲,"在20世纪,阿诺德的观点在F.R.利维斯的作品及方案中得到了最为充分的表现"。⑤ 1895年,F.R.利维斯出生在英国剑桥的一个书香门第;除参加第一次世界大战及为数不多的几次学术访问以外,他几乎在剑桥度过了一生。1924年,F.R.利维斯完成了探讨报刊在英格兰的兴起与早期发展的博士论文《论新闻与文学的关系》(The Relationship of Journalism to

---

① 陆建德:"序",F.R.利维斯:《伟大的传统》,袁伟译,生活·读书·新知三联书店,2002年,第7页。

② I. A. Richards (1934) *Principles of Literature Criticism*, London: Kegan Paul, Trench, Trubner & Co. Ltd., p.57.

③ Richard E. Lee (2003) *Life and Times of Cultural Studies*, Durham: Duke University Press, p.53.

④ Raymond Williams (1958) *Culture and Society 1780—1950*, London: Harper Torchbooks, p.254.

⑤ John Hartley (2003) *A Short History of Cultural Studies*, London: Sage, p.32.

*Literature*),于 1927 年正式担任剑桥大学唐宁学院讲师。1932 年,受到埃杰尔·里克沃德(Edgell Rickword)编辑的文学批评刊物《现代文学记事》(*Calendar of Modern Letters*)的"细察"系列文章的启发,F. R. 利维斯创办了文学批评季刊《细察》(*Scrutiny*,又译《细绎》)。尽管身处批评的独立性已然为商业化操作所腐蚀的时代,F. R. 利维斯及其妻子 Q. D. 利维斯依然受 T. S. 艾略特、瑞恰兹等人的影响,尊奉"以严格独立的批评体现一种标准,从而培养读者的识别能力"的宗旨,[①]勉力将《细察》打造为发现当代重要作品、严肃评价传统经典的平台。正因如此,《细察》逐渐有了一个相对稳定的作者群与一批忠实的读者,即后来名扬四方的利维斯主义者,他们团结在以诗抑或文学为宗教的文学评论家利维斯博士周围,虽然 F. R. 利维斯直到 1947 年才被剑桥大学聘为全职讲师、直到退休都未获得教授席位这一事实暗示,利维斯主义者一直处于学院体制的边缘。利维斯主义者怀疑现代工业文明对社会"进步"与"幸福"的推动作用,坚信英语的救赎力量,坚持以英国文学为学校教育的道德核心,有意识地回避政治党派性,支持经验、具体性及根植于过去的有机社会。所以,利维斯主义者的一个显著特征便是基于文化堕落时代已然来到的认识,以维护语言及民族文化的健康为己任,以培养少数人的优雅感性为己任。[②]

作为利维斯主义主要建构者的 F. R. 利维斯一生著述颇丰,其代表作包括《大众文明与少数人文化》(*Mass Civilisation and Minority Culture*)、《英语诗歌的新动向》(*New Bearings in English Poetry*)、《伟大的传统》(*The Great Tradition*)、《小说家劳伦斯》(*D. H. Lawrence, Novelist*),等等。F. R. 利维斯在承继阿诺德、艾略特等英伦本土思想的同时,积极吸纳欧陆思想,比如黑格尔的文化观,有效地扬弃当时盛行于英伦的庸俗马克思主义,强调文化传统需要大众的积极参与,而不能仅仅想当然地将其交付给虚构的历史潮流。所以,F. R. 利维斯在强调文本的重要性、反对盛行于其时的经济决定论的同时,并未像约翰·克劳·兰塞姆(John Crowe Ransom)等人那样,对社会历史批评持决绝的敌视态度,虽然无论是 F. R. 利维斯本人的著述还是其他利维斯主义者的著述,比如他与人合著的《文化与环境:批评认知的培养》(*Culture and Environment: The Training of Critical Awareness*)、他妻子 Q. D. 利

---

① 陆建德:"序",载 F. R. 利维斯:《伟大的传统》,袁伟译,生活·读书·新知三联书店,2002 年,第 4 页。

② Stuart Hall (1990) "The Emergence of Cultural Studies and the Crisis of the Humanities", *October*, vol. 53, p. 13.

维斯的代表作《小说与阅读大众》(*Fiction and the Reading Public*,又译《小说和读者大众》),作为其基础的,是一套褒扬精英文化、鄙夷大众文化(mass culture)的批评框架。从这个意义上讲,与其说利维斯主义者是在进行文学批评,毋宁说他们是在进行文化批评及社会批评。

为考察瑞恰兹的《文学批评原理》而写就的《大众文明与少数人文化》(*Mass civilisation and Minority Culture*)是 F. R. 利维斯的第一篇重要文章。此文以阿诺德《文化与无政府状态》中的一段话为开篇语,"文化……必须为人类履行一个十分重要的职责。这个职责在我们的现代世界特别重要,因为与希腊罗马文明相比,整个现代文明在很大程度上都是机器文明,是外部文明,而且有趋势表明将愈发如此",①借此,F. R. 利维斯道出了自己与阿诺德之间的复杂纠葛。一方面,由于二者所处环境不同,"对马修·阿诺德而言,事情在某些方面没有这么难",②包括可以自由地使用"上帝的意志"等语词、不必为"文化"等词的定义与表达而劳神等。他们心中的文化是不尽相同的:阿诺德所谓的文化意指"甜美"与"光明",而 F. R. 利维斯的文化问题则一如下文将要指出的,主要是语言问题。另一方面,作为阿诺德文化政治学的忠实信徒,F. R. 利维斯坚持文学"在本质上不止是个别作品的堆砌:它有一个有机的形式,或者根据各个作者心目中的重要性建构一个有机秩序",③坚信

> 在任何时期,有洞见地理解艺术与文学都是依赖于极少数人:(除一目了然和众所周知的事例以外,)能给出并非人云亦云的、第一手判断的,只能是少数人。虽然能够根据真正的个人反应来支持这样的判断的人有所增加,但他们依然是少数。公认的价值观就像某种纸币,其基础是极少量的黄金。④

在致力于绘制英国小说及诗歌传统期间,F. R. 利维斯既像艾略特那样,主张文学与文化的并存,即在一种健康的文化当中,"在文学的背后存在着一种社会文化及生活的艺术",⑤也特别重视精英文化或"少数人文

---

① Matthew Arnold (1961) *Culture and Anarchy*, London: Cambridge University Press, pp. 48—9.
② F. R. Leavis (1930) *Mass Civilisation and Minority Culture*, Cambridge: The Folcroft Press, p. 3.
③ F. R. Leavis (1962) *The Common Pursuit*, Harmondsworth: Penguin, p. 184.
④ F. R. Leavis (1930) *Mass Civilisation and Minority Culture*, Cambridge: The Folcroft Press, pp. 3—4.
⑤ F. R. Leavis (1962) *The Common Pursuit*, Harmondsworth: Penguin, p. 190.

化"。F.R.利维斯认为,虽然仅有少数人能欣赏但丁、莎士比亚、波德莱尔、哈代等作家及识别这些作家的后继者,但他们却有建构出某一时期的人类(或者人类的一部分)意识的能力,不但能通过保存"传统中最精致、最容易毁灭的部分"使我们获得人类经验的精华,而且通过确定美好生活的标准使我们具有价值判断能力。少数人保存"传统中最精致、最容易毁灭的部分"时所倚重的,是语言及随时代而变化的习语,因为如果"没有这些语言及习语,精神的特性就会因受到阻碍而变得不连贯。我[F.R.利维斯]所谓的'文化',其所指便是对这样一种语言的使用"。① 正是基于对语言的这般认识,F.R.利维斯俨然以科勒律治和阿诺德为榜样,认为自己所生活的时代是一个"文明"与"文化"相对立的时代,②正深陷"文化困境"之中:

> 似乎完全有理由认为一个世纪以前的普通受教育者的阅读能力,比他现代的代表要强得多。现代读者不仅要在各种各样的阅读上耗费多得多的时间;获得辨识力的任务也难多了。与华兹华斯一起长大的读者,(也许)是在一组有限的符号之中行走:变体(variety)并非铺天盖地。因此,他能一路走来,获得辨识能力。但现代读者所面临的是一个符号群,其变体与数(number)多得让人不知所措,以致他除非有特别的天赋或者特权,几乎不可能开始具有辨识能力。这就是我们所面临的总体文化困境。③

在F.R.利维斯看来,处心积虑地利用廉价反应已经成为文化的特质:④在报刊方面,变得明显可怕的是"它们始终被伴以一个降低的过程";⑤提供文明世界主要娱乐形式的电影现在"屈从于最廉价的情感诉求……广告正在变得日益精确。过去本能就足够的地方,现在正被代以调查"。⑥ 所以,"我们所面临的"是一种"总体文化困境",表现为界标的滑动、增加及过剩:"区隔及分界线已经模糊,边界已经消失,不同国家及时期的艺术与文学已经流到一起,以致……人们想知道他是否知道自己之所谈

---

① F.R. Leavis (1930) *Mass Civilisation and Minority Culture*, Cambridge: The Folcroft Press, pp.4—5.
② Ibid., p.26.
③ Ibid., pp.18—9.
④ Ibid., p.11.
⑤ Ibid., p.8.
⑥ Ibid., pp.10—1.

正变得越来越难。"①F. R. 利维斯认为,这样的一种"总体文化困境"的出现或"今日的一道常识是文化已处于危机之中"的原因,首先在于文化已被文明——标准化与平庸化所代表的功利主义——破坏,虽然大众"对危机所警示内容的认识并不普遍"。② 破坏文化的文明首先来自最能代表工业革命的机器。各种机器在史无前例地变革生产方式的同时,给包括大众文化在内的社会生活带来了灾难性的影响:

> 首先,机器以一种我们无可匹敌的速度带来了习惯与生活环境的变化……(仅举一个例子)汽车在几年之内就已经从根本上改变了宗教、分裂了家庭及变革了社会习俗。变化是如此的具有灾难性,以致不同代际的人觉得难以彼此适应"。③

"灾难性的影响"集中体现为英国有机社会的消失及少数人文化的陷入危机。F. R. 利维斯基于对英国大众文化的考察,指出以机器为代表的工业革命及随之出现的批量生产技术使得英国不仅"不再有见多识广及有见识的大众",④而且导致了英国诗歌的惨淡收场,"出色的价值观不再为少数人以外的任何人所关切……未来的诗歌,如果未来有诗歌的话,似乎不可能仍在世界上如此重要",⑤最终灾难性地毁掉了高雅与大众趣味完美结合于其中的有机社会及少数人文化,"文化始终由少数人掌控。但是少数人现在被迫意识到环境不仅并非志趣相投,而且充满敌意……少数人正在被史无前例地与统治世界的权力相分隔"。⑥ 值得注意的是,F. R. 利维斯看到了英国有机社会的消失与美国化的关联,认为诸多英国文化问题的症结在于正在英国及世界各地发生的,以"更高的效益、更多的销售、更多的批量生产与标准化"为特征的美国化。⑦ 让 F. R. 利维斯忧心如焚的是,英国大众对美国化的后果不甚了了,也不打算逆转美国化过程,尽管美国化正极大地

---

① F. R. Leavis (1930) *Mass Civilisation and Minority Culture*, Cambridge: The Folcroft Press., p.19.
② Ibid., p.5.
③ Ibid., p.6.
④ Ibid., p.17.
⑤ F. R. Leavis, cited in Andrew Milner (1994) *Contemporary Cultural Theory: An Introduction*, London: UCL Press, p.31.
⑥ F. R. Leavis (1930) *Mass Civilisation and Minority Culture*, Cambridge: The Folcroft Press, p.25.
⑦ Ibid., p.7.

危害着英国的报刊、广告、电影等大众文化,甚至"可能致使我们丧失自治兄弟同胞的伟大结构;该结构的共同存在对盎格鲁—撒克逊民族的未来延续无限重要,对我们现代文明中的一切最优秀部分的发展意义攸关"。①

有机社会的消失在使 F. R. 利维斯痛心疾首的同时,激发了他的力挽狂澜之心;出于对大学变迁的敏感意识,他开始了以大学为基点来建构文化堡垒的工作。1933 年,F. R. 利维斯与邓尼斯·汤普森(Denys Thompson)联袂出版了旨在培养文学鉴别能力或批评意识训练方法的大学英文系教育指南《文化与环境:批评认知的培养》,以期有效地保护英国生活方式与文学传统的文化连续性。尽管 F. R. 利维斯与汤普森对自己提出的文学教育方案有所保留,"我们必须对简单解决办法十分谨慎……不能只有复旧……缅怀旧秩序必须主要是为了促进新秩序",②他们仍对整体性文学教育抱有信心:

> 的确,学院式文学品位培养看似是一桩被人遗忘的事业。但如果人们仍将相信教育,那么就必须相信值得做的事能够被做到。如果人们仍将相信什么,人们就必须相信教育。我们不能……让公民无意识地由其环境熏陶;如果人们行将拯救任何关于满意的生活的有价值思想,他们便必须接受鉴别与抵制的培养。③

这里极具讽刺意义的是,F. R. 利维斯与汤普森建议用国家教育来培养伴随商业资本主义的出现而出现的大众,建议他们以品位的名义抵制商业资本主义自身的文化。当然,其间也充斥着他们因有机社会的消失而产生的伤感之情:

> 斯图亚特(Stuart)谈到了"旧英格兰之死和更加原始的民族被'有组织的'现代国家取代"。旧英格兰是有机社会的英格兰,需要思考的是,在何种意义上它比取代它的英格兰更加原始。但我们此刻必须考虑的是有机社会已然消失这一事实;它几乎已经从记忆中彻底消失,以致一个人无论受过多高的教育,如果要让他明白它到底是什么,往往都是一大难事。它(在西方)被摧毁的情形是近代历史上最重大的事

---

① F. R. Leavis (1930) *Mass Civilisation and Minority Culture*, Cambridge: The Folcroft Press, p. 7.
② F. R. Leavis and Denys Thompson ([1933]1977) *Culture and Environment: The Training of Critical Awareness*, London: Chatto & Windus, pp. 96—7.
③ Ibid., pp. 3—4.

件——它确实是相当晚近。这一重要变迁——这一巨大而惊人的瓦解——是如何在如此短的时间内发生的呢?这一变迁的过程便是通常被描述为进步的那个过程。①

英国有机社会的消失让 F. R. 利维斯痛心疾首,不仅仅是因为有机社会的消失使"文化的前景……十分暗淡",而且更多地是因为他对新兴的大众文化缺乏信心,"用'大众文化'将会是全新的这一诺言来安慰我们同样徒劳无益"。② F. R. 利维斯不仅把他所面对的各种报刊、广告、流行小说、电影和广播称之为"乱七八糟的新书",而且主张借扩大文学研究的广度和深度增强有能力建构出某一时期人类(或人类的一部分)意识的少数人的鉴别能力,以便他们能"在乱七八糟的新书中照料自己",停止对英国文化所受到的各种威胁漠然视之,武装起来抵制工业主义带来的大众文明。③ 所以,尽管 F. R. 利维斯已经通过将文学研究与其他兴趣和学科联系起来,富有启发性地演进了柯勒律治、阿诺德的文化观念,弱化了文化主义思想传统的精英主义色彩,但一如威廉斯所指出的,由于 F. R. 利维斯所谓的少数人"本质上是一个文学上的少数派,其功能是保持文学传统与最优秀的语言能力",④他们在本质上无异于柯勒律治的"受国家资助的知识阶级",或阿诺德的社会各阶级的"残余"。换言之,利维斯对少数人及其文化的尊崇,旨在为彼时的知识分子夺回岌岌可危的启蒙者地位。在 20 世纪以降的英国,人口的膨胀、城市的扩张、教育的普及、大众文化的兴起,尤其是源于教育的普及和印刷技术的改进的文学商品化,使得知识分子的作用嬗变,从高瞻远瞩的启蒙者变为了市场商品的提供者;F. R. 利维斯其实是在以 19 世纪末 20 世纪初英国文学知识界特有的傲慢与偏见,贬抑大众的文化教养,阻止大众文化的流行,从而实现少数人对文化的控制。⑤ 从这个意义上讲,F. R. 利维斯的"少数人文化"所反映出来的是一种反民主的资产阶级文化观,

---

① F. R. Leavis and Denys Thompson ([1933]1977) *Culture and Environment: The Training of Critical Awareness*, London: Chatto & Windus, p. 87.

② Ibid., pp. 30—1.

③ Ibid., p. 20, p. 30.

④ Raymond Williams (1958) *Culture and Society 1780—1950*, London: Happer & Torchbooks, p. 254.

⑤ 关于 19 世纪末 20 世纪初英国文学知识界的傲慢与偏见,详见约翰·凯里:《知识分子与大众:文学知识界的傲慢与偏见,1880—1939》,吴庆宏译,译林出版社,2008 年;虽然凯里关于知识分子与大众的关系的认知——现代主义的知识分子们憎恨和蔑视大众——有待商榷,但他的见解却不乏启发性。

他以文学少数派作为"中心"的呼声必将因软弱无力走向失败;剑桥大学拒绝他的"模范英语学校"的建议便是明证。①

F.R.利维斯(以及汤普森)对有机社会的迷恋冲淡甚至破坏了《大众文明与少数人文化》及《文化与环境:批评认知的培养》本可发挥的作用和影响。客观地讲,无论是F.R.利维斯个人对文化及文化变迁的严肃思考、对整体生活方式的强调,还是他与汤普森一起提出的文学专门化建议,都是积极而又有价值的。它们要么可以通过批判与历史叙述相结合帮助文化观念不断延伸,改变报刊、广告、流行小说、电影和广播之类"乱七八糟的新书"的品质,要么能够通过对文学的首先强调有益地助推文学教育,增加"少数人"的数量。正因如此,在媒体及大众文化快速发展的1950年代英国,他(们)所倡导的批评性、评价性批评或鉴别实践在英国的一些学校得到了十分有价值的开展,尤其是英文教学之中。② 然而,他(们)对前工业时代有机文化的怀旧情感使他(们)错误地把部分当作整体、把经验当作纲要。他(们)不但没有能够注意到旧有文化的消失是因为产生它的生活方式已然消失,而且也没有能够考虑到有机社会的消失是各种瓦解因素合力作用的结果。比如他(们)在讨论有机社会消失的时候,不仅把贫穷、疾病等物质维度排除在考察范围以外,而且考察精神维度时仅仅使用文学为准绳。文学固然重要,但这并非意味着可以高估"少数人"、文学及文学教育的作用。所以,尽管他(们)的观点"已经产生出对工业社会穿透力极强的批判,但作为一种行动指南很有局限性"。③ 正是在这个意义上,威廉斯在肯定F.R.利维斯强调教育、致力于实用性文学批评等贡献的同时,指出:

> 作为结论,我只能说,[F.R.利维斯的]真正的成就是极有价值的教育方案及重要而又发人深省的局部判断,这些必须与损失相比较,因为一些损失是严重的。有教养的少数人之相对于"去创造的"大众这一观念,往往形成有害的高傲与怀疑主义。完全有机且令人满意的过去之相对于解体的、令人不满的现在这一观念,往往因忽视历史而否认

---

① Andrew Milner (1994) *Contemporary Cultural Theory: An Introduction*, London: UCL Press, p.32.

② Staurt Hall and Paddy Whannel ([1964]1965) *The Popular Arts*, New York: Pantheon Books, p.38, p.47.

③ Ibid., p.39.

真实的社会经验。①

利维斯主义的另一位不可或缺的拥趸是 F. R. 利维斯的夫人 Q. D. 利维斯;作为学术伉俪,利维斯夫妇的合作已然成为英国文学批评史上的一段美谈。1932 年,Q. D. 利维斯出版了她在 F. R. 利维斯指导下完成的博士论文《小说与阅读大众》。Q. D. 利维斯发现,虽然"在 20 世纪的英格兰,不仅人人都有阅读能力,而且也许还可以补充说人人都在阅读",②但令人遗憾的是,大众借阅书籍仅仅是出于消磨时光、获得替代性满足或补偿、寻求帮助等目的,③而不是运用批评性智识进行阅读。④ 因此,在"阅读大众"的出现这幅喜人图景背后,隐藏着文学,尤其是传统文学的深重危机。为了分析传统文学的危机,Q. D. 利维斯首先对文学阅读大众及其读物进行了分类:"单是纯文学期刊就可以根据内在差异分为三类,服务于三种不同层次的阅读大众,而且一类读物往往对其他类读物的读者几乎没有意义。"⑤这一现象的发生,是因为 20 世纪的英国读者已经被大企业(Big Business)控制。大企业通过对情感反应的利用使不同层次的品味标准化,固定读者大众的思想与情感模式,从而"毁掉大众去阅读可以被最广义地归类为'文学'的东西的欲望,代之以被标准封面最佳地刻画的东西",⑥比如电影、流行杂志、流行音乐、报纸等大众文化产品。Q. D. 利维斯在调查中发现,首先,这些"被标准封面最佳地刻画的东西"经过作者、广告商、出版商等的共同努力,悉数迎来了固定阅读大众的攀升,虽然小说,尤其是侦探小说、恐怖小说、罗曼司,最受阅读大众青睐。其次,从阅读大众的阶级构成来看,主要为没文化的(uncultured)工人阶级;从他们的性别构成来看,主要是妇女,尤其是年轻女性。

在 Q. D. 利维斯看来,以"无节制的手淫"(largely masturbation)为特征的好莱坞电影、⑦以侦探小说为代表的廉价小说、流行音乐等大众文化产品,无不粗俗鄙陋,无益于大众心智的培养,所以,阅读大众的出现催生了她

---

① Raymond Williams(1958)*Culture and Society 1780—1950*, London: Happer & Torchbooks, p. 263.
② Q. D. Leavis(1932)*Fiction and the Reading Public*, London: Chatto & Windus, p. 3.
③ Ibid., p. 48.
④ Ibid., p. 7.
⑤ Ibid., p. 20.
⑥ Ibid., p. 17.
⑦ Ibid., p. 165.

的怀旧之情,使她沉浸在对过去美好年代的追忆之中。第一个让 Q. D. 利维斯魂牵梦绕的时代是伊丽莎白、莎士比亚等人所代表的 16、17 世纪。那时的阅读并非像当下这样,支配着社会各阶级的业余生活,因为无论富贵与贫贱,那时的人更愿意用音乐填塞自己的业余时间,更何况"人们花一便士便可欣赏到马洛(Marlowe)的伟大诗句及其继承者更加精湛的韵律"。① 多数莎士比亚戏剧的观众可能不懂戏,他们去看戏仅仅是因为《哈姆雷特》的替代物无异于"熊坑",但他们所面临的无选择处境使他们无意识间获得了耳朵与心智的教育。所以,他们是毋庸置疑的幸运观众:"通过反复聆听伊丽莎白时代与詹姆士时代流传下来的复杂思想与情感方式而获得训练的重要性从未得到过足够的强调,虽然以聆听……的方式进行娱乐本身暗示了伦敦的大众从未达到过的一种心智机敏及专注标准。"② 还有,与 16、17 世纪的阅读相比,当下阅读的要求降低了。伊丽莎白时代的读物,无论是严肃小说还是一般小册子,无不"需要慢慢品读及不同寻常的心智活动",而已然经过事先消化的 20 世纪读物,比如新闻,则无须任何知识或技能。③

Q. D. 利维斯眼中的另一座丰碑是约翰·班扬(John Bunyan)及其《天路历程》(*The Pilgrim's Progress*)。她认为,无论是班扬的语言,还是其思想及情感方式,都是 20 世纪人无法企及的,通过阅读班扬的作品,"人们可通过他接触到真正的文化":④

> 毫无疑问,虽然我们大家都认同文学的繁荣是众望所归,但也许不那么明显的是,普通人苦于被排除在艺术世界之外……笛福(Defoe)与班扬的读者……有着真正的社会生活,他们的生活方式遵从自然节奏,赋予他们真正的或所谓的……"创造性的"兴趣——乡村艺术、传统工艺、游戏及歌唱,而不是替代性的或者消磨时光的兴趣,如听广播和留声机、浏览报刊杂志、看电影和商业足球及关涉汽车和自行车的活动……古老的英国乡村文化……的包容性大大超过我们通常之想象……⑤

过去风光无限,今日满目疮痍。阅读大众之所以对"文化"具有如此大

---

① Q. D. Leavis (1932) *Fiction and the Reading Public*, London: Chatto & Windus., pp. 83—5.
② Ibid., p. 85.
③ Ibid., pp. 86—8.
④ Ibid., p. 100.
⑤ Ibid., pp. 208—10.

的破坏力,造就阅读大众的大众传媒难脱其咎:"不可避免的是,当现代大众报刊在上世纪末出现时,它造成了清教传统的瓦解;更年轻的一代人所青睐的是轻易而及时地获得的廉价满足,而不是文学赋予他们父辈的那种更加精湛的累积性愉悦。"①报纸与广播等大众传媒已经毁掉了《圣经》的作为自我表达媒介,各种亚文化也因缺少个性而无力生产媒介之类的微妙之物。因此,Q. D. 利维斯不仅指出:

> 鉴于班扬式文学所代表的文学类型不再重要,最重要的事便是让20世纪的读物修订和矫正环境的影响。唯有借助美好的诗歌、伟大的剧作、最佳的小说……大多数人的生活质量才能迅速地改善,我们生活于其中的环境才能被注入活力。②

而且高声建议:"如果尚存有什么希望的话,希望一定存在于有意识、有指导的努力之中。必须意识到的是,可做的一切必然是采取由有武装、有意识的少数派进行抵抗的形式。"③

很显然,Q. D. 利维斯与 F. R. 利维斯一样迷信精英主义思想。正因如此,《小说与阅读大众》时常遭人诟病,虽然我们同时必须承认,它对文化研究的萌芽乃至壮大有着特殊意义。首先,《小说与阅读大众》为后来的文化研究提供了方法论启示。《小说与阅读大众》是 Q. D. 利维斯运用一种具有"人类学性质"的方法对文学市场进行调查的结果;④她不仅开展了问卷设计、发放、收集和分析调查等工作,而且进行了参与式调查/田野调查,比如访问图书馆、光顾书摊或报亭。这一具有绝对创新性的研究方法得到了霍加特等左派利维斯主义者的继承与效仿,被逐渐改造和发展成了文化研究中风行不衰的"人种志"/"民族志"(ethnography),尤其是在 1970 年代以降的媒体研究之中。其次,《小说与阅读大众》为后来的文化研究提供了研究对象上的启示。虽然一如 Q. D. 利维斯自己所承认的,《小说与阅读大众》并非严格意义上的文学著作,因为她的研究对象既非阿诺德所谓的"世界上的最佳思想与言论",也不是 F. R. 利维斯所谓的值得"细察"的作品,但她对大众/通俗文学及其生产、消费市场的关注,不仅进一步延伸了文化的范畴,而且进一步扩展了文学研究的领域。更加重要的是,Q. D. 利维斯暗

---

① Q. D. Leavis (1932) *Fiction and the Reading Public*, London: Chatto & Windus, p. 117.
② Ibid., p. 211.
③ Ibid., p. 270.
④ Ibid., XV.

示了高雅文化与大众文化间的相互转化:"变得明显的是,在过去有教养的人认为值得欣赏的小说作品与那些娱乐没有文化的人的作品之间,并不存在明显的二分或者可以做成明显的二分。"①从这个意义上讲,《小说与阅读大众》帮助左派利维斯主义者及他们所开辟的英国文化研究确定了主要研究对象。

以上分析表明,利维斯夫妇及其他利维斯主义者的著述可以让人更加清楚地看到20世纪英国所面临的社会问题,但由于"他们的传统具有本质上的保守性,可能激起一种对过去的危险怀旧,忽视其间的大量丑陋卑劣之物",②他们几乎不能为行动提供指导及支持。所以,他们所倡导的批评性、评价性批评在实践中经常因其防御性而遭到英文研究或通识教育(General Studies)老师的放逐,尽管他们对广告、流行文化阅读问题的解构性批评诚然推动了文学教学。③ 由于权力关系的模糊及政治因素的缺席,利维斯主义通过对英国智识阶层长达半个世纪的影响,使英国文学批评从19世纪的"政治压抑"(political repression)走向了20世纪的"政治的抑制"(suppression of politics)。④ 必须承认的是,尽管某些以文学批评为名的工作过分吹毛求疵或居心不良,致使利维斯主义者所开创的作为一门学科与一种方法的文学批评直至1950年代仍在英国的教学实践中备受争议,但它并没有因为曾被误用而遭弃绝。利维斯主义不但在1930年代——马克思化的十年——通过与发展之中的马克思主义批评的耦合,⑤对整个英语世界的文学批评产生了非同寻常的影响,甚至直到1960年代末1970年代初,其霸权地位依旧岿然不动。⑥ 虽然利维斯主义者对文本细读的坚持及对文体的关注可能使文学研究演变为一种技术活动,但细读文本的本来目的应是考察作者的真实意图、关注文体的本来目的应是揭示作品的真正价值。借用F. R. 利维斯的话来讲,"坚持文学批评是或应该是一个特殊的智识领域,这并不意味着对文学的严肃兴趣可以将其局限于与实用性批评相联系的那种深

---

① Q. D. Leavis(1932)*Fiction and the Reading Public*, London: Chatto & Windus, pp.42—3.
② Staurt Hall and Paddy Whannel([1964]1965) *The Popular Arts*, New York: Pantheon Books, p.377.
③ Ibid., p.47, p.39.
④ Richard E. Lee(2003) *Life and Times of Cultural Studies*, Durham: Duke University Press, p.54.
⑤ F. R. Leavis(1962) *The Common Pursuit*, Harmondsworth: Penguin, p.182.
⑥ Andrew Milner(1994) *Contemporary Cultural Theory: An Introduction*, London: UCL Press, p.33.

入细致的局部分析……真正的文学兴趣是对人、社会及文明的兴趣,其边界是无法被划定的"。① 正因如此,客观地讲,通过对文学批评的强调、对人文主义价值的关注,"批判性少数派"利维斯主义者丰富了英国原有的文化主义传统,扩展了他们的以精英主义为底色的文化理论,或者借用佩里·安德森(Perry Anderson)的术语来讲,使文化主义思想传统成为了一个"整合性的概念系统";②所以,对于利维斯主义传统,以威廉斯为代表的左派利维斯主义者既有坚决的批评,也有不懈的继承。

## 第二节 文化主义范式的显影

经过阿诺德、利维斯夫妇等人的发展,作为一种思想传统的英国文化主义发生了诸多微妙的变化,通俗/大众文化及其教育的空间得到了有意识的开辟与拓展,或者借用《新左评论》资深编辑弗兰西斯·马尔赫恩(Francis Mulhern)的话来讲,因为"布鲁姆斯伯里圈子"(Bloomsbury Group)及利维斯主义者在两次大战期间继续实施了以阿诺德为主要阐释者的维多利亚时代"指导政策决策和实践的原则","一种已被确认且在继续发展的少数派文化将走向不断扩大到公众"。③ 具体地讲,1870年教育法实施以来,尤其是1924年的工党执政以来,英国的各级各类学校与学生数量有了大幅增长,而且更为重要的是,来自工人阶级家庭的学生在学生总数中的比例有了明显提高,④工人阶级所代表的大众文化因此有了与精英文化比肩、提高能见度的机会。"随着教育中阶级特权的减弱,《细察》坚持职业要向有才之士开放的主张开始获得了一些认可",⑤这样一种社会情势的变迁,加之大众传播的快速发展,促成了以乔治·奥威尔(George Orwell)为代表的一些精英主义者在不经意间走向对精英文化的反动。作为政治讽喻小说家、评论家,奥威尔并没有通过广告、电影或流行音乐等大众文化形式去考察文化的

---

① Staurt Hall and Paddy Whannel([1964]1965) *The Popular Arts*, New York: Pantheon Books, p.40.
② Perry Anderson (1992) *English Questions*, London: Verso, p.228.
③ 弗兰西斯·马尔赫恩:《一种福利文化?——50年代的霍加特与威廉斯》,黄华军译,载刘纲纪主编:《马克思主义美学研究》第3辑,广西师范大学出版社,2000年,第471页。
④ W.N.梅德利科特:《英国现代史(1914—1964)》,张毓文等译,商务印书馆,1990年,第93—94页。
⑤ 弗兰西斯·马尔赫恩:《一种福利文化?——50年代的霍加特与威廉斯》,黄华军译,载刘纲纪主编:《马克思主义美学研究》第3辑,广西师范大学出版社,2000年,第472页。

意义,但毋庸置疑,他的确从中看到了可能性:

> 我不知道人们是否读过艾尔默·赖斯(Elmer Rice)的《小溪之旅》(A Voyage to Purilia,又译《远航到普里利亚》),它含有对存在于普通电影之中的某些——被想当然的及从未被提及过的——惯例最为有趣的分析。我认为去弄明白某个像埃德加·华莱士(Edgar Wallace)这样的作家的潜在信念及总体上的现象性背景将是有趣而有价值的。①

通俗/大众文化及其教育空间的开辟与拓展最终孕育出了新左工程所需的文化主义研究范式;文化主义研究范式的显影一如以精英主义为底色的文化主义思想传统的逐渐褪色,既非发生在一夜之间,也绝非个人努力的产物,而是霍加特、威廉斯等新左派成员长期努力的结晶。霍加特出生于利兹的一个工人阶级家庭,在当地上完中学后进入了利兹大学研习英国文学,二战期间服役于英国炮兵部队;二战结束后,霍加特任职于赫尔大学成人教育部,为工人阶级及其子弟讲授文学课程直至 1959 年。作为"一个天生的社会主义者",霍加特坚决致力于他本阶级的利益,一如其代表作《文化的用途:工人阶级生活面面观》(The Uses of Literacy: Aspects of Working-Class Life,以下简称《文化的用途》)所证明的:从想起他出身农村、拥有传统知识与技艺的祖母开始,然后回忆英国的两代城市居民,最后评述第四代人——1950 年代早期较年轻的工人阶级——的生活方式。所以,《文化的用途》为 1950 年代大众文化研究提供了不可或缺的语境,为形塑文化主义研究范式、创立作为一门学科的文化研究竖起了第一根标杆,成为了"20 世纪中叶

---

① George Orwell, cited in Richard Hoggart ([1970]1979) "Contemporary Cultural Studies: An Approach to the Study of Literature and Society", in Contenporary Criticism, Stratford-Upon-Avon Studies 12, London: Edward Arnold, pp.155—172, p.157. 艾尔默·赖斯(Elmer Rice),美国当代剧作家、导演;第一部剧作《审讯》和其后采用表现主义手法谴责机器使人异化的讽刺性幻想剧《加数器》都是成功之作。凭《街景》获得 1929 年的普利策奖后,赖斯开始兼作导演,自 1931 年开始导演了自己的大部分剧作;1937 年他和 S.霍华德、S.N.贝尔曼、R.E.舍伍德、M.安德森等美国剧作家建立剧作家剧团,演出他们自己的作品。剧作有《法律顾问》、《我们是人民》、《世界末日》、《不是为了孩子们》、《美国风景》、《梦女郎》、《优胜者》等。他导演的作品还有舍伍德的《艾伯·林垦在伊利诺伊》、M.安德森的《耶路撒冷之旅》。《小溪之旅》是赖斯最为出色的一部小说。埃德加·华莱士(Edgar Wallace),英国新闻记者、剧作家、小说家。华莱士不仅是一位多产作家(一生中共完成了 173 部著作),而且是一位畅销书作家(其小说曾占全英出版物销量的四分之一);由于他善于渲染恐怖气氛,最终博得了"惊悚之王"的称号。

的发轫性文本之一"。① 在霍加特撰写《文化的用途》期间,英共领导下的激发或加速社会变迁的工业及政治激进主义刚刚在英国遭遇失败,人们纷纷追寻产业工人的所思与所想。② 为了在新的历史条件下重新确认工人阶级的政治及文化身份,霍加特选择了以文化变迁为主题,以市场化的大众文化形式对工人阶级传统精神气质的影响为重点,以一种内在分离的结构,分两部分考察了"过去的三四十年里的工人阶级文化的变化,特别是因为这些变化正在受到大众出版物的鼓励"。③ 第一部分"一种'旧'秩序"叙述霍加特孩童时代(1920—1930年代)的英国工人阶级文化生活,第二部分"让位于新"聚焦于1950年代美国大众娱乐方式对传统英国工人阶级文化的影响与冲击。霍加特进行新与旧的区隔,

> 主要是为透彻之便,而并非暗示严格的时间先后……我的意见不是说一代人以前在英国依然存在着很大程度上"属于人民"(the people)的都市文化,而现在仅有大众(mass)都市文化。我是说诸多原因使大众传媒人员所发出的吸引力比先前更加持久了、更加有效了,其形式也更具综合性与更集中;至少是部分"属于大众"的都市文化的残余正在被毁灭;新的大众文化在某些重要的方面并不如它正在取代的惯常性拙劣文化健康。④

以霍加特孩童时代个人经历为基础的第一部分,是作为第二部分的背景而存在的,旨在描述那时丰富多彩、独特生动的英国工人阶级文化。根据霍加特满怀深情的描述,在1920年代和1930年代,

> 如同有中产阶级的城市中心一样,也有工人阶级的城市中心。它们虽然地缘相连、功能相当、生活一致,但是它们也有独特的氛围。工人阶级的城市中心属于所有群体,各群体都各取所需,所以把最喜欢的街道、受欢迎的店铺……电车站、市场、娱乐场所、喝茶之地等变为了自

---

① Sue Owen (2008) *Richard Hoggart and Cultural Studies*, Houndmills: Palgrave Macmillan, p.1。*The Uses of Literacy: Aspects of Working-Class Life* 首版于1957年,原名 *The Abuse of Literacy*(《文化的滥用》),在中文语境中屡屡以《识字的用途》、《基本教养的用途》等名见诸文化研究领域的各种论文与论著,但至今尚无完整的中译本;基于其内容及"生成"语境,我在此将其译为《文化的用途:工人阶级生活面面观》(简称《文化的用途》)。

② John Hartley (2003) *A Short History of Cultural Studies*, London: Sage, p.99.

③ Richard Hoggart ([1957]1970) *The Uses of Literacy: Aspects of Working-Class Life*, New York: Oxford University Press, p.21, p.11.

④ Ibid., pp.23—4.

己的中心。①

在霍加特的孩童时代,在酒馆、俱乐部、体育活动、家庭等工人阶级日常生活的各个侧面之间,存在着一种紧密的内在联系,即"共同的感受"。这种感受使工人的集体价值与个人生活紧密地交织在一起,建构出作为一个有机整体的工人阶级社区,以及自然、健康、淳朴的工人阶级文化。然而,令人遗憾的是,这样的一种美好文化却在1950年代寿终正寝了,虽然其时的英国工人"已经改善了自己的命运,获得了更多权力与更多财产⋯⋯他们不再觉得自己是'更低等级'的成员"。②

> 大部分工人几乎在各方面都更富裕了,有了更好的生活条件、更好的健康、更多的消费品、更充实的教育机会等。除非我的判断有误,否则我已阐明之事便是相伴的文化变迁并非都是一种进步,而是在某些更加重要的方面是一种恶化。③

霍加特所谓的"一种恶化"主要意指英国工人阶级文化已然由"人民"(people)文化聚变为"大众"(mass)文化,英国成为了"一个文化上的'无阶级'社会"。④ 虽然此间关于"恶化"的认知中可能有浪漫想象的成分,尤其是文学家的浪漫想象,但毋庸置疑的是,英国工人阶级文化正在遭遇以美国文化为代表的大众娱乐文化的"围剿",工人阶级的传统美学正在遭到从美国传来的新式大众娱乐的破坏:

> 大众娱乐最终成了D.H.劳伦斯所描述的"反生活"。它们充满腐败堕落、不当诱惑及道德沦丧。比如它们倾慕这样一种世界观,其间的进步被设想为对物质财富的追求、平等被设想为一种道德夷平、自由被设想为没完没了的不负责任的快乐之地。这些产物属于一个替代性的、旁观者的世界;它们不提供任何能够真正抓住心智的东西。它们帮助渐渐抽干更具积极性、更为丰满、更有合作性、人们于其间得失相当的种种愉悦。⑤

在霍加特看来,美国电视、流行音乐、犯罪小说等新式大众娱乐不过为

---

① Richard Hoggart([1957]1970) *The Uses of Literacy: Aspects of Working-Class Life*, New York: Oxford University Press, p. 120.
② Ibid., p. 15.
③ Ibid., p. 260.
④ Ibid., p. 15.
⑤ Ibid., pp. 277—8.

文化赝品;它们致使英国工人阶级文化陷入某种真切的灾难之中,或者说自然、健康、淳朴的文化因此正在被堕落、时髦的文化取代。这难道不是一幅利维斯式历史文化景观吗?非也!霍加特既不同意彼时把持着英国话语权的自由主义知识分子的观点,认为英国工人阶级正在中产阶级化、正在与中产阶级实现价值观念与文化趣味的合流,也不同意老左派视工人阶级为一成不变的僵化主张。霍加特眼中的工人阶级并非铁板一块,一如他在谈到从社会中分离出工人阶级时所言:"不要忘记工人阶级本身内部的诸多差异、微妙差别、阶级区隔。"①霍加特借用利维斯夫妇的"慧眼"查看社会弊端时,并没有继承他们的悲观情绪,"尽管特别让外人觉得刺眼的当代灾难确实存在,但如果工人阶级的群众仍然拥有某些先前的内在抵制,这些灾难的影响就不会一如外部判断所暗示的那样,始终很严峻",②而是通过肯定大众能动性,完成了他对文化与文明传统、利维斯主义的超越。霍加特反复重申他对工人阶级能力的信任,认为他们能够抵制大众文化的控制:"工人阶级天生有强大的能力,通过适应或吸收新秩序的需要,忽视其他,在变化中生存下来。"③大众报刊表面宣称"进步"与"独立",实则鼓励保守主义与遵从;它们之所以迄今尚未对大众的生活质量产生更加显在的破坏性影响,是因为大众有能力舒适自在地生活于自己的陋室之中,有能力把家庭内/外生活相分离、把"真实"生活与娱乐生活相分离:"工人阶级大众已经习惯性地,或者至少已有几代人的功夫,把艺术视为逃避,视为某种可以欣赏、但与日常生活之事没有太多联系的东西。"④

霍加特对英国工人阶级能动性的认识在很大程度上源自他对既有大众文化(popular culture)研究的考察。他认为,封面光滑的杂志、通俗小说、流行音乐等当代文化现象既没有清楚地表达,也没有界定工人阶级的传统精神气质;文化市场的大众化是一种来自外部的精神掠夺手段,同时利用遗传的力量与弱点,威胁工人阶级读者沦落到道德败坏的下层社会。换言之,霍加特考察既有大众文化研究的旨归,在于考察大众文化中的工人阶级关系及态度,寻找文化的用途、建立鉴别大众文化的标准:

> 我倾向于认为针对大众文化的著述经常这样失去其部分效力:没

---

① Richard Hoggart([1957]1970) *The Uses of Literacy: Aspects of Working-Class Life*, New York: Oxford University Press, p.21.
② Ibid., pp.15—6.
③ Ibid., p.32.
④ Ibid., p.196.

有足够清晰地指出"人民"的意指对象是谁,没有足够充分地把它们所考察的"人民的"生活的某些特定面向与大众所经历的更为广阔的生活以及他们对待娱乐的态度相关联。①

对研究现状明显不满的霍加特力图在研究方法上取得突破,并且取得了成功。受过严格文学训练的霍加特虽然像利维斯夫妇那样认识到了文化的衰落,使用了"健康"与"病痛"、"旺盛与衰弱"、"严肃"等利维斯式术语进行大众文化批评,主张通过教育抵制大众文化的诱惑,但他率先把利维斯式文本细读借用到了自己的研究之中,尤其是对工人阶级文化变化原因的分析。②霍加特"在书中成功地把文学批评方法应用于通俗文化,把流行音乐、通俗期刊等大众文学现象都作为一个个文本来加以分析,为早期文化研究提供了方法上的范例"。③ 更为重要的是,霍加特基于"在一个人能够自信地谈论某些材料可能产生的影响之前,他必须最大限度地了解人们如何利用这些我们看来仅仅是可扔掉的垃圾堆材料"这一认知,④借鉴 Q. D. 利维斯在《小说与阅读大众》中所使用的民族志,将其与文本细读融为一体,从而开创了文学研究的多学科、跨学科视野:"我希望读者会认为这两种方法就像在我看来一样,相互映照。"⑤

肯定"属于人民"的文化或工人阶级文化、强调工人阶级的能动性,这些既是霍加特的独特标识,也是他对文化研究的独特贡献。霍加特在"新"与"旧"、"他们"与"我们"之间建立起来的对立与等级划分,不但一目了然地表明了英国工人阶级文化在 1920—1950 年代这段时间内所发生的诸多变化,而且表明了政治斗争与文化斗争的相互纠缠,赋予了回归阶级政治以合法性。⑥ 但必须指出的是,首先,作为一本基于个人经验的著作,《文化的

---

① Richard Hoggart([1957]1970) *The Uses of Literacy: Aspects of Working-Class Life*, New York: Oxford University Press, p. 11.

② Tom Steele (1997) *The Emergence of Cultural Studies*, London: Lawrence & Wishart, p. 5—6; Stuart Hall (1990) "The Emergence of Cultural Studies and the Crisis of the Humanities", *October*, vol. 53, p. 14.

③ 罗钢、刘象愚:《前言:文化研究的历史、理论与方法》,载罗钢、刘象愚主编:《大众文化读本》,中国社会科学出版社,2000 年,第 6 页。

④ Richard Hoggart (1990) "A Sort of Clowning", in *Life and Time*, vol. III: 1940—1959, London: Chatto & Windus, pp. 134—5.

⑤ Richard Hoggart([1957]1970) *The Uses of Literacy: Aspects of Working-Class Life*, New York: Oxford University Press, p. 11.

⑥ Richard E. Lee (2003) *Life and Times of Cultural Studies*, Durham: Duke University Press, p. 68.

用途》无疑具有突出的英国经验主义风格,但排除了对文化的种族及族群层面的考察。① 所以,正如保罗·吉尔罗伊、本·卡林顿(Ben Carrington)等人所批评的那样,《文化的用途》因其特性、信念及智识诚恳受到了好评,但它"绝非一份专业的社会研究报告……而主要是一份感性的产物"。② 对个人经验的记录旨在证实一种批评分析:因为我已然了解生活,所以我可以断定我的分析中没有不言而喻的推论,至于真实性则另当别论。其次,霍加特对文化变迁的浓墨重彩导致他对造成文化变迁的社会因素着墨较少,"忽视了文化与历史斗争的物质遗产之间的关系";③浸润在价值判读中的《文化的用途》很可能不但给人一种过去(的文化)无限好、现在(的文化)无限糟的矛盾印象,而且淡化过去(新)与现在(旧)之间的延续,虽然霍加特认为"工人阶级的生活既有连续性,也有变化性"。④ 在描述1920年代英国工人阶级文化时,霍加特虽然无意"让人觉得相当朦胧地想象出的田园式传统更好,以便攻击现在",⑤但他确实流露出浓浓的怀旧之情,弥散在字里行间之中,一如他所慨叹的那样:"一个好享乐但被动消极的野蛮人花3便士坐一辆50马力的公共汽车,去花1.8便士看一场500万美元制作的电影,这个人绝不仅是一个社会怪胎;他是一种奇观。"⑥事实上,这正是霍加特被贴上左派利维斯主义者标签的根本原因之所在,而且他本人对此也有所警醒:

> 但是在写作过程中,我发现自己必须不断地抵制这样一种内在压力:让旧比新大大令人钦佩,让新受到的诅咒多过我对素材的有意识了解给我提供的空间。大概某种怀旧之情先入为主地影响了素材:我已经尽量消除了其影响。⑦

霍加特在此间的怀旧情感清晰地显露了他的阿诺德式秩序爱好者倾

---

① John Hartley (2003) *A Short History of Cultural Studies*, London: Sage, p.143.
② Richard E. Lee (2003) *Life and Times of Cultural Studies*, Durham: Duke University Press, p.58.
③ Ibid., p.37.
④ 罗钢、刘象愚:"前言:文化研究的历史、理论与方法",载罗钢、刘象愚:《文化研究读本》,中国社会科学出版社,2000年,第4页。
⑤ Richard Hoggart ([1957]1970) *The Uses of Literacy: Aspects of Working-Class Life*, New York: Oxford University Press, p.24.
⑥ Ibid., p.250.
⑦ Ibid., p.18.

向,只不过他所珍爱的秩序是后街生活秩序而已。"当它[《文化的用途》]从对大众文化的社会功能的激情叙述转向对其文本的评价性批评时,其间产生的冲突显现在该书的方法之中,暴露了作者对自己已经离开的阶级、对自己所继承的理论传统的局限性的矛盾心情。"① 正是在这个意义上,有评论家指出,霍加特的写作其实是在呼吁一种与众不同的道德权威:"通过提高**文化**的集体之声来反对一种刚愎自用的**文明**"。② 所以,虽然难能可贵的是,霍加特要在变化的社会环境中恢复为"人民"服务的知识分子的自由传统,但严格地讲,文化批评并非一种专门化的批评,而是从整体上对社会提出一定的理解,我们必须知道,霍加特的文化/文明二分性概念影响了《文化的用途》的思考视野,导致了其间最为重要的省略——对工人阶级的自身组织在政治、工作与教育方面的记录。

在形塑文化主义研究范式的过程中,雷蒙德·威廉斯的影响或许比其他人更加显在。威廉斯与霍加特的生活经历大同小异:出生于工人阶级家庭,中学毕业后进入大学学习英国文学,二战后从事成人教育工作。在其担任成人教育讲师的 15 年(1946—1961),威廉斯常将自己的一般责任与各种独立的写作和出版工作相结合;这一经历不仅坚定了他的文化主义立场、奠定了他的文化政治的基础,而且使从未真正"涉足"伯明翰当代文化研究中心的他最终成为了伯明翰学派的灵魂人物。威廉斯撰写的《文化与社会》和《漫长的革命》让人明白了"智识工作不能、不该以单个文本、单个历史问题或者话题,或者单个学科画地为牢。为了让这样的工作产生重要影响,文本、历史与我们自己的生活、经验的联系必须为人所认识,成为我们所分析之物的一部分",③因而成为了文化主义研究范式及文化研究的奠基之作。作为对艾略特的《文化定义笔记》的直接回应,《文化与社会》旨在民主地接近"文化",揭示交织于其间的多种立场,以便能在为创造更加平等的未来进行斗争时,重新挪用对文化的思考这一长期传统:

> 我在本书中的总体任务是,描述与分析这个复合体[文化],叙述其历史型构过程……我在该词的历史及其意义结构之中所看到的,是

---

① Graeme Turner ([1990]2003) *British Cultural Studies: An Introduction*, London and New York: Routledge, p.40.

② 弗兰西斯·马尔赫恩:《一种福利文化?——50 年代的霍加特与威廉斯》,黄华军译,载刘纲纪主编:《马克思主义美学研究》第 3 辑,广西师范大学出版社,2000 年,第 477 页。

③ Patrick Brantlinger (1990) *Crusoe's Footprints: Cultural Studies in Britain and America*, New York and London: Routledge, ix.

一场广大而普遍的思想及情感运动。我希望详细地揭示这一运动。简而言之,我希望揭示作为一种抽象与一种绝对的**文化**的雏形:它以一种极其复杂的方式融合了两种普遍的反应——第一种,承认某些道德和智识活动与新社会的被推动力量的实际分离;第二种,强调作为一个人类志趣领域的这些活动既位居实际的社会判断过程之上,又让自己成为一种缓冲及集结途径。①

威廉斯指出,在工业革命发生于其间的 18 世纪后半期及 19 世纪前半叶,一些今日极为重要的英语词汇首次成为了常用词,或者虽然早已在英语中普遍使用,但此时获得了新的、重要的意义:"这些词汇其实有一个普遍的变迁样式,这个样式可以被视为一种特殊的地图,通过它可以再次看到更为广阔的生活思想变迁——与语言的变迁明显有关的变迁。"②为了"再次看到更为广阔的生活思想变迁",威廉斯从这张地图中选取了工业、民主、阶级、艺术及文化等五个他认为最能反映这些变迁的关键词进行具体考察与辨析。威廉斯的考察始于"具有持久影响的人与人之间及思想与思想之间的对比";③他首先对比了埃德蒙·伯克(Edmund Burke)和威廉·科贝特(William Cobbett),继而对比了罗伯特·骚塞(Robert Southey)与罗伯特·欧文(Robert Owen),以及 18 世纪中叶到 20 世纪中叶的其他三十多位英国作家、思想家,包括他们的作品及其在文化方面的陈述,即当事人的实际语言。在此过程之中,威廉斯发现:

> 在所提到的各词中,**文化**一词的发展也许最引人注目。可以说,现在集中在**文化**一词的意义之上的诸问题的确是直接源自重大历史变迁的问题,这些变迁由**工业**、**民主**及**阶级**等词的变迁以自己的方式表征出来,并在**艺术**一词的变迁中有着关系密切的反映。**文化**一词的发展记录了对我们的社会、经济及政治生活中的这些变迁的诸多重要而持续的反映,本来就可以被视为一幅可以借以探究这些变迁的本质的特殊地图。④

从这个意义上讲,"文化"无疑是关键词中的关键词,是《文化与社会》

---

① Raymond Williams (1958) *Culture and Society 1780—1950*, London: Harper Torchbooks, XVI.
② Ibid., XI.
③ Ibid., pp. 3—5.
④ Ibid., XIV—XV.

的全部目的和结论之一:"文化这一观念的历史记录了我们在思想及情感方面对我们已被改变的共同生活状况的反应。"①威廉斯在此间对文化这个"观念与关系的复合体"做出了四种定义或解释:"心灵的普遍状态或者习惯"、"作为一个整体的社会里的智识发展的普遍状态"、"各种艺术的普遍状态"、"一种物质、智识与精神构成的整个生活方式"。② 虽然不乏有人认为第一种定义太过狭窄,而最后一种定义又太过宽泛,但伊格尔顿却认为:"威廉斯对最后一种定义是有政治动机的,因为将文化局限于艺术与智识生活有把工人阶级排除在范畴之外的风险",而倘若将文化"扩展至包括机构——比如工会与合作社——你就可以正当地主张,工人阶级已然生产一种丰富的、复杂的文化,尽管并非是一种首先是艺术的文化"。③ 所以,威廉斯在此间的文化观可谓是他早年编辑《政治与文学》时探讨与研究文化的结果与延伸,④具有较强的利维斯主义色彩及一定的马克思主义色彩。有评论家指出,二战后威廉斯回到剑桥大学校园时,发现

> 他早期在剑桥建立的红色联络站已不存在,他当时正在寻求以进行建设性合作的学生社会主义者接受了利维斯的文化主张。这些新团体很快就创办了寿命不长的刊物《政治和文学》及其姊妹刊物《批评》,促进了独立的社会主义政治与在《细察》中就为人熟悉的文学—文化主题的结合。⑤

在二战后的剑桥大学,威廉斯"满耳听到的都是关于利维斯的争论,以及关于乱成一团的早期历史的充满矛盾的叙述",⑥因而发现了利维斯思想对他的吸引力:

> 很显然,利维斯的巨大吸引力在于他的文化激进主义。在今天看来那可能是一种成问题的描述,但在那时却不是。首先吸引我的,是利

---

① Raymond Williams (1958) *Culture and Society 1780—1950*, London: Harper Torchbooks, p. 295.

② Ibid., XXV, XIV.

③ Terry Eagleton (2000) *The Idea of Culture*, Oxford: Blackwell, p. 35.

④ 1947年,威廉斯与沃尔夫·曼考维兹(Wolf Mankowitz)、克利福德·科林斯(Clifford Collins)合作,创办了名为"政治与文学"(*Politics and Letters*)的杂志,但因为彼此间的观点差异、意见分歧,加之资金短缺,杂志于1948年停刊。

⑤ 弗兰西斯·马尔赫恩:《一种福利文化?——50年代的霍加特与威廉斯》,黄华军译,载刘纲纪主编:《马克思主义美学研究》第3辑,广西师范大学出版社,2000年,第482页。

⑥ Raymond Williams (1983) *Writing in Society*, London: Verso, p. 178.

维斯对学院主义、布鲁姆斯伯里圈子、都市文学文化、商业报刊及广告的广泛抨击。你也必须考虑到临界刺激的绝对腔调，非常适合我们的思想倾向。①

威廉斯受到了作为"一种专业理念"（a professional ideology）的利维斯主义的影响，以致他的早期教学与研究无论是在观念上还是方法上，都显在地带有利维斯主义的痕迹。就观念而言，威廉斯把文化的浮现作为一种抽象（abstraction）与一种绝对（absolute）进行讨论时，强调某些道德与智识活动为"人类诉求的法庭，不仅其地位高于实际社会判断的过程，而且本身便是一种具有缓冲和重整旗鼓作用的别样选择"，②这无疑是利维斯主义影响的结果。就研究方法而言，威廉斯不但在授课过程中推崇瑞恰兹、燕卜荪和F.R.利维斯等人所倡导的实用批评，利用文本细读品评作品，③而且《文化与社会》也毫无疑问是利维斯式文本细读的结果："《文化与社会》是威廉斯从一个有利地势阅读包括英国文学中的道德成分在内的英国道德主义传统的尝试：这个有利地势可以说就是文化研究的地势"。④ 但是，这并不意味着威廉斯是通常意义上的利维斯主义者；他虽然对利维斯主义有种种继承，更多的却是对利维斯主义的扬弃与发展——"威廉斯从《细察》中继承了利维斯的有机主义——他强调文本与'生活'二者的重要性、强调文化本身的重要性——但抛弃了其文化精英主义。"⑤具体地讲，首先，威廉斯通过把工会、合作社及工人政党等"集体性民主机构"纳入文化的范畴，主张文化"不仅仅是智识与想象性作品的总和，而且在本质上也是整个生活方式"，⑥使利维斯主义的共同文化观在实践中得到了阶级维度的补充和限定，肯定了工人阶级文化的"社会的真正基础"地位。⑦

---

① Raymond Williams (1981) *Politics and Letters: Interviews with New Left Review*, London: Verso, p.66.

② Raymond Williams (1958) *Culture and Society 1780—1950*, London: Happer & Torchbooks, XVI.

③ 赵国新：《背离与整合——雷蒙·威廉斯与英国文化研究》（博士论文），1999年，第3页。

④ Stuart Hall (1990) "The Emergence of Cultural Studies and the Crisis of the Humanities", *October*, vol. 53, p.15.

⑤ Andrew Milner (1994) *Cultural Theory: An Introduction*, London: UCL Press, p.37.

⑥ Raymond Williams (1958) *Culture and Society 1780—1950*, London: Harper Torchbooks, p.325.

⑦ Ibid., p.332.

> 工人阶级鉴于其地位，自工业革命以来从未在狭义上生产文化。工人阶级无论是在工会、合作运动中还是政党里，所生产的……文化都是集体性民主机构。从其发展所经历的阶段来看，工人阶级文化基本上是社会性的（在于它创造了机构），而不是个人性的（在特定的智识与想象性作品方面）。在具体语境中考察工人阶级文化时，可以把工人阶级文化视为一项了不起的创造性成就。①

所以，文化并非像利维斯主义者所认为的那样有高雅低俗之分，所有的文化都不过是人类活动的某种形式而已；更加具体地说，重要的并非"追求自身发展与自身利益作为天然权利"的资产阶级文化与追求"基本的集体观念及源于集体观念的机构、习俗、思维习惯及意图"的工人阶级文化在智识与想象性作品中的区隔，而是见诸生活方式的"关于社会关系的本质的各种思想之间"的区隔。②"少数人文化与大众文化间的差异不可能是绝对的"，这既是缘于"对其他人而言，我们也是大众，大众就是其他人。事实上没有大众，有的仅仅是把人看做大众的方式"，③同时也是因为在社会这个有机体中，社会政治、经济的变迁必然导致人们对艺术、艺术家以及艺术家社会地位的态度的变化。④

对共同文化的修订、补充和限定代表了威廉斯"试图将文学文化与物质文化关联起来"的努力，体现了他的"温和的人道的社会主义倾向"，⑤进而构成了他对利维斯主义的超越，对他具有根本的重要性。可能并不存在一种正好恰当的共同文化，但这样的文化正是威廉斯之所需，因为唯有它能为威廉斯提供有机地批评功利主义的理论基础。从这个意义上讲，威廉斯与艾略特或利维斯别无二致。⑥ 但不同于艾略特等人的是，威廉斯认为共同文化永远不可能基于代理式参与而建立；共同文化是自然生长而成的，其

---

① Raymond Williams (1958) *Culture and Society 1780—1950*, London: Harper Torchbooks, p.327.
② Ibid., p.325.
③ Ibid., p.321, p.300.
④ Ibid., p.325, p.327.
⑤ 马海良：《文化政治美学——伊格尔顿批评理论研究》，中国社会科学出版社，2004年，第2页。
⑥ Andrew Milner (1994) *Contemporary Cultural Theory: An Introduction*, London: UCL Press, p.39.

间的"选择是自由而共同地做出的。管理是一个基于共同决定的共同过程"。① 这便是威廉斯的激进之处;他将共同文化从历史的过去移植到当下,或者说到工人阶级文化中去寻找共同文化的因子:"借助定义共同利益为真正的自我利益、借助发现个人的确认首先是在共同体之中,团结的观念便是社会潜在的真正基础"。② 因此,威廉斯在艾略特或利维斯发现文化颓败之处,察觉到了一场"漫长的革命",它将最终使某种社会主义共同文化变为现实,一如他在《文化与革命:一种回应》一文中所暗示的:

> 我认为,这个过程现在让我们遭遇的斗争,是创造作为名副其实论坛的共同意义的斗争:创造一个社会,其价值既是被共同创造的,也是被共同批评的,其间对阶级的讨论与拒斥可以被共同且平等的成员关系这一现实代替。这就是共同文化的观念;在发达社会里,它正日益成为革命的具体实践。③

必须指出的是,首先,威廉斯的共同文化观念并非没有问题,比如共同创造的文化未必就是共同文化,同样仅仅可能是统治阶级利益的表现。威廉斯的共同文化观念既有阿诺德、利维斯等人的影响,同时也是其怀旧情结的产物。威廉斯的父亲是一位铁路信号员,工党积极分子;受家庭政治气氛的影响,威廉斯自幼便积极投身于工党的政治活动,关注现代英国工人的社会处境。威尔士乡村的纯朴民风、底层工人的团结互助,奠定了威廉斯日后接受有机共同体概念、倡导共同文化的基础。从当地文法学校毕业时所获得的一笔奖学金使威廉斯有了享受大学教育的机会;④置身于贵族和中产阶级子弟云集的剑桥大学三一学院一方面让威廉斯结识了无数左翼同道,另一方面使他深刻地认识到了自己与周遭同学在生活方式等诸多方面的区隔——它们所主要关乎的与其说是经济的不平等,毋宁说是文化的不平等,或者换言之,从威尔士乡村到剑桥大学的地理距离远远地小于其间的心理距离。源自文化隔膜的这般心理冲击使威廉斯"很快就感觉到与他在所谓

---

① Raymond Williams (1958) *Culture and Society 1780—1950*, London: Harper Torchbooks, p.337.

② Ibid., p.332.

③ Raymond Williams, cited in Lesley Johnson (1979) *The Cultural Critics: From Matthew Arnold to Raymond Williams*, London: Routledge & Kegan Paul, p.161.

④ 从1902年起,英国地方政府开始给大学生提供资助;获得地方政府奖学金的学生有40%以上就读于剑桥大学与牛津大学。

文明的剑桥遭遇到的那些冷言恶语相比,哺育他长大的那种文化更加珍贵",①而且这种感受并未随着他后来被剑桥大学正式聘任为戏剧教师而消退。一如伊格尔顿所言,已然在剑桥大学执教多年的威廉斯依旧与其周遭环境格格不入:

> 他的长相和说话不像一个大学老师,更像乡下人,热情而质朴,与上流中产阶级一贯的那种乖巧而简慢的作风形成很大反差。他对教员公用室里上演的那些漫不经心的恶作剧一直很不习惯,甚至多年以后,在为F. R. 利维斯写的一篇出色的讣告中,依然说剑桥是"世界上最粗野的地方之一……到处听到冷酷、卑鄙、残忍的语言"。②

其次,虽然威廉斯一如利维斯主义者,认同"文学至关重要,因为它不但是正式的经验记录,而且每部作品还是文学与以不同方式保存下来的共同语言的契合点",高度评价"文化是所有这一切活动的总和,是保存这些活动并使之进入我们的共同生活方式的总和",但他同时也不失时机地指出:"让文学担负起,或者更精确地说,让文化批评担负起控制全部个人与社会经验品质的责任,将会使这个重要立场受到有害的误解"。③ 尽管威廉斯认同文学与语言包含了"传统中最精致、最容易毁灭的部分",以及一个唯有直接、当代经验可以依赖的社会是一个贫乏可怜的社会,但他从根本上否定文学为人类吸取经验的唯一渠道,因为汲取"传统中最精致、最容易毁灭的部分"

> 不但可以借助丰富的文学资源,也可以借助历史、建筑、绘画、音乐、哲学、神学、政治理论和社会理论、物理和自然科学、人类学……如果明智的话,我们还可以借助用其他方式记录下来的经验:机构、礼仪、风俗、家族回忆录等。④

正因如此,威廉斯基于阿诺德、艾略特、F. R. 利维斯等人的作品所进行的"文化与社会论争",使人得以将考察的目光从"这样的作家通过创造性的工作探究其社会的方式",转移至"他们通过分析其文化中的'生活品质'直

---

① 特里·伊格尔顿:《历史中的政治、哲学、爱欲》,马海良译,中国社会科学出版社,1999年,第260页。
② 同上书,第255页。
③ Raymond Williams (1958) *Culture and Society 1780—1950*, London: Harper Torchbooks, p. 255.
④ Ibid.

接在话语层面上参与当下问题"。①

再次,威廉斯把经验(experience)挪用为一个绝对的操作性范畴,论述艺术与社会时尤其如此。在就"抽象"问题比较阿诺德与约翰·拉斯金(John Ruskin)时,威廉斯发现他们最终都因"经验"问题而在其社会批评中成为了抽象的受害者:"阿诺德的原因是他避而不把思想的批判延伸至对产生这些思想的社会及经济制度的批判;拉斯金的原因 如其改革方案清晰表明的那样,他致力于一种作为社会模式的'固有设计'思想"。② 同样,无论是伯克、科贝特,还是劳伦斯,其言语的基础皆为直接经验,比如劳伦斯意义上的工人阶级家庭"代表着物质过程与个人关系双双得以维系于一种迄今尚未被认知的丰富经验之中"。③

威廉斯对利维斯主义的扬弃式继承加速了文学与艺术的传统优势地位的丧失,加速了文学少数派优势地位的丧失,加速了精英文化(艺术)与大众文化区隔的消失。但同时必须指出的是,威廉斯对文学批评传统的显在坚守阻碍了他的批判视野,以致托马斯·卡莱尔等人集中批判的种族、帝国等问题没有得到应有的表征,阿诺德的立场、《文化与无政府状态》所代表的更大的社会现实几乎没有得到考察。④ 后来论及此事时,威廉斯不无遗憾地说道:

> 当我发现马修·阿诺德写作《文化与无政府状态》是为直接回应1866年的选举权运动引发的海德公园骚乱时……我体验到了一个强烈的启示与遗憾相交织的时刻。当我明白这就是阿诺德政治地界定所谓的"无政府状态"及"文化"的语境时,我就想……如果我对此早有了解,我的书就会始于1867年的各种政治势力及问题。⑤

威廉斯通过与利维斯主义虽不彻底但却不失根本性的批评与对话,看到了

---

① Richard Hoggart ([1970] 1979) "Contemporary Cultural Studies: An Approach to the Study of Literature and Society", in *Contemporary Criticism*, Stratford-Upon-Avon Studies 12, London: Edward Arnold, pp.155—6.

② Raymond Williams (1958) *Culture and Society 1780—1950*, London: Harper Torchbooks, p.146.

③ Richard E. Lee (2003) *Life and Times of Cultural Studies*, Durham: Duke University Press, pp.21—2.

④ Ibid., p.37.

⑤ Raymond William (1981) *Politics and Letters: Interviews with New Left Review*, London: Verso, p.109.

一场广大而普遍的思想与情感运动,并因此将自己的研究与探索重点从分析和阐释文化等观念与价值观转向了对这些观念与价值的再阐释和扩展,开始了一场"漫长的革命":

> 在我看来,我们正在经历一场漫长的革命,我们的最佳描述也只能对其进行部分阐释。它是一场真正的革命,正改变着人与机构;持续地为数百万人的行动所拓展和深化,持续多样地遭到直接了当的反应及惯常形式与观念的反对。①

这场"漫长的革命"有三个面向:支配政治注意力的民主革命、支配经济注意力的工业革命及最难阐释的文化革命——"借助识字能力及其他先进交流手段,将积极的学习过程延伸到所有的人,而不是局限于少数人的雄心"。② 三个面向彼此关涉,错综复杂地影响着整个生活方式;对它们的考察必须把它们视为一个单一过程。一如威廉斯在论述创造性时所言:

> 个体的创造性描述是订立惯例与机构的普遍过程的一部分,为社会所珍视的意义通过惯例与机构被人分享、变得积极……至关重要的是要有作为一个整体的社会过程的交流这一意识……致命地错误的方法……便是源自分离的秩序这一假设,就像我们往往假设政治机构与惯例不同于、分离于艺术机构与惯例的秩序一样。③

三个面向的革命已然开展良久,但人们没有把它们视为一个有机整体,所以,从人民的自治程度、工业化的范围、识字能力及先进交流手段的掌握来看,革命的方方面面尚处于初期阶段,目标——民主的普及、工业的发展、交流的扩大、深刻的社会变迁及个人变化——远未实现。正是在这个意义上,威廉斯建议,"如果我们希望理解理论危机、或者我们的实际历史、或者我们的当下状况的实情及变迁的条件,我们就必须继续设法把这一过程把握为一个整体,设法用新方法视其为一场漫长的革命"。④

不难发现,威廉斯所谓的革命并非通常意义上的阶级暴力革命,并非政治及经济领域内的重大革命,而是意指社会有机体的历史变迁,体现为思想意识与价值观念等维度的变化:"从分析和阐释观念与价值,我转向了根据

---

① Raymond Williams (1961) *The Long Revolution*, London: Chatto & Windus, X.
② Ibid., XI.
③ Ibid., pp. 38—9.
④ Ibid., XII.

依旧在变化的社会以及我自己在其间的体验来阐释和扩展这些观念和价值。"①威廉斯主要关注的不是工业革命或者民主革命,而是文化革命:"我们的整个生活方式受到了民主和工业进程及其相互作用的深刻影响,受到了交流扩大的影响。这更深一层的文化革命是我们最有意义的现存经验的一大组成部分。"②所以,《漫长的革命》显在地区别于《文化与社会》,虽然"漫长的革命"这一概念直接源自《文化与社会》,抑或说《漫长的革命》是《文化与社会》的续篇:"我希望能够通过全面分析当代文化与社会、社会上与体制发展相纠缠的广泛的情感结构,发展在《文化与社会》的结论部分简要地描述的观点。"③倘若威廉斯在《文化与社会》中与利维斯主义的对话主要为经验的产物,他在《漫长的革命》中则已然把对文化的研究提升至理论层面,在一定程度上实现了从文化人类学批评到意识形态批评的转移,一如他对"大众"的认识。威廉斯在《文化与社会》中仅仅把大众视为数量上的众多,存在着否认大众的积极能动性的倾向,"在拒绝资产阶级的'大众'定义时,威廉斯同时坚定地拒绝了革命的定义。威廉斯坚持男人和女人是独特的个体,这无可指责,但这个主张没有认识到这一事实:他们必须聚合起来进行斗争方可实现充分的个性"。④ 但到《漫长的革命》,威廉斯已然认识到"大众"这一概念的固有阶级特性:"我们可以把大众组织成为特定的阶级、民族或种族,作为反对个人认识的一种方式"。⑤ 换言之,《漫长的革命》虽然明显承续了《文化与社会》的文学—道德批判,聚焦于文化理论、文化机构与形式的历史分析、当代文化情势中的意义与行为问题,但就理论模式及抱负而言,《漫长的革命》旨在超越《文化与社会》,正如前者的文化定义所证明的:

> 第一,存在着"理想型"文化定义,其间的文化从某些绝对或普遍的价值来看,是一种人类完美的状态或过程……第二,存在着"记录型"文化定义,其间的文化是智识和想象作品的总称,在这些作品里,人类的思想与经验被一种详细的方式全面地记录了下来……第三,存

---

① Raymond Williams (1961) *The Long Revolution*, London: Chatto & Windus, IX.
② Ibid., XI.
③ Raymond Williams (1981) *Politics and Letters: Interviews with New Left Review*, London: Verso, p.133.
④ Terry Eagleton (1976) *Criticism and Ideology: A Study in Marxist Literary Theory*, London: NLB and Verso, p.32.
⑤ Raymond Williams (1961) *The Long Revolution*, London: Chatto & Windus, p.8.

在着"社会型"文化定义,其间的文化是对某种特定生活方式的描述,这种生活方式所表示的特定意义与价值不仅体现在艺术与学识之中,而且体现在机构与日常行为之中……①

虽然"社会型"文化定义最终在建构文化主义研究范式的过程中发挥了关键性作用:文化是某种特定生活方式、文化表现某种特定生活方式等文化主义标识性观点正是源于此,但事实是每一种文化定义方式都有其价值,又都无一例外地有显在缺陷。即是说,理想的文化定义应是上述三种方式的有机融合,"不仅在艺术与智识作品之中,而且在机构与行为方式之中,寻求意义与价值、寻求创造性人类活动的记载,似乎肯定都是必要的",②以期能够更加全面地阐释文化与社会之间的关系,揭示被遮蔽的历史法则,发现日常生活表象背后的"普遍原因"及普遍性社会"潮流"。③ 在威廉斯看来,智识与想象作品、机构、日常生活无不是特定文化活动——整体文化活动的构成要素,它们虽然彼此纠缠但不能简单化约;任何一种因素都不能被赋予优先权,也不能被孤立地加以研究。正因如此,威廉斯在动态地定义文化为"在意识之中习得、被创造的模式与在关系、惯例及机构之中被交流、被激活的模式之间的基本关系、真正互动"之后,④进一步指出:

> 文化史必定不仅仅是某些特定历史的总和,因为它与各种历史间的关系、整个组织的特定形式间有着特别的关涉。因此我把文化理论定义为对整个生活方式之中的各种成分间的关系的研究。对文化的分析就是努力去发现构成这些关系复合体的组织的本质。从这个意义上讲,对特定作品或者机构的分析,就是对这些作品或者机构的基本组织类型、这些作品或者机构所体现的作为一个整体的组织的各部分的关系的分析。这种分析之中的一个关键词是模式(pattern):任何有用的文化分析都是始于发现某种特定类型的模式,总体文化分析所关注的正是模式之间的关系……⑤

威廉斯在此间所暗示的,是文化分析乃重建某种特定生活方式的手段;文化分析的目的在于理解文化的意涵,或者用他的术语来讲,重建"情感结

---

① Raymond Williams (1961) *The Long Revolution*, London: Chatto & Windus, p.41.
② Ibid., p.42.
③ Ibid., pp.42—3.
④ Ibid., p.72.
⑤ Ibid., pp.46—7.

构"(structure of feeling,又译感觉结构)——"它就像'结构'所暗示的那样稳固明确,但它在我们最脆弱、最不可触摸的活动部分发挥作用。在一定意义上讲,这个情感结构就是某一时期的文化:它是普遍组织中一切要素的特定的活生生的产物。"①一如从狄更斯到劳伦斯的英国小说可以成为人们借助情感结构的"接合"(articulation,又译耦合)——连接与表达——获取新经验的媒介,情感结构发挥作用于潜意识层面,具有前意识形态的性质;一个时期的情感结构就是它所特有的文化,通过对某一时期文化的分析即可实现对其情感结构的分析。所以,对威廉斯而言,"情感结构"是探究文学与社会间关系时或比较被阐释的、活生生的文化与整体生活模式时所不可或缺的。从这里可以看出,威廉斯在《电影导论》(*Preface to Film*)中首次使用的"情感结构"这一术语,②在《漫长的革命》中第一次得到了全面阐释,其过程反映出他使用作为阶级文化的共同文化这一概念时的谨慎态度。威廉斯坚持阶级文化的重要性,但他深知阶级区隔的复杂性,尤其是在智识领域及想象性作品之中,所以他反对任何直接把艺术简约为阶级的行为。威廉斯认为,为了合理地定义文化及进行文化分析从而重构情感结构,必须区分文化的层次:

> 我们需要区分三个层次的文化,甚至是用它最普遍的定义来区分。存在着属于某一特定时间和特定地点的活生生的文化,仅有生活在那个时间和地点的人才能全面理解;存在着被记录的文化,各种各样的文化,从艺术到最平凡的事实:时代文化;也存在着由有选择性的传统构成的文化,作为联系活生生的文化与时代文化的介质。③

对威廉斯而言,基于文化分析的"情感结构"既是超越阶级的,同时又由阶级来标识,比如在任一特定时间与地点被记录下来的文化仅仅是被有选择性地保存和阐释的部分"传统"。所以,一方面,不同代际的人的情感结构互不相同,"新的一代总有似乎并非源'自'某处的情感结构";④另一方面,迥然不同的情感结构可能共存于同一时期之内。但令人遗憾的是,关于其中的原因,作为文化主义者的威廉斯却语焉不详。从这个意义上讲,威

---

① Raymond Williams (1961) *The Long Revolution*, London: Chatto & Windus, p.48.
② Raymond Williams (1981) *Politics and Letters: Interviews with New Left Review*, London: Verso, p.158.
③ Raymond Williams (1961) *The Long Revolution*, London: Chatto & Windus, p.49.
④ Ibid.

廉斯对"情感结构"的解释工作远未结束,虽然他一直"得意"于自己对此的"贡献"。正如他在多年后接受《新左评论》的访谈时所说:

> 当我在十年或者十五年之后重读《漫长的革命》时,我的确觉得最为突出的那部分是对它[《漫长的革命》]被写作于其间的那个时候的情感结构的结论性分析——因为它不但抓住了普遍存在的分歧的事实,将分歧置于了情感结构之中,而且在很大程度上把分歧视为否定性的反应,不大可能从中出现一个新的建构性时期。①

威廉斯在此间的"症结"是他作为文化主义者始终固执地拒绝荡平的;直到与欧陆马克思主义接触后,他才令人满意地解释了情感结构何以既普遍存在于各个阶级之中,又表征某一特定阶级的利益。② 事实上,类似的症结也见诸威廉斯的文化革命策略"文化扩充"(cultural expansion)。威廉斯指出,文化革命的目的在于建构共同文化,而共同文化的建构之道则在于文化扩充,即通过改革教育、培养阅读大众、发展大众出版、考察标准英语与拓展文学等措施,让多数人享受文化带来的益处。但是,如威廉斯提出的以"在英语与数学基本语言方面的广泛实践"、"文学、视觉艺术、音乐、戏剧表演、景观与建筑的历史与批评"等为主要内容的教育改革方案所暗示的,③他的共同文化建设既有浓厚的文化民粹主义色彩,也有文化渐进主义(gradualism)倾向。受以中产阶级化为特征的1950年代英国社会情势的影响,威廉斯不但没有认识到,倘若不改变现行社会政治制度,文化扩充就无法全面深入,而且严重脱离了无产阶级的斗争实践,夸大了文化的作用。所以,他所谓的文化扩充"至多是资产阶级民主的自然延伸"。④ 这些症结唯有在威廉斯更加广泛地接触到马克思主义,包括欧陆马克思主义之后,才能克服。所以,威廉斯在《漫长的革命》中为自己留下了诸多"作业",比如对作为他的重要理论遗产之一的文化唯物主义(cultural materialism)的建构,尽管他对文化生产、日常生活实践与文化理解之间关系的探讨,已然为文化唯物主义的最终建立/巩固迈出了最为关键的一步。

---

① Raymond Williams (1981) *Politics and Letters: Interviews with New Left Review*, London: Verso, p.163.

② Andrew Milner (1994) *Contemporary Cultural Theory: An Introduction*, London: UCL Press, p.40.

③ Raymond Williams (1961) *The Long Revolution*, London: Chatto & Windus, pp.153—4.

④ Terry Eagleton (1976) *Criticism and Ideology: A Study in Marxist Literary Theory*, London: NLB and Verso, p.32.

通过对"漫长的革命"的探讨,威廉斯进一步与 F. R. 利维斯及艾略特的精英主义及保守主义立场拉开了距离,转向了对社会主义革命的赞扬及文化民主的支持,①突出了文化主义的红色底色,所以威廉斯的"漫长的革命"的思想深刻影响了右派的正统,虽然其中的权力与冲突等维度的缺乏、经验造成的历史史实的缺乏十分明显。正因如此,威廉斯遭到了来自晚辈、左派阵营的批评。在 1976 年出版的《批评与意识形态:马克思主义文学理论研究》(*Criticism and Ideology*: *A Study in Marxist Literary Theory*)一书中,威廉斯的得意门生伊格尔顿在充分肯定威廉斯的意义,承认《文化与社会》是"英国有史以来最富有启发性、最精辟的社会主义批评"的同时,指出"马克思主义和细察集团都对他早期的著作产生了重要影响。细察集团的整个观点所代表的精英主义是必须抛弃的,而由于令人感兴趣的原因,马克思主义同样必须加以抵制",因此,"威廉斯的著作始终是'左派利维斯主义'的范例"。② 或者换言之,由于"威廉斯的认识论是唯心主义的,方法论是经验主义的,美学理论是有机主义的,政治观念是改良主义的",威廉斯至多是一个左倾利维斯主义者。③ E. P. 汤普森也曾以历史学家的视角毫不含糊地批判过《漫长的革命》,虽然他首先高度肯定了威廉斯:鉴于"1945 年促成工党掌权的各种能量的衰竭"及"战争年代的左派智识气候的迅速消散"等冷战现实,威廉斯"包容了关键时刻的智识反革命,遭遇了蒙昧主义及社会悲观主义力量,于其间重申了民主传统的价值"。④ E. P. 汤普森"无情地"指出,威廉斯的叙述断章取义且脱离实际:"他的 1840 年代并非我的 1840 年代。他对流行小说的处理很漂亮,显示了它们与当时的宪章主义报刊及丰富的政治理论之间未为人知的联系;但对那些报刊与理论本身他几乎没做

---

① Elaine Baldwin *et al.* (2005) *Introducing Cultural Studies*, Beijing: Peking University Press, p. 5.

② Terry Eagleton (1976) *Criticism and Ideology*: *A Study in Marxist Literary Theory*, London: NLB and Verso, p. 24, pp. 21—2.

③ 马海良:《文化政治美学——伊格尔顿批判理论研究》,中国社会科学出版社,2004年,第 4 页。

④ E. P. Thompson(1995), "Review of Raymond Williams's *The Long Revolution*" in Jessica Munns & Gita Rajan( eds.) *A Cultural Studies Reader*: *History*, *Theory*, *Practice*, London and New York: Longman, p. 177; (1981) "The politics of theory", in Raphael Samuel ( ed. ) *People's History and Social Theory*, London: Routledge and Kegan Paul, pp. 396—408.

处理"。① E.P. 汤普森认为,威廉斯在一定程度上抛弃了社会力量的去个性化与社会主义传统;威廉斯的"整个生活方式"的文化定义有着艾略特的不散阴魂——艾略特与威廉斯都未触及权力与冲突问题,所以威廉斯从未触及意识形态问题、错误地认为"当今社会的核心问题并非权力问题,而是交流问题"。鉴于生活方式与生活风格极易被混为一谈,E.P. 汤普森坚持对文化的定义必须突出文化的功能,以及避免生活与生活方式的同义反复:

> 任何文化理论都必须包含文化与**非**文化之物之间的辩证关系这一概念……它是积极的**过程**——它同时是**人们制造历史于其间的过程**……如果我们改动威廉斯定义中的一个词,从"生活方式"改为"**发展**方式",那么我们的定义的涵义就从被动、非个人演变为了主动性、能动性问题。而且如果我们再次改动该词,去除隐含在"发展"之中的"进步"涵义,那么我们可以得到:"对全方位**冲突**之中的各要素之间的关系的研究。"一种冲突方式乃是一种**斗争**方式。这样我们就回到了马克思那里。②

对于 E.P. 汤普森的批评,威廉斯一直保持沉默,直到文化唯物主义建构完毕,他才通过作为深度访谈的产物的《政治与文学》一书予以回应:

> 把文化定义为不包括斗争的整个生活方式——这显然会招致最尖锐的反对与纠正。另一方面,在我看来,两种构成之间似乎有着某种混乱,它们实际上是在被左派几乎可以相互交替地使用——"阶级冲突"与"阶级斗争"。毫无疑问,阶级冲突在资本主义社会秩序之内不可避免:存在着绝对的、不可逾越的利益冲突,它是整个社会秩序的建立以及它必然以一种或者另一种形式进行利益再生产的轴心。"阶级斗争"这一术语恰当地指涉结构性冲突于其间演变为一种有意识的相互争夺、各种力量显在地纠缠的时刻。③

在霍尔看来,威廉斯与 E.P. 汤普森之间的这场对话堪称"一次尖锐的

---

① E.P. Thompson (1995) "Review of Raymond Williams's *The Long Revolution*", in Jessica Munns & Gita Rajan (eds.) *A Cultural Studies Reader: History, Theory, Practice*, London and New York: Longman, p.177.

② Ibid., p.185.

③ Raymond Williams (1981) *Politics and Letters: Interviews with New Left Review*, London: Verso, p.135.

遭遇",①但客观地讲,各大学人文系部对《漫长的革命》的批评更加尖锐。有人认为威廉斯把简单问题过于复杂化了;有人批评他貌似马克思主义者,实则说不出马克思主义概念;有人批评他自视在进行理论化,其实不然;有人批评《漫长的革命》写得像天书,不可理喻。其中最为尖刻的批评是:"对一个严肃的英语教授而言……写出一本以'漫长的革命'为标题的书简直就是耻辱。"②威廉斯遭遇批评的原因言人人殊,但有一点可以肯定,诸多批评者错误地把威廉斯视为了马克思主义者,而此时的他更多的是一位左派文化主义者,抑或说是在勉力重塑英国的文化主义,以期让它能够与社会主义相匹配。

文化主义研究范式的另一位重要形塑者是 E. P. 汤普森(Edward Palmer Thompson)。1924 年,汤普森出生在英国牛津的一个卫理公会传教士家庭,其父爱德华·约翰·汤普森(Edward John Thompson)是作家兼诗人,曾在英印殖民地从事教育工作,与印度国大党领袖尼赫鲁等人私交颇深。汤普森的一生深受其父母及为二战捐躯的哥哥爱德华·弗兰克·汤普森(Edward Frank Thompson)的影响,他在求学于剑桥大学基督圣体学院期间加入了英国共产党,毕业后则积极地参与成人教育事业,作为利兹大学校外辅导老师任教于哈利法克斯(Halifax)。③ 汤普森同时对英国文学与社会史怀有浓厚的兴趣,其文字生涯始于他与母亲合著的《一个幽灵在欧洲徘徊:弗兰克·汤普森回忆录》(*There Is a Spirit in Europe*:*A Memoir of Frank Thompson*,1947),但最终他却因与威廉·莫里斯的"相遇"放弃了成为诗人的愿望,开始主攻历史:"正是与莫里斯的相遇……对档案的兴趣,'同志式的帮助'……以及加入共产党历史学家小组,使汤普森成为了一位历史学家。"④ 在成就其历史学家这一身份的道路上,汤普森迈出的关键一步是他作为英共党员写作并出版了考察英国共产主义的源头的《威廉·莫里斯:从浪漫主义到革命主义》(*William Morris*:*From Romantic to Revolutionary*);在饱含

---

① Stuart Hall (1998) "Cultural Studies: Two Paradigms", in John Storey (ed.) *What Is Cultural Studies? A Reader*, London: Arnold, p. 36.

② Stuart Hall (1990) "The Emergence of Cultural Studies and the Crisis of the Humanities", *October*, vol. 53, p. 15.

③ 因为他的共产党员身份,E. P. 汤普森获得成人教育校外辅导老师的职位非常不易;详见 Tom Steele (1997) *The Emergence of Cultural Studies 1945—65*:*Cultural Politics, Adult Education and the English Question*, London: Lawrence & Wishart, pp. 144—50.

④ Richard E. Lee (2003) *Life and Times of Cultural Studies*, Durham: Duke University Press, p. 19.

战斗激情地探索如何把文学与工人日常生活相结合的过程中,他发现了"马克思身上的真正沉默"即是价值系统及文化的作用:

> 莫里斯的伟大在于……他发现了当下的腐朽社会之中尚存有可革未来之命的力量,在于使他把自己的事业与这些革命力量相等同的道德勇气……在历史上的关于文化的革命力量的例证之中,鲜有比这里的复兴勇气及对人性的信任更为显著的例证……①

然而,最终让活跃在多个领域、多产的 E. P. 汤普森拥有不可撼动的历史学家地位的,是他在 1963 年出版的《英国工人阶级的形成》,②虽然众所周知,他曾对 18 世纪末 19 世纪初的英国激进社会运动做过大量研究。该书分三部分探讨了英国工人阶级在 1790—1830 年代初的形成过程。③ 第一部分为"自由之树"。汤普森在这里没有从纯经济和技术变迁入手,继而探讨由物质变迁引起的政治文化发展,而是首先考察英国民众的传统,即"延续在 18 世纪的大众传统"。④ 汤普森认为,该传统一分为三;其一是清教非国教教派的思想与组织传统:虽然清教非国教教派已然发生很大变化,"在某种意义上,变化表现在新型的组织机构中,这些组织可以归结为两个词,即'**清教**'的积极活力和**非国教**的自我保护性退却。但是我们也应该看到……一旦遇到比较合适的环境,它就又会燃烧成燎原之火"。⑤ 其二是大众受班扬的《天路历程》和托马斯·潘恩的《人权论》(Rights of Man)的影响而形成的一种传统,即英国人的"天生权利"(birthright)思想。"《天路历程》与《人权论》一样,是英国工人运动的两本基本教材之一;班扬与潘恩,加上科贝特与欧文,他们所提供的思想与观点构成了 1790 至 1850 年的运

---

① E. P. Thompson (2003), cited in Richard E Lee. *Life and Times of Cultural Studies*, Durham: Duke University Press, p.19.《威廉·莫里斯:从浪漫主义到革命主义》是 E. P. 汤普森的第一部重要著作,但很少被文化研究学人提及,其间的原因有二:一是他当时身为英共党员,尚未与旧左派脱离干系,一是他后来出版的《英国工人阶级的形成》影响远为巨大。

② E. P. Thompson (1968) *The Making of the English Working Class*, Harmondsworth: Penguin. 相较于维克多·戈兰茨出版公司(Victor Gollancz)的 1963 年版,本书所援引的 1968 年修订版因"跋"的增加而在内容上更加充实。

③ 作为 E.P. 汤普森的研究终点的 1830 年代,正好是埃瑞克·霍布斯鲍姆的研究起点。关于英国工人阶级文化在 19 世纪后半叶的形成,参见 E. J. Hobsbawm (1984) "The Formation of British Working Class Culture", *Worlds of Labour*, Weidenfeld and Nelson, London, pp.176—93.

④ E. P. Thompson (1968) *The Making of the English Working Class*, Harmondsworth: Penguin, p.12.

⑤ Ibid., p.33.

动最主要的素材",鼓励英国大众去追求"精神的世界——充满正义与精神自由的世界",①虽然这个世界不断遭到另一个世界的威胁。其三是18世纪"暴民"(mob)的一种若有若无的传统,即下层民众自发而无组织的各种反抗行为,如滋事骚乱、暴动、抢粮风潮。必须指出的是,其中的第二种传统在潘恩及其《人权论》的作用下激活了一种亚传统,即法国大革命所带来的激进主义或雅各宾传统,最终构成了英国工人阶级在18世纪末到19世纪中叶期间的最重要"经历",因此也可以说英国工人阶级有四种传统。② 第二部分"受诅咒的亚当""从主观因素转向客观因素,即工业革命时期不同工人集团的经历,它们在我[汤普森]看来似乎特别重要"。③ 在这里,汤普森基于大量手稿与资料,从社会史角度考察英国工人(包括农业工人、手工匠人、以织布工为代表的产业工人等)在工业革命期间的生活的方方面面,包括他们的工资、物价、生活水平、劳动条件和劳动记录、宗教和道德、休闲和娱乐、妇女和儿童、工会和互助会组织等。汤普森因此对英国工人阶级的形成得出了不同于传统解释模式的结论:工厂工人并非工业革命的长子,而是农业工人、手工匠人、产业工人等共同斗争经历的结果,是阶级斗争本身的产物。第三部分"工人阶级的存在"是"人民激进主义的历史,从卢德运动开始,到拿破仑战争结束时那些可歌可泣的年代。最后,……还对1820年代和1830年代的政治理论和阶级觉悟的某些方面进行探讨"。④ 此间的探讨揭示出英国工人阶级及其阶级意识历史地形成并发展于暴风骤雨般的斗争之中,使汤普森对英国工人阶级的形成的观点达到了历史与理论的统一。⑤

在《英国工人阶级的形成》出版的1963年,英国社会已然不同于汤普森写作此书的那样,核裁军运动风起云涌,新左运动前赴后继,而是正在体味核裁军运动的失败与《新左评论》的重组,所以《英国工人阶级的形成》甫一出版便在大西洋两岸引起了轰动。"在它刚面世时,该书在学术界的遭遇

---

① E. P. Thompson (1968) *The Making of the English Working Class*, Harmondsworth: Penguin, p. 34, p. 35.
② 钱乘旦:《E. P. 汤普森和〈英国工人阶级的形成〉》,载 E. P. 汤普森:《英国工人阶级的形成》,钱乘旦译,译林出版社,2001年,第1000页。
③ E. P. Thompson (1968) *The Making of the English Working Class*, Harmondsworth: Penguin, p. 12.
④ Ibid.
⑤ 徐浩、侯新建:《当代西方史学流派》,中国人民大学出版社,1995年,第309页。

既有慷慨的赞誉又有尖锐的批评"。① 就各种严肃而深刻的批评意见而言，它们并非来自保守势力，而是来自年轻的左翼理论家："批评指向了三个方面：对卫斯理宗（Methodism）的处理；对 1811—1819 年的诸多事件的处理；总体的方法问题，尤其是关于对社会阶级的分析问题"。② 就赞誉而言，《泰晤士报》称它"帮助人们重新想起工人阶级在自我形成的过程中表现出的苦恼、英雄事迹和理想追求，凡是对英国人民的历史进程感兴趣的人，都不可不读这本书"；《纽约书评》视其为一部"有绝对权威性、经久而重要的著作"。③ 巨大反响的产生，首先是因为汤普森基于自己的成人教育经历将其目标读者锁定于工人阶级，因而没有使用惯常的学术型思辨风格在各种概念之间纠缠。其次，他使用了一种全新的阶级观。汤普森一开篇便通过自己对阶级及阶级意识的界定，指出阶级是一种历史现象、一个过程："我强调它是一种**历史**现象。我不把阶级视为一种'结构'，也不把它视为一个'范畴'，而把它视为实实在在发生（而且可以证明已经发生）在人与人的相互关系之中的某种东西"。④紧接着汤普森又指出，人与人之间的

> 关系必须始终体现于在真实的人当中及真实的背景之下……当一批人从共同的经历中得出结论（不管这种结论是从前辈那里得来还是亲自体验），感到并明确说出他们之间有共同利益，他们的利益与其他人不同（而且常常对立时），阶级就产生了。⑤

汤普森认为，"经历"在（工人）阶级产生或者形成的漫长过程中至关重要，它连接起社会存在与阶级形成过程中不可或缺的社会意识（social consciousness）。

> 阶级经历主要由人们出生时就进入或者后来被迫进入的生产关系决定。阶级意识是用文化的方式对这些经历进行处理的方式，体现在传统、价值系统、观念及组织形式之中。如果经历可以先在地决定，阶级意识则不然……阶级意识在不同的时间与地点以相同的方式出现，

---

① E. P. Thompson (1968) *The Making of the English Working Class*, Harmondsworth: Penguin, p.917.
② Ibid.
③ 钱乘旦：《E. P. 汤普森和〈英国工人阶级的形成〉》，载 E. P. 汤普森：《英国工人阶级的形成》，钱乘旦译，译林出版社，2001 年，第 989 页。
④ E. P. Thompson (1968) *The Making of the English Working Class*, Harmondsworth: Penguin, p.9.
⑤ Ibid., pp.9—10.

但绝不仅仅是以相同的方式。①

正是基于对"经历"的强调,汤普森对"并不是像太阳那样升起于预定的时刻",而是"出现于自身的形成之中"的英国工人阶级进行了"在动态过程中的研究,其中既有主观的因素,也有客观的条件"。② 汤普森"深信除非我们把阶级视为一种社会构成与文化构成,否则我们就无法理解阶级;对阶级缘起的过程的考察,只能像它们的自我形成那样,在相当长的历史时期内进行",③因此详细考察了1780—1832年间英国工人生活的各个面向,并在考察他们的工资、物价、生活水平、劳动、宗教与道德、休闲与娱乐、妇女与儿童、工会与互组会组织等"经历"后指出,这些"经历"使各业工人意识到了彼此间的共同利益并最终促成了英国工人阶级的形成。汤普森认为,虽然恩格斯曾在《1844年的英国工人阶级状况》中指出:"第一批无产阶级是与工厂相联系,是由工厂而产生的……工厂工人是工业革命的长子,他们从开始到现在,一直是构成劳工运动的核心",但绝不可以简单地把英国工人阶级的形成归结为"蒸汽机+棉纺织厂=新工人阶级"。④ 工人阶级既不是工厂制的自发产物,也不是工业革命的唯一结果:"工人阶级的形成不仅是经济史上,而且同样是政治史和文化史上的事实……工人阶级不仅在被人形塑,而且同样也在自我形塑。"⑤

汤普森对经历在阶级形成中的重要性的强调,在很大程度上可谓是《路易·波拿巴的雾月十八日》的影响;马克思于其间指出:

> 既然数百万家庭的经济条件使他们的生活方式、利益和教育程度与其他阶级的生活方式、利益和教育程度各不相同并互相敌对,所以他们就形成一个阶级。由于各个小农彼此间只存在地域的联系,由于他们利益的同一性并不使他们彼此间形成任何共同关系,形成任何全国性的联系,形成任何一种政治组织,所以他们就没有形成一个阶级。⑥

汤普森因此得到了启发:在阶级的形成中,仅仅有"利益的同一性"是不够

---

① E. P. Thompson (1968) *The Making of the English Working Class*, Harmondsworth: Penguin, p.10.
② Ibid., p.9.
③ Ibid., p.12.
④ Ibid., P.209.
⑤ Ibid., P.213.
⑥ 中共中央马克思、恩格斯、列宁、斯大林著作编译局:《马克思恩格斯选集》第1卷,人民出版社,1972年,第693页。

的,还必须加上"教育程度"、"全国性的联系"、"政治组织"等因素。阶级并非是一个能被抽象地或孤立地定义的社会与文化型构;这是汤普森在《英国工人阶级的形成》中一以贯之的观点,即使是在遭到年轻一代理论家的批评之后也未曾动摇过。正如他在《英国工人阶级的形成》1968年修订版的跋中所重申的:

> 阶级并非机器的这一或者那一部分,而是机器一旦被启动之后的**运转方式**……阶级是一个社会与文化型构……对它[阶级]的定义不能抽象地或者孤立地进行,而是只能从它与其他阶级的关系的角度进行;最终定义只能以**时间**——换言之,行动与反应、变化与冲突——为媒介而进行。当我们言说**一个**阶级时,我们想到的是被相当宽泛地定义的一群人,他们不但分享着诸多相同的兴趣、社会经历、传统与价值体系,而且有着作为一个阶级而**行动的意向**,借助他们的行动及他们的意识……定义自身。但是阶级不是一个物,它是一种发生。①

汤普森以剥削、生活水平及经历为主题对英国工业革命期间工人生活的考察及思考,毋庸置疑地动摇了当时"正在流行的正统观点",包括费边社的正统观点、经验性经济史学家的正统观点及"天路历程"的正统观点,②开创了"自下而上"的历史书写方法:

> 我想从后世的不屑一顾中解救出那些穷苦的织袜工、卢德派剪绒工、"落伍的"手织工、"乌托邦式"手艺人,以及乔安娜·索斯科特(Joanna Southcott)的受骗上当的追随者。他们的手艺与传统也许已然消失;他们对新生工业社会的敌对态度也许很落伍;他们的集体主义理想也许不过是空想;他们的造反密谋也许有勇无谋。但是,正是他们历经了那些社会剧烈动荡的时代,而不是我们。他们的愿望是否有根据得参考他们自身的经验;倘若他们过去是历史的牺牲品,他们现在依然是牺牲品,终身受人诅咒。③

所以,通过挑战"正在流行的正统观点",汤普森不仅拯救了工业革命时期英国工人的这段长期被人遗忘的历史,使这段历史开始受到各派历史

---

① E. P. Thompson (1968) *The Making of the English Working Class*, Harmondsworth: Penguin, p. 939.
② Ibid., pp. 12—3.
③ Ibid., p. 13.

学家的关注,而且更重要的是拯救了这段历史的主人——在辉格派历史学家那里没有地位的人民群众,或者在费边社、自由派历史学家那里没有得到充分对待的下层民众,①从而为英国历史揭示出了新的意义。对此,英国文化理论家大卫·钱尼(David Chaney)曾有这样的评价:

> 由于意识形态论的广泛影响,那种把文化视为社会实践的某一产物的看法保留了下来……汤普森的重要性来自其著作中的两个议题。第一个议题是他把工人阶级概念化为阶级文化时暗含的两个要点,一是建立在转型冲突之上的社会构成,一是与特殊文化相连的生活方式,这是对物质环境的一种重要的自觉回应。第二个议题与第一个密切相关:关注的是消费怎样才能(特别是在公共生活中)被解读为干预着社会秩序的铸造和再铸造过程。汤普森的著作的核心是试图发掘出另一种文化,不是为我们自己提供一种模式,而是相信这类比较可以揭示出近阶段话语中被意识形态遮盖了的那些东西。②

钱尼所谓的"这类比较"是汤普森在《威廉·莫里斯:从浪漫主义到革命主义》中所使用的比较的延续,只不过在《英国工人阶级的形成》中更加明显罢了。汤普森在《英国工人阶级的形成》中所比较的是工人阶级对功利主义的抵制与浪漫主义式反功利主义传统。汤普森在比较中发现,工人阶级对功利主义的抵制并非是盲目的,而是出于理智和道德激情,因为他们所对抗的并非是机器,而是在本质上具有剥削压迫性质的工业资本主义;浪漫派对功利主义的批判路径则大为不同。所以,"我们不应仅仅把工人视为永恒的失败者,他们已用无比的坚忍养育了自由之树长达 50 年",但令人遗憾的是:

> 在威廉·布莱克(William Blake)之后,就再也没有一个熟悉这两种文化的智者,也再没有一个能在这两种文化之间作相互解释的天才……两种传统找不到一个结合点,这无疑是一个巨大的损失;但是损失究竟有多大,我们却无法确定,因为我们都是失败者。③

作为战后成长起来的新一代知识分子的代表,汤普森深受当时在英国

---

① 钱乘旦:《E. P. 汤普森和〈英国工人阶级的形成〉》,载 E. P. 汤普森:《英国工人阶级的形成》,钱乘旦译,译林出版社,2001 年,第 991—993 页。

② David Chaney (1994) *The Cultural Turn: Scene-setting Essays on Contemporary Cultural History*, London and New York: Routledge, pp.50—1.

③ E. P. Thompson (1968) *The Making of the English Working Class*, Harmondsworth: Penguin, p.915.

大行其道的马克思主义的影响,即使是在因为苏联军队入侵匈牙利而退党之后,依然坚信马克思主义。事实上,《英国工人阶级的形成》是汤普森利用马克思主义对英国历史进行的一种别样阐释,他的阶级观中的社会存在与社会意识之分,他对社会存在、社会意识及经历间关系的分析明显具有马克思主义痕迹,尤其是《〈政治经济学批判〉导言》中的马克思主义观。然而,我们必须知道的是,汤普森并非是僵化的正统马克思主义的支持者,抑或说他的马克思主义与经典马克思主义之间是有差距的。首先,汤普森更喜欢使用的术语是"社会存在"与"社会意识",而不是更为时髦的"基础与上层建筑"。① 汤普森希望通过不同术语的使用,达到阶级形成与阶级意识的关系方面,在政治、经济与文化的关系方面修订经典马克思主义的目的,恢复历史的本来面目。正因如此,《英国工人阶级的形成》不但成为了当代马克思主义著作的典范,而且成为了"专业历史学家圈外的一个政治灵感之源",②对当代社会论争产生了长久的影响。其次,汤普森通过强调阶级意识在阶级形成过程中的作用,抛弃了马克思的"自在的阶级"(class-in-itself)与"自为的阶级"(class-for-itself)的区隔。从其上述阶级定义可以看出,汤普森的阶级存在与阶级意识是同一的:阶级存在不可能没有阶级意识,因为阶级意识本身是阶级存在不可或缺的。一方面,不可能只有阶级存在而没有阶级意识,另一方面,不可能有先于阶级意识的阶级存在。虽然人生而处于某种生产关系之中,并于其间占据某种地位,但他对自己地位的认识必须依赖各种经历。当共同经历使处于某种生产关系之中的诸多人意识到其利益不同甚至对立于其他人的利益时,他们就会在集体意识的驱动之下感受到共同的存在。换言之,唯有阶级意识产生之后,阶级才会最终形成。因此,自在的阶级与自为的阶级之间没有差别可言;凡阶级必自为,没有阶级意识的阶级完全不可想象。③

从这个意义上讲,汤普森更多地是一名"文化马克思主义者",信仰重视传统、道德、价值和意识形态等文化层面的学院式马克思主义;虽然他对英国工人阶级的经历的考察、对其形成的研究大大推动了学术研究,但其初

---

① Stuart Hall (1996) "Cultural Studies: Two Paradigms", in John Storey (ed.) *What Is Cultural Studies?: A Reader*, London: Arnold, p.37.

② R. Samuel and G. Stedman Jones (1982) (eds.) *Culture, Ideology and Politics: Essays for Eric Hobsbawn*, London: Routledge, p.378.

③ 钱乘旦:《E.P.汤普森和〈英国工人阶级的形成〉》,载 E.P.汤普森:《英国工人阶级的形成》,钱乘旦译,译林出版社,2001年,第995—996页。

衷并非服务于某个政治党派或团体。所以,在抹平"自在的阶级"与"自为的阶级"之间的区隔时,汤普森犯下了自相矛盾的错误:

> 在汤普森接受考茨基—列宁主义的'从外部'确定阶级意识这一观点时,他便在自相矛盾,除非他的阶级形成这一概念暗示着那些为工人阶级带去阶级意识的人本身不属于同一阶级,而是来自那个阶级内部,他们首先意识到并且在一定程度上构成了阶级。①

此间必须指出的是,约翰逊当初创造文化主义一词时,仅仅想到了威廉斯、霍加特及 E. P. 汤普森等三人,但我们完全有理由、有必要主张,霍尔也是文化主义研究范式的建构者。② 霍尔曾经在中学教授大众媒体,深度参与过关于媒体的社会及文化面向大讨论,他的《文化研究及其理论遗产》、《文化研究:两种范式》、《表征的运作》等一系列论文,在文化主义研究范式的传播过程中发挥了不可或缺的助推作用,③而更为重要的是,他的少作《流行艺术》(The Popular Arts)在理论视野与研究方法上"颇为文化主义"。二战后的传播技术革命及青少年态度变化导致英国中学教育遭遇了结构性的变化;以电视为代表的新媒体、以通俗小说为代表的流行文化产品纷纷席卷校园,使得教育界一片哗然,赞誉声与哀叹声此起彼伏、交相呼应。④ 正是在这样一种背景下,霍尔与帕迪·霍内尔于 1962 年开始考察与研究流行文化对中学教育的影响,于是便有了文化主义研究范式建构的压轴之作《流行艺术》。1960 年英国全国教师联盟(The National Union of Teachers, NUT)年会期间,大会主席团鉴于人们虽然普遍认识到了大众传媒对社会,尤其是对青少年的生活有着重要影响,认识到了学校应该研究媒介组织、内容及影响,但对研究对象、具体研究目的却一片茫然的事实,做出了如下决议:

> 大会承认教师应在发展全国老老少少的道德与文化水准过程中扮

---

① Lin Chun (1993) *The British New Left*, Edinburgh: Edinburgh University Press, p. 67.

② John Storey ([1993]1997) *An Introduction to Cultural Theory and Popular Culture*, London: Prentice Hall/Harvester Wheatsheaf, p. 21.

③ 详见 Stuart Hall ([1993]1999) "Cultural Studies and Its Theoretical Legacies", in Simon During (ed.) *The Cultural Studies Reader*, London and New York: Routeldge, pp. 97—109; Stuart Hall (1996) "Cultural studies: Two Paradigms", in John Storey (ed.) *What Is Cultural Studies?: A Reader*, London: Arnold, pp. 31—48;斯图亚特·霍尔:《表征的运作》,载斯图亚特·霍尔:《表征——文化表象与意指实践》,徐亮、陆兴华译,商务印书馆,2003 年。

④ Stuart Hall and Paddy Whannel ([1964]1965) *The Popular Arts*, New York: Pantheon Books, pp. 19—21.

演关键角色,但是同时也认为这也是一项其他人必须配合的任务。虽然与过去相比,今天有了更多的年轻人在积极地进行对艺术、文学、音乐或者戏剧的智识追求与欣赏或者参与其创作,但是大会仍然认为必须通过坚决的努力来抵制下列原因所导致的标准降低:滥用报刊、广播、电影及电视;蓄意利用暴力与色情;故意渲染利己主义。大会为此特别向那些使用和控制大众传播媒介的人、向父母们发出呼吁,支持广大教师为了防止时常发生的在课堂上被谆谆教诲的价值观与年轻人在课堂外所遭遇到的价值观之间的冲突而做出的努力。①

媒体问题能够成为全国教师联盟大会的议题,并且成为其决议的重要内容,足以说明其已然具有的分量。由于将传统文化的丧失、标准的降低等问题全部归咎于媒体提供者这一做法显然有失公允,随后召开的主题为"流行文化与个人责任"(Popular Culture and Personal Responsibility)的全国教师联盟大会特别会议对此予以了纠正,指出责任的承担者应该是整个社会,而非仅仅是教育工作者或媒体提供者。② 然而,这次特别会议并未纠正文化的二分,一方为大众媒体文化,另一方为高雅艺术构成的传统文化。所以,即使我们不能说这两次会议对大众媒体有敌意,仍可有把握地指出,在绝大多数教师的心目中,一方面,传统文化的价值高过大众媒体文化,另一方面,大众媒体仅应被用作为传统文化的传递者。

尽管如此,认识到流行作品有其自身价值的"有识之士"还是大有人在,比如作曲家马尔科姆·阿诺德(Malcolm Arnold)曾在全国教师联盟大会特别会议上指出:"任何人都不会因为喜欢贝多芬而不喜欢亚当·费什(Adam Faith)就在道德或其他方面胜人一筹……当然,对二者都喜欢的人就会处于一种幸福的境界当中,因为他能够从这样的生活中获得的享受多过一大批人"。③ 埃拉·菲兹杰拉德(Ella Fitzgerald)的演唱、雷蒙德·钱德勒(Raymond Chandler)的小说、斯坦利·多南(Stanley Donen)的电影更是具体地证明了见诸流行作品卑微之处的崇高/艺术。虽然霍尔与霍内尔对马尔科姆·阿诺德使用亚当·费什作为例证颇有微词,"作为一个流行歌手,

---

① Stuart Hall and Paddy Whannel([1964]1965) *The Popular Arts*, New York: Pantheon Books, p. 23。关于这次会议的指导思想及主要议题,参见 Denys Thompson (1964) (ed.) *Discrimination and Popular Culture*, Baltimore: Penguin。

② Stuart Hall and Paddy Whannel([1964]1965) *The Popular Arts*, New York: Pantheon Books, p. 24。

③ Ibid. , p. 27。

无论按任何标准,亚当·费什都是末流",①但必须指出的是,他们指出高雅文化或艺术并非都好、流行文化并非都糟,或者说传统/高雅文化与流行文化之间的壁垒正在消失,正好构成了对利维斯主义的挑战。

霍尔与霍内尔挑战利维斯主义的目的在于批评"文化机会主义"(cultural opportunism)。表面上看,介于敌视与接受流行文化之间的文化机会主义者(教师、青年工作者、教会人员)是在"力图通过接受年轻人的休闲兴趣的办法来建立与年轻人的联系",但实际上是希望"在年轻人中开发出更多的兴趣,把他们引向对'更美好之物'的欣赏"。②从根本上讲,虽然文化机会主义的教育策略不同,但他们对文化场景的描述却是相同的,因为他们依然坚信"新媒体所提供的艺术与娱乐乃传统文化的一大威胁"。③很显然,这并非霍尔与霍内尔愿意认同的;相反,他们主张学校应随着各种新媒体的闯入校园,将教学重点转移到鉴别能力的培养上:"因此,鉴别能力的培养应该是我们的重点所在。我们应该视其为培养对微妙意义的更强烈的认知、更敏锐的关注。"④这一方面是因为大量证据表明,"艺术与娱乐对我们有影响这一假设"很是可疑,⑤另一方面则是因为媒体的影响"取决于我们对这些媒体的态度、我们对媒体产生影响于其间的那种社会的认识"。⑥

鉴于传统文化(艺术)与流行文化间的明显价值差别,鉴别能力培养的目的在于提高人们的内在鉴别能力,帮助他们分辨传统文化(艺术)或流行文化中的良莠。传统文化与流行文化虽各有其价值标准,但古典音乐与爵士音乐内部必然有高低好坏之分。⑦

> 我们还必须停止讨论各种艺术与娱乐,好像它们必然相互竞争一样……认为科尔·波特(Cole Porter)的音乐不如贝多芬的音乐于事无补。虽然波特与贝多芬的音乐具有不同的价值,但是波特一直在成功地尝试创作出能与贝多芬的音乐匹敌的作品。不同的音乐提供不同的

---

① Stuart Hall and Paddy Whannel([1964]1965) *The Popular Arts*, New York:Pantheon Books, p.28.
② Ibid., p.29.
③ Ibid., p.30.
④ Ibid., p.37.
⑤ Ibid., p.32.
⑥ Ibid., p.21.
⑦ Ibid., p.29.

满足。①

霍尔与霍内尔强调,鉴别能力培养并非是在鼓励把鉴别能力视为防御流行文化的手段,而是旨在帮助《流行艺术》的读者(教师、教育工作者及关心教育问题的人)找到解决媒体中的价值与评价问题的方法:

> 从实际品质的角度来看……所谓的好和有价值与所谓的次和低劣之间的斗争并非是反对现代传播形式的斗争,而是这些媒体内部的斗争。我们的关注点在于大部分人都有难于在媒体之间做出区隔的体会,尤其是我们处在一个新的、往往让人眼花缭乱的社会和文化情势之中面对新媒体时。本书旨在提出一种解决媒体中的这些价值与评价问题的批评性方法。②

霍尔与霍内尔在书中明确表示,他们受到了利维斯主义中的有机文化观的影响:"本书后面章节中详细处理的一些材料与该传统[利维斯主义]一以贯之的教育工作是一致的",③但很显然的是,他们的培养鉴别能力这一策略最终构成了对利维斯主义的超越。既然鉴别能力培养能够教会观众或听众根据某种文化自身的标准进行文化评判,观众或听众就必然会在有效地抵制利维斯主义中的保守主义及悲观主义情绪的同时,坚信"如果我们希望重新建构一种真正的流行文化,我们就必须在现存社会中找到其生长点"。④ 所以,霍尔与霍内尔的这一典型左派利维斯式反击既具批评性,又具评价性,从而为结束严肃与流行、艺术与大众之间的虚假划分扫清了障碍。事实上,霍尔与霍内尔在考察伊丽莎白时代戏剧的过程中,发现了艺术中的严肃与流行有着三种可能的联系或纠葛:

> 我们在最了不起的剧作家的作品中发现流行的基础。我们发现大剧作家在其作品中是由流行的态度所支撑,虽然流行态度本身往往短暂而自卑,但是它们却赋予他们的作品以活力、生命力及相关性。我们发现诸多最为杰出的戏剧都是在直接依赖某种流行的形式来生产流行作品——血腥的复仇悲剧便是一例。

> 也许流行艺术与高雅艺术之间最为重要的联系将被窥见于流行作

---

① Stuart Hall and Paddy Whannel([1964]1965) *The Popular Arts*, New York: Pantheon Books, p.38.
② Ibid., p.15.
③ Ibid., p.47.
④ Ibid., p.39.

品如何帮助严肃艺术家聚焦真实世界、利用普通人物、提升观察力,以及发现重大但隐秘的社会运动。当社会生活及社会的"情感结构"发生重大变化时,往往便会出现新的艺术形式。这种变化通常被最先记录于流行作品之中,处理或者表达它们的新的流行主题及惯例也会被设计出来。①

霍尔与霍内尔主张在教学中进行鉴别能力的培养,也是因为他们希望通过改变人们对二战后出现的新媒体(电影、电视、广播、唱片、时尚书刊)的作用的认识,从流行文化中过滤出他们所谓的"大众艺术"。这便是《流行艺术》的根本目的。新媒体并非仅仅是技术革命的产物,同时也代表着一个复杂的社会历史过程,或者说代表着工业社会生命史中的一个新阶段。新媒体不仅将人们置于一种以观众/听众为轴心的崭新关系之中,而且还催生新的语言与表达、新的艺术形式与手法。②

> 如果存在有效的调整,新媒体便是把好作品、"高雅文化"传播给更多读者的重要新工具。借助电影或者电视、广播或者唱片,媒体的使用拓展印刷品及文学最初所开辟的内容。倘若新媒体的使用得当,它们便是一个类如我们社会的复杂社会之所需,因为它们所提供的经验和所探究的关系由于现代生活的多样性及快节奏,无法在现代生活的微观环境中得到准备或者复制……媒体在此被视为社会化的代言人,与家庭一道,对人们的学校、朋友团体及社区本身进行补充。③

换言之,新媒体已然不仅仅是传播工具,而是正如电影《一代人》(*A Generation*)所反映的那样,同时也是创造艺术的工具。针对一些评论家对电视等新媒体的批评,即新媒体在传播《远大前程》之类著名艺术作品的过程中,让它们堕落为"大众文化"(mass culture),霍尔与霍内尔在汉娜·阿伦特(Hannah Arendt)的启示之下指出:"把艺术作品简约到大众文化层次这一过程是一个持续地威胁着'高雅文化'本身的过程"。④ 从本质上讲,高雅文化是否已经堕落并不在于它(们)是否已经通过新媒体"媚俗"匿名大众,而是在于它(们)本身是否已经于其间被改变;虽然书籍或绘画作品可以通过

---

① Stuart Hall and Paddy Whannel([1964]1965) *The Popular Arts*, New York: Pantheon Books, p.83.
② Ibid., p.45.
③ Ibid., p.48.
④ Ibid., pp.50—1.

在市场上廉价抛售获得巨额销量,但其性质并不会因此而发生变化。相反,从新媒体内部孕育出来的一些优秀大众文化产品,比如《大独裁者》与《摩登时代》等卓别林早期电影、1950年代的BBC经典家庭喜剧节目《呆子秀》(*The Goon Show*),或者玛丽·劳埃德(Marie Lloyd)的舞厅音乐,则因为贴近"生活"与"人民"而像民间文化及艺术那样经受住了时间的检验,最终被提升为了一种艺术——流行艺术。当然,由于流行文化与高雅文化有着各自不同的评价标准及作用范围,流行艺术中的艺术与高雅艺术中的艺术无论是在标准上还是在作用上,都不尽相同,"在高雅艺术被其困扰及挑战我们的能力评判的地方,大众艺术确认我们——甚至使我们安定"。①

然而,在霍尔与霍内尔所谓的流行艺术与高雅艺术之间划出一道清晰的界线并非易事。一如斯道雷所言:"在现代主义的艺术革命之前,这里被宣布为流行艺术的一切也同样可以被宣布为一般艺术。"②尽管如此,流行艺术仍然拥有独特的身份特征,最为突出的是它的个性化。流行艺术的个性化不仅使它在诸多方面有别于民间艺术,比如它更加依赖表演者的技艺及个人风格,虽然它与民间艺术之间有着明显的承继关系,而且使它显然不同于大众艺术(mass art),因为大众艺术中毫无原创性可言,比如大众艺术家无需为了给观众/听众制造某种惊奇而去利用规则进行选择或强调。③正因如此,流行艺术被广大青年人用作了寻求身份认同的工具,或者换言之,影视作品、侦探小说、警匪故事、时尚杂志等无一例外地成为了青年人身份的象征。

霍尔与霍内尔力图在理论上超越利维斯主义,而且在一定程度上取得了成功,比如他们对鉴别能力培养的主张、对青年人利用流行文化的主动性的肯定。但必须指出的是,他们对利维斯主义的超越并不彻底,尤其是他们对价值的反复强调及对高雅艺术的特别青睐。在基于电影论证流行艺术与"大众文化"的差别时,他们的高雅艺术情结表露无遗:

作为一种机构的电影的这一大众品性现在受到了来自两个方面的

---

① Stuart Hall and Paddy Whannel([1964]1965) *The Popular Arts*, New York: Pantheon Books, p.59.

② John Storey([1993]1997) *An Introduction to Cultural Theory and Popular Culture*, London: Prentice Hall/Harvester Wheatsheaf, p.66.

③ Stuart Hall and Paddy Whannel([1964]1965) *The Popular Arts*, New York: Pantheon Books, pp.67—9.

威胁。随着电影开始朝着高雅艺术发展,它更自然地关注熟悉更为传统的形式、受过良好的教育的中产阶级观众。只要它能让电影满足高雅艺术的标准、使它成为复杂而微妙的交流的媒介,那么这一发展便是有益的:它可以帮助把观众分层,反过来影响其更为大众的作品的品性。①

霍尔与霍内尔反对利维斯主义的不彻底也见诸他们对教育目的的理解:

> 这里的意图已经不是通过直接的类比来坚持。很显然,现代的主要的——也许是悲剧性的——特征之一始终为高雅艺术与流行艺术的逐渐离间。鲜有艺术形式能够把二者联系起来:流行艺术已经发展出其自身的与高雅艺术及实验艺术相分离的历史及地形学。然而,二者之间的联系是无法否认的。流行艺术的活力……及严肃艺术的相关性,被某种难以定义的方式无法分辨地联系在一起。因此,当我们着眼于新媒体时,特别是流行艺术与严肃艺术之间的分裂(fragmentation)于其间并不彻底的那些媒体(比如电影),我们显现出一种恰当的关切,不仅是对流行艺术之中的品质,而且也是对任何层次的想象性作品的状况与品质,因此是对作为一个整体的文化的品质。正是对文化品质的这种关切,而不是对各种层次的品味的生产与操控,构成了我们试图在此强调的最终教育责任。②

霍尔与霍内尔对联系起流行/通俗艺术与严肃艺术的重要性的讨论,尤其是他们"对**任何**层次的想象性作品的状况与品质"的关切,毋庸质疑构成了他们对精英主义思想的超越。但一如哈特利所指出的:"把'对作为一个整体的文化的品质……的关切'视为'最终教育目的',这是阿诺德式意识形态的化身。把'想象性作品'及'文化的品质'与'品味'的'生产与操控'相对立,这是经典利维斯主义的策略。"③所以,客观地讲,霍尔与霍内尔以伊丽莎白时代莎士比亚戏剧为例来讨论高雅艺术与通俗艺术的离间无疑是正确的,但他们的言外之意——类如暴徒的平民无力欣赏莎士比亚戏

---

① Stuart Hall and Paddy Whannel([1964]1965) *The Popular Arts*, New York: Pantheon Books, p.76.
② Ibid., pp.84—5.
③ John Hartley (2003) *A Short History of Cultural Studies*, London: Sage, p.43.

剧——使他们的讨论与阿诺德传统中的对通俗艺术的价值、通俗娱乐的品质的讨论如出一辙。

以上分析表明,虽然威廉斯、霍加特、汤普森、霍尔同为新左派成员,同为左派利维斯主义者,但他们与马克思主义的依附程度不尽相同:威廉斯是独立左派,汤普森始终坚持"人类创造自己的历史,但他们不是随心所欲地创造历史"的马克思主义观,而霍加特自称"骑墙社会主义者"(centre socialist)。在他们当中,汤普森第一个成为了"左派文化主义者"(left culturalist),威廉斯最全面地阐释了文化主义,而霍加特则并没有十分直接的政治目的。① 另外,他们的研究旨趣也不无微妙的差异:霍加特更感兴趣于工人阶级日常生活的细节,威廉斯与汤普森更感兴趣于关于工人阶级的宏大政治及历史叙述或"共同文化"(common culture)。差异的存在使得他们间有时"交集"难求,一如霍尔所言:

> 从一定意义上讲,我们只能说威廉斯与汤普森的著作仅有通过激烈的、系统地两分的理论化实践,才会围绕同一问题系的术语发生交会。汤普森著作的组织范畴——作为关系的阶级、群众斗争和意识的历史形式及其历史特殊性中的阶级文化——迥异于威廉斯惯常使用的更具反映性和"概括性"的模式。②

然而,威廉斯等左派利维斯主义者之间的差异正好在一定程度上构成了他们的互补,正如威廉斯与汤普森在围绕文化、历史及马克思主义的论辩之中清晰地显现出来的那样:

> 威廉斯一直很清楚他从汤普森那里所需要的东西——历史知识……汤普森从威廉斯那里所需要的东西……是一种特别文学的叙事,它可以赋予历史人物能动性;这种叙事并非自由历史学家的传统叙事,而是可以激活阶级及社会主义等范畴的叙事。③

---

① Andrew Milner (1994) *Contemporary Cultural Theory: An Introduction*, London: UCL Press, p.36—8.
② Stuart Hall (1996) "Cultural Studies: Two Paradigms", in John Storey (ed.) *What Is Cultural Studies?: A Reader*, London: Arnold, p.36.
③ Julia Swindells, Lisa Jardine (1990) *What's Left?: Women in Culture and the Labour Movement*, New York: Routledge, p.35.

尽管存在着政治观点及分析重点的不同,威廉斯、霍加特、汤普森、霍尔等人之间确乎有诸多相似之处,比如他们都有参加二战及参与成人教育运动经历、都有左翼激进思想甚至参加和支持马克思主义政党、都深受利维斯主义的影响又与之决裂、都有对大众文化的关切及对阶级的"活生生"体验。所以,他们最后能同时被这样一种方法连接起来,即"坚持通过对某一社会的文化——一种文化的文本形式及被记载下来的实践——的分析,可以重构生产和消费该社会的文化文本及实践的男男女女所分享的既定行为及思想体系"。[1] 这种方法便是霍加特、威廉斯、汤普森、霍尔等人通过扬弃式继承文化与文明传统、利维斯主义提炼出来的文化主义研究范式;他们因此拥有"文化主义者"的头衔,以僭越传统的学科边界为特征。"虽然威廉斯与霍加特是在从人文学科的角度切入他们的主题,但是他们的工作拒绝学科边界,而且拒绝是相互的;它们拒绝学科,学科也否认它们"。[2] 正是在文化主义这一反学科、跨学科研究范式的作用与鼓励下,威廉斯从左派立场恢复了被边缘化或被指派的反对之声,汤普森恢复了被遗忘的英国工人阶级活动家的名誉,霍加特重新评价了当下的工人阶级生活,霍尔与霍内尔挽救了新兴的流行文化;[3] 作为一门学科的文化研究因此获得了其思想及学理基础。

---

[1] John Storey（[1993]1997）*An Introduction to Cultural Theory and Popular Culture*, London: Prentice Hall/Harvester Wheatsheaf, p.46.

[2] Richard E. Lee（2003）*Life and Times of Cultural Studies*, Durham: Duke University Press, p.58.

[3] Ibid., p.37.

# 第三章　开启学科化进程

　　我会尽我兴趣之所能致力于这些普遍领域，但并不奢望这些会有善终。我的确已经冒险进行了扩展，使诸多命题大大超越了任何一类学术审慎的界限，因为在我看来的合适借口是，我兴趣之所在的问题可以于其间得到全面探求的学术性学科尚不存在；我希望有朝一日会有这样一门学科，因为《文化与社会》的讨论十分显在的是，这些问题的压力不仅具有个人性，而且具有普遍性。①

　　《漫长的革命》面世三年后，威廉斯的希冀或心愿变为了现实；随着伯明翰当代文化研究中心在 1964 年的宣告成立，文化研究开始了其学科发展历程，"它在学院内的建制化，可以说是肇始于 1964 年在伯明翰大学的当代文化研究中心"，②虽然霍尔曾断言"在严肃的批判性智识工作中并没有'绝对的开始'，也少有未曾中断的连续性"。③　毋庸置疑，伯明翰当代文化研究中心的成立是新左运动与文化主义研究范式合力的产物，但同时也是学理建设的需要。在一战以降的英国，貌似理性实则随意、武断的学科化在人文科学中日益加剧，在促成包括文学研究在内的人文研究专业化的同时，导致了其碎片化，因而在造就囿于特定而狭窄学科领地的专家的同时，以学术自由之名阻碍了具有批判意识、具有"解放的旨趣"的知识分子的形成。各级学术机构往往通过规范化与等级化、同质化与差异化等话语限制措施，鼓励、奖励提出特定问题、使用特定术语、研究特定对象的专家，惩罚、边缘化

---

　　① Raymond Williams (1961) *The Long Revolution*, London: Chatto & Windus, IX—X.

　　② 陈光兴:《英国文化研究的谱系学》,《思想文综》第 4 辑, 暨南大学出版社, 1999 年, 第 10 页。伯明翰当代文化研究中心最初是英语系的一部分, 后来变为了艺术系的一部分, 详见 Stuart Hall, "Cultural Studies and the Centre: some problematics and problems", in The Centre for Contemporary Cultural Studies ([1980]1981) *Culture, Media, Language: Working Papers in Cultural Studies*, Note 3, London: Hutchinson, p.278。

　　③ Stuart Hall (1996) "Cultural Studies: Two Paradigms", in John Storey (ed.) *What Is Cultural Studies?: A Reader*, London: Arnold, p.31.

甚至排除"异端分子"——意欲打破既有学科界限、主张以跨学科及反学科视野探究社会问题的知识分子。所以,专家与知识分子未必总是能够和谐共生:

> 除非人们以纯粹的形式、统计及教育标准为视角编造知识分子的定义,不然一清二楚的是,现代社会所制造的是一支军队或者被异化、私有化、幼稚的专家,他们不过是在严格限定的领域内知识渊博而言。为了运转日益复杂的官僚与工业机器,此类技术知识分子,而非传统意义上的关注总体性的思想家之类的知识分子,正在大幅增加。然而,其理性在本质上仅仅是工具主义的,因而主要适合于执行局部性的任务,而不是去解决社会组织与政治方向等实质性问题。①

进入 1950 年代以后,英国人文研究的碎片化现象愈加突出。虽然社会文化现象得到了文学、人类学、历史学、社会学等多个学科的关注与考察,但无论是普通践行者还是以 F. R. 利维斯为代表的专家,往往受制于特定学科的话语的藩篱,难以就共同关注的话题进行交流。传统的文学研究在社会研究与作品研究之间划定了一条不可逾越的界线,而社会学则以离间传统的文学批评的方式对待文学。所以,一方面是对文化的研究的繁荣,另一方面则是文化的被碎片化。面对这一情势,霍加特等人基于自己的新左运动经验,意识到了支配性文化的顺利复制与再生产得益于既有学科分化对其批评者的隔离,发现了利用文化主义研究范式耦合话语的生产与社会公共空间的可能性,于是便有了作为一门学科的跨学科、反学科的文化研究出现在伯明翰当代文化研究中心,虽然格雷姆·特纳曾经指出:"文化研究的动力部分地来自对学科的挑战,正因如此,它拒绝成为一门学科。"②即是说,霍加特等人之所以赞成设立反学科、跨学科的文化研究,目的在于通过策略性的自我封闭,发展"符合解放性利益的"文化形式的批评与生产,培养能够确定"支配性文化的意识形态的裂隙"的"反抗知识分子"(resisting intellectual):"在能够批评性地分析社会矛盾的知识分子缺席的情况下,支配性文化就会更加有效地复制其最坏的影响。而且,倘若没有文化批评的空间,

---

① Paul Piccone, "Symposium: Intellectuals in the 1980s", *Telos* 50 (Winter 1981—82), p. 116.
② Graeme Turner (1992) "'It Works for Me': British Cultural Studies, Australian Cultural Studies", in Lawrence Grossberg, Cary Nelson and Paula A. Treichler (eds.) *Cultural Studies*, New York and London: Routledge, p. 640.

反抗知识分子在公共事务中就没有声音。"①

毋庸置疑,文化研究显影为一门学科也是英国社会情势的结果。对整个英国社会而言,1964年既是一个阶段的结束,也是一个新时代的开始,"一个经济上乐观而政治上悲观的时代":虽然既不存在严重社会对立现象,也无真正的党争,但是"社会地位和就业状况的差别继续造成周围的紧张关系。那些行将参与改革运动的人们讨厌没有不满情绪的不满情绪;青年人似乎很愤慨,因为足以引起愤慨的事太少了"。② 在这样一种情势之下诞生的伯明翰当代文化研究中心及作为一门学科的文化研究,注定将同时受人拥戴与遭人质疑、既目标坚定又左右摇摆,一如尼克·库尔德里所言:

> 雷蒙德·威廉斯在四十年前写到,没有一门学科使他得以提出他感兴趣的问题,即那些关涉到文化与社会、民主与个人如何关联的问题。我们通常认为,正是文化研究填补了这一空白;然而,当我们寻求一种关于文化研究之真正关涉的共识时,我们就发现其间有着高度的不确定性。③

这一现象的出现既与伯明翰当代文化研究中心引路人的选择有关,同时也是现代学术研究发展使然。众所周知,20世纪学术研究发展的一个显在特征是日趋标准化、典范化(codification);在1950年代末1960年代初的英国学术体制和学术规范下,英国人文学界以学科建设为要务,而学科建设的旨归则是学科化。人们习惯性地认为,标志着一门研究从非制度化阶段进入制度化阶段、日趋标准化及典范化的学科化不仅是这门研究发生质变的能指,而且是这门研究继续存在、持续发展的唯一前提。但我们必须知道,首先,一门学科的设立往往直接联系着特定的文化、社会及体制需要,密切关涉着权力;其次,任何一门学科都有可能在获得成功的同时,失去原有的激进批判立场,甚至成为"偏见的生产地"。一如刘健芝等人在《学科·知识·权利》一书的导论中所指出的:

---

① Henry Giroux et al. (1995) "The Need for Cultural Studies: Resisting Intellectuals and Oppositional Public Spheres", in Jessica Munns and Gita Rajan (eds.) *A Cultural Studies Reader: History, Theory, Practice*, London and New York: Longman, pp. 647—8.

② W. N. 梅德利科特:《英国现代史(1914—1964)》,张毓文等译,商务印书馆,1990年,第636页、第10—11页。

③ Nick Couldry (2000) *Inside Culture—Re-imagining the Method of Cultural Studies*, London: Sage, p. 1.

现今的学术知识生产,已深深地和各种社会权利、利益体制相互交缠。这不但只是说大规模的知识生产只是为功利的社会国家目标甚至或个别社会阶层的利益而服务,而是说学术体制的内部组织,关于知识发展和开拓的规划,都受制于关乎学科门类的偏见,及这些偏见所体现出来的权利和利益关系。褊狭的学科分类一方面框限着知识朝向专业化和日益相互分割的方向发展,另一方面也可能促使接受这些学科训练的人,日益以学科内部的严格训练为借口,树立不必要的界限,以谋求巩固学科的专业地位。学科制度的优点是能够建立完整而融贯的理论传统和严格的方法学训练,但同时也有使学术体制成为偏见的生产地,以服务自己的利益为尚,建立虚假的权威之虞。①

在一些人的质疑声中,霍加特等校外辅导老师在学院体制内获得了弗吉尼亚·伍尔夫(Virginia Woolf)所谓的"一间属于自己的房间"——伯明翰当代文化研究中心,开始了旨在以大学为基点的社会介入的学院政治之旅;文化研究践行者因此知道了自己的所在,确定了前进的方向,避免了实践的迷航。所以,伯明翰当代文化研究中心的成立确乎是英国左翼社会运动的一件大事,②堪称文化研究学科化、体制化的起点抑或"绝对的开始"。

## 第一节 伯明翰当代文化研究中心的建立

霍尔曾在总结文化研究的早期发展时指出:"文化研究的体制化——首先是在伯明翰的中心,继而是在源自诸多渠道与地点的课程与出版物——及其独特的得与失,属于1960年代及以后的日子。"③伯明翰之所以成为"文化研究的体制化"的摇篮,首先是因为该地区有着优良的成人教育

---

① 刘健芝等:《专题导论:从学科改革到知识的政治》,载华勒斯坦等:《学科·知识·权力》,刘健芝等编译,生活·读书·新知三联书店,1999年,第1页。

② 伯明翰当代文化研究中心在1964年的成立、《新左评论》、约翰·萨威尔(John Saville)与拉尔夫·米利班德(Ralph Miliband)创办于1964年的《社会主义记录》(Socialist Register)、拉尔夫·塞缪尔(Ralph Samuel)于1966年在牛津大学建立的"历史工作坊",构成了左右英国左翼社会运动的主要智识潮流,因而时常被人喻为英国左翼社会运动的"四架马车"。到1960年代末,新左派文化研究出现了三足鼎立的局面:伯明翰当代文化研究中心、牛津大学罗斯金学院历史工作室、华威大学社会历史中心。

③ Stuart Hall (1996) "Cultural Studies: Two Paradigms", in John Storey (ed.) *What Is Cultural Studies?: A Reader*, London: Arnold, p.33.

基础。作为一个发达的工业城市,伯明翰既为成人教育运动源源不断地输送学员,也因此创造性地推动以英语为核心的英文研究的发展。基于英语已然成为最受学生欢迎的科目之一,伯明翰大学不但率先设立了英语学科,①而且于1904年任命了其历史上的第一位英国文学教授——积极倡导英语教育、着迷于"白教堂血案"(Whitechapel murders)的文学评论家约翰·丘顿·柯林斯(John Churton Collins)。自1872年从牛津大学贝利奥尔学院毕业后,柯林斯终身与笔墨为伍,在1889年被任命为伯明翰大学校外辅导班文学讲师之前,先后从事过记者、评论家等职业。柯林斯曾出版过多本关涉文学的睿智之作,比如《英国文学研究》(*The Study of English Literature*)、《短命的批评:抑或当代文学实话实说》(*Ephemera Critica: or, Plain Truths about Current Literature*)等,但相比较而言,他对教育,尤其是文学教育的满腔热情却更加引人注目。担任校外辅导班讲师期间,柯林斯借助成人教育的边缘性赋予的无可比拟的实验性,一方面将文学教育置于"公民权"教育的核心,一方面把文学视为不同条件下的民族特性表达自己的有机整体,主张在欧洲文学的宏观语境下考察英国文学。或者借用其同时代的评论家的话来讲,柯林斯以两个观点著称:"第一,英语应该被作为文学而不是语言进行教授;第二,唯有以古典及外国文学为参照,英语方能被研究。"②柯林斯的这一既具解构性又具建构性的观点虽然并未获得时人的一致认同,但获得了官方的青睐,最终有效地唤醒和滋养了新一轮"人文主义复活"(Humanist Revival)。③ 柯林斯不仅借此成功进入了学院体制,而且因此为以文学批评论著《奥登》(*Auden*)跻身学界的霍加特日后成为伯明翰大学第二位英国文学教授创造了机会,从而为伯明翰学派文化研究的形成奠定了坚实的校园基础。

文化研究能够首先落户于伯明翰的另一个重要原因,是霍加特利用其社会关系或影响获得了成立研究中心所需的社会资助。在担任莱斯特大学英国文学高级讲师三年之后的1962年,霍加特获得了伯明翰大学英语系的现代英国文学教授席位,继而提出了继续《文化的用途》所开启和代表的工

---

① 在英国,最早设立英语系的大学多为英国工业城市的市立大学,比如谢菲尔德大学、曼彻斯特大学、利物浦大学、利兹大学,以及此间提到的伯明翰大学。

② Allen R. Benham (1909) "John Churton Collins—A Review", *Modern Language Notes*, Baltimore and London: The Johns Hopkins University Press, vol. XXIV, no. 7, p.207.

③ Tom Steele (1997) *The Emergence of Cultural Studies 1945—1965: Cultural Politics, Adult Education and the English Question*, London: Lawrence & Wishart, p.50, pp.60—2.

作的要求。在霍加特看来,如果"不利用教授职位设法推进早在写作《文化的用途》时已然显现出来的兴趣,便是为了一个头衔而抛弃从当下的职业角度来看似乎最为重要的东西"。① 面对已经获得聘任的霍加特的要求,"他们[英语系]不能说他[霍加特]不能做,但是他们肯定说过不打算给他投入用以开展这项工作所需的经费。他因此不得不走出大学校园"。② "不得不走出大学校园"的霍加特获得了左翼出版商艾伦·莱恩(Allen Lane)的慷慨解囊。因为一次旅行经历,时任著名出版机构包德利·海德出版公司(Bodley Head)董事的莱恩决心要改变经营策略,以薄利多销方式向读者推出便于随身携带和阅读的小开本高质量图书,于是便有了他在1935年开始推出的企鹅丛书(Penguin Books)、1937年开始推出的塘鹅丛书(Pelican Books)。③ 每本书六便士的低廉定价使得这两套丛书的出版与发行大获成功,不但通过对学术及科技知识的民主化、通俗化为左翼知识分子的作品制造了阅读大众,而且促成了出版机构与文化研究"元老"建立包括经济联系在内的多方面直接联系。面对急需"开展这项工作所需的经费"的霍加特,

> 莱恩捐助了当代文化研究中心的一大半启动资金,不足部分则是由精装版《文化的用途》的出版商查托与温达斯出版公司(Chatto & Windus)的小额捐款及《观察家报》(The Observer)填补。霍加特在获得一次性的500镑的同时,还得到了为期七年每年2500镑的资助。也许有了这笔资金,他就能花钱为中心订下一间属于自己的房间了,就能给

---

① Robert E. Lee (2003) *Life and Times of Cultural Studies*, Durham and London: Duke University, p.75.

② Stuart Hall (1990) "The Emergence of Cultural Studies and the Crisis of the Humanities", *October*, vol.53, pp.12—3.

③ 企鹅公司网站主页(http://www.penguin.co.uk)对这段历史介绍如下:"与阿加莎·克里斯蒂(Agatha Christie)在德文郡(Devon)共度周末后,莱恩搜遍了埃克塞特(Exeter)车站的书报摊,想买点书报在回伦敦的路上阅读,结果只找到了通俗杂志和重印的维多利亚小说。有鉴于此,他意识到了以诱人的价格推出高品质当代小说的需求。莱恩决定,新出版的小说不但能够在传统书店买到,而且能够在火车站及沃尔沃斯(Woolworths)之类连锁店买到。"《文化的用途》、《文化与社会》、《英国工人阶级的形成》等文化研究奠基作都曾作为塘鹅丛书的系列图书出版过;塘鹅丛书堪称英国文化研究的催生婆。

斯图亚特·霍尔提供研究基金了。①

校园基础与社会赞助的结合促成了伯明翰当代文化研究中心在1964年春季的成立,文化研究因此获得了其学科化的起点。为了规避"那些宣称已在从事文化研究的古典主义者的反对",②霍加特特意将自己的中心命名为"当代文化研究中心",但在他以题为"英文学校与当代社会"(Schools of English and Contemporary Society)的就职演说宣告伯明翰当代文化研究中心成立的当天,③他仍然遭遇了"古典主义者的反对"。伯明翰大学英语系明确表示了他们对霍加特的不欢迎:"我们收到了来自英语系的信函,说他们没法真心欢迎我们;他们知道我们的存在,但他们希望在他们从事必需的工作时,我们能够为他们让道";社会学系则以挑衅的口吻指出:"我们已经拜读过《文化的用途》,我们希望你们别自认为是在做社会学,因为它压根就不是你们要做的。"④可以看出,无论是孤立地考察伟大艺术作品的英国人文科学传统,还是有着强烈的经验主义倾向的英国社会学,都不能包容当代文化研究中心的工作。所以,成立之初的当代文化研究中心虽然表面上获得了"一间属于自己的固定房间",但实际上则不得不在校园内频繁流动、从一处活动房迁到另一处活动房。

成立之初的伯明翰当代文化研究中心规模极小,仅有主任霍加特、"义务劳动"的助理霍尔,以及霍加特在火车上与之"一见钟情"的秘书迈克尔·格林等三人;霍加特负责教学及学术委员会的工作,霍尔负责中心的日常事务。⑤ 三人小团队在不经意间成为了当代文化研究中心的长期传统,

---

① John Hartley (2003) *A Short History of Cultural Studies*, London: Sage, p. 26。一些人对莱恩的捐赠颇有微词,认为它是莱恩对老熟人霍加特的"回报",因为霍加特曾在"《查泰莱夫人的情人》案"中出庭作证,为莱恩进行辩护。霍加特引用时任莱恩顾问的W. E. 威廉斯(W. E. Williams)的话对此予以了反驳:"嗯,莱恩,把他想要的东西给他吧。尽管你对文化变迁一无所知,但你已经踏着文化变迁发了财。"详见 Richard Hoggart (1992) *An Imagined Life*, vol. 3: 1959—91, of *Life and Times*, London: Chatto & Windus。

② Colin MacCabe (1992) Editorial of *Critical Quarterly*, vol. 34, p. 1.

③ Richard Hoggart (1970) *Speaking to Each Other: Essays by Richard Hoggart*, vol. 2, New York: Oxford University Press, pp. 246—59.

④ Stuart Hall (1990) "The Emergence of Cultural Studies and the Crisis of the Humanities", *October*, vol. 53, p. 13.

⑤ 霍加特一直把自己当初录用霍尔视为其一生中最为明智的举动之一,因为正是在霍尔的帮助和努力下,伯明翰当代文化研究中心最终确立了自己的智识工作的模式。详见 Richard Hoggart (1992) *An Imagined Life*, vol. 3: 1959—91, of *Life and Times*, London: Chatto and Windus。

直到它在 1987 年与社会学系合并为文化研究与社会学系,该中心的工作人员始终保持为三人;在霍尔时代,除他之外的另外两人一个来自历史系,另一个来自英语系。正是在这样一个团队的努力之下,时刻遭遇各方压力的当代文化研究中心出其不意地成为了英语世界,乃至全世界最著名的文化研究机构。即使是经年之后,不列颠岛内外的文化理论家或批评家每每谈到当代文化研究中心时,赞美之词依旧溢于言表。曼彻斯特城市大学英语与文化研究教授安东尼·伊斯特霍普(Antony Easthope)认为,当代文化研究中心所开展的工作堪称是对英国文化研究最重要的介入;[1]在美国文化理论家劳伦斯·格罗斯伯格眼中,在以非中心化为特征的后现代语境中,"仍然有一个像中心的东西——准确地讲,英国文化研究的传统,特别是当代文化研究中心的工作";[2]澳大利亚文化理论家特纳则坚信"伯明翰当代文化研究中心可以有充分的理由宣称是这个领域历史上的主要机构"。[3]

  学术界一般认为,一门学科成熟与否的标志是它是否拥有独特的研究对象、完善的学科架构、科学的学科体系、专门的研究方法、典范的代表论著、公认的代表人物、众多的科研团体、活跃的学术交流、成功的社会实践等。从这个意义上讲,体制化的伯明翰当代文化研究中心之所以能被视为文化研究学科化的起点,首先在于它是一个独立的教学机构。尽管霍尔曾说"我们显然不能妄称所代表的是类如一门学科的东西,因为我们中被聘为文化研究老师和讲师者寥寥无几",[4]但当代文化研究中心原本就是作为"一个主要致力于研究生科研的中心"而成立的,[5]招收文化研究专业的研究生。这些学生受当代文化研究中心讲师们的"邀请",采用霍加特在《文化的用途》中所开创的跨学科方法,围绕家庭女佣、电影《双生杀手》(*The Kray Twins*,又译《黑天使》),以及马克思的理论等话题,开展了富含批判

---

[1] Antony Easthope (1988) *British Post-structuralism since 1968*, London: Routledge, p.76.
[2] Lawrence Grossberg et al. (1988) *It's a Sin: Essays on Postmodernism, Politics and Culture*, Sydney: Power Publications, p.8.
[3] Graeme Turner ([1990]2003) *British Cultural Studies: An Introduction*, London and New York: Routledge, p.62.
[4] Stuart Hall (1990) "The Emergence of Cultural Studies and the Crisis of the Humanities", *October*, vol.53, p.16.
[5] The Centre for Contemporary Cultural Studies ([1980]1981) *Culture, Media, Language: Working Papers in Cultural Studies, 1972—79*, London: Hutchson, p.7.

性、实践性与参与性的智识工作。① 当代文化研究中心为此采取了鼓励学生自辟学术阵地——Stencilled Occasional Papers——"发表作品而不是完成作业——甚至完成学位"的政策;② 这一政策虽然对当代文化研究中心的"学术生产数据"作用甚微,但毋庸置疑,它确乎让其工作迅速获得了社会能见度,有效地传播了其研究成果,帮助学生们建立了自己的声望。另外,受"集体工作的政治与社会吸引力,以及智识劳动的被理解为远不止某种资格"等因素的影响,③ 当代文化研究中心还采取了放弃传统课堂教学、建立研读小组的措施组织其日常教学,所以,直到作为一个独立机构消失,当代文化研究中心的研究成果大都载有集体实践的特征(见附录一)。虽然这些反传统的政策与措施给当代文化研究中心的日常教学及相关评估平添了很多困难,但它们的存在却促成了中心将其不以学习理论或攻读学位为首要目的的学生培养成日后驰骋于文化研究疆场的人才,包括黑兹尔·卡比(Hazel Carby)、保罗·吉尔罗伊(Paul Gilroy)、迪克·赫布迪格、多罗茜·霍布森(Dorothy Hobson)、安吉拉·麦克罗比、保罗·威利斯(Paul Willis),等等。④ 这些当年求学于伯明翰当代文化研究中心、日后紧密团结在它周围的学者,与霍加特等伯明翰当代文化研究中心讲师一起,构成了文化研究领域内至今无人能出其右的伯明翰学派。

同时,伯明翰当代文化研究中心也是作为一个研究机构而存在的,其研究领域大致可以分为三部分:"一个大致是历史与哲学,另一个大致是社会

---

① Elaine Baldwin *et al.* (2005) *Introducing Cultural Studies*, Beijing: Peking University Press, p. 327.

② Graeme Turner ([1990]2003) *British Cultural Studies: An Introduction*, London and New York: Routledge, p. 65.

③ Charlotte Brunsdon (1996) "A Thief in the Night: Stories of feminism in the 1970s at CCCS", in David Morley and Chen Kuan-Hsing (eds.) *Stuart Hall: Critical Dialogues in Cultural Studies*, London: Routledge, p. 281.

④ 由于伯明翰当代文化研究中心并不鼓励学生以攻读学位为首要目的,加之对学位论文要求极高、学生的学位论文不符合传统的学位论文要求等一系列原因,直到1970年代末,其学生中获得学位者并不多;迪克·赫布迪奇、多罗茜·霍布森、安吉拉·麦克罗比等均为硕士。另外,根据伯明翰大学的档案记载,该中心的第一位女博士玛格丽特·马西蒙特(Margaret Marshment)毕业于1977年。参见 Charlotte Brunsdon ([1996]2003) "A thief in the night: stories of feminism in the 1970s at CCCS", in David Morley and Chen Kuan-Hsing (eds.) *Stuart Hall: Critical Dialogues in Cultural Studies*, London: Routledge, pp. 276—86.

学,第三个即最重要的一个是文学批评。"①当代文化研究中心的师生自然不是意欲止步于选择某个论题、集中于这几门学科,而是旨在借助它们创造一个不属于任何既定学科的新对象——各种文化形式、文化实践与文化机构,以及它们与社会、社会变迁之间的关系。所以,"凡是在传统的学科模式中无立足之地的研究都成为了文化研究的领地,如传媒研究、性别研究、妇女研究等",②或者说"它[文化研究]游走在传统学科的边界之间,同文学研究、社会学和历史学关系尤其密切,类如语言学、人类学、心理学等其他学科也都是它的后援,而就文化研究抵制霸权话语的颠覆态势来说,它理所当然更有坚实的哲学基础"。③ 姑且不论既有的学科划分原本多么随意、武断,我们知道,一方面,某一特定研究对象可能为多个学科所共享,比如,狄更斯的《远大前程》既是文学研究的"天经地义"的文本,也有可能被其他学科的专家关注,比如历史学家、社会学家、教育学家。另一方面,一门学科的研究对象并非一成不变;一如伊格尔顿所告诉我们的,直到19世纪初,作为一个概念的"文学"才逐渐获得了它的小说、诗歌、戏剧等当代所指。④ 是故,伯明翰当代文化研究中心总是被社会学系、英语系等相邻科系视为潜在的威胁甚至敌人,但与此同时,它对任何一个对象的选择与考察也都会在一定程度上受到相邻学科的影响。当代文化研究中心选择日常生活研究作为其工作重点,这无疑是社会学及人类学影响的结果。因为托斯丹·凡勃伦(Thorstein Veblen)、格奥尔格·齐美尔(Georg Simmel,又译乔治·西美尔)、皮埃尔·布迪厄等社会学家的启发,文化消费研究才得以在当代文化研究中心所代表的英国文化研究中辉煌起来;倘若没有爱德华·泰勒、克劳德·列维-斯特劳斯(Claude Lévi-Strauss)等人类学家的启发,威廉斯未必就会把文化定义为"整个生活方式";女性主义文化批评家对"肉体存在"(corporeality)的兴趣显然是受启发于作为历史学家的福柯的"身体政治"(the politics of the body)。

伯明翰当代文化研究中心选取日常生活作为其重点研究对象,同时联系着霍加特、威廉斯等文化研究奠基人热切的现实关怀、直接的生活感受。

---

① Richard Hoggart (1970) *Speaking to Each Other: Essays by Richard Hoggart*, vol. 2, New York: Oxford University Press, p.255.
② 萧俊明:《文化转向的由来》,社会科学文献出版社,2004年,第25页。
③ 陆扬、王毅:《文化研究导论》,复旦大学出版社,2006年,第13页。
④ 参见特里·伊格尔顿:《二十世纪西方文学理论》"第一章:英国文学的兴起",伍晓明译,北京大学出版社,2007年。

一如伊格尔顿谈到威廉斯的学术背景时所言:"他是威尔士工人阶级父母的儿子,从一个异常封闭的农村社区进入剑桥大学,阶级、文化、政治以及教育等问题自发地摆在他面前,是与他的个体身份这一根本相伴生的个人问题。"①换言之,尽管霍加特、威廉斯等曾经的"奖学金学生"具有从事学术研究的能力,但他们的贫寒出身使得阶级区隔、大众苦难、公正平等等现实关切,自然地成为了他们的学术活动不可或缺的维度。② 所以,在多面向地考察作为日常生活的文化的同时,霍加特时代的英国文化研究积极介入到社会政策的制定及公共事务的咨询之中,或集体或个人地为政党或准国家机构提供咨询。最著名的例证是当代文化研究中心对废除"11岁少年升学考试"(eleven-plus)及兴办综合学校(comprehensive school)等社会运动的参与;当代文化研究中心的师生基于对1944年以降的英国教育政策的全面调查,联袂教育社会学家、具有革新意识的中小学教师及工党领袖,成功地推进了废除"11岁少年升学考试"、改革中小学教学大纲及教育机构设置,在一定程度上为1970年代的全面教学改革及教育复兴做好了理论铺垫。③从这里可以看出,选择日常生活作为其研究对象,这是伯明翰学派文化研究坚持其政治诉求的一种策略,正如霍尔在回顾英国文化研究兴起之处的政治因素时所说:

  因此,我们是来自一个远离英国学术中心的传统,我们对文化变迁问题的关注——如何理解它们、如何描述它们、如何理论化它们、它们的社会影响与后果是什么,这些问题最初都是在肮脏的外部世界里得到考虑的。文化研究中心是光天化日之下的对话无以为继时我们退隐其中的一方土地:它是别样手段的政治。④

在伯明翰当代文化研究中心宣告成立的1964年,利维斯主义遗风犹存。所以,对霍加特而言,威廉斯的定位于反拨利维斯主义的《文化与社会》、《漫长的革命》等著述,无疑构成了当代文化研究中心的智识鼓励的源

---

① Terry Eagleton (1976) *Criticism and Ideology: A Study in Marxist Literary Theory*, London: NLB and Verso, p. 24.

② 马海良:《文化政治美学——伊格尔顿批评理论研究》,中国社会科学出版社,2004年,第33—34页。

③ "11岁少年升学考试"因考生的年龄(11岁)而得名,是英国已经废止的一种小学升中学考试。

④ Stuart Hall (1990) "The Emergence of Cultural Studies and the Crisis of the Humanities", *October*, vol. 53, p. 12.

泉,在很大程度上勾勒出了文化研究作为一门学科的主题,①而对威廉斯而言,当代文化研究中心的成立则堪称"一个杰出的开创性范例"。② 彼此的惺惺相惜决定了威廉斯的《文化与社会》与《漫长的革命》、霍加特的《文化的用途》、汤普森的《英国工人阶级的形成》等著作被选作由霍加特所镇守的当代文化研究中心的主要教材,③抑或被视为"发轫性的及型构性的文本",虽然"它们在任何意义上都并非是为建立一门新的学术性亚学科而准备的'课本'"。④ 换言之,这些论著之所以后来被逐渐建构为文化研究经典文本,是因为它们与真实、具体世界的密切联系,或者借用霍尔的话更为准确地讲:"无论是聚焦于历史还是聚焦于当下,它们本身都是通过自身被写作于其间的时代和社会的直接压力而聚焦和组织起来的,并且构成了对这些压力的反应。"⑤威廉斯的《传播》、⑥《电视:技术与文化形式》同样如此;它们不但发展了一种规避利维斯主义的大众媒体批评,而且明确指出了新兴的电视技术是"朝向一种训练有素的参与式民主、在错综复杂的都市与工业社会恢复有效传播这一漫长的革命的工具",⑦从而为意识形态最终将在文化研究中占据核心地位创造了条件。

伯明翰当代文化研究中心能被视为文化研究学科化的起点,还在于它拥有作为学科地位标志的独特研究范式(paradigm)。美国哲学家、历史学家托马斯·库恩(Thomas S. Kuhn)在《科学革命的结构》中指出,科学发展并非一个连续不断的积累过程,相反,任何一门科学学科都是从前科学发展而来。一旦某一科学共同体拥有了代表科学共同体成员所共有的信念、价值与技术手段的总和的范式,并且按照范式进行科学研究活动,它便进入了

---

① Richard Hoggart (1970) *Speaking to Each Other: Essays by Richard Hoggart*, vol. 2, New York: Oxford University Press, p.255.
② Raymond Williams ([1962]1976) *Communications*, Harmondsworth: Penguin, p.149.
③ Michael Green (1996) "The Centre for Contemporary Cultural Studies", in John Storey (ed.) *What Is Cultural Studies?: A Reader*, London: Arnold, pp.49—50.
④ Stuart Hall (1996) "Cultural Studies: Two Paradigms", in John Storey (ed.) *What Is Cultural Studies?: A Reader*, London: Arnold, p.32.
⑤ Ibid.
⑥ 《传播》的雏形是威廉斯在1960年英国教师大会上的发言,其核心是对成人教育与制度改革之间关系的探讨。在威廉斯看来,制度改革应该分为三个阶段:即刻(immediate)阶段、过渡或者转换(tansitional)阶段,以及长期(long-term)阶段,改革的成败取决于能否实现风格及政治意见的多元化,以及能否避免官僚体制。
⑦ Raymond Williams ([1974]2003) *Television: Technology and Cultural Form*, London and New York: pp.156—7.

累积式常态科学时期,虽然随时间的推移,又将出现大量的反常,陷入科学危机,继而引发科学革命,产生新的范式,由此进入新的科学发展时期。①既然范式的形成是学科成熟的标志,既然栖身于当代文化研究中心的文化研究已然在挪用文化主义为自己的研究范式,我们完全有理由说,伯明翰当代文化研究中心的成立意味着文化研究开始拥有自己的学科地位。作为某一科学共同体在某一时期内开展研究活动的共有基础与准则的范式,在文化研究中主要表现在研究对象、理论资源、研究方法、与相邻学科的关系等方面。基于文化主义研究范式的文化研究选择商业性的大众媒体与大众文化作为主要研究对象;从这个意义上讲,文化研究与利维斯式大众社会抵制确乎有几多相似,但"好人是知识分子、而不是诗人,是政治激进分子、而不是文化传教士",②况且文化主义研究范式的实践者无意为了通俗文化去诋毁高雅文化,而利维斯却旨在消除通俗文化。就理论资源及研究方法而言,在当代文化研究中心成立之初,霍加特等左翼文化主义者在汲取学科资源的同时,积极致力于发展以批判斯大林式马克思主义为基础的"阶级分析",最终不仅使"阶级分析"日益凸显为文化研究的主要方法,阶级也因"阶级分析"的巨大成功成为了文化研究的第一个恒定向量。

关于作为文化主义研究范式重要内容的马克思主义批判,首先必须指出的是,马克思主义文化理论始终处于不断的发展变化之中;从列宁的"文化革命",到托洛茨基的文化将随社会变迁而自动变化,再到葛兰西的文化霸权,无不是对经典马克思主义的挑战与发展。相对于这些,英国新左派的独特之处、同时也是它对社会主义理论与实践的贡献便是它对"文化整体性"的强调。正因如此,在有着诸多新左派成员积极参与的(作为一门学科的)文化研究之中,文化话语首次在政治讨论中占据了核心地位,或者像威廉斯所说的那样,文化在"社会及政治斗争中被派定为一个核心过程与区域"。③ 其次,客观地讲,尽管左翼文化主义者勉力耦合马克思主义见解与文化主义传统,但他们并未取得预期的全面成功。这主要体现在两个方面,一是他们在批判古典马克思主义中的经济主义时,过分地强调经济化约论及建构唯物主义文化哲学的无能,以致文化变迁被阐述到了似乎是自生自发、孤立于历史语境的程度;一是他们在倡导文化分析时,在很大程度上忽

---

① Thomas S. Kuhn (1999) *The Structure of Scientific Revolutions*, Beijing: China Social Sciences Publication House.

② John Hartley (2003) *A Short History of Cultural Studies*, London: Sage, p.32.

③ Raymond Williams (1980) *Problems in Materialism and Culture*, London: Verso, p.255.

视了文化分析的界限,使得自己那无所不包的文化理论既无异于通常意义上的艺术理论,也难辨于一般意义上的社会学理论或者历史理论。一如有评论家所指出的,虽然文化经过阐释可以是政治,但问题是文化与政治的契合点究竟在哪里?为什么要从文化维度阐释政治情势?文化分析转化为有效的政治介入的方法是什么?① 正是因为这些问题的存在,作为伯明翰当代文化研究中心第一种研究范式的文化主义,随着结构主义等欧陆理论的到来,逐渐走向了边缘。

以马克思主义为底色的文化主义研究范式,与新左派成员参与其间的成人教育运动,合力将霍加特、威廉斯等左派利维斯主义者开展的英国当代文化研究,送入了伯明翰大学。可以说,成人教育于其间所起的作用更大,如果没有成人教育为大众文化研究所开创的生存及研究空间,或者说如果没有成教讲师们在教学实践中开发设计的跨学科教学法,就不可能有后来作为一门学科的文化研究。所以,对于如今已然众所周知的文化研究,我们不能简单地从传统学术的概念来予以评判;历史地看,"它既可视为体制性的大学对百年来社会化思潮收编的一种结果,同时也是社会运动借助于大学这一平台而进行'再出发'的一种抵制形式"。② 然而,文化研究的一个反讽之处正是在此,既是传统的学科分化的产物,又一直以跨学科、反学科的面貌出现。当代文化研究中心选择从学科内部主张反学科或实行跨学科策略有两个目的,一是批判性地联系起小说、戏剧之类"想象世界"与"社会—经济及历史现实",③ 一是通过介入教育实现介入社会。第一个目的直接联系着这样一些人:关注阶级不平等的阿瑟·奎勒-库奇爵士——"我们可能大谈民主,但事实上,一个英国穷小子获得心智自由的希望几乎不会胜过雅典奴隶之子"、④ 关注性别不平等的弗吉尼亚·伍尔夫——"倘若女性除了在男性创作的小说之外绝无存在,人们就会把她想象为极为重要的人物,形形色色,既勇敢又卑微,既灿烂又肮脏,既无限漂亮又极其丑陋,与男人一样了不起,有人甚至觉得比男人还了不起",⑤ 尤其是乔治·萧伯纳(George Bernard Shaw)。萧伯纳不仅是他所在时代的文学巨人,而且还是一位倡导

---

① Lin Chun (1993) *The British New Left*, Edinburgh: Edinburgh University Press, p.29.
② 黄卓越:《向霍尔致敬》,《读书》,2012年第11期,第112页。
③ John Hartley (2003) *A Short History of Cultural Studies*, London: Sage, p.17.
④ Arthur Quiller-Couch ([1916]1946) *The Art of Writing*, London: Guild Books, p.33.
⑤ Virginia Woolf ([1929]1945) *A Room of One's Own*, Harmondsworth: Penguin, pp.36—7.

社会主义的政治辩论家、小册子作者、费边社领导人。1937年,萧伯纳出版了旨在探讨文学与政治之间关系的《致聪明女性的指南:关于社会主义、资本主义、苏维埃主义和法西斯主义》(*The Intelligent Woman's Guide to Socialism, Capitalism, Sovietism and Fascism*),提出了他著名的"亲吻主义"(The KISS doctrine-keep it simple stupid):

> 虽然关于社会主义的著作堆积如山,虽然有马克思的那本关于资本主义的鸿篇巨制,但没有哪一本回答了这一简单问题:"何为社会主义?"另一个简单问题"何为资本主义?"被笼罩在大量无可救药的错误答案之中。正确的答案(就我的阅读而言)仅被偶然碰到过一次,它是由英国经济学家斯坦利·杰文斯(Stanley Jevons)提供的,当时他漫不经心地指出:资本就是闲钱。我把它记录下来。①

从这里可以看出,虽然他是举世闻名的空谈家,但萧伯纳并未空谈民主;他勉力为"没有自己的房间"的非专业女性读者简化时代大问题,但绝不琐碎化,这无疑构成了文化研究的"可以被命名为经由阅读的解放这一工程的一部分",②见诸人尽皆知的文化研究101(cultural studies 101)等课程。至于伯明翰当代文化研究中心的第二个目的,英国达勒姆大学社会学教授大卫·钱尼(David Chaney)有过很好的总结:

> ……正如哈里斯(Harris)明确指出的,挑战正统教育文化关涉到知识分子如何对待大众文化的根本问题。致力于文化研究的那些人关注教育的一种途径是发起一系列以修改教学大纲为目的的干预行动。一个例子是开放大学(The Open University)的关于教育和社会的学位课程……其他的介入方式包括在英国电影协会的支持下,编撰适合作为课堂教学基础的媒体文化学习指南,以及出版媒体研究方面的介绍

---

① George Bernard Shaw (1937) *The Intelligent Woman's Guide to Socialism, Capitalism, Sovietism and Fascism*, 2 vols., Harmondsworth: Pelican Books, p. 463.
② John Hartley (2003) *A Short History of Cultural Studies*, London: Sage, p. 21.

性指南……①

伯明翰当代文化研究中心所代表的英国文化研究大致经历了三个发展时代:霍加特时代(1964—1968)、霍尔时代(1969—1979)、后霍尔时代(1979年至今)。② 霍加特时代是英国文化研究的婴幼时代,当时的当代文化研究中心在很大程度上受制于旧有的文学—文化传统,具有较强的文化主义思想传统色彩。霍尔时代是英国文化研究的青壮年时期或黄金时代,当时的当代文化研究中心通过发行《文化研究工作论文》(*Working Papers in Cultural Studies*, *WPCS*)、建立联合出版企业——哈钦森出版集团(Hutchinson),实现了文化研究理论与实践的飞跃。后霍尔时代是英国文化研究的群雄逐鹿时代,当代文化研究中心的作用与地位于其间不断下降。严格从学科史意义上讲,为我们打开了一扇未曾开启的大门的霍加特时代近乎于文化研究学科发展史上的一个过渡或转折时代,虽然它不仅让英国文化研究的左派渊源与诉求得到了有效延续,而且更重要的是"默许"了英国文化研究的范式转型,从而为英国文化研究的语言学转向奠定了良好基础。

1968年,霍加特受聘担任联合国教科文组织总干事助理,离开了伯明翰当代文化研究中心;两年后,霍加特发表了《当代文化研究:文学与社会研究的进路》一文,指出英国文化研究在其发展初期往往有着这样的一个重要假设:

---

① David Chaney (1994) *The Cultural Turn: Scene-setting Essays on Contemporary Cultural History*, London and New York: Routledge, p.60. 作为英国工党政府的一个产物,开放大学原名广播大学(The University of the Air),其历史可以追溯到1962年6月:当时的一个关于广播问题的报告向政府论及了成人教育的组织形式问题。英国广播公司与新成立的独立电视机构对广播大学的设想非常感兴趣,而在野的工党领袖哈罗德·威尔逊也基于提高政党威信、争取选票的考虑,主张通过电视广播使成人接受技术教育,在1963年9月提出了成立广播大学的设想。1964年,工党在大选中获胜;出任首相的威尔逊旋即开始了成立广播大学的努力。几经周折,直到1966年4月和1967年9月,英国财政部和政府其他部门才分别正式批准成立广播大学;1969年,专门负责广播大学建设的计划委员会提出具体的建设举措:把电台和电视台的节目与住宿制的暑期学校配套、向学校提供辅导服务、为学生编写专门的教材、安排教材邮寄事务、以通讯方式监督学生。广播大学更名为开放大学,于1971年开始作为一所独立的大学正式招生。因为学生报考时无需学业成绩、在校学习实行学分制等特点,开放大学深受社会欢迎;第一年报考者达4万多人,最终录取了近2万人,到1979年,开放大学的学生人数超过了6万。

② 伯明翰当代文化研究中心的主任依次为理查德·霍加特、斯图亚特·霍尔、理查德·约翰逊、乔治·莱尔因(Jorge Larrain)、迈克尔·格林、安·格雷(Ann Gray)、弗兰克·韦伯斯特(Frank Webster)。

社会孕育各种价值、不得不孕育各种价值和决定它们的相对意义；它利用经验制成一个看似有意义或者有秩序的整体，即一个总体的、显然有意义的生活观；它通过制度、仪式与形式体现这些价值结构；它通过其行为与艺术，极具表现力地超越这些价值观的生命力；超越价值观的生命力是一个辩证的过程，从来不完整，不断经受革新与变迁；无人能完美无缺地"匹配"于其文化中的支配性价值体系。①

文学通常被视为"自在与自为的文学"(literature in and for itself)；或者更加具体地讲，当时的伯明翰当代文化研究中心仍坚持文学本身有好与糟之分——好的文学因其内容具有不可替代性而拥有价值、糟的文学因其"症候性"而被简单归类。面对文学作品时，人们必须不时地从审美、心理及文化等三个维度出发，做出"有意义的选择"并使选择合法化，以便在同时做到强调语言的"为情调而读"(reading for tone)与注重价值或文化意义的"为价值而读"(reading for value)的基础上，发现已被作品再现、反映或拒绝的价值领域。但我们必须注意的是，首先，虽然"文学（及其他具有表现力的艺术）承载着文化中的各种意义"，但"为价值而读"并非等同于价值判断；其次，"无论一件艺术品对自身所在社会的拒绝或者忽视程度有多深，它仍深深地根植于社会之中。它携带着诸多文化意义。类如'自在的艺术品'的东西并不存在"。②

霍加特对"自在与自为的文学"这一观念的强调，旨在举荐文学—文化分析为文学研究摆脱范式危机的有效路径。霍加特认为，由于各种文学作品都富含价值，文学—文化批评家不能像其他学科中考察与分析社会的人那样去"使用"文学，而应该去"阅读"即理解与阐释文化意义，获得马克斯·韦伯所谓的"移情式理解"(empathic understanding)："如果他[文学—文化批评家]不首先将自己聚焦于'自在与自为的艺术品'，他就将在更好地限定文学可为理解社会做出贡献方面一事无成"。③ 这里必须指出的是，虽然霍加特在此间强调"自在与自为的文学"时既想到了高雅文学，也想到了大众甚至庸俗文学，而且还高度评价了大众或庸俗文学与艺术，"大众艺术可以反映传统、成为变迁与革新需求的反应、成为回归性欲望或无厘头恐

---

① Richard Hoggart（[1970]1979）"Contemporary Cultural Studies: An Approach to the Study of Literature and Society", in *Contemporary Criticism*, Stratford-Upon-Avon Studies 12, p.162.
② Ibid., pp.158—63.
③ Ibid., p.169.

惧的催化剂、在一定程度上——往往是无意识地——显现社会对自己的某些抱怨",①但他却在不经意间露出了自己的"精英主义大尾巴"。霍加特不仅坚持以价值为基础把文学分为好的文学与糟的文学,而且认为"如果不是我们的努力,庸俗艺术或者大众艺术就不会产生文化意义";庸俗或大众艺术不仅不如高雅艺术具有启迪作用,而且往往难读难解,比如在伯明翰当代文化研究中心每周一次的讨论会上,人们经常要花两三个月的时间才能读完一个选自妇女杂志的短小故事。②

尽管如此,霍加特给伯明翰当代文化研究中心留下了多方位的影响。首先,霍加特使学科化之初的文化研究的跨学科性得到了进一步肯定与推广。为了实现"为价值而读"的目标,以及鉴于英国作家与评论家在"文化与文学论争"中显露出的一无所知,比如对19世纪欧洲大陆(尤其是德国)哲学的一无所知,霍加特呼吁年轻一辈文学研习者学习当年的左派利维斯主义者,采取跨学科式研究策略从事文学研究实践,比如与历史学合作、与心理学及社会心理学合作、与人类学合作、与社会学合作。正因如此,霍加特领导下的当代文化研究中心不但进行了诸多跨学科研究尝试,并且取得了初步成功。比如,由于"已经与意气相投的历史学家就当代流行期刊的'解读'方式进行了探讨,以期揭示它与其所处文化的关系",当代文化研究中心最终得以"行将结束一项针对英国流行报刊的变迁所开展的为期三年的研究,包括它对其读者的态度、它对行业共同特点的看法等维度",虽然如果有社会心理学家的加盟,"这项工作就会得到更加深入的开展"。③ 其次,霍加特使威廉斯的作为日常生活的文化这一观念在当代文化研究中心的研究实践中得到了具体实施。曾经因外在于高雅文化而遭到排斥但同时又与大众日常生活密切相关的诸多文化产品、文化活动或现象,纷纷在当代文化研究中心成立之初登堂入室;在霍加特的庇护下,流行杂志、流行小说、流行音乐、广告、电影,以及富于表现力的手势等几乎无一例外成为了当代文化研究中心的研究对象。除流行期刊研究之外,比如蒂姆·摩尔(Tim

---

① Richard Hoggart([1970]1979)"Contemporary Cultural Studies: An Approach to the Study of Literature and Society", in *Contemporary Criticism*, Stratford-Upon-Avon Studies 12, p.164.
② Ibid.
③ Ibid., pp.166—7.

Moore)对通俗文学进行的列维-斯特劳斯式解读,①伊安·弗莱明(Ian Fleming)的詹姆士·邦德(James Bond)系列小说、设计一套可以用于讨论现代广告的图像与文字刺激的文化涵义的词汇、作为全新"音乐事件"的流行音乐,也都成为了当代文化研究中心研究生的合法兴趣点。毋庸置疑,所有这一切既是对文化与文学论争所引发的大众文化主题的承续,同时又构成了对它进行超越的尝试。再次,霍加特身体力行地接受了结构主义思想,为英国文化研究的整体性语言学转向和过渡到以结构主义为代表的理论时代做好了准备。霍加特不仅喜用结构主义式二元思维,而且更为重要的是:第一,他从符号学那里看到了讨论大众社会的诸多富有表现力的现象所需的语言或者代码;第二,他从列维-斯特劳斯那里看到了挪用结构人类学模式解读电视肥皂剧的可能性,"了解一下人类学家入户解读原始社会中的神话的意义,以及将它们与社会中的信念、冲突相关联的方式,既会有助于理解先前的民间文学,也会在同等程度上有助于解读电视肥皂剧";②第三,他从昂贝尔托·艾柯(Umberto Eco)的结构分析中看到了考察修辞与意识形态之间互文关系的进路。

然而,客观地讲,霍加特引领下的伯明翰当代文化研究中心所倡导的智识努力或希望看到的"为价值而读",几乎都是在后来的霍尔时代才得以被完成:对青年亚文化的深度研究如此,跨学科研究亦如此。作为前者代表的《通过仪式进行抵抗:战后英国的青年亚文化》面世于霍加特离开当代文化研究中心8年之后,③而作为后者代表的"内容分析"(content analysis)则因定量研究的本质,遭到了基于自身的文学研究背景而主张定性研究的人士的反对与悬置,虽然当代文化研究中心在1970年代的"内容分析"开展得如火如荼,几乎占据了当代文化研究中心的半壁江山。其间的原因固然很多,最重要、最根本的原因则是霍加特那挥之不去的精英主义思想底色:坚信高雅文化必然胜过大众文化、崇尚"科学"。霍加特在《当代文化研究:文学与社会研究的进路》一文中所显露出来的精英主义思想,其实在很大程度上

---

① 蒂姆·摩尔(Tim Moore),现任培生(Pearson)出版集团普伦蒂斯—霍尔出版社(Prentice Hall Business)总编辑;求学于伯明翰当代文化研究中心的时候,他向中心的研讨会提交了自己的阶段性研究成果《列维-斯特劳斯与文化科学》(*Lévi-Strauss and the Cultural Sciences*)。事实上,他的学术背景正是他得以进入这家左翼出版社的前提。

② Richard Hoggart ([1970] 1979) "Contemporary Cultural Studies: An Approach to the Study of Literature and Society", in *Contemporary Criticism*, Stratford-Upon-Avon Studies 12, p.167.

③ Stuart Hall and Tony Jefferson ([1976] 1983) (eds.) *Resistance through Rituals: Youth Subcultures in Post-war Britain*, London: Hutchinson.

是曾经受过严格文学训练的他的一贯主张,至少可以说是他那篇题为《文学与社会》的著名论文的延续。受残存于1960年代英国主流文学研究中的利维斯主义的影响,霍加特在《文学与社会》中首先指出了一种关于文学作品"社会"价值的共识:"诸多社会观察者——历史学家、社会科学家、政治科学家、哲学家——都认为学习文学作品有益,且时刻这样说。"①霍加特认为,义学作品的社会价值在于它能够提供一种关于社会的独特知识、帮助人们真正理解社会本质,比如小说能够展现一个时代的完整性、诗歌能够提供审视一个时代的语言与形式、戏剧能够揭示一个时代的真相。②

> 一部文学作品……起始和终止于作为一个整体的经验,其间"交织有生命、想象与智识"。认识到该整体性,即智识/情感/神话编造的直观性,了解文学对整体性的映照方式,是知识的必不可少部分,否则我们便不可能在其他人文学科中高瞻远瞩。③

所以,霍加特认为,文学批评家有义务借助自在与自为的阅读,将文学批评分析运用到流行艺术、大众传播等社会现象的分析之中,而不应将其仅仅局限于学术上令人高山仰止的文学作品。基于好的文学批评家应该显现出"尊敬作家的创造力本身、在作家的经验考察方式面前保持开放心态、认识到自己的偏见、杜绝在文本讨论中偷工减料"这一认识,④霍加特对既有的社会现象分析进行了批评。霍加特认为,在理解流行艺术、大众艺术及大众传播的过程之中,英国的文学批评家一直受制于阿诺德、艾略特等人的文学、文化观,所以"总体而言……英国的多数文学教师所假定的文化图景都太过狭隘",完全无力包容丰富多彩的流行与大众艺术、复杂微妙的工人阶级态度。⑤ 然而,必须指出的是,无论是在讨论文学作品社会价值的前半部分,还是在重点分析文学批评的后半部分,霍加特其实始终在坚守自己的"好的文学",开宗明义地宣称唯有(欣赏)好的文学作品才能帮助人们真正地理解社会的本质:"好的文学再创造实验性的生活全貌"、"好的文学再创

---

① Richard Hoggart (1970) *Speaking to Each Other: Essays by Richard Hoggart*, vol. II, New York: Oxford University Press, p.19.
② Ibid., p.29.
③ Ibid., p.30.
④ Ibid.
⑤ Ibid., p.31.

造生活的直观性"。① 更甚的是,霍加特不仅仅主张基于自在的艺术与自为的艺术将文学作品进行好与坏、优与劣之分,"伟大的文学作品远比通俗文学重要",②而且坚持"对大众艺术进行文学批评分析并非是对社会科学分析的替代,而仅仅是一种有益的——一种必不可少的——附带物"。③

对文学、好的文学的强调或偏爱既是霍加特的个人趣味所至,也是他对成立之初的伯明翰当代文化研究中心的定位。按照霍加特的设计,伯明翰当代文化研究中心的任务应以服务于帮助人们"阅读"社会的文学批评为主,兼及历史—哲学批评、社会学考察。所以,在成立之初的几年里,定位于英国当代文化研究的伯明翰当代文化研究中心在对文化的理解方面出现了一些出人意料的摇摆。"在其被设置于[伯明翰]大学的最初几年里,文化研究在作为美德(excellence)的标准的文化与作为'整个生活方式'的文化这两种相互冲突的定义间如坐针毡,无法定夺谁代表着最具成效的探究路径"。④ 尽管霍加特与威廉斯对工人阶级文化的描述充满了同情,但是很显然,他们的描述摆脱不了对他们文学与文化的偏好、他们的强烈道德口吻。霍加特写作《文化的用途》的一个目的,便是要探究有着历经考验的价值观的传统工人阶级社区何以被平淡无奇的"棉花糖世界"(Candy Floss World)破坏与取代;威廉斯对新兴的大众传播的支持也是暂时的,因为他所关心的是美学与道德标准的建立,以便能够实现有价值的产品与垃圾的区隔、爵士乐——真正的音乐形式——与低俗小报的区隔。

## 第二节 伯明翰学派的浮现

1969年,随着霍尔接替霍加特成为伯明翰当代文化研究中心领导人,其关注的焦点也相应地从工人阶级日常生活的活生生的文化转移到了媒体,"在霍尔的领导下,通过对文本中表意系统的分析,媒体与意识形态之间的关系得到了考察",⑤虽然媒体研究并未构成当代文化研究中心工作的

---

① Richard Hoggart (1970) *Speaking to Each Other: Essays by Richard Hoggart*, vol. II, New York: Oxford University Press, p.20.
② Ibid., pp.37—8.
③ Ibid., p.34.
④ Dick Hebdige ([1979]1997) *Subculture: The Meaning of Style*, London and New York: Routledge, p.7.
⑤ Graeme Turner ([1990]2003) *British Cultiral Studies: An Introduction*, London and New York: Routledge, p.64.

全部。除继续进行阶级史、大众文化史、大众记忆等范畴的研究工作之外,这一时期的当代文化研究中心还开展了日常生活历史的人种志研究,见诸对各种青少年亚文化的聚焦,包括它们的建构、它们与母文化和支配性文化的关系,以及它们的抵制与融合,尤其是在都市青年亚文化这一不曾为霍加特所关注的文化场域中生成意义、制造愉悦的仪式和实践。当代文化研究中心亚文化研究的成功让女性主义研究大受启发,于是便有了亚文化研究策略被挪用到女性文化从属地位的研究,重新思考女性与电视之间关系。1979年,理查德·约翰逊接替霍尔担任当代文化研究中心主任,"后霍尔时代"随之开始。因为约翰逊的学术旨趣在于"主体性的历史建构,而不是媒体文本",[①]当代文化研究中心的关注焦点再次转移——文本分析让位于历史,作为当代文化研究中心标志之一的人种志研究也在其间遭遇边缘化。在文化研究的学科发展历程中,这样的非连续性始终存在,虽然随着约翰逊在1987年将当代文化研究中心主任职位传至乔治·莱尔因(Jorge Larrain),它更多地是被遮蔽在为当代文化研究中心生存而战的斗争之中。或许正是因为有非连续性的存在,学界一般认为,文化研究的历史更多地直接联系着霍尔,虽然是霍加特创造了作为一个术语的文化研究,为作为一门学科的文化研究创建了伯明翰当代文化研究中心。原因无疑是多方面的,比如霍尔对文化研究的理论贡献更大、霍尔领导当代文化研究中心的时间更长,更重要的一个是:霍尔不但发起、创办了当代文化研究中心内部刊物《文化研究工作论文》,而且让当代文化研究中心与新左书局(NLB,即后来的韦尔索出版社)、[②]哈钦森出版集团建立了稳定的外部联系,为当代文化研究中心的研究成果确立了可靠的传播基地,有效地推动了伯明翰学派的浮现。

学界普遍认为,伯明翰学派文化研究的显影过程即霍尔时代的文化研究理论化过程。1971年春,《文化研究工作论文》第一期如期出版,当代文化研究中心的文化研究学科建设自此进入了一个理论的时代。尽管当代文化研究中心始终刻意保持着自己与其他学派之间的距离,但在1970年代的英国高等教育运动中,明显受到各种理论冲击的霍尔等人并没有将自己囿于教育机构内从事纯粹的智识生产,而是力图通过独具特色的工作坊或研

---

① Graeme Turner ([1990]2003) *British Cultiral Studies: An Introduction*, London and New York: Routledge, p.64.
② 1970年,《新左评论》创办了旨在译介欧陆理论的新左书局(New Left Books, NLB);1970年代末,新左书局更名为韦尔索出版社(Verso),分别在伦敦、纽约、巴黎等地设有办公室。

讨小组建立起智识生产与社会之间的有机联系。进入 1970 年代以后,作为一门反学科的学科的文化研究,其反学科性受结构主义、后结构主义的影响日渐凸显;当代文化研究中心的教学进一步走向了英国社会学家、语言学家巴兹尔·伯恩斯坦(Basil Bernstein)所谓的非正式教学形式,视工作坊或研讨会为自己的生命支柱,其间既没有严格的教/学之分,也无所谓考试的限制。[1] 具体地讲,当代文化研究中心通常根据师生的兴趣将其分在不同的研讨小组或工作坊,比如媒体小组、教育小组,每组六到八人;研讨小组每周举行一次研讨会,讨论内容在重要文本与研究进展情况之间轮回;研讨会的形式介于文化史理论问题的正式研讨与个人论文陈述之间。每个研讨小组或工作坊的寿命通常为三到四年,历经对选题的初审、全面规划、提出研究方法及关注点、具体研究或田野调查等阶段。当然,各研讨小组或工作坊的工作进展并非总是一帆风顺,而是问题丛生、干扰不断,要么是因为学生的毕业几乎总是得不到保障,要么是因为新研究方法与新任务的突然出现。另外,虽然彼此协作的研讨小组成员之间并未出现严重的智识或政治分歧,但学术批评却时有发生甚至司空见惯,以致本可受惠于集思广益的集体工作时常"流产",要么没有得到充分开展,要么根本无法完成。[2]

作为一种惯例,在每学年的夏季学期期末,伯明翰当代文化研究中心的各研讨小组或工作坊要向中心师生汇报自己的研究结果或工作进展。为了便于交流与讨论,当代文化研究中心首先把研究结果编辑成《文化研究工作论文》,然后由有关人员根据讨论意见进行修订,最后按主题编辑为著作由哈钦森出版集团出版。1970 年代末期以降,哈钦森出版集团已出版多种以伯明翰当代文化研究中心或相关研讨、编辑小组为作者名义的著作;[3]按出版时间的先后,其间较有影响的是《论意识形态》(1978)、《治理危机:行凶抢劫、国家与法治》(1978)、《妇女发言:妇女从属地位面面观》(1978)、《工人阶级文化:历史与理论研究》(1979)、《亚文化:风格的意义》(1979)、

---

[1] Basil Bernstein (1975) *Class, Codes and Control*, London: Routledge and Kegan Paul.

[2] Michael Green (1996) "The Centre for Contemporary Cultural Studies", in John Storey (ed.) *What Is Cultural Studies?: A Reader*, London: Arnold, pp.55—56.

[3] 鉴于哈钦森出版集团(Hutchinson)出版的这些著作已然成为文化研究的经典读本,至今仍有极大需求量,2007 年劳特里奇出版公司(Routledge)从中选取了六本成套再版:第一卷《创造历史:历史书写研究与政治》,第二卷《远离中心:女性主义与文化研究》,第三卷《论意识形态》,第四卷《非大众教育:1944 年以来的英国教育与社会民主》,第五卷《妇女发言:妇女从属地位面面观》,第六卷《工人阶级文化:历史与理论研究》。

《文化、媒体、语言：文化研究工作论文，1972—79》(1980)、《非大众教育：1944年以来的英国教育与社会民主》(1981)、《帝国还击：1970年代英国的种族与种族主义》(1982)、《创造历史：历史书写研究与政治》(1982)、《远离中心：女性主义与文化研究》(1991)。《论意识形态》的基础为《文化研究工作论文》第10辑，它直接联系着伯明翰当代文化研究中心在1970年代初（尤其是1972年）所开展的意识形态系列讨论。在聚焦意识形态的本质及理论的主题研讨会期间，当代文化研究中心师生反复讨论了这样一些问题，比如意识形态与思想、意识、社会的关联何在？意识形态与分析社会型构(formation)、阶级构成、政治变迁的关联何在？鉴于这些问题并非马克思主义独有，而意识形态问题又最为经常地被人讨论与考察于马克思主义的框架之内，《论意识形态》探讨了文化研究与马克思主义意识形态理论的耦合问题，旨在为具体地、具有政治关切地考察与研究当代社会型构的主要面向提供新视野。全书由三部分组成。第一部分"理论"是对乔治·卢卡奇(Georg Lukács)、路易·阿尔都塞(Louis Althusser)、尼柯斯·普兰查斯(Nicos Poulantzas)等三位重要意识形态理论家的介绍与批评性解读，以及对种种社会学式文化研究方法的回顾与总结；其间的每一篇文章都可借其具体考察对象单独存在，虽然它们是为后两部分提供理论支持的一个连贯整体。第二部分"社会民主问题"从社会民主理论与政策的角度考察了教育与社区研究；第三部分"主体性与个性(individuality)"讨论的是如何解决主体性及个性等概念所引发的问题。

《论意识形态》甫一面世，立即引起了英国的文化研究理论家及实践者的广泛关注，并且获得了一致好评；其间最主要的原因在于作为高水平研讨的产物，它帮助文化研究成功地克服了在其发展初期所凸现出来的意识形态理论连贯性的缺失。尽管深知作为马克思主义问题系组成部分的意识形态理论在文化研究总体范畴中的重要位置，1960年代的文化研究理论家及实践者仍然囿于文化研究并不以发展系统马克思主义为前提这一认识，在方法论上不注重对系统马克思主义的发展。所以，其间的文化研究往往呈现出这样一种趋势，把思想、机构及社会语境之间关系视为自己的考察核心，认为思想及意识形态表征可以通过对社会存在状况的详细描述得到充分解释。然而，实践证明，这样的一种方法对不同内容与形式的思想及实践之间的本质差异，并无强大解释力；一种能够更加具体地分析文化的意识形态理论成为了必需。在这一情势之下问世的《论意识形态》旋即成为了文化研究的经典文本,且至今仍被视为一扇探寻 1970 年代初期的英国马克思主义状况的窗口。但必须指出的是,《论意识形态》既未穷尽对意识形态各维度的研究,也未对意识形态研究进行任何强制性限定。事实上,《论意识形态》可谓存在着严重缺失:在实践层面,它丝毫未涉及 1970 年代英国意识形态中具有重大意义的种族主义、性别主义、民族主义等维度;在理论层面,它并未正面探讨阿尔都塞结构主义马克思主义意识形态与经典马克思主义的基于商品拜物教的"真实关系"/"现象形式"区隔之间的概念冲突。[①]

《妇女发言:妇女从属地位面面观》所收录的是伯明翰当代文化研究中心妇女研究小组的研究成果,共分两部分:第一部分回顾了伯明翰当代文化研究中心的女性主义智识工作开展情况,分析了早期妇女运动,总结了所援用的研究方法的利弊得失;第二部分是对少女文化、家庭中的青年工人妇女、妇女的再生产角色、被结构的女性气质(feminity)等主题的理论解读与个案分析。伯明翰当代文化研究中心妇女研究小组成立于 1974 年 10 月,其成员不仅要像先期出现的妇女研究、妇女解放运动那样,挑战既有社会认知及其间的性(sex)/性别(gender)角色与建构,而且同时旨在通过对英国妇女从属地位的考察与分析,更为有效地参与当代文化研究中心的智识工作。妇女研究小组成立之前,在当代文化研究中心这个一定意义上的男权主义大本营里,妇女唯有争取一种"去性别化的"知识分子角色或借保持沉默维系自己的女性气质,女性问题研究从未得到开展。这一切的发生既直接联系着英国根深蒂固的父权制思想,也与作为主任的霍尔不无关系;霍尔有着极强的男权中心主义思想。在描述当代文化研究中心的发展时霍尔指出,当代文化研究中心的工作曾在 1970 年代两次遭遇"干扰"(interruption),一次是女性主义在 1970 年代中期的闯入,一次是种族问题在 1970 年代末的闯入;在他看来,女性主义堪称"夜贼"(the thief in the night):"它就像夜贼一样闯了进来,扰乱安宁,弄出不体面的声响,伺机在文化研究的桌上胡闹。"[②]所以,不难理解的是,在妇女研究小组宣告成立之初,当代文化研究中心的 20 位左右成员中,仅仅有两三位女性认真地表示出了选择女性问题作为研究对象的兴趣。

---

① The Centre for Contemporary Cultural Studies (1978) *On Ideology*, London: Hutchinson, pp. 5—6.

② Stuart Hall ([1993]1999) "Cultural Studies and Its Theoretical Legacies", in Simon During (ed.) *The Cultural Studies Reader*, London and New York: Routledge, p. 104.

尽管伯明翰当代文化研究中心妇女研究小组的研究工作曾因源自男权中心主义思想的不合作态度、理论储备不足、资料缺乏、意见严重分歧等问题进展缓慢,但随着他们发现阿尔都塞的"社会型构"(social formation),研究工作迅速有了起色。具体地说,他们在阿尔都塞的社会型构概念的指导之下,通过视经济为每一社会型构的决定性因素,而非总是其直接支配因素,认识到了虽然在政治上认识到妇女的从属地位问题有助于在理论及智识层面上解决劳动的性别划分、妇女的持续性缺席、家庭角色等问题,但是这些问题并不会随着政治认识的实现自动被解决,因为"妇女已然总被'抛弃'的政治/理论认识……仅仅是女性主义批评、女性主义研究的前提"。① 换言之,女性主义研究同时还需要进行具体的、历史语境化的研究。正因如此,尽管妇女研究小组的研究成果俨然为一群学院知识分子的个人经验的产物,有着因研究者的同时身为研究主体与客体而易导致信度缺失问题,《妇女发言:妇女从属地位面面观》依然起到了奠基性文本的积极意义,通过在当代文化研究中心创立以亚群体形式进行女性主义研究的传统,"不仅将妇女提上文化研究的议事日程,而且强制对文化研究的'领域'与'对象'进行政治—智识反思",②催生了女性主义与文化研究的耦合:

> 如果在女性主义与当代文化研究中心之间的相遇中有着一个也许始于1973—1974年的第一阶段,那么我想指出这一阶段的最后一个文本是麦克罗比及麦克卡比(McCabe)于1981年所汇编的《少女的女性主义》(*Feminism for Girls*);这本书通过对"女性主义"及"少女"的使用,暗示了它与1970年代的距离。这本书同时标志着对"妇女"这一范畴及女性间的差异有着远为强烈的问题意识的第一阶段的结束。③

《工人阶级文化:历史与理论研究》是伯明翰当代文化研究中心应哈钦

---

① Women's Study Group([1978]2007) *Women Take Issue*: *Aspects of Women's Subordination*, London and New York: Routledge, pp.10—1.

② Joel Pfister (1996) "The Americanization of cultural studies", in John Storey (ed.) *What Is Cultural Studies*?: *A Reader*, London: Arnold, p.288.

③ Charlotte Brunsdon ([1996]2003) "A Thief in the Night: Stories of feminism in the 1970s at CCCS", in David Morley and Chen Kuan-Hsing (eds.) *Stuart Hall*: *Critical Dialogues in Cultural Studies*, London: Routledge, p.279。女性主义文化研究第二阶段以瓦莱丽·阿默斯(Valerie Amos)与普拉蒂巴·帕尔默(Pratibha Parmer)的论文《抵制与反应:英国黑人女孩的经验》为标志,因人种中心主义特色显在地不同于第一阶段。

森出版集团之约而完成的一部聚焦于英国工人阶级文化的论文集。① 接到邀请时,当代文化研究中心面临着这样的一种情势,一方面,自己在1970年代中期以前并未跟进霍加特的《文化的用途》所开启的工人阶级文化研究,另一方面,1957年以降的社会变迁,以及围绕文化、意识、意识形态等概念的理论大辩论已然使得定义作为一个术语的工人阶级文化日渐困难。所以,接受邀请后的当代文化研究中心首先基于该计划的重要性,批评性地考察了历史、社会学等相邻学科对现代工人阶级的研究,然后选择了避免反复描述共同的理论框架、从问题入手的写作策略。正因如此,极具当代文化研究中心集体特色的《工人阶级文化:历史研究及理论》虽然在同一性方面稍有不足,但绝对不乏突破与可读之处;它勉力实现的过去与现在的连接、历史与社会学的融合、经验与理论的接合、文化与非文化的共存,让人意识到理论讨论需要知晓其历史、历史/具体研究需要理论的指引,因而赢得了同行的一片赞誉。

《工人阶级文化:历史与理论研究》并非是对英国工人阶级文化的准确或限定性描述,而是对英国工人阶级文化这一主题的相关探究;一些文章偏重批评与理论探索,一些文章偏重具体分析。全书由三部分组成。第一部分"传统与方法"审视书写工人阶级文化的两种既有传统,一种是实证性的社会学传统,一种是历史的传统,认为它们是特定知识分子群体在面对不同政治可能性与期待时的表达。具体地讲,查斯·克里彻(Chas Critcher)借助一组关于英国战后繁荣及其即刻影响的文本考察了实证性的社会学传统,而理查德·约翰逊关注的是一种关乎工人阶级与通俗历史的历史书写传统,它虽然不同于社会学传统但又与之相关。约翰逊不仅追溯了1860年以降的社会史与劳动史的发展,以及文化史在1950年代末1960年代初的兴起,而且试图界定1970年代历史书写的困境,分析了1850年代以降的工人阶级文化研究的相对不足,以及当代理论大辩论的复杂性。第二部分"研究"由基于不同理论立场的若干个案分析组成。为了校正既有社会学式工人阶级文化叙述中的无阶级特征,相关论文作者有意识地基于英国的特殊经验拉长了工人阶级的历史、拓展了工人阶级文化的面向,虽然其间的重点依然为现当代英国的工人阶级。约翰逊从政治、政治意识形态、教育等维度

---

① John Clarke, Chas Critcher and Richard Johnson ([1979]1980) (eds.) *Working-class Culture: Studies in History and Theory*, London: Hutchinson, p.7.

考察了1790—1848年期间的英国工人阶级文化;保罗·威尔德(Paul Wild)基于娱乐形式及其与资本主义商业的关系,分析了英国洛奇代尔(Rochdale)地区在1900—1940年期间的工人阶级娱乐;保罗·威利斯考察了战后英国工人阶级生活中的带薪工作与无偿家务劳动之间的关联。第三部分"理论"是对第一部分的回应,约翰逊于其间讨论了分别借助意识、文化及意识形态等问题系概念化工人阶级文化的三种范式,认为每一种范式的优劣无不直接联系着其形塑时刻。约翰·克拉克(John Clarke)在呼吁发展一种能够更加有效地思考工人阶级文化的方式的同时,建设性地提出了如何书写战后工人阶级历史的建议。

《文化、媒体、语言:文化研究工作论文,1972—79》是后霍尔时代的伯明翰当代文化研究中心出版的第一部作品,在伯明翰学派文化研究的形塑中具有不可或缺的承前启后作用(见诸霍尔于其间的"缺席的在场",见诸它对文化研究的"再定义"、对文化研究与相邻学科之间的关系的界定、对当代文化研究中心与其他学派文化研究之间的关系的说明,等等)。编者在前言中再次说明了身为现代英国文学教授的霍加特当初成立伯明翰大学当代文化研究中心的初衷,"发起在当代文化与社会领域的研究:文化形式、实践与机构,它们与社会及社会变迁的关系",重申了他们对文化研究的定位,"文化研究不是一门学科,而是一个领域,不同学科于其间交织在对社会的文化面向的研究之中。"①虽然当时的当代文化研究中心已然发展到了相当的规模(三位工作人员、两位全额资助的专职研究人员、40余位研究生),师生们的努力已然在文化研究领域建立起良好声誉,对大众传播等诸多学科产生了巨大的范式影响,但编者坚持认为,作为一个新奇、新兴的领域,文化研究必须保持研究方法的开放性、多样性。即是说,当代文化研究中心既不能也无意为文化研究领域打上难以去除的当代文化研究中心印迹,虽然他们确乎代表着文化研究领域中的某种特定倾向,确乎希望《文化、媒体、语言:文化研究工作论文,1972—79》能够切实地为那些致力于文化研究的学人提供帮助与指导。

《文化、媒体、语言:文化研究工作论文,1972—79》由四个部分组成,分别关乎人种志研究、媒体、语言及英文研究等主题。作为本书的一大特色,

---

① The Centre for Contemporary Cultural Studies ([1980]1981) *Culture, Media, Language: Working Papers in Cultural Studies, 1972—79*, London: Hutchinson, P.7

每一部分都始自一篇介绍性的导读文章,勾勒出见诸这些领域的不断变化的兴趣点与发展方向,然后继之以一组论文摘要,以期便于读者的阅读,尤其是数量日益庞大的文化研究初学者的阅读。除英文研究部分的文章为新近之作以外,收录在本书之中的文章大多没有基于编辑成书时的新思想进行更新或者加工,从一个侧面证明了标题中的"工作论文"一语的合法性。所以,本书既能让读者看到当代文化研究中心的传统研究工作的延续与深化、当代文化研究中心在不同发展阶段的不同问题系,也能让读者领略到当代文化研究中心的"再出发"与新成就。比如,就人种志研究而言,无论是在先前的霍尔时代还是现在的后霍尔时代,当代文化研究中心对之一直青睐有加,将其视为令人高山仰止的亚文化研究的主要方法,但值得注意的是,一如罗杰·格雷姆肖(Roger Grimshaw)对"童子军运动"(Scout Movement)的考察所证明的,当代文化研究中心虽然依旧在基于人种志的方法考察青年亚文化,但其考察重心已然转移至更为"主流的"青年形塑面向,以及更为重要的机构与关系,因而彻底改变了早期的更加"亚文化的"关切。又如,就文学研究而言,它无疑是当代文化研究中心长期边缘化的研究对象,但两个英文研究小组的发现显在地告诉我们,当代文化研究中心通过扬弃与耦合过分依赖文本的文学批评传统与文学社会学的文本—语境架构,"第一次"发现了文学研究的重要性,见诸他们对文学形塑、对文学作为一种机构实践的分析。

必须指出的是,《文化、媒体、语言:文化研究工作论文,1972—79》并未如其标题所暗示的,为读者提供一幅 1972—1979 年期间的当代文化研究中心成果全景图;其编者基于当代文化研究中心的整体出版计划,有意识排除了当代文化研究中心在某些"传统"研究领域所取得的一些引人注目的成果,比如妇女研究、亚文化研究。换言之,《文化、媒体、语言:文化研究工作论文,1972—79》并不能准确地反映当代文化研究中心在 1972—1979 年期间工作的开展与传播,而是重点凸显了最能代表当代文化研究中心工作的一些新近关注对象,以及对文本与文化形式的分析。但是,这绝非意味着《文化、媒体、语言:文化研究工作论文,1972—79》意在否定当代文化研究中心的传统兴趣点与关注对象,而是旨在强调当代文化研究中心的工作重心已然有所转移,抑或说已然进入到一个与过去有所不同的阶段。正因如此,《文化、媒体、语言:文化研究工作论文,1972—79》不但是对当代文化研究中心过去工作的精彩总结,同时也是对伯明翰学派文化研究未来发展的有益启示;其中的一些文章,比如霍尔的《文化研究与中心:一些问题系与问题》,集知识性、理论性、方法论意义于一体,迄今依旧是文化研究学人的必读篇章,频频被人引用。

《非大众教育:1944年以来的英国教育与社会民主》是伯明翰当代文化研究中心教育小组历时五年研究取得的成果;①相关研究人员在地理上的分散及研究期间的政治格局新变化导致了研究过程的不断延长。虽然教育小组曾因西蒙·弗里斯(Simon Frith)及保罗·科里根(Paul Corrigan)等人的影响,在研究的第一阶段聚焦社会民主与教育政策及实践的当下危机间的关系,但随着1979年英国大选所带来的英国教育政治乃至国家政治性质的巨变,该小组被迫暂停已然开始的研究,重新思考自己的工作的政治意义,将重心转移至赢得大选的保守党所推行的民粹式保守主义,他们的研究进展也因此受到了影响。当然,其间的当代文化研究中心教育小组绝非是在以旁观者的态势注视民粹式保守主义的发生发展;相反,他们基于一种社会主义视野,身体力行地参加到了反对民粹式保守主义的政治斗争之中。

为了揭示二战之后英国教育政治的建构方式,伯明翰当代文化研究中心教育小组全面而彻底地批评了1944年以来的英国教育政策,旗帜鲜明地描绘了随之出现的种种结果:二战后,"全民中学教育"的期盼演变为了围绕教育机会平等、开办综合学校的论争,以及对所谓的学校及师资不足的批评。具体地说,《非大众教育:1944年以来的英国教育与社会民主》首先利用二战前教育政治史上的例子,生动地讨论了潜藏在教育变化背后的种种压力,尤其是校园内及围绕校园的大众论争,然后分析了以1960年代的教育机会平等为代表的战后教育方案的源头及特征,清晰地阐明了其间的教育政治中既未得到确认也未获得解决的冲突性假设。在以事实证明1960年代联盟的瓦解及具有敌对倾向的民粹式保守主义的出现之后,《非大众教育:1944年以来的英国教育与社会民主》最后讨论了建立一种新的大众教育政治的可能性,它既不同于1960年代的社会民主共识,也不同于1980年代的严酷工具权威。这里必须说明的是,首先,伯明翰教育小组之所以把其研究限定在这样一个时间段,首先是因为他们认为研究这一时间段的教育政治本身构成了一种政治教育形式;其次,此间所谓的"全面而彻底"并

---

① CCCS Education Group ([1981]2007) *Unpopular Education: Schooling and Social Democracy in England since 1944*, London and New York: Routledge.

非意味着教育小组的研究结果具有绝对的权威性或限定性,事实上,他们仅仅希望自己的工作能起到抛砖引玉的作用,引发读者重新思考可以切实推进社会主义及女性主义教育政治发展的方式。另外,正如当代文化研究中心教育小组已然承认的那样,其研究结果至少有两个不足之处:一是他们未能充分地将种族与性别纳入教育政治的考量之中,一是他们未能详细讨论草根情势的变动特性,比如课堂、教学大纲、老师的日常生活。所以,《非大众教育:1944 年以来的英国教育与社会民主》未能成功地提出一种别样的教育政治,虽然它分析了一种别样的教育政治可以诞生于其间的条件。

鉴于英国的历史书写与现状分析往往遮蔽种族主义意识形态与种族冲突,以及英国左派的"国族—大众"意识一直否认黑人及黑人斗争对英国工人阶级的形成与发展所起的作用,伯明翰当代文化研究中心于 1978 年秋成立了由保罗·吉尔罗伊等五名非白人组成的种族小组,以期恢复种族及种族主义在文化研究中的应有核心地位。为了不负众望,种族小组对种族及种族主义在 1970 年代末英国政治变化中的地位进行了长达三年的跨学科考察,比如主要的社会学问题系、非欧洲激进人士的著作、关于晚期资本主义及移民劳工的"马克思主义"论争,最后交出了沉甸甸的《帝国还击:1970 年代英国的种族与种族主义》。[①] 其间作为考察对象的种族主义并非传统意义上的种族主义,而是一种以文化为核心元素的新种族主义;其显在特征是强调黑人的异族性及犯罪倾向、视黑人为日渐严重的英国经济及社会服务危机的肇始者。新种族主义在 1970 年代的英国社会十分流行,它使当代文化研究中心种族小组意识到英国正在因此陷入一场长期的政治经济危机之中——一场已然为种族及国族政治平添了新的紧迫性的政治经济危机。种族小组认为,英国并不吻合它所享有的自由民主国家形象,英语中的文化、国族、阶级等概念又无一例外地深深根植于种族主义结构;在这一现实面前,既有的种族关系理论已然失效,无力准确揭示英国的社会现实状况。比如,女性主义因种族盲视的缺陷,马克思主义因欧洲中心主义的不足,难以令人信服地阐释黑人妇女的经验及青年黑人的政治组织与英国工人阶级之间的关系。所以,当代文化研究中心种族小组最后基于对种族与阶级的

---

① The Centre for Contemporary Cultural Studies (1982) *The Empire Strikes Back*: *Race and racism in the 70s Britain*, London: Hutchinson.

政治关系的理解,指出任何反对种族主义的长期斗争都必须以认识到英国社会各层次中的黑人斗争的自治性为前提。这是《帝国还击:1970年代英国的种族与种族主义》的意义所在,尽管它有瑕疵,比如说:黑人妇女的斗争没有得到充分展示、文本不对称等等。

《创造历史:历史书写研究与政治》并非严格意义上的历史著作,①而是伯明翰当代文化研究中心历史小组耦合阿尔都塞结构主义马克思主义和E.P.汤普森经验主义所取得的一项阶段性成果。鉴于冷战的出现与学术/意识形态分离的失败已然导致历史实践的政治维度广受关注,成立于1977年的当代文化研究中心历史小组考察了历史—政治关系发展于其间的种种状况。考察结果表明,首先,历史与政治间的密切关系已然把历史学家无一例外地吸引到了对历史与政治间关系的阐释之中,虽然他们的方法、效果各异。以哈蒙德夫妇为代表的19世纪自由主义历史学家从不隐瞒自己的政治意图,而20世纪职业历史学家的政治冲动则始终未获承认;E.P.汤普森的政治意图仅需稍作解释便可一目了然,而哈蒙德夫妇的政治意图则需多费一些口舌。所以,政治与历史之间的关系往往可能是复杂而模糊的。

伯明翰历史小组认为,作为一个术语的"历史书写"在这样的一个语境下找到了自己的用武之地,其间作为一种智识实践的对历史的研究显然有别于"历史的运动"。然而,历史书写与历史的运动的区隔依次引发了诸多具有决定性意义的问题,比如历史书写实践如何构成?历史书写的发展需要什么理论或者哲学指导?如何在具体语境中处理历史书写与理论的关系?很显然,理论与历史之间的关系问题即是所有问题的焦点;一些人主张理论先行,而另一些人则强调经验至上,正如人们讨论E.P.汤普森的《理论的贫困》时所显现出来的那样。对此,伯明翰历史小组有着完全不同的看法;他们认为,阿尔都塞与E.P.汤普森之间的对立所代表的理论与历史的区隔太过牵强附会、毫无益处;理论与历史本身并不势均力敌,所以理论与历史间的关系不但不易定夺,而且难以维系。因此,伯明翰历史小组提出了重新思考作为术语的历史本身的主张。具体地讲,伯明翰历史小组坚持历史书写之关键在于过去与现在的联系、而非过去,以及重视过去往往被学院

---

① The Centre for Contemporary Cultural Studies (1982) *Making Histories: Studies in history-writing and politics*, London: Hutchinson.

派历史学家否认或忽视的大众历史概念的重要性。基于这样一种认知,伯明翰历史小组在《创造历史:历史书写研究与政治》中分三部分详细论述了历史与政治的关联。第一部分"历史学家与'人民'"通过对哈蒙德夫妇、共产党历史学家小组、E.P.汤普森等历史学家作品的考察,分析了"人民的历史"这一史学观的三个发展阶段。第二部分"马克思主义理论与历史分析"通过聚焦马克思主义传统内的历史与理论之间的关系,指出了哲学与方法论假设在相对狭隘的经验及历史讨论中的关键作用。第三部分"自传/记忆/传统"介绍了由口述史、国家遗产或者社区、女性主义历史书写等政治历史书写新形式所代表的历史书写的大众转向。

《远离中心:女性主义与文化研究》是由伯明翰大学文化研究系主持完成的,[①]所以,严格地讲,将其视为当代文化研究中心的成果有所不妥。我之所以坚持将其列为当代文化研究中心的成果,一是因为伯明翰大学文化研究系是由当代文化研究中心演变而来,尽管二者在教学对象等方面存在着些许差异,二是因为它在一定程度上为《妇女发言:妇女从属地位面面观》的延续。源自《妇女发言:妇女从属地位面面观》的耦合文化研究与女性主义这一研究路径在当代文化研究中心始终未曾被中断,虽然对这一路径的坚持并不容易。《妇女发言:妇女从属地位面面观》出版十周年之际,有效赓续文化研究与女性主义的耦合这一工程被伯明翰大学文化研究系的师生提上了议事日程,女性论文作者小组(其前身为妇女与文化小组)随即成立,于是便有了后来的《远离中心:女性主义与文化研究》。

一如书名所暗示的,《远离中心:女性主义与文化研究》旨在探究女性主义与文化研究之间的关系,或者更加准确地讲,借助独特的理论视野与跨学科方法融合女性主义与文化研究的旧识新知,比如大众文化、媒体、科技、撒切尔主义、企业文化。当代文化研究中心女性论文作者小组之所以为自己制定这样一个目标,是由于女性主义与文化研究之间的微妙关系所致。女性主义与文化研究之间不无共同之处:二者都与学院体制外的激进政治密切相关——前者联系着女性主义运动、后者联系着左派运动;二者的跨学科基础都在持续而严厉地挑战学院体制内的既定学科边界与权力结构。与此同时,女性主义与文化研究又在兴趣上相距甚远,各有其重点关注对象,

---

① Sarah Franklin, Celia Lury and Jackie Stacey([1991]2007) *Off-Centre: Feminism and Cultural Studies*, London and New York: Routledge.

所以一方面女性主义者严厉批评作为文化研究关键词的意识形态与霸权的性别盲视,对文化研究中的话语、解构、差异等概念的使用持谨慎态度,另一方面则是文化研究对女性主义影响的抵制,比如始终拒不接受女性主义的父权制理论的启发,以致为分析性别不平等中的文化维度而转向文化研究的女性主义无力提出具体的女性主义文化定义。有鉴于此,《远离中心:女性主义与文化研究》分三部分介绍了女性主义与文化研究相互融合或搭台的三种方式。第一部分"表征与身份"介绍了女性主义与文化研究已然同时有上佳表现的研究领域,比如文化消费与媒体接受研究。第二部分"科学与技术"描绘的是一种完全不同的相互搭台或支持方式,即把文化研究对科技维度的强调引入到当代女性主义之中。第三部分"撒切尔主义与企业文化"与第二部分相似,只不过方向恰恰相反,即把女性主义的方法引入到新时代文化研究的核心议题——撒切尔主义与企业文化——之中,或者更加具体地讲,关注撒切尔主义与企业文化研究中的性别维度。女性主义与文化研究借助上述三种方式实现的融合,将有助于解决如何发展女性主义文化分析的问题,在理论与方法上推进女性主义文化研究的发展。这不仅是当代文化研究中心女性论文作者小组的认知与希望,而且已然成为事实。

受奠基作《文化的用途》的影响,当代文化研究中心一直重视亚文化(subculture)研究;随着后学理论时代的来临,当代文化研究中心在各式后结构主义的启发与影响之下,掀起了亚文化研究的新高潮。根据芝加哥学派社会学家的定义,亚文化表示某一社群、地区或群体所特有的足以区别于其他文化或社会的行为特性,所以亚文化研究通常关涉种族与移民问题、年龄亚文化、性别亚文化、异常行为(deviancy)与犯罪等。[①] 虽然芝加哥学派与伯明翰当代文化研究中心之间的理论渊源并非本书关注的对象,但必须指出的是,当代文化研究中心与芝加哥学派的研究旨趣不无相似之处,或许可以说,当代文化研究中心基于自己所处的特殊情势——福利国家政策的实施、美国大众文化的冲击与威胁、新左运动,丰富和发展了芝加哥学派的研究内容与研究方法。

菲尔·科恩(Phil Cohen)完成于1972年的《亚文化冲突与工人阶级社

---

① 黄瑞玲:《亚文化的发展历程——从芝加哥学派到伯明翰学派》,《国外理论动态》,2007年第11期,第77页。

区》拉开了当代文化研究中心亚文化系列研究的序幕,①比如种族亚文化研究、异常行为与犯罪亚文化研究。就种族问题而言,当代文化研究中心于1978年推出了第一项著作形式的研究成果,即霍尔等人合编的《治理危机:行凶抢劫、国家与法治》。②《治理危机:行凶抢劫、国家与法治》源自1972年发生于英国伯明翰市汉兹沃斯地区(Handsworth)的一桩具体的行凶抢劫案,不同族群的三名涉案青年于1973年被分别判处了十年和二十年的监禁。但是,霍尔等人旨在"提出一种关于'行凶抢劫'与英国社会的关系的别样解释",③他们真正关注的并非是作为一种具体街头犯罪形式的行凶抢劫,而是作为1970年代初的一种英国社会现象的行凶抢劫。换言之,他们虽然首先在探究行凶抢劫的社会原因,但更重要的是要探究"英国社会在那一特定历史时刻——1970年代初——以极端的方式**对行凶抢劫做出反应**的原因"。④ 通过对"被规训的社会"(disciplined society)的真实内涵、法治意识形态的建构方式、社会力量与法治意识形态之间的关系、国家在法治意识形态建构中的作用、法治意识形态所动员的社会担心与忧虑等诸多维度的考察,霍尔等人发现,英国社会对行凶抢劫的极端反应固然联系着行凶抢劫暴徒突然出现在英国的大街小巷、英国社会已然因1960年代的暴力犯罪率的持续上升而在1970年代初陷入对行凶抢劫的道德恐慌之中等事实,但更重要的是,人们在行凶抢劫等犯罪与社会秩序、英国生活方式之间建立的关联。"全社会都渐渐把所有犯罪,尤其是行凶抢劫,视为社会秩序瓦解的能指、'英国生活方式'正分崩离析的迹象"。⑤ 霍尔等人认为,这纯属英国媒体的功劳;英国社会已然在媒体的推波助澜之下,将行凶抢劫视为建构舒适的法治社会的最大障碍,将行凶抢劫简化为种族、犯罪与青年等主题。尽管英国媒体所建构出来的这样一种"威权共识"(authoritarian consensus)既非现实的准确映照,也无济于现实改造,但是却恰如其分地说明了

---

① 详见 Phil Cohen (1972) "Subcultural Conflict and Working-class Community", *Working Papers in Cultural Studies*, no. 2, pp. 5—10; Phil Cohen (2005) "Subcultural Conflict and Working-class Community", in Ken Gelder (ed.) *The Subcultures Reader*, London and New York: Routledge, pp. 86—93.

② Stuart Hall et al. ([1978]1981) *Policing the Crisis: Mugging, the state and law and order*, London: MacMillan.

③ Ibid., vii.

④ Ibid.

⑤ Ibid., vii—viii.

"1970年代英国的总体性'霸权的危机'"。① 大英帝国在1970年代的彻底瓦解、前殖民地移民的大量涌入等元素将整个英国社会置于了这样的一种支配性意识形态的笼罩之下,即英国正在陷入一场深刻的多元文化危机,对这场危机的治理或化解取决于国家集权。

《治理危机:行凶抢劫、国家与法治》旨在呼吁人们为改变现状而努力,即改变"使穷人贫穷(或者使罪犯犯罪)"或者"使富人富有(或者使守法者认为如果罪犯受到严惩,犯罪的社会原因便会随之消失)"的现有情势或者社会结构,②所以往往被人视为霍尔等人在思想战场上进行社会介入的一次尝试。霍尔等人通过完成法院的未竟事业,即处理人们因该案而产生的复杂情感:对判决的愤怒、对受害者的悲伤、对涉案人的同情、对犯罪原因的困惑,让读者透过一桩行凶抢劫个案看到了犯罪与对犯罪的反应间的关联,打破了既定的社会异常行为与犯罪研究路径,指出了从现行社会力量与社会冲突、历史语境角度考察"行凶抢劫"、"治理危机"的可能性。

《亚文化:风格的意义》是伯明翰当代文化研究中心在种族研究方面取得的另一重大成果。③ 对言人人殊的亚文化,当代文化研究中心毕业生迪克·赫布迪格有着他独特的理解,即亚文化最集中地体现在"由具有双重意义的寻常之物构成的"风格中。④ 赫布迪格选取了"太保少年"(teddy boy)、⑤"摩登族"(mods)、"摇滚族"(rockers)、"光头族"(skinheads)、"庞克族"(punks)等从属群体的"表现形式及仪式"作为考察对象,以期揭示二战以后的英国青少年亚文化中的"反叛的情形及意义、作为一种拒斥形式的风格的含义、犯罪升华为艺术"。⑥ 在赫布迪格看来,青少年所把玩的最为寻常之物,比如保险针、尖头皮鞋、唱片、摩托车、滑板车等,往往因青少年的把玩行为与人们对把玩行为的反应间的矛盾、支配集团与从属集团在亚文

---

① Stuart Hall et al. ([1978]1981) *Policing the Crisis*: *Mugging, the state and law and order*, London: MacMillan, viii.

② Ibid., x.

③ Dick Hebdige ([1979]1997) *Subculture*: *The Meaning of Style*, London and New York: Routledge.

④ Ibid. p.3.

⑤ "teddy boy"(太保少年)这一语词出现于1960年代的英国,表示"行为放荡不羁的青少年"之意,这些人喜欢穿爱德华七世年代的服装,而Teddy是爱德华七世的爱称。

⑥ Dick Hebdige ([1979]1997) *Subculture*: *The Meaning of Style*, London and New York: Routledge, p.2.

化中所表现出来的张力,获得了象征维度,构成了一种耻辱或自我强加的流放形式。一方面,作为一种"差异的在场"的青少年把玩保险针、尖头皮鞋、唱片、摩托车、滑板车,往往给人一种"邪恶在场"(sinister presence)之感,招来含混不清的怀疑、心神不安的笑声、"苍白沉默的愤怒"(white and dumb rage)。另一方面,对那些把保险针、尖头皮鞋、唱片、摩托车、滑板车等建构为圣像、视其为誓约与咒语的人而言,保险针、尖头皮鞋、唱片、摩托车、滑板车等寻常之物便成为了被禁止身份的符号、价值的源泉。这样的一个始于"不合常理"或异常的行为,止于风格的建构、挑衅或蔑视的姿态、微笑或嘲笑的过程,表征的是一种具有丰富社会意涵的拒斥。"这样的拒斥是值得进行的,这些姿态有意义,微笑及嘲笑有某种颠覆价值,即使它们在最终的分析中……只不过是种种规则的更加阴暗的一面,正如囚室墙上的涂鸦"。①

赫布迪格在考察中发现,青少年亚文化团体在英国的出现以一种蔚然壮观的形式反映了战后英国的一致性价值观的崩溃,虽然"亚文化所代表的挑战霸权并非是由它们直截了当地表示。恰恰相反,它间接地体现于风格之中"。② 更加具体地讲,青少年亚文化对支配性文化的反对或者挑战置身于、显现于各种现象的意味无穷的表层之中,即符号的层面。受瓦连京·沃洛希诺夫(Valentin Volosinov)的"符号成为了阶级斗争的竞技场"的启发,赫布迪格认识到了意识形态中的不同话语、不同定义及意义之间的斗争同时也是表意实践内的斗争,即对符号拥有的争夺。③ 比如被赫布迪格作为例子使用的保险针,其意义始终摇摆于合法与非法之间;保险针之类的寻常之物"可以被变戏法般挪用,即被'从属群体'盗用去传递种种'秘密'含义,这些含义通过符码表示对极可能使他们继续处于从属地位的秩序的一种反抗"。④ 从这个意义上讲,"亚文化的风格蕴含着意义。它的种种变换'违背自然',扰乱'正常化'的过程。因此,它们是趋近于言语的姿态和运动;这些姿态和运动冒犯'沉默的多数'、挑战团结与连贯原则、否认一致神话"。⑤ 所以,《亚文化:风格的意义》旨在揭示隐藏于风格的光鲜外表之下

---

① Dick Hebdige([1979]1997) *Subculture: The Meaning of Style*, London and New York: Routledge, p.3.
② Ibid., p.17.
③ Ibid.
④ Ibid., p.18.
⑤ Ibid.

的深层次含义,追溯风格的光鲜外表意在解决或遮蔽的种种冲突。

在考察过程中,赫布迪格发现了二战后英国青年亚文化风格与西印度群岛黑人文化之间的深刻关联,比如庞克便在深层次上关涉着与雷鬼(reggae)相联系的英国黑人亚文化。① 炎热的1976年之夏,庞克正式在英国音乐报刊登台亮相,最大限度地容纳了所有主要的战后英国亚文化;摇滚也好,雷鬼也好,无不在作为战后英国工人阶级青年文化代表的庞克中,留下了自己清晰可辨的"身影"。所以,赫布迪格建议从理解雷鬼及作为庞克前身的英国工人阶级青年文化的内部构成与意义入手,去理解庞克与英国黑人亚文化之间的对话:"首先,必须追溯雷鬼在西印度群岛的根源;其次,必须把战后的英国青年亚文化重新阐释为对1950年代以降的黑人移民在英国的出现的连续级差反应。"②这样的一种指导思想使赫布迪格将自己的关注视野从学校、警察、媒体与母文化等传统领域,转移到了种族及种族关系等长期被人忽视的维度上,并因此得出了语惊四座的结论,即在二战后的英国,尽管白人青年与黑人青年一样热衷于林林总总的亚文化,但黑人文化明显在青年亚文化中占据着中心地位。

从以上分析可以看到,在伯明翰当代文化研究中心日益体制化、文化研究日益学科化的霍尔时代及后霍尔时代,伯明翰当代文化研究中心不但通过师承关系的传递团结了一些人,而且开展了诸多集体性智识项目,于其间将其考察的维度从原有的阶级拓展到了性别和种族,呈现出了霍尔所谓的具有积极意义的"激进异质性"。作为霍加特时代与霍尔时代及后霍尔时代之间的一种别样的"非连续性","激进异质性"所表征的是伯明翰当代文化研究中心的一种显在地有别于其他类似机构的学术传统。所以,伯明翰当代文化研究中心从霍加特时代进入霍尔时代及后霍尔时代的过程,既是它从经验主义时代进入理论时代的过程,也可谓是伯明翰学派文化研究显影抑或浮现的过程,虽然霍尔曾经强调:"我们从来就不是一个学派"。③ 倘

---

① Dick Hebdige([1979]1997) *Subculture: The Meaning of Style*, London and New York: Routledge, p.29. 雷鬼 Reggae,又译作雷盖或者瑞格舞;它是一种源于牙买加的流行音乐,其间含有民间音乐、黑人布鲁斯音乐、摇滚乐的成分,带有强有力地强调非传统的特点。

② Ibid.

③ Stuart Hall([1996]2003) "On postmodernism and articulation: An interview with Stuart Hall", in David Morley and Kuan-Hsing Chen (eds.) *Stuart Hall: Critical Dialogues in Cultural Studies*, London and New York: Routledge, p.149.

若霍加特时代的伯明翰当代文化研究中心尚与传统的英国文学研究有着某种纠缠，霍尔时代及后霍尔时代的伯明翰学派文化研究则已然超越了以阿诺德、F.R.利维斯为代表的保守或传统精英主义思想对后工业、后现代文化的怀旧式简单抗拒，走出了对传统高雅文化的简单颂扬，而且通过挪用结构主义等"新"理论解读新的社会现实，同时在理论与实践层面取得了突破性进展。

伯明翰当代文化研究中心的师生堪称一个学派，是因为他们形成了自己独特的学术传统与旨趣。 如美国社会学家本·阿格（Ben Agger）所言，伯明翰学派文化研究具有如下特征："跨学科"、"强调广义的（不是狭义的）文化定义"、"拒绝高雅文化/低俗文化之分"、"文化既是实践又是经验"。[①]后来，英国社会学家克里斯·任克斯（Chris Jenks）基于阿格和其他学人的观点，为首先显影于伯明翰当代文化研究中心的作为一门学科的文化研究归纳出了如下九个特点：（1）运作于扩展的文化概念之中，旨在建立一个包括所有文化的共同领域，主张将文化的意义和实践去中心化（decentering）、去正典化（decanonizing）。这同时也是一种政治立场，否定传统文化批评的中心主义，挑战支配秩序。（2）重新定义大众文化、传媒和日常生活的文化，将大众文化合法化、政治化、独立化，充分肯定大众文化本身的价值。（3）作为他们时代的代表，文化研究的倡议者通过他们理解的大众传媒，承认他们本身认同的社会化。（4）文化并非静止、固定、封闭式的系统，而是流动、充满活力、"前仆后继"的过程。（5）文化研究基于冲突而不是秩序，不仅研究面对面的冲突，更重要的是意义的冲突，关注各种具体或抽象的"权力"现象。（6）文化研究是一种平民帝国主义，其研究对象几乎包括生活的方方面面：歌剧、时装、黑社会暴力、酒吧聊天、超市购物、恐怖电影，抑或说几乎所有的社会生活都于其间被"文化化"，不再被局限于一个中心的意义系统。（7）认为文化的表现存在于各个不同的层次：发送、中介和接受，以及生产、流通和消费。（8）多学科，没有单一的学科来源，鼓励跨学科研究。（9）拒绝绝对价值观念。[②]

---

① Ben Agger（1992）*Cultural Studies as Critical Theory*, London: The Falmer Press, pp. 75—84.

② Chris Jenks（1993）*Culture*, London: Routledge, p.157.

# 第四章 迎接理论化时代

> 我对伯明翰的主要记忆是争吵、辩论、争执、人们离开房间。它始终与自己从中脱胎而出的理论范式、与自己力图改造的具体研究和实践处于一种临界关系之中。因此,从这个意义上讲,文化研究并非是一种结果;它从来就不是一种结果。①

基于成立前后所遭遇到的公然敌意,新生的伯明翰当代文化研究中心同时开展了两个面向的工作。其间的"否定性"一面关涉当代文化研究中心主动疏远某些既定人文传统,揭示人文主义传统的潜移默化的种种假设;它因此不得不设法公开支撑实践的意识形态假设,展示教育规划,以及对人文和艺术学科将自己呈现为公正无私的知识的方式进行意识形态批评。换言之,当代文化研究中心必须进行一种去神秘化的工作,将人文学科在民族文化中所发挥的调节性与作用公之于众。当代文化研究中心的工作的"肯定性"一面,见诸它勉力开展社会实践,发明理论模式。在当代文化研究中心宣布成立的1964年,无论是社会科学还是人文科学,都尚未把文化作为一个概念系统理论化。一方面,各种当代文化形式尚未真正进入学术界的视线,另一方面,政治问题、文化与政治间的关系问题尚未被接受为合适的研究对象,对研究生尤其如此。当代文化研究中心为此采取了"劫掠"其他学科的策略,开展引人注目的"严肃的跨学科工作"——它联系着社会学、文学、人类学等相邻学科,但并非是不同学科在跨学科大旗下的简单堆砌,而是同时尊重和挑战不同学科的知识范式与传统,以及其间的具体工作。借用霍尔的话来讲,严肃的跨学科工作"绝不是哪些学科将有助于这个领域的发展的问题,而是人们何以能够让一系列跨学科领域偏移或动摇的问

---

① Stuart Hall (1990) "The Emergence of Cultural Studies and the Crisis of the Humanities", *October*, vol. 53, p. 11.

题"。①

然而,随着跨学科研究实践的深入,当代文化研究中心发现,普通英国大学的既有学科的混合未必总是能够提供满足其需要的模式与方法,挪用域外资源成为了一种必须。"渐渐地,在文化研究领域,人们阅读的书籍不仅取自他人的书架,而且借自从未见诸英国智识生活的传统。"②于是,当代文化研究中心开始了与欧陆理论的接触,从结构主义到后现代主义,从法兰克福学派到葛兰西,以之解释新的社会文化现实,推进文化研究的理论化进程。一如霍尔在讨论文化研究的不断典范化时(codification)所言:

> 在计划展开并产生结果的时候,就不可避免地存在一种朝向典范化的推动力……作为一种策略,这就意味着拥有足够的理由想出一种立场,但总是以一种定位于开放的理论化的视野表达它。对文化研究而言,坚持这一点是绝对必须的,至少在它意欲保持为一项批评性、解构性的计划的情况下必须如此。我的意思是它始终自我反思地解构自己;它始终基于不断理论化的需要进行前进/回归运动。我对理论不感兴趣,但我对不断理论化感兴趣。这也就意味着文化研究必须向外部影响开放,比如,新社会运动的崛起、心理分析、女性主义、文化差异,等等。这样的影响很可能,而且必须获得承认,强烈地冲击所使用的内容、思维模式及理论问题系。从这个意义上讲,文化研究的兴盛不可能得自于它以学术术语与外部影响的孤立。③

因为感兴趣于"不断理论化",霍尔,以及他所领导的伯明翰当代文化研究中心,在"向外部影响开放"的同时,对"外部影响"保持着拿来主义的态度。一如霍尔在论及引进作为一种方法论的符号学时所言:

> 我们采用符号学的时候,我们是在接纳一种方法论的要求:你必须证明你为什么说、如何说这就是一种文化形式或者实践的意义。即是说,符号学是必须的:证明你所谓的"意义"是文本建构的。但作为一

---

① Stuart Hall (1990) "The Emergence of Cultural Studies and the Crisis of the Humanities", *October*, vol. 53, p. 16.

② Ibid.

③ Stuart Hall ([1996]2003) "On Postmodernism and Articulation: An interview with Stuart Hall", in David Morley and Kuan-Hsing Chen (eds.) *Stuart Hall: Critical Dialogues in Cultural Studies*, London and New York: Routledge, p. 150.

种中规中矩的或者精心设计的方法论,那不是符号学之于我们的意谓。①

在为此接触欧陆理论的过程中,伯明翰当代文化研究中心发生了多次转向,经历了多次论战;始终处于临界状态之中,不断巡回在转向与论战之间。因为"符号学解释已经成为意识形态批评的基本方法。符号学固有的特征是社会集体性,而意识形态则是一种集体意识和集休表象,是一种意指形式,因此,以符号学模式分析意识形态可以说是天造地设",②所以,不难想象,符号学,以及基于符号学的结构主义,轻易便闯入了伯明翰当代文化研究中心,引发了伯明翰学派文化研究历史上的第一次理论转向——语言学转向,以及文化主义—结构主义论争。其结果是"经验"被放逐与理论登台,以及伯明翰学派文化研究开始"后学"转向、葛兰西转向的孕育过程。

## 第一节 英国新左派内部纷争

斯图亚特·莱恩曾经指出,尽管1960年代中期的英国文化研究在媒介内容深度分析方面有所成就,但"至关重要的是,成人教育视野原本强调的那种意识,也就是将文化分析与工人阶级的整体生活经验及情势相关联的即刻压力意识,已经消失"。③ 这一现象的发生,直接联系着霍加特时期的伯明翰当代文化研究中心对1960年代初英国新左派内部纷争的选择性承续。在艾萨克·多伊彻(Isaac Deutscher)所谓的"红色十年"——1960年代,国际越南团结运动(Vietnam Solidarity Campaign,简称VSC)、④持续性的第三世界解放运动、中国的"文化大革命"、西方国家的大规模校园/工厂占领等一系列社会现实,不仅动摇了社会主义阵营的东方,而且也震撼了资本主义的西方。受这些1960年代革命情绪与反叛的鼓励,英国新左运动从小

---

① Stuart Hall([1996]2003)"On Postmodernism and Articulation: An interview with Stuart Hall", in David Morley and Kuan-Hsing Chen (eds.) *Stuart Hall: Critical Dialogues in Cultural Studies*, London and New York: Routledge, p.149.

② 屠友祥:《罗兰·巴特与索绪尔:文化意指分析基本模式的形成——〈神话修辞术〉中译本导言》,载罗兰·巴特:《神话修辞术,批评与真实》,屠友祥、温晋仪译,上海人民出版社,2009年,第3页。

③ Stuart Laing (1986) *Representations of Workig-Class Life: 1957—1964*, London: Macmillan, p.217.

④ 一些老托洛茨基主义者(Trotskyist)在1966年创办的一个组织。

规模民粹主义倾向演变为借助更为强劲的理论活动而实行的更为广泛的政治介入。通过调整《新左评论》编辑政策而实现的这一演变,在很大程度上决定了第一代新左派向第二代新左派的过渡,尽管这并非第一代新左派向第二代新左派过渡的全部。既不能说第一代新左派因为这一变化放弃了新左事业,也不能说第二代新左派借助这一变化曲解了原有的新左事业。在后期的新左运动中,不同代际的新左派成员依然能够并肩战斗,但多数情况下,他们之间的关系则可概之以"争吵、辩论、争执、人们离开房间";理论上和实践中的差异注定他们必然激烈论争。① 两代新左派都有强烈的现实关切,但第二代新左派更加注重理论资源的战斗力,一如伊格尔顿在论及第二代新左派对第一代新左派的批评时所言:"我当时属于年轻一代社会主义者,我觉得以威廉斯为典范的上一代新左派既缺乏理论严密性,也缺乏政治热情。"②

我们知道,第一代新左派之所以引人注目首先在于它挑战经典马克思主义的经济基础—上层建筑模式,主张进行文化分析时把政治、经济与艺术、与日常生活相结合,因而催生了英国激进传统内部的一种新式政治实体。从本质上讲,这既是一场知识分子起绝对领导作用的思想运动,同时也是一场有着显在政治意识的社会运动;见诸冷战抵制过程的"积极中立主义"、见诸核裁军运动的激进主义都可谓是明证。③ 正因如此,第一代新左派成员大多讨论过人的能动性问题。威廉斯曾在《漫长的革命》中描述过人的能动性之源:"这场漫长的革命之中的人的能量,迸发于人们可以通过冲破旧有社会形式的压力和限定、通过发现新的公共机构而指导自己的生活这一信念";④汤普森在《社会主义人道主义》一文中,批评了斯大林主义的反智识性与虚无主义,认为它不但否定人类劳动的创造力,而且否定个人作为社会能动者的价值。⑤

1961年底,霍尔因为与汤普森等人的分歧,离开了《新左评论》。1962年,佩里·安德森应邀入主《新左评论》,以他为代表的第二代新左派正式

---

① Lin Chun (1993) *The British New Left*, Edinburgh: Edinburgh University Press, p. 60.

② 马海良:《文化政治美学——伊格尔顿批评理论研究》,中国社会科学出版社,2004年,第37页。

③ Richard E. Lee (2003) *Life and Times of Cultural Studies*, Durham: Duke University Press, p. 28.

④ Raymond Williams (1961) *The Long Revolution*, London: Chatto & Windus, p. 347.

⑤ E. P. Thompson (1957) "Socialist Humanism", *New Reasoner*, no. 1, pp. 105—43.

在英国思想舞台登场。鉴于核裁军运动已然解散、新左俱乐部大多已然关闭,第二代新左派选择了放弃第一代新左派的政治工程,转向更加严格的理论探索,或者说将自己的关注对象演变为全面考察当代英国资本主义社会的各个维度,包括它们的特定历史渊源、对付它们的社会主义策略。从这个意义上讲,"在1961年霍尔辞去《新左派评论》主编之职后,新左派就不再是一场政治运动,而是变成了一个以《新左派评论》杂志为中心的、小得多的知识分子小团体。"①所以,第二阶段新左运动的一个突出特征即新左派成员对理论的关注,虽然新左运动的理论成就不能因此完全归功于第二代新左派成员。另外,尽管第一代新左派的政治目的除核裁军以外,都没有得到延续,但第一代新左派的文化分析仍在继续产生广泛影响,尤其是在因经济基础—上层建筑模式无力解释当下的社会变迁而对英国马克思主义的持续反思之中,在阶级、意识形态、能动性与决定性等问题深涉其中的地方。②

凭借"保证评论的延续性所必需的决心与智识连贯性",安德森上任伊始便在《新左评论》内部发起了一场使第一代新左派编委"觉得自己冗余"的"残酷的现代化运动",③第二代新左派与第一代新左派从此正式决裂。虽然不乏有评论家注意到,两代新左派成员的分裂可谓是个人恩怨、政治分歧尤其是理论分歧重叠交错的产物,但其间根本原因则一如1961—1962年的《新左评论》危机所显现出来的,在于为政治运动而生的第一代新左派已然失败。创刊以降,《新左评论》编辑部内部关于刊物性质的争论从未间断,尤其是在两代新左派成员之间;既有人坚持《新左评论》只作为一家刊物存在,也不乏有人主张它介入并表征政治运动。由此产生的动荡与分裂致使勉力连接两代新左派的主编霍尔处于极大的压力之下,甚至四面楚歌,于是便有了他在1961年12月的辞职。随后,《新左评论》组建了由E.P.汤普森为主编的过渡编委会,直至由安德森领衔的编委会在1962年5月接任。安德森领导下的年轻一代编辑肯定了老编委曾经的努力,包括他们对文化问题、工业问题的探讨,以及在帝国主义、殖民主义及核裁军运动等方

---

① 张亮、迈克尔·肯尼:《英国新左派运动及对它的当代审理——迈克尔·肯尼教授访谈录》,载张亮:《阶级、文化与民族传统——爱德华·P.汤普森的历史唯物主义研究》,江苏人民出版社,2008年,第202页。

② Richard E. Lee (2003) *Life and Times of Cultural Studies*, Durham: Duke University Press, p.33; Lin Chun (1993) *The British New Left*, Edinburgh: Edinburgh University Press, p.61.

③ E. P. Thompson ([1978]1981) *The Poverty of Theory & Other Essays*, London: Merlin, p.245.

面所取得的成就,但同时基于对第一代新左派成员所信奉的人道主义与政治改良主义的怀疑,对老编委提出了尖锐批评。安德森认为,第一代新左派"在为英国社会提供结构性分析方面几乎彻底失败了",①所以新一届编委会决定对《新左评论》重新定位,将其关注焦点由英国本土调整为偏向第三世界,以期革新和再生英国的智识景观与政治文化。这样一来,

> 《新左评论》便从自由主义和人文主义编辑的手中落入了致力于理论精英主义和先锋政治的一群人的控制之下,因此,它在一份繁复华美的刊物中发展出一种左翼宗派主义,虽然作为刊物内容的理论或者超级马克思主义在学术圈外几乎没有影响。②

由汤普森所代表的第一代新左派与由安德森、汤姆·奈恩(Tom Nairn)所代表的第二代新左派之间的裂隙与论争,毫不掩饰地展现在世人面前;③前者强调文化与道德,后者强调权力与策略。一如安德森所言:"我认为汤普森与《新左评论》的分歧在于它们根植于不同的型构,将其视为以道德和策略为重点的鲜明对照最为恰当。有一次汤普森本人非常大度,承认了'问题的症结'是'对文化的强调'对峙于'对权力的重申'。"④本质上,两代新左派成员之间的差异并非是一个仅仅关涉政治风格的问题,同时也是一个智识问题。随着时间的流逝,二者间的分歧日渐明晰、论争日渐激烈,关涉到《新左评论》的前身《大学与左派评论》与《新理性者》时更是如此。汤普森指出,第二代新左派并未详细考察《新左评论》创刊者的思想便抛弃了他们、否定了马克思主义传统在1963年前的存在、无视代表着《新理性者》的共产主义修正主义及不同政见、因限制智识上的能指之物及重申马克思主义为教条而无力消除斯大林主义、因崇尚概念的探索性与结构性组合而拒绝实质性分析。⑤ 针对汤普森的指责与批评,安德森回应说:"我犯下了没有能够看到汤普森在其大作中关注共产主义道德问题的真实力量与原创

---

① Perry Andeson (1965) "The Left in the Fifties", *New Left Review*, no. 29, p.17.
② Lin Chun (1993) *The British New Left*, Edinburgh: Edinburgh University Press, p.61.
③ Richard Johnson (1979) "History of Culture/Theories of Ideology: Notes on an Impasse", in Michèle Barrett et al. (eds.) *Ideology and Cultural Production*, London: Croom Helm, p.52; Lin Chun (1993) *The British New Left*, Edinburgh: Edinburgh University Press, p.69.
④ Perry Anderson (1980) *Arguments within English Marxism*, London: Verso, p.206.
⑤ E. P. Thompson ([1978]1981) *The Poverty of Theory & Other Essays*, London: Merlin, pp.303—402.

性的严重错误。这里的校验场是《威廉·莫利斯》",①认为汤普森所代表的第一代新左派虽然重新激活了传统的社会批判的成绩,但是其间却缺乏应有的计划性锋芒:"其概念无法在实用政治的舞台上兑现"。② 安德森承认把汤普森最为突出的政治关切简约为"道德主义"是一种误构,但他仍然坚持"被我使用这个术语批评的大多数讨论出现于1958—1961年间,它们在汤普森的所有著述中属于最为虚弱无力之列",反映了"当时的新左派中存在着无法妥协的紧张与困难"。③

相较于安德森,奈恩对第一代新左派的批评则可谓直截了当。在其代表作《英国的分裂:危机与新民族主义》中,奈恩指责威廉斯犯下了"英格兰民族主义"(English nationalism)的错误、汤普森犯下了"民粹社会主义"(populist socialism)的错误,二者合谋犯下了"文化民族主义"的错误。④ 汤普森基于自己三十年来的理性习惯以及切身经历,对此予以了坚决的回击:"我从未举过一面'民粹社会主义'的旗帜。如果有着一面旗帜,它一定是社会主义国际主义的旗帜"。⑤ 同时,汤普森批评安德森、奈恩等第二代新左派成员在欧洲理论面前表现出卑躬屈膝、伪君子式的国际主义:

> 这个意义上的国际主义不应在于在我们所选择的("西方马克思主义")理论家面前呈卑躬屈膝状,或者在于设法模仿他们的话语模式。这样一种模仿至多能催生出一种病态的本土发展,其间的原因很复杂。由于某种原因,模仿只能复制,但不能原发或者创造。"采用"其他传统——换言之,没有结合我们自己的传统进行完全理解、考察及翻译便采用——可能往往至多意味着真正的冲突场所的撤离,以及与我们自己人所建立起的真正政治关系的丧失。⑥

两代新左派之间的这般论争既见诸个体成员之间,更见诸整个代际之间;双方都在力图找到对方的阿喀琉斯之踵,伺机给对方致命一击。第一代新左派集中力量批评了第二代新左派在理论与实践上的分离,或者更加准

---

① Perry Anderson (1980) *Arguments within English Marxism*, London: Verso, p.157.
② Perry Anderson (1965) "The Left in the Fifties", *New Left Review*, no. 29, p.17.
③ Perry Anderson (1980) *Arguments within English Marxism*, London: Verso, p.157.
④ Tom Nairn ([1977]1981) *The Break-up of Britain: Crisis and Neo-Nationalism*, London: NLB and Verso, pp.303—4.
⑤ E. P. Thompson ([1978]1981) *The Poverty of Theory & Other Essays*, London: Merlin, iii.
⑥ Ibid., iv.

确地讲,批评了他们在理论实践与实用政治上的分离。第二代新左派认为,因纯理论化而放弃《新左评论》的运动政策解释是对英国工人阶级轻视理论这一传统的必要反动,或者说是对极度保守的阶级意识张力的自然反应。很显然,这一解释不无欲盖弥彰之嫌,因为安德森主持之下的《新左评论》已然与普通人或者大众的日常生活脱节、已然与社会运动脱节,因而已然与利维斯的《细绎》如出一辙。拉斯金学院历史工作坊创始人之一、英国社会主义女性主义理论家希拉·罗博瑟姆(Sheila Rowbotham)对此深有感触:"我无法理解他们怎么可能是社会主义者,却心安理得地远离工人阶级大众。这使得他们迥然不同于新左派的发起人"。① 所以,理论与实践的这般分离不但使《新左评论》的工作性质被罩上了疑云,而且也进一步廓清了两代新左派之间的分歧。

相应地,第二代新左派选择了文化主义作为攻击第一代新左派的目标,批评文化主义具有渐进主义、经验主义、民粹主义的色彩。如前所述,作为一种源自英国本土社会批判与文学批评的研究范式或传统,文化主义的兴奋点主要来自阿诺德、利维斯等人,而不是来自马克思。所以,第二代新左派认为,首先,文化主义者的社会主义论述逻辑并未处理社会权力及其物质基础和从文化上资助工人运动之间的各种真正对立,其间仅有对工党政策的厚望。其次,诸多文化主义者似乎并不全然知道基本经验的认识论局限,因此并不尽然知道意识形态的能量,因而在刻意避免理论化的同时,赋予经验以特殊的概念重要性。鉴于威廉斯在《漫长的革命》中将经验视为情感结构之源、汤普森在《英国工人阶级的形成》中把经验视为社会存在与社会意识之间的必要中介,第二代新左派对第一代新左派的文化主义攻击并非全无道理;正因如此,诸多第一代新左派成员/文化主义者都曾以某种方式接受了来自第二代新左派的批评。②

以安德森为代表的第二代新左派不但先于以汤普森为代表的第一代新左派接受了结构主义,而且还倚重结构主义批评第一代新左派,一如安德森等人对汤普森的《英国工人阶级的形成》的批评所证明的。首先,安德森基于阶级不但有着结构赋予的"客观位置",而且其结构位置不受人的意志或者态度制约这一认识,坚持认为由于英国的工业革命直到1832年还远未完

---

① Sheila Robotham (1979) "The women's movement and organizing for socialism", in S. Rowbotham, L. Segal and H. Wainwright *Beyond the Fragments: Feminism and the Making of Socialism*, London: Merlin, p. 26.

② Lin Chun (1993) *The British New Left*, Edinburgh: Edinburgh University Press, pp. 62—3.

成,汤普森所谓的英国工人阶级的形成必然在很大程度上游离于新的生产方式之外,或者说造成确定整体性的资本积累模式的物质框架的缺位,几乎无法为考察主观经验的作用提供任何可能性。在安德森看来,汤普森对工厂制作用的估计不足致使其忽视了工人阶级的整体性职业构成,进而致使其无法精确地考察工匠、外围工作人员(outworker)、农业工人、家庭工人及临时雇佣人员等极为不典型的阶级的形成。① 其次,第二代新左派虽然并不否认显影于《英国工人阶级的形成》之中的人民创造历史、但并非自由地创造历史这一马克思主义历史观,但奈恩认为,汤普森对这一观点的过分强调造成了他对英国资本主义制度具体状况之下的工人阶级意识的悲剧性发展的盲视。② 换言之,汤普森没有能够看到英国工人阶级的防御性特征这一致命缺陷,虽然这对理解当代劳工运动的诸多问题具有至关重要的作用。事实上,这也正是新老两代新左派产生重大分歧之处。③

汤普森从经验主义出发,坚持意识、共同经验在英国工人阶级的形成之中发挥了不可估量的作用;然而,这也正是第二代新左派对他的诟病之处。安德森等第二代新左派成员认为,汤普森时常在分析之中把意识与经验混为一谈,错把意识当作情感与反省。在第二代新左派成员看来,汤普森的共同经验既是阶级形成及阶级意识之源,同时又是阶级形成及阶级意识之孕育者,所以,汤普森无从严格按照马克思所揭示的方式——历史上的特定生产关系用以确保某种资本主义所有制的方式——考察马克思主义理论中的剥削等核心概念,而是只能基于英国工人在贫穷及团结方面的经验。当然,对汤普森的经验主义方法表示不满的,并非只有第二代新左派成员,后来的诸多女性主义历史学家也曾对之提出批评。芭芭拉·泰勒(Barbara Taylor)是致力于英国启蒙运动与女性主义思想的英国知名学者,她在确立其学术地位的《夏娃与新耶路撒冷:19世纪的社会主义与女性主义》一书中,④批评了汤普森的单一性工人阶级概念无法容留源自同一阶级的不同政治态度。在其代表作《性别与历史的政治》一书中,⑤享誉世界的美国性别史专

---

① Perry Anderson (1980) *Arguments within English Marxism*, London: Verso, pp.32—40.
② Tom Nairn (1964) "The English working class", *New Left Review*, no. 24, pp.52—4.
③ Lin Chun (1993) *The British New Left*, Edinburgh: Edinburgh University Press, p.67.
④ Barbara Taylor (1983) *Eve and the New Jerusalem: Socialism and Feminism in the Nineteenth Century*, New York: Pantheon Books.
⑤ Joan Scott (1988) *Gender and the Politics of History*, New York: Columbia University Press.

家琼·斯科特(Joan Scott)指出,汤普森的阶级认同中具有对经验的同质性概念化倾向,忽视了其间的性别差异。

另外,第二代新左派也对《英国工人阶级的形成》中的阶级与阶级意识的契合进行了批评。如果阶级的形成必须以阶级意识为前提,19 世纪工业资本主义之前的社会又该如何解释呢?那时的阶级有自己的阶级意识吗?第二代新左派主张阶级乃结构位置的产物,反对汤普森把 18 世纪士绅与普通人之间或贵族与平民之间的斗争描述为"没有阶级的阶级斗争",因为此间的汤普森在他们看来,已然被迫回到了"自在的阶级"与"自为的阶级"的二分老路上。① 同样,倘若一如汤普森所说,由于阶级意识在 1830 年代的成熟、各种工人阶级组织在彼时的大发展,英国工人阶级应运而生,那么又该如何解释 1850—1880 年间的断裂呢?既然英国宪章运动的失败造成了上述断裂时代的产生,并因此在若干年后把阶级政治及机构推入了一个崭新的阶段,②我们不妨说这个阶级已然不是原来的那个阶级。正如安德森对此所做的评价那样,如果同一个阶级被形成于 1830 年代、被摧毁于 1840 年代、被重新形成于 1880 年代,那么单数意义上的形成便无法令人满意。③

多轮艰难而痛苦的对阵之后,第一代新左派最终妥协,欧陆智识潮流随之在英伦三岛抢滩成功。尽管"由于理论以更为教条、更为智识化的形式呈现自己,比如正在复苏的'马克思主义'",英国劳工运动几乎"从未非常友善地对待过理论实践",④但 1960 年代中期以降,一系列深受欧陆结构主义、马克思主义等启发的全新社会主义文化分析,陆续在英国破茧而出;原本仅有经验主义和理想主义的英国社会批判场域遭遇了有史以来最严重的挑战。随着结构主义等欧陆理论的进入,在 1960 年代中期以降的英国文化研究中,文化主义这一本土研究范式逐渐被边缘化,而基于外来理论的研究范式则不期然出现,纷纷取得支配地位。或者换言之,因为第二代新左派在新左论争中的胜出,伯明翰当代文化研究中心开始将目光转向了非本土资源,尤其是欧陆资源。一如霍尔所言:

---

① E. P. Thompson (1978) "Eighteenth-century English society: class struggle without class?", *Social History*, no. 3.

② E. P. Thompson (1968) *The Making of the English Working Class*, Harmondsworth: Penguin, p. 937.

③ Perry Anderson (1980) *Arguments within English Marxism*, London: Verso, pp. 45—7.

④ E. P. Thompson ([1978]1981) *The Poverty of Theory & Other Essays*, London: Merlin, i.

如果没有《新左评论》在1960年代末和1970年代所开展的大规模欧洲作品翻译工程,文化研究就不会发生,肯定就不会捱过1970年代。第二代新左派的工程至关重要,因为它与当时的其他几家出版社联手翻译了我们无法企及的著作。它第一次用英语为我们带来了法兰克福学派的主要作品,然后是本雅明的作品,然后是葛兰西的作品。①

此间至关重要的是,第二代新左派成员在利用《新左评论》译介欧陆马克思主义经典文献的同时,还在1970年创办了新左书局即后来的韦尔索出版社,翻译出版新左派丛书,为英国新左派知识分子提供了大量新的理论资源和材料,为他们打开了全新的视野。对此,威廉斯曾不无感慨地指出:

> 正是在这种情况下,我感受到了更新的马克思主义著作所带来的兴奋和激动:卢卡奇晚期的著作、萨特晚期的著作、戈德曼和阿尔都塞发展中的著作、马克思主义和形式主义的某种综合。与此同时,在这种富有意义的活动中,我有可能更进一步地接触到更早时期的许多著作:法兰克福学派(在最富有成果的二三十年代)的著作,尤其是瓦尔特·本雅明(Walter Benjamin)的著作;安东尼奥·葛兰西极富创见的著作;新近翻译过来的马克思的著作,尤其是《经济学手稿》。②

所以,我们有理由说,英国新左派的内部论争促成了英国文化研究进入理论时代。这一"成就"无疑主要属于第二代新左派的年轻一辈理论家,但威廉斯、汤普森等老一辈新左派成员/文化主义者同样功不可没,因为他们的不断追寻新思想、积极参与文化论争,使得这一切的发生成为可能。文化研究理论时代的到来意味着英国新左运动已然从第一阶段进入第二阶段,暗示了新左派原初作为一种政治运动的失败,"曾经宣称是'新左运动'的运动……现在无论是在组织上还是(在一定程度上)智识上,都已然在这个国家烟消云散……我们没有能够达到我们的既定目的,甚至没有能够保

---

① Stuart Hall (1990) "The Emergence of Cultural Studies and the Crisis of the Humanities", *October*, vol. 53, p. 16.
② Raymond Williams (1977) *Marxism and Literature*, Oxford: Oxford University Press, p. 4.

住我们曾经拥有的文化机器"。① 第一代新左派成员无力克服自己的政治参与和缺乏连贯的计划及群众基础之间的矛盾,因而未能用一种适当的策略性理论去武装工人运动及其他群众斗争,错过了把核裁军运动发展为社会主义的同情运动的机会。1960年代初,核裁军运动退潮、冷战降温、哈罗德·威尔逊(Harold Wilson)工党政府登台等一系列因素致使英国新左运动陷入了低谷,许多无党派社会主义者因此带着改革的梦想重新回到了工党阵营。一如威廉斯所言:"愚以为,所犯下的最大错误并非是过高地估计了另一种运动在1958—1961年期间的诸多可能性,而是在随后的1962—1964年期间心甘情愿地带着关于工党的种种幻想接受了传统政治。"②然而,以后见之明来看,威廉斯与汤普森大可不必如此悲观。无论是英国新左派还是英国文化研究都没有因此陨落,它们的文化及政治空间依旧存在,而且同样巨大,只不过他们必须挪用另一套术语,尤其是源自法国理论的一套术语。"对法国理论跨国流动的标准叙述是,它被吸收到美国的英语系之中,被变换为高度去政治化形式的文学解构,而在英国——它是通过新左派,尤其是《新左评论》被引入其间的——它联系着马克思主义工程"。③

## 第二节 结构主义作为干扰

在20世纪下半叶的社会与人文科学研究中,结构主义毋庸置疑是最为频繁地被人使用的术语之一,但同时也是界定最为模糊的术语之一;新左论争为伯明翰学派文化研究带来的,是伊格尔顿所谓的现代结构主义或经典结构主义,④即源自现代结构语言学的结构主义。学界对结构主义是否带

---

① E. P. Thompson (1963) "C. Wright Mills", *Peace News*, 29 Nov. 1963; Lin Chun (1993) *The British New Left*, Edinburgh: Edinburgh University Press, p. 64, p. 100. 作为政治运动的新左运动失败之后,倍感失望的汤普森于1965年在英国华威大学创办了"社会史研究中心" (The Centre for the Study of Social History),开始了他长达八年的"政治沉默"期,拒绝参与任何形式的左翼论争。

② Raymond Williams (1981) *Politics and Letters: Interviews with New Left Review*, London: Verso, pp. 366—7.

③ Tania Lewis (2004) "Meaghan Morris and the Formation of Australian Cultural Studies: A Narrative of Intellectual Exchange and Located Transnationalism", *Cultural Studies*, 8(3), p. 53.

④ 特里·伊格尔顿认为,结构主义可以区分为宽泛的结构主义与现代结构主义或者经典结构主义。详见特里·伊格尔顿:《二十世纪西方文学理论》,伍晓明译,北京大学出版社,2007年,第88—124页。

有"政治目的"言人人殊,但无可置疑的是,1960年代中期,现代结构主义开始进驻英国智识生活,于其间遭遇了依旧在英国文学研究中处于支配地位的利维斯主义、在新生的文化研究中处于支配地位的文化主义直接的、激烈的抵制,继而引发了一场"英文研究危机"。① 这场危机加速了文化的理论化,见诸多方表征,包括艾塞克斯大学在1976—1984年期间召开的"文学的社会关系学"年会、泰晤士工学院在1975—1988年期间编辑出版的文集《文学与历史》、英国电影电视协会的期刊《银幕》。② 面对闯入英国智识文化的结构主义,伯明翰当代文化研究中心洞开大门、实行语言学转向,经历了研究范式从文化主义到结构主义的"禅让"。时任中心主任的霍尔深知语言问题是理解民族文化的核心,坚持探究语言的本质及其涵义是探讨居于社会生活核心地位的文化及文化变迁问题之必须,③虽然在他看来,结构主义的进入确乎构成了对文化主义的一种"干扰"。④

结构主义干扰文化主义的能力,主要源自它是解释世界的一种思维方式,致力于探究文化意义的生产与再创造,而文化则是文化主义的聚焦之处。结构主义承诺以严密、精确的方法促成"从语言学的角度重新理解一切事物",⑤包括神话、摔跤比赛、部落亲属关系、餐桌礼仪、文艺作品,所以,结构主义自被形塑以来,一直是置身于"批评意识发展的关键时刻"的学人分析语言、文化与社会的主要方法之一,成为了"整整一代知识分子的共同语"。⑥ 一如列维-斯特劳斯所言,在《结构人类学》出版的1958年,

---

① Peter Widdowson (1982) "The Crisis in English Studies", in Peter Widdowson (ed.) *Re-reading English*, London: Methuen, pp.1—16.

② Andrew Milner (1994) *Contemporary Cultural Theory: An Introduction*, London: UCL Press, p.93.

③ Stuart Hall (1990) "The Emergence of Cultural Studies and the Crisis of the Humanities", *October*, vol.53, p.14.

④ "干扰"一词是在斯图亚特·霍尔的意义上被使用的。霍尔曾在"文化研究:两种范式"一文中指出:"文化研究的'文化主义'路径因'结构主义'的来到智识领域而受到干扰";"干扰"的英文原文"interruption"在中文里可表示"中断"、"打断"、"干扰"等诸多意思,"干扰"最符合语境。详见 Stuart Hall (1996) "Cultural Studies: Two Paradigms", in John Storey(ed.) *What Is Cultural Studies?: A Reader*, London: Arnold, p.39.

⑤ Fredric Jameson (1972) *The Prison-house of Language: A Critical Account of Structuralism and Russian Formalism*, Princeton: Princeton University Press, vii.

⑥ 弗朗索瓦·多斯:《从结构到解构:法国20世纪思想主潮》(上卷)"序言",季广茂译,中央编译出版社,2005年,第4页、第9页。

"结构"一词一举流行开来的同时,结构主义也开始被人当作一种流行思潮。但其后以发生"五月革命"的1968年为界,人们的关心就急剧下降,除了专家之外,渐渐就不再有人问津……在结束流行之后,结构主义可以说是变成了现代思想的一条深藏不露而又永不干涸的地下水脉。①

根据特伦斯·霍克斯的考察,结构主义意义上的"结构"可以追溯至意大利哲学家、修辞学家乔瓦尼·巴蒂斯塔·维科(Giovanni Battisita Vico)对"共同性原则"的考察,意指要素与要素之间关系的总和,而这种关系在一系列变形过程中保持不变的特性。基于"尽管表象恰恰相反,世界并非是由独立存在的客体组成,它们的具体特征可以被清楚而单独地观察到,它们的本质可以被分门别类"这一认知,结构主义者旨在揭示"永恒的结构(permanent structure):个人的行为、感觉与姿态被纳入其中,并由此得到它们最终的本质"。② 借用杰姆逊的话来讲,结构主义者的最终目标是"明确地寻找心灵自身的永恒的结构,寻找心灵得以借助它们体验世界,或者以本质上无意义之物组织意义的组织范畴与形式"。③ 为此,结构主义者使用了诸多首先发展成熟于"现代语言研究(语言学)以及现代人类研究(人类学)"的概念,因为在他们看来,"几乎没有什么领域比语言学和人类学更接近心灵的'永恒的结构'"。④ 以伯明翰当代文化研究中心为代表的英国文化研究所挪用的结构主义直接联系着瑞士语言学家费尔迪南·德·索绪尔。一如索绪尔的划时代遗著《普通语言学教程》所告诉我们的,⑤显影于20世纪初的"体现论"、"结构论"思想首先被运用到了"现代语言研究"之中,而索绪尔则是将结构主义思想运用到"现代语言研究"的第一人。从这个意义上讲,《普通语言学教程》绝非仅仅是传统意义上的语言学著作;其"作者"索绪尔深知社会科学在彼时的发展,尤其是社会科学对"科学性"的寻求,决

---

① 渡边公三:《列维-斯特劳斯结构》,周维宏等译,河北教育出版社,2000年,第3页。
② Terence Hawkes([1977]2003) *Structuralism and Semiotics*, London and New York:Routledge, pp.6—7.
③ Fredric Jameson (1972) *The Prison-house of Language: A Critical Account of Structuralism and Russian Formalism*, Princeton:Princeton University Press, p.109.
④ Terence Hawkes([1977]2003) *Structuralism and Semiotics*, London and New York:Routledge, p.7.
⑤ 索绪尔的传世名作《普通语言学教程》是由他的两位学生在他去世之后,根据1906年至1911年期间他在日内瓦大学授课时的学生的听课笔记,并参照他本人遗留下来的一些手稿编辑而成;法文版面世于1915年,英文版面世于1959年。

心借助它创立一门研究社会生活中符号生命的科学,即符号学。"它将告诉我们符号是由什么构成的,受什么规律支配……语言学不过是这门一般科学的一部分,将来符号学发现的规律也可以应用于语言学,所以后者将属于全部人文事实中一个非常确定的领域"。① 必须指出的是,首先,作为"一种野心更大的批评技术统治",②符号学在英语中有两种可以互换的表达方式:semiology 和 semiotics;二者的区别在于欧洲人出于对索绪尔的尊敬更喜欢使用前者,而操英语者则出于他们对美国人 C. S. 皮尔士(C. S. Peirce)的尊敬更喜欢使用后者。③ 其次,关于语言学与符号学的关系,学界盛行着两种不同的认识:一种主张语言学是符号学的一个分支,其代表人物是索绪尔,而另一种则坚持符号学是语言学的一个分支,其代表人物是巴特。

索绪尔认为,"语言是一种表达观念的符号系统";④语言研究不仅应该根据语言的个别部分历时地进行,而且应该根据语言的个别部分之间的关系共时地进行。虽然有学者考察发现,语言研究的历时/共时之分早在索绪尔之前便已然存在,在方言学研究中尤其如此,但在综合整理"别人已经说过和做过的事情"的过程中,索绪尔强化了系统观念,因而加速了结构主义纲要的确立。⑤ 索绪尔指出,每个语言符号(sign)都是由能指(signifer)与所指(signified)构成;能指即该符号的音响形象(sound-image)或者书写对应物,而所指则是其意义或者概念。比如,D—O—G 这三个标记构成一个能指,而它在讲英语的人中间所唤起的"dog"(狗)这个概念便是其所指。能指与所指始终是"紧密相连而且彼此呼应的",但"能指和所指的联系是任意的,或者,因为我们所说的符号是指能指和所指相联系所产生的整体,我们可以更简单地说:语言符号是任意的"。⑥ 能指与所指的关系受制于而且

---

① 费尔迪南·德·索绪尔:《普通语言学教程》,高名凯译,商务印书馆,[1980]2004 年,第 38 页。
② 特里·伊格尔顿:《二十世纪西方文学理论》,伍晓明译,北京大学出版社,2007 年,第 88 页。
③ Terence Hawkes([1977]2003) *Structuralism and Semiotics*, London and New York: Routledge, p.101.
④ 费尔迪南·德·索绪尔:《普通语言学教程》,高名凯译,商务印书馆,[1980]2004 年,第 37 页。
⑤ 弗朗索瓦·多斯:《从结构到解构:法国 20 世纪思想主潮》(上卷),季广茂译,中央编译出版社,2005 年,第 63—64 页。
⑥ 费尔迪南·德·索绪尔:《普通语言学教程》,高名凯译,商务印书馆,[1980]2004 年,第 101 页、第 102 页。

仅仅受制于某种文化及历史上的约定俗成,或者更加准确地讲,"事实上,一个社会所接受的任何表达手段,原则上都是以集体习惯,或者同样可以说,以约定俗成为基础的"。① 因此,语言符号永远是社会性的,它与其所指物(referent,又译参照物)之间的关系是任意的、不稳定的。语言系统中的每一个符号之所以有意义,仅仅是因为它有别于其他符号;"dog"(狗)的意义并非在于其自身,而是在于它不是"dol"(田野)或者"dot"(圆点)。换言之,唯有一个能指能够保持它与其他能指的区别,它才可以有自己的意义;所有意义都是功能性的,并非固有地、神秘地内在于符号:

……语言中只有差别。此外,差别一般要有积极的要素才能在这些要素间建立,但是在语言里却只有没有积极要素的差异。就拿所指或能指来说,语言不可能有先于语言系统而存在的观念或声音,而只有由这系统发出的概念差别和声音差别。一个符号所包含的观念或声音物质不如围绕着它的符号所包含的那么重要。可以证明这一点的是:不必触动意义或声音,一个要素的价值可以只因为一个相邻的要素发生了变化而改变。②

不难发现,就语言符号及其意指作用的概念而言,索绪尔并未与他勉力超越的历时语言学彻底决裂,虽然他对语言的共时性研究的强调构成了他对语言研究的革命性贡献。借用杰姆逊的话来讲,"索绪尔的原创性在于坚持了这一事实,即作为一个总系统的语言在任何时刻都是完整的,无论此前其中发生了什么变故"。③ 坚持语言的共时性研究首先意味着承认语言既有历史维度,又有当下结构属性。语言是一个出自言说者之口的声音系统,而言说者的言语又在无视语言历史建构和组成当下形态的语言,所以每一种语言都有独立于其历史的完全有效的存在。④ 坚持语言的共时性研究同时还意味着承认语言系统中有连带关系的各项要素既有意义,又有价值;各要素的价值只是因为有其他各项要素的同时存在而存在:

---

① 费尔迪南·德·索绪尔:《普通语言学教程》,高名凯译,商务印书馆,[1980]2004 年,第 103 页。
② 同上书,第 167 页。
③ Frederic Jameson (1972) *The Prison-house of Language: A Critical Account of Structuralism and Russian Formalism*, Princeton: Princeton University Press, pp. 5—6.
④ Terence Hawkes ([1977]2003) *Structuralism and Semiotics*, London and New York: Routledge, p. 9.

一个词可以跟某种不同的东西即观念交换;也可以跟某种同性质的东西即另一个词相比。因此,我们只看到词能跟某个概念"交换",即看到它具有某种意义,还能确定它的价值;我们还必须把它跟类似的价值,跟其他可能与它相对立的词比较。我们要借助于它之外的东西才能真正确定它的内容。词既是系统的一部分,就不仅具有一个意义,而且特别是具有一个价值;这完全是另一回事。①

正是源自对语言的共时性研究的强调,索绪尔做出了言语(parole)和语言(langue)的区分;言语——人之所言——是第一性的,而语言——使人之所言成为可能的规则——则是第二性的。即是说,语言是社会性的,是一种抽象记忆的产物,是言语的意义之源;言语是个别性的,是创造的产物,是一种受经验控制的线性形式,是一个特定制造的事件。语言是言语行为的社会部分,是个人被动地从社会接受而储存在大脑中的系统;它存在于个人意志之外,为每个社会成员所共同具有,是一种社会心理现象。言语是言语行为的个人部分,是个人对语言系统的运用。在考察语言与言语的过程中,索绪尔发现,语言与言语紧密相联而且互为前提:"要言语为人所理解,并产生它的一切效果,必须有语言;但要使语言能够建立,也必须有言语……由此可见,语言和言语是相互依存的;语言既是言语的工具,又是言语的产物。但这一切并不妨碍它们是两种绝对不同的东西。"②索绪尔对语言和言语的区分、对二者间关系的阐释让人看到了"人的理性有一种先验的结构能力,它在意识中支配人的行为,所以,一种由人类行为构成的社会现象,不管它在表面上如何,都蕴含着一定的'结构'在支配它们的性质和变化",③表明了结构主义的一种基本思想:语言——系统——是一种自主的、内在化的、自我满足的体系,与外界的实体事物无关。正因如此,以索绪尔为主要奠基人之一的现代语言学在文学研究中的作用超越了纯粹文学语言问题,催生了有关文学乃至整个社会文化生活的性质和组织的新理论;由索绪尔在此间的语言学理论引申出来的不无普遍性的结构原则,后来构成了结构主义思潮的一些重要方法论的基础,引发了人文社会科学的语言学转向。这便是索绪尔对结构主义的最主要贡献之所在,而促成索绪尔的潜在贡献

---

① 费尔迪南·德·索绪尔:《普通语言学教程》,高名凯译,商务印书馆,[1980]2004年,第161页。

② 同上书,第41页。

③ 徐崇温:《结构主义与后结构主义》,辽宁人民出版社,1986年,第15页。

最终变为现实的介质,则是罗曼·雅各布森,以及直接联系着雅各布森的俄罗斯形式主义。一如伊格尔顿所言:

> 普遍意义上的结构主义乃是一个将此种语言学理论应用于语言自身之外的种种事物与活动的尝试……索绪尔的语言学观点影响了俄国形式主义者、尽管形式主义本身并不是标准的结构主义……然而,正是一位俄罗斯形式主义者、语言学家罗曼·雅各布森,将成为连接形式主义与现代结构主义的重要桥梁……雅各布森后来再次移居。这一次他去了美国。二战期间,他在那里遇到了法国人类学家克劳德·列维-斯特劳斯。他们的相识是一个知识上的联系,大部分现代结构主义就将由此而发展出来。①

雅各布森是成立于1915年的莫斯科语言学小组副组长,后来移居布拉格,在那里成立了布拉格语言学小组;恰恰是这次历史的偶然,激发了结构主义在西方的发展。1929年以后,布拉格语言学小组的出版物开始涌现,明确界定了结构主义纲要:"它采用了结构主义的名称,因为结构主义的基本概念是结构,结构被设想为一种动态性整体。"②作为布拉格语言学小组的领袖,雅各布森勉力在西方传播小组的结构主义思想,结构主义思想因此大量出现在语言学家的著述之中,尤其是雅各布森的"诗学"、结构语音学。二战爆发后,雅各布森辗转移居到纽约,于是便有了他与列维-斯特劳斯在社会研究新学院(The New School for Social Research)的"历史性会晤"。与雅各布森在1942年的相遇,尤其是在雅各布森主持的研讨班上所获得的结构语音学认知,让列维-斯特劳斯清楚地认识到,结构语音学的模式代表着一场真正的哥白尼—伽利略式革命,从而将人类学置于文化的根基上。"相较于原子物理学在所有精密科学当中所发挥的革新作用,语音学在社会科学当中发挥的革新作用毫不逊色。"③受雅各布森的启发抑或启蒙,"朴素的结构主义者"列维-斯特劳斯加入了语言学家的行列,"我们应该向语言学家学习,看一看他们是如何取得成功的,想一想我们如何才能在自己的领

---

① 特里·伊格尔顿:《二十世纪西方文学理论》,伍晓明译,北京大学出版社,2007年,第94—95页。

② 弗朗索瓦·多斯:《从结构到解构:法国20世纪思想主潮》(上卷),季广茂译,中央编译出版社,2005年,第76页。

③ Claude Lévi-Strauss (1963) *Structural Anthropology*, New York and London: Basic Books, p.39.

域使用同样严密的方法"。① 最终,列维-斯特劳斯借助雅各布森的语言理论,发现了"语言结构与亲属制度之间存在着一种形式上的对应关系",②提出了"禁止乱伦本身就是文化"的著名主张,形塑了融结构主义与人类学于一体的结构人类学,成为了将结构主义运用于社会科学的开先河者。就列维-斯特劳斯的学术生涯而言,其结构人类学思想公认发端于《野蛮人的心灵》,完成于四卷本的《神话学》。在标志其结构人类学的真正建立的神话研究中,列维-斯特劳斯首先将不同的神话视为一些基本主题的各种变化,并坚持在诸多神话的背后,有着个别神话可以还原于其中的普遍的永恒结构。其次,列维-斯特劳斯将神话视为一种语言,其间的基本单元为神话素;个别的神话素宛如个别的音素一样毫无疑义,它们的意义来源于它们以某种特定语法形式组织起来。将神话素组织起来的语法关系或者组织结构便是神话的真正意义;人类学家的任务即是找出神话的内在语法:使神话有可能产生一定意义的各种规则与轨道。所以,一如特伦斯·霍克斯所言,列维-斯特劳斯基于"能够造出神话的'诗的智慧'激发了所谓'原始人'对事件的反应"这一基本原则,创立"关于人的普遍科学",其核心是"人创造了他们自己,就像他们创造了家畜的种类一样",③或者用列维-斯特劳斯自己的话来讲,揭示所谓的"原始的"社会文化的"无意识基础"。④ 为了实现其目标,列维-斯特劳斯

> 试图把文化行为、庆典、血缘关系、烹饪法、图腾制度的各组成部分看成不是固有的或无联系的实体,而是相互间保持的对比关系,这些关系使它们的结构和语言的音位结构相类似。因此,"和音位一样,亲属关系也是意义的要素;像音位一样,它们只有融和在系统中,才能获得意义"。⑤

换言之,结构语言学影响之下的列维-斯特劳斯认为,每一种人类实践活动

---

① Claude Lévi-Strauss (1963) *Structural Anthropology*, New York and London: Basic Books, p. 68.
② Ibid., p. 71.
③ Terence Hawkes ([1977]2003) *Structuralism and Semiotics*, London and New York: Routledge, p. 20.
④ Claude Lévi-Strauss (1963) *Structural Anthropology*, New York and London: Basic Books, p. 18.
⑤ Terence Hawkes ([1977]2003) *Structuralism and Semiotics*, London and New York: Routledge, p. 21.

都像语言系统一样,是一种交流方式与表达方式。在考察这些系统的过程中,列维-斯特劳斯坚持语言作为人的独一无二的特征,同时构成使人与动物区别开来的文化现象的原型,以及全部社会生活形式借以确立和固定的现象的原型,所以,他真正关注的是"如何把现代语言学的方法用来分析非语言学的材料",一如他为此设计的"烹饪三角"所证明的。列维-斯特劳斯认为,烹饪包括自然和文化两个方面;前者为消化,而后者则从食谱一直到餐桌礼仪。食谱是对自然物质的文化精制,餐桌礼仪在食物配制规矩上再加上食用礼仪,因此是二级文化精制。消化则是对已然做过文化处理的物质再做自然精制。①

列维-斯特劳斯将结构主义方法应用于神话研究,志在从神话研究中找到对所有人类心灵普遍有效的逻辑或者思维原则,或者借用他的话准确地讲,全人类的心灵共同具有的原始逻辑——"野蛮人的心灵"。他在这个领域取得的成就举世瞩目,让人看到了结构主义革命的发展趋向,即语言学转向。② 但我们必须知道,列维-斯特劳斯以这样一种方式探寻"野蛮人的心灵",直接联系着二战后的社会情势。一方面,众所周知,法国、英国等老牌资本主义国家,二战后纷纷经历了殖民地独立的遭遇,其学者因此失去了自由前往原殖民地考察的机会,抑或说学者们原有的重调查、轻理论的方法已然失效,所以,结构主义的出现正好满足了他们的需求。正如伊格尔顿所言:

> 最好是把结构主义既视为我所概括的这一社会和语言危机的征候,也视为对于这一危机的反应。结构主义从历史逃向语言:一个具有反讽意义的行动,因为,正如巴尔特所认为的那样,几乎没有什么能比这一行动更具有历史的重要性了。③

另一方面,法国经济在战后的迅速恢复与发展,让人对曾经在 1940 年代和 1950 年代法国思想界处于支配地位的萨特及其存在主义,失去了兴趣与热情。一如《野蛮人的心灵》的问世可以证明的,在存在主义的退潮声中,结

---

① 周昌忠:"译者序",载克洛德·列维-斯特劳斯:《神话学:生食和熟食》,周昌忠译,中国人民大学出版社,2007 年,第 3—4 页。
② 赵一凡:"结构主义",载赵一凡、张中载、李德恩主编:《西方文论关键词》,外语教学与研究出版社,2006 年,第 249 页。
③ 特里·伊格尔顿:《二十世纪西方文学理论》,伍晓明译,北京大学出版社,2007 年,第 138 页。

构主义思潮作为存在主义的否定,登上了法国的思想舞台。① 透过《野蛮人的心灵》,我们可以清楚地看到列维-斯特劳斯对萨特出版于 1960 年的《辩证理性批判》的回应,尤其是他与萨特之间的激烈冲突与对立。列维-斯特劳斯的老友福柯曾对此有过生动的描述:

> 大约在 15 年前,人们突然地,没有明显理由地意识到自己已经远离、非常远离上一代了,即萨特和梅罗-庞蒂的一代——那曾经一直作为我们思想规范和生活楷模的《现代》期刊的一代。萨特一代,在我们看来,是一个极为鼓舞人心和气魄宏伟的一代,他们热情地投入生活、政治和存在中去。而我们却为自己发现了另一种东西,另一种热情,即对概念和对我愿称之为系统的那种东西的热情。②

本质上,列维-斯特劳斯与萨特之间的分歧源于对"时间之矢"的不同理解。在以萨特为代表的存在主义者看来,"历史提供了为现状辩护的神话,而现状又是历史所带给我们的必然要到达的终点",而结构主义者则认为,"历史提供给我们的是过去社会的图像,而这种图像正是我们所了解的那些东西的结构转换,不管它们是更好还是更坏"。③ 列维-斯特劳斯本人对历史的态度时常令人难以捉摸。他首先坚持,历史的历时性研究与人类学的共时性及文化交叉研究是研究同一对象时两个可以替代使用的方法:

> 人类学家尊重历史,但是并不赋予它特别的价值。他把历史看做是他自己的研究的补充;这两种研究,一种是从时间上来展示人类社会的领域,一种是从空间上来展示人类社会的领域。然而,这两者之间的差异要比它所表现的小得多,因为历史学家所追求的是重造那种已消失的社会的形象,似乎这些消失了的社会就存在于对他们来说相当于现在的时间内,而人种学家则极力想重建那些时间上在其现存形式之前存在过的历史阶段。④

其次,列维-斯特劳斯坚持认为,当历史表现为对过去事件的回忆时,它便是思考者现在而并非过去的一部分,因为对人类所有被回忆起的经验的任何思考都是当代性的,一如在神话中所有事件都是独立的共时性总体的一部

---

① 徐崇温,《结构主义与后结构主义》,辽宁人民出版社,1986 年,第 4 页。
② J. M. 布罗克曼,《结构主义》,李幼燕译,商务印书馆,1980 年,第 12—13 页。
③ 埃德蒙·利奇:《列维-斯特劳斯》,吴琼译,昆仑出版社,1999 年,第 12 页。
④ Claude Levi-Strauss([1962]1966) *The Savage Mind*, Chicago: The University of Chicago Press, p. 256.

分。再次,虽然列维-斯特劳斯"坚决拒绝运用结构主义的技术去分析历史的过程",①但这并未妨碍他会运用结构主义的论点去考察和分析当代西欧文化的特征。在二战期间及之后的一段时间内,包括列维-斯特劳斯在内的诸多人类学家纷纷接受索绪尔的影响,在考察人类实践的过程中把目光转向语言,并通过自己的著述表达这样一种观点:"构成文化的整个社会行为领域或许事实上也表现了一种按照语言的模式进行'编码'的活动。事实上,它自身可能就是一种语言。"②换言之,人类活动的任何方面都具有作为索绪尔意义上的符号或成为符号的潜能。符号既可由身体有机地产生,也可借助身体在技术上的延伸工具化地产生。语言是最纯粹的有机符号系统,因为语言的每一方面都是借助身体产生出来的,但当媒介使我们的身体延伸时,我们所面对的便变为了具有自己生命的自主的符号系统(即工具地产生的符号系统)。③

根据列维-斯特劳斯等人的观点,最重要的自主符号系统乃语言的书写系统。由于"一切社会都按照那些决定着形式和功能的精神和心理原则构造其自身的现实,并且悄悄地把这些现实投射到任何可能真会有的现实世界",语言的书写系统极可能"在社会中是一种中介的塑造的力量,而不是单纯地起反映或记录作用"。④ 所以,列维-斯特劳斯不仅认为神话皆为二元对立结构的产物,其意义都是通过将世界分为自然/文化、黑/白之类相互排斥的对立面而实现,而且同时主张所有神话在社会内部有一种相似的社会文化功能,即对世界进行阐释、解决其间的问题与矛盾。"神话思想的发展往往是从对各种对立的意识到对各种对立的解决……神话的目的在于提供一种解决对立的逻辑模式"。⑤ 换言之,"神话是我们为消除各种对立、让世界可以理解并因此宜居而讲给自己听的作为一种文化的故事;它们旨在使我们心平气和、接受现状"。⑥ 正是在这里,伯明翰当代文化研究中心的理论家发现了列维-斯特劳斯的结构人类学的价值,发现了神话的价值;正

---

① 埃德蒙·利奇:《列维-斯特劳斯》,吴琼译,昆仑出版社,1999年,第14页。
② Terence Hawkes([1977]2003) *Structuralism and Semiotics*, London and New York: Routledge, p.19.
③ Ibid., p.111.
④ Ibid., p.41.
⑤ Claude Lévi-Strauss (1963) *Structural Anthropology*, New York and London: Basic Books, p.224, p.229.
⑥ John Storey ([1993]1997) *An Introduction to Cultural Theory and Popular Culture*, London: Prentice Hall/Harvester Wheatsheaf, p.78.

是因为他们对神话价值的发现,作为符号学家、结构主义者的罗兰·巴特及其"神话"(myth),得到了进入伯明翰当代文化研究中心的机会。①

　　罗兰·巴特是当代法国思想界的先锋人物、著名文学理论家和评论家,一生中探索过多种艺术门类,而这些探索大多联系着他对索绪尔语言学理论的应用与拓展。② 以"写作的零度"概念为起点,巴特积极参与了战后巴黎左派论争,而且在马克思、列维-斯特劳斯、弗洛伊德及索绪尔等人的启发下,成功地形塑了作为一种工具的"道德中立的、感知的、严格的"符号学,以之"攻击资产阶级的文化权力":③揭示资产阶级文化现象的武断性、揭露资本主义社会日常生活中的潜在意识形态。一如其文集《神话学》所告诉我们的,"神话研究"时期的巴特在强有力地解释索绪尔符号学的同时,通过挪用路易·叶尔姆斯列夫(Louis Hjelmslev)的"内涵符号学"(connotative semiotics,又译"含蓄意指符号学")、"元符号学"(metasemiotics)等概念,将符号学之语言学变为语言学之符号学,有效地推进了索绪尔符号学,促成了结构主义被广泛运用于文学、文化现象及普通事物的研究之中。具体地讲,1952 年,无缘进入法国大学任教的巴特开始在法国国家科学研究中心从事词汇学与社会学的研究;1954—1956 年间,他应邀在《新文学》(*Les Lettres Nouvelles*)开辟"当月神话"专栏,发表了大量揭示大众文化迷思的文章,即后来编辑成册的《神话学》。《神话学》出版于 1957 年,分两部分;前半部分"流行神话"是分析二战后法国大众文化的碎片式短文,而后半部分"今日神话"则是对前一部分的分析的理论提升与系统化。巴特写作"流行神话"期间,法国正经历媒体大爆炸:杂志、电影、电视、广播等媒体迅猛发展;它们看似异质性很高,主题或许暧昧不明,但却宛若一种新型心理引力,在最深层次上影响法国大众的日常生活。巴特对此倍感焦虑,开始了他对法国社会所蕴含的"流行神话"的反思,一如他在《神话学》的序言中所言:

　　这些思考的出发点往往是因此而产生的焦虑感,即看到报纸、艺

---

① 罗兰·巴特在《S/Z》一书中,从结构主义转向了后结构主义;他于其间对巴尔扎克的《萨拉辛》(*Sarrine*)进行了结构主义式解读,更重要的是,把文本分为了"读者型文本"(readerly text)与"作者型文本"(writerly text),指出了文本意义的不确定,或者更加准确地讲,文本的意义是复数的、弥散的。详见 Roland Barthes (1974) *S/Z*, translated by Richard Miller, New York: Hill and Wang.

② 关于巴特对索绪尔语言学理论的继承与发展,参见怀宇:"译者前言",罗兰·巴特:《文艺批评文集》,怀宇译,中国人民大学出版社,2010 年。

③ John Hartley (2003) *A Short History of Cultural Studies*, London: Sage, p.19.

术、常识为现实套上"自然而然"的外套的焦虑感。现实,即使是我们生活于其中的现实,毋庸置疑是取决于历史的。简言之,在对我们当下环境的叙事中,每每看到自然与历史纠缠在一起我就忿忿不平,我就希望在"不言而喻之物"的装饰性展出中,探究在我看来藏匿于其间的意识形态荒谬。①

作为"报纸、艺术、常识为现实套上'自然而然'的外套"的结果,以前由神话和史诗来完成的文化工作——形塑社会价值观、提供共同语言——现在已然转移至电影明星与广告人;这些媒体人制造出"自然与历史纠缠在一起"的"流行神话",将"意识形态荒谬"藏匿于其间,强加于所有社会阶层。巴特因此"忿忿不平",开始阅读与解码"流行神话",其起点是这样一种认知:"神话是一种言说方式"、"神话是一个传播系统,它是一种信息……它是一种意指方式,一种形式"。② 所以,巴特所谓的神话并非古典的或人类学意义上的神话,比如一种叙事或一种文体,而是一个社会为了维持和证实自身的存在而建构的一个复杂言语系统,包括旨在实现一种功能、一种神秘化(mystification)的各种意象和信仰系统。换言之,巴特所谓的神话乃一种言语、一种表意模式或一种形式;甚至可以说,能够通过语言形式而存在的一切皆可为神话。"因为神话是一种言说方式,一切皆可是神话,只要它是由话语传播。神话的定义并非取决于其信息的客体,而是它借以发出消息的方式:存在着神话的形式界限,但并不存在'内容'界限"。③

巴特反思流行神话,其目的在于探究藏匿于其间的意识形态荒谬,抑或说"解神化"(demystification)。为此,巴特考察与分析了见诸1950年代法国大众文化的多个主题:度假的作家、嘉宝的脸、明星的婚礼、职业摔跤、脱衣舞、肥皂剧广告、新款雪铁龙汽车、儿童玩具的趋势、法国总统呼吁大众多喝牛奶的倡议,等等。巴特发现,在直接联系着这些主题的种种现象背后,往往隐藏着特定社会群体独有的意义借以获得普世性、强加于全社会的规则、法规或者习惯;这些规则、法规或习惯以"常识"(common sense)的修辞形式显影,确保原本异质的种种现象最终具有同质性、真理性,转化为为处于支配地位的资产阶级意识形态服务的神话。巴特认为,由于这样一种去政

---

① Roland Barthes (1972) *Mythologies*, New York: Hill and Wang, p. 10.
② Roland Barthes ([1982]1991) "Myth Today", in Susan Sontag (ed.) *A Barthes Reader*, New York: The Noonday Press, p. 93.
③ Ibid., pp. 93—4.

治化神话修辞术无所不在,任何东西都是有意义的,尤其是那些貌似没有意义的东西。"一天中,我们到底能遇到多少非象征性的地方?很少,有时候没有。我临海而立;大海确乎不含任何信息。但海滩上,符号学材料却何其多! 旗帜、标语、指示牌、衣服,甚至晒黑的皮肤,对我来说都算是信息。"①不难发现,一方面,巴特拥有寻求意义的强烈欲望,另一方面,他已然注意到神话与符号科学之间的关联:"事实上,神话与语言学同发展,属于一般科学的范畴,它就是符号学"。② 巴特不但意欲揭示种种神话的欺骗性,而且志在以符号学为工具,探究神话的结构,以期在证明人们习以为常的日常现象与事实实乃虚假或人为之物的同时,阐释这些虚假或人为现象的成因。"不同于霍加特,巴特并不关注现代大众文化中的好与坏的区隔,而是意在显现当代资本主义社会中的所有看似自发的形式与仪式,何以受制于系统性的扭曲,随时可能被去历史化、'被自然化'、转换为神话"。③

正是因为这样的一种志趣,巴特在破解神话迷思的时候虽然言辞激烈,但他的主要目的与其说是批判,毋宁说是试图理解法国人的心灵习性,就像他对一幅题为"人类大家庭"的照片的分析。巴特首先告诉我们,巴黎的一个大型摄影展通过展现世界各国日常生活中人类行为的普遍性,即生死、劳作、学习、游戏总是源自相同的行为类型,制造了形形色色的人类中存在着一个"人类大家庭"的神话。巴特继而指出,通过表征人的多样性特征,把具有多种多样容貌和外表的人物颂扬为一个大家庭,这个神话有效地遮蔽了人们生死、劳作于其间的社会、经济条件的完全不同。此间的影像的内涵和效果,解释它们所用的语言,无不旨在压制决定性的历史内容,将一种共同的人类天性置于人类外表、制度和环境的差异之下,而保证这一过程取得成功的,则是"自然化"或者"标准化"。巴特认为,文化在产生神话意义时,总是试图让它们本身的规范显得宛若自然事实一样:

> 整个法国都浸润在这一匿名的意识形态之中:我们的报刊、电影、戏剧、大众文学、礼节、司法、外交、会话、天气状况、谋杀案审判、令人兴奋的婚礼、让人渴望的菜肴、所穿的衣服,我们日常生活中的一切,都依赖于表象,这是资产阶级所拥有的,并且让我们也拥有的人与世界的关

---

① Roland Barthes([1982]1991)"Myth Today", in Susan Sontag (ed.) *A Barthes Reader*, New York: The Noonday Press, p.97.
② Ibid., p.95.
③ Dick Hebdige([1979]1997) *Subculture: The Meaning of Style*, London and New York: Routledge, p.9.

系。这些"标准化"的形式并没有多少吸引力……但它们的来源却很容易迷失。它们满足于中间的位置:既不是直接的政治,也不是直接的意识形态……资产阶级种种规范经由全国规模的实施,让人感受到它们是自然秩序的显而易见的法则:资产阶级愈是传播其表象,表象也就愈是得以自然化。①

显然,《神话学》为一套双重理论架构所支撑:一是以所谓大众文化的语言工具作为意识形态的批评,一是基于语义学分析这套语言的结构。基于对流行神话的阅读和解码,巴特在作为全书理论说明的"今日神话"中,勉力发展出一种解读神话的系统方法论。曾经饱含马克思主义情绪的巴特并未在此间挪用马克思主义,虽然"马克思的著作常常有出其不意,难以预料的地方,正是这些逆转,这些词句的拐弯吸引了巴特,巴特从中获得了一种非政治化的乐趣",②而是频频援引索绪尔语言学理论,希望从中找到破解流行神话、神话机制的良方。索绪尔对语言与言语的区分促成了巴特将神话定义为一个传播系统、一种信息、一种意指方式、一种形式,而巴特的"神话的定义并非取决于其信息的客体,而是它借以发出消息的方式:存在着神话的形式界限,但并不存在'内容'界限"这一主张,则直接联系着他对索绪尔的能指与所指关系的探究。巴特指出,能指与所指间的关系并非"相等"(equality)关系,而是"对等"(equivalence)关系;在语言系统中,这种对等关系显现为一种结构关系,组成索绪尔所谓的语言符号,但是在非语言系统中,这种对等关系则显现为一种联想式整体,构成的仅仅是符号。比如,在玫瑰被用以表示爱情的时候,玫瑰为能指,爱情为所指,玫瑰与爱情的联想式整体关系建构出作为一个符号的玫瑰。作为符号的玫瑰不等同于作为能指的玫瑰,因为作为能指的玫瑰是空洞的,而作为符号的玫瑰则因为我们的意图与社会习俗的结合,是完全充实的。表面上看,社会习俗可为我们提供实现意图的一系列手段,但从本质上讲,因历史性的制约,社会习俗所提供的手段往往具有定型化或者惯例化特征。③

因此,神话的形式是有限的,其内容受制于历史性;神话并非具有永恒

---

① Roland Barthes([1982]1991) "Myth Today", in Susan Sontag (ed.) *A Barthes Reader*, New York: The Noonday Press, pp.128—9.

② 汪明安:《谁是罗兰·巴特》,江苏人民出版社,2005年,第16页。

③ Roland Barthes([1982]1991) "Myth Today", in Susan Sontag (ed.) *A Barthes Reader*, New York: The Noonday Press, pp.97—8.

性。"无论古今,神话都只能有一种历史基石,因为神话是一种历史选择的言说方式:它不可能源自事物的'本性'"。① 巴特对神话的历史基础的这般认识具有双重意义:一是构成他对索绪尔的超越,因为神话内容的受制于历史性正好可以弥补索绪尔的共时性语言理论的缺陷——"分析对象的孤独和停滞状态而难以找到对象的动力形成基础",② 一是为神话进入符号学系统提供必要前提。既然神话的内容受制于历史,神话作为一种由言语、表意模式精心打扮的信息,既不可能由其对象来决定,也不可能由其材料来决定;通过对神话的历史基础的分析便可揭示出神话形成的背景,从而揭示出神话所携带的意识形态或对神话进行解神秘化。基于这一认识,巴特提出了"二级符号系统"概念。具体地讲,巴特把索绪尔的符号系统称作第一级符号系统(primary semiological system),把他自己的神话系统称为第二级符号系统(second-order semiological system);第一级符号系统揭示神话的构成,第二级符号系统揭示神话形成的背景。第二级符号系统以第一级符号系统为基础,即第一级符号系统中的符号——能指与所指的联想式整体——在第二级符号系统中变为纯粹的能指。第一级符号系统中的三个术语分别为能指、所指和符号,即能指对所指的关系生成符号;第二级符号系统中的三个术语分别为形式(能指)、概念(所指)和意指行为,即形式对概念的关系生成意指行为。在第一级符号系统中,语言(言语活动对象)为意指行为提供模式,但是在第二级符号系统或神话(元语言)系统中,意指行为模式则远为复杂。如下表所示:

---

① Roland Barthes([1982]1991) "Myth Today", in Susan Sontag (ed.) *A Barthes Reader*, New York: The Noonday Press, p.94.

② 汪民安:《谁是罗兰·巴特》,江苏人民出版社,2005年,第56页。

神话发生作用在于先前已经确立的充实符号被一再消耗,直至成为空洞能指。神话的能指是第一级符号系统的符号,同时作为第一级符号系统的意义与第二级符号系统的形式,有机地连接起两级符号系统。符号作为第一级符号系统的意义时,要求得到完整的消化,"意义**已经**是完整的,它要求一种知识、一种过去和记忆,要求事实、观念和决定的一种比较秩序"。① 但是,符号作为第二级符号系统的形式时,其意义不断贬损,"意义变为形式的时候,它就摈弃偶然性,它掏空自身,变得贫瘠起来,历史蒸发,只剩下文字。在这里,阅读活动中有一种反常的转换,一种从意义到形式、从语言学符号到神话能指的异常回归"。② 在从意义到形式的转换过程中,退化的发生是因为

> 人们认为意义要消亡,但它是一种延缓之中的消亡;意义失去其价值,但是保留其生命,神话的形式从中获取滋养。对形式而言,意义就像历史的即刻存储、易于控制的丰富,这可以通过某种快速的转换,予以召唤和摈弃:形式应不断地有能力重新根植于意义之中,从中获取其滋养所需的本性;最为重要的是,它应能藏匿于此。界定神话的,正是意义与形式之间这一持续的捉迷藏游戏。③

由于神话的能指即第一级符号系统的符号已然在从意义到形式的转换中,因退化而被高度抽象化,神话的所指即概念因此获得丰富的联想空间。

> 实际上,被投入概念之中的与其说是现实,毋宁说是关于现实的认知;在从意义到形式的过渡中,形象失去一些信息:这是为了更好地接受概念之中的信息。事实上,容纳于神话概念之中的信息是混杂的,由易变、无形的联想构成。人们必须坚决强调概念的这种开放性;它绝非是一个抽象而纯净的本质;它是一种无形的、变化不定的和朦胧不清的凝缩,其统一性与连贯性主要取决于其功能。④

巴特认为,第二级符号系统或者神话系统中的能指与所指之间的关系是一种不对称关系,因为神话的所指(概念)并非拥有固定性,而是可以形成、改变、分解和完全消失。换言之,神话的所指可以通过基于其能指的联

---

① Roland Barthes([1982]1991)"Myth Today", in Susan Sontag (ed.) *A Barthes Reader*, New York: The Noonday Press, p.103.
② Ibid.
③ Ibid., pp.103—4.
④ Ibid., p.105.

想获得复杂而丰富的内容;一个微小的形式可以托起一个内涵丰富的概念。神话系统中的能指(意义)与所指(概念)的结合被巴特称为意指行为——神话本身。由于意指行为往往具有某种动机性,神话的能指(意义)与所指(概念)时常在意指行为中呈现出一种变形(deformation)关系:"实际上,概念改变但并不消除意义;有一个词可以精确地表达这一矛盾:概念异化意义"。① 概念异化意义的过程即是神话的动机性被建构或者被藏匿的过程,其成功的关键在于神话的能指(意义/形式)与所指(概念)之间的类比性。由于意义并非完全充实,能指(意义/形式)与所指(概念)之间往往仅有局部的类比性;这既是意指行为的基础,也是意指行为具有选择性的原因所在。正是基于这样一种局部类比性的存在,神话系统的意指行为才得以通过概念选择性地改变或者异化意义,从而实现某种既定动机。

"今日神话"无疑是巴特的神话阅读和解码实践的理论产物,但这并不意味着它足以说明《神话学》全部运作的体系。《神话学》的统一性并非在于其操作过程或者使用方法,而是见诸其解神化的目标,一如巴特对自己的一次理发店经验的分析:

> 我在理发店里,有人给了我一期《巴黎竞赛报》。封面上,一位身着法国军服的黑人青年在敬礼,双眼仰视,或许在凝视起伏的三色旗。这一切便是这幅图片的**意思**。但无论是否自然流露,我都清楚地领会到了它向我传达的涵义:法国是一个伟大的帝国,她的所有子民,不分肤色,都在其旗帜下尽忠尽责,这位黑人为所谓的压迫者服务的热忱,是对所谓的殖民主义的诽谤者最好的回答。因此,我再次面对被增大的符号学系统:有一个能指,它本身就是已经由先前的符号系统形成的(**一位黑人士兵行法兰西军礼**);有一个所指(在此它是法国性和军人特性的有意识混合);最后,还有所指借助能指而呈现出来。②

巴特在这里展示了"法国是一个伟大的帝国,她的所有子民,不分肤色,都在其旗帜下尽职尽责"这一神话的诞生过程。神话是一种去政治化的言说,旨在扭曲事物,而不是使之消失;神话能够发挥作用,是因为它符合大众的期待:人们不关心神话是真是假,而是关心它有用无用,并依其需要去政治化。相应地,解神化并不等同于消解大众文化中的神话意涵,或者拆

---

① Roland Barthes([1982]1991) "Myth Today", in Susan Sontag (ed.) *A Barthes Reader*, New York: The Noonday Press, p. 109.
② Ibid., pp. 101—2.

解神话化程序,而是将其再政治化,以期揭示资产阶级何以借助大众文化将其意识形态强加于一切社会阶层之上,从而实现社会控制和无产阶级的资产阶级化。从这里可以看出,解神化无疑可以把我们带向"幕后",让我们置身于世界的建构之中,看到"外延"和"内涵"的意指过程及其有效性。外延即本义,或者语言的字面之义,内涵即转义,或者语言的言外之意;外延存在于第一级符号系统之中,而内涵则存在于第二级符号系统之中。第一级符号系统中的能指—所指关系所产生的符号成为第二级符号系统中的能指时,内涵便产生:

> 我们……面临两个既相互包含又彼此分离的意指系统……在第一种情况下,第一系统变成了第二系统的表达层或能指……这种情况即……第一系统构成外延层次层面,第二系统(由第一系统扩展而成)构成内涵层面。我们可以说,内涵系统是这样一个系统,它的表达层面本身由一个意指系统构成。通常情况下的内涵意指当然由复合系统构成,其中的第一个系统(如文学)便是分节语言。①

这便是《神话学》能成功揭示支配阶级的虚伪本性与日常生活中的大众自欺欺人之举的根本。虽然有批评家认为,根植于语言学的巴特神话理论理性有余、战斗激情不足、缺乏经验有效性,②但巴特的神话理论颇具理论自足性与实用性,其颇具政治反抗性的解神化计划适合用于分析各种社会文化现象。从这个意义上讲,巴特旨在对神话进行解神化的神话研究有能力为当代文化研究开辟新的空间。

1960年代,缘起索绪尔现代语言理论的各式结构主义在法国大行其道,包括列维-斯特劳斯结构人类学、巴特神话理论,直接联系着这些观点被形塑其间的法国社会情势——经济繁荣、社会转变和政治危机。然而,非常巧合的是,这样的社会情势也见诸彼时的英国。所以,伯明翰当代文化研究中心的理论家和实践者最终接受了结构主义,实行研究范式的语言学转向。从此,伯明翰当代文化研究中心开始了与欧陆理论的密切接触,开始了从"作为政治的一种学术实践"到"作为一种学术实践的政治"的缓慢演变。从这个意义上讲,结构主义确乎构成了对伯明翰当代文化研究中心的一种干扰。

---

① 罗兰·巴尔特:《符号学原理》,王东亮等译,生活·读书·新知三联书店,1999年,第83—84页。

② Dominic Strinati([1995]1996) *An Intoduction to Theories of Popular Culture*, London and New York: Routledge, pp.123—4.

## 第三节　文化主义—结构主义论争

随着语言学转向的发生,结构主义逐渐代替文化主义成为了伯明翰当代文化研究中心的支配性研究范式;一如托尼·本尼特等人的"邦德研究"可以证明的,①结构主义文化研究在相当长的一段时间内都可谓是伯明翰学派文化研究的主干。但我们必须知道,在世界范围内,结构主义文化研究首先发生在美国;获得公认的第一部结构主义文化研究杰作是美国社会学家威尔·莱特(Will Wright)完成的,他对1930—1971年间的数十部"最卖座"西部片的分析,②集中见诸他在1975年出版的《六发左轮与社会:对西部片的结构分析》(Sixguns & Society: A structural study of the Western)。1903年,埃德温·鲍特(Edwin Porter)制作了电影史上第一部西部片《火车大劫案》(The Great Train Robbery);自问世以来,西部片一直为美国乃至世界各地电影观众所青睐,引起了电影评论家的广泛关注,或扬或抑、或褒或贬。但莱特发现,直到1970年代,尚未有评论家对西部片进行严肃、系统的研究,比如就西部片流行的原因而言,社会学家仅仅将其归结于西部片化解文化冲突,心理学家仅仅将其归结于西部片满足普世的无意识需求,因而无力"证明在这片貌似贫瘠的智识荒原中存在可取价值"。③

> 虽然西部片自身可能貌似简单(并非很简单),但对其大受欢迎的解释却不可能如此,因为西部片就像任何神话一样,连接个人意识与社会。倘若某一神话大受欢迎,它必然以某种方式吸引与奖赏观看它的个人,向他们传递某种象征意义。该意义必然转而反映已然创造并且继续滋养神话的特定社会机制与态度。因此,神话必然为观众揭示他们自己,以及他们的社会。④

---

① Tony Bennett and Janet Woollacott (1987) *Bond and Beyond: The Political Career of a Popular Hero*, New York: Methuen.

② 《电影先驱报》(*Motion Picture Herald*)规定,最卖座影片在美国和加拿大的票房必须达到400万美元以上;威尔·莱特据此从1930—1971年间的好莱坞西部片中,找到了63部最卖座片,但我们必须知道,他实际上讨论了64部影片。详见 Will Wright (1975) *Sixguns & Society: A structural study of the Western*, Berkeley: The University of California Press, p.30。

③ Will Wright (1975) *Sixguns & Society: A structural study of the Western*, Berkeley: The University of California Press, pp.1—2.

④ Ibid., p.2.

莱特认为，西部片研究的关键是西部片必须被视为一种大众文化而非艺术，一种由抽象结构和象征内容所组成的当代神话，一种表面简单实则深刻地概念化美国社会信仰的文化类型。为此，莱特选择了列维-斯特劳斯结构人类学作为主要理论资源，辅之以肯尼斯·伯克(Kenneth Burke)的修辞理论、弗拉基米尔·普洛普(Vladimir Propp)的叙事理论，证明西部片是一种神话的同时，探究西部片的神话运作方式，抑或支撑西部片的结构。莱特认为，西部片可以基于情节的不同大致分为四类：经典情节西部片——流行于1930年代到1950年代中期、复仇情节西部片——流行于1950年代和1960年代、过渡主题西部片——流行于1950年代末、专业情节西部片——流行于1960年代与1970年代。在详细比较和对照西部片，尤其是西部片的叙事结构的过程中，莱特发现，首先，经典情节西部片体现的是一种基本神话，其间的英雄通过消除恶势力而拯救社会，其余三种西部片可谓是经典情节西部片的变体。其次，西部片尽管情节各异，但其叙事力量无不主要源自其内在的一种二元对立结构：社会内部——社会外部、好——坏、强——弱、文明——蛮荒。① 比如，在《原野奇侠》(Shane)之类经典情节西部片中，英雄通常来自社会外部，携手社会成功消除来自社会内部的恶势力之后，消失在蛮荒之中；而在《荒漠怪客》(Johnny Guitar)这样的过渡主题西部片中，英雄最初往往位处社会内部，最终却在联手处于社会与文明世界之外的人对抗恶势力的过程之中，逐步从文明世界跨入蛮荒之中。

毋庸置疑，对二元对立结构的强调是莱特深受列维-斯特劳斯影响的结果，但莱特试图通过建立二元对立、叙事结构与社会经济之间的联系，超越列维-斯特劳斯。莱特认为，从叙事功能角度看，西部片情节模式的变化直接联系着二战以降的美国经济发展模式的变化：

> 经典西部片的情节符合于以市场经济为基础的社会的个人主义思想……复仇西部片的情节是一种变体，它开始了对市场经济中种种变化的反映……专业化的西部片显现了一种新的社会思想，它吻合于有计划的公司社团中固有的价值观与态度。②

而且从本质上讲，每一种西部片分别代表着一种美国梦：

> 经典西部片显现了获取诸如友情、尊重及尊严等人性回报的方式

---

① Will Wright (1975) *Sixguns & Society: A structural study of the Western*, Berkeley: The University of California Press, pp.49.

② Ibid., p.15.

是超然于众、充当孤胆英雄……过渡性主题西部片预示着新的价值观,它认为赢得爱情与友情的代价是成为一个社会弃儿,坚定不移地、理直气壮地反对社会褊狭与愚昧……最后,专业化的西部片……认为,友情与尊重的获得唯有成为一名训练有素的技术人员,加入到由专业人员组成的精英集团之中,接受所提供的任何工作,忠心耿耿于团队的规范,摒弃对抗性的社会或者团体价值观。[1]

不难发现,莱特为其读者提供了一种认知西部片的新视野,或者用他的术语准确地讲,"格式塔转换"(Gestalt switch);[2]他通过西部片研究再造了西部片,改变了西部片的意义,因而实现了他帮助人们更好地认识其生活状况的目标。"我认为,唯有可以在科学方面有正当理由的研究才是促成更加美好世界的那些研究——这些研究不是减少,而是增加人们对其生活的理解和控制。"[3]鉴于对经验世界的意义的解释是社会和政治行动的基础,我们可以说,莱特的西部片研究是颇具政治意涵的。所以,莱特的西部片研究虽然不尽完美,但毫无疑问的是,它胜过了该领域的任何既往成就;他把西部片定位于经济和社会语境之中,这不但可以提供关于部分社会(西部片)的一种理解,而且也有助于让整个社会更加容易理解。从这个意义上讲,莱特的西部片研究既是对列维-斯特劳斯结构主义的运用,同时又是对列维-斯特劳斯结构主义的有效超越。正因如此,在发达的美国大众文化的裹挟下,莱特的主要基于列维-斯特劳斯结构人类学的西部片研究成功登陆不列颠,有效地刺激了英国文化研究的语言学转向。然而,由于结构主义文化研究在很大程度上是围绕意识形态而动,因而英国文化研究中存在一种普遍性的错误,即诸多人在阿尔都塞与结构主义之间划上了等号,完全忽视了列维-斯特劳斯的意义所在。一如霍尔所言:

> 从严格的历史条件来看,正是列维-斯特劳斯及早期的符号学,制造了最初的断裂。虽然马克思主义结构主义已经取而代之,但是它们亏欠了,并且继续亏欠着他的作品一大笔理论债务(在回溯性地搜寻某种正统时,往往不是被规避就是被贬低为脚注)。正是列维-斯特劳斯的结构主义步索绪尔的后尘,在其挪用语言学范式的过程之中,为

---

[1] Will Wright (1975) *Sixguns & Society: A structural study of the Western*, Berkeley: The University of California Press, pp. 186—7.
[2] Ibid., p.197.
[3] Ibid., p.200.

"文化的人文学科"这一前景提供了一种能够用全新的方法使它们科学与严谨的范式。①

同时还需指出的是,相比较而言,在英国文化研究语言学转向的过程中,与列维-斯特劳斯的结构人类学同等重要甚至更加重要的理论资源是巴特的结构主义符号学;巴特所开创的符号学独树一帜,不仅是一种观念,更是一种方法,被引入之后很快便渗透到了英国文化研究之中,一如约翰·费斯克在其代表作《理解大众文化》中对巴特的符号学思想的灵活运用所证明的。鉴于社会情势的相似,巴特的结构主义符号学轻易而举便征服了英国文化理论家和实践者,尤其是在他们分析广告及报刊图片的时候。其间的一个例子便是约翰·斯道雷对英国教育与科学部(DES)登在大众电影杂志《帝国》(*Empire*)上的一则教育广告的分析。广告上方是两位14岁女孩的照片:一位是希望今后能上大学的杰姬(Jackie),另一位是打算16岁时便离开学校的苏珊(Susan);广告下方是一篇软性广告文章,题为"一个女孩希望上大学,另一个则打算16岁时离校。怎么让她们二位都对学习感兴趣呢?"基于巴特的神话理论,斯道雷对该广告做了如下解读:

> 它[广告]运用的是双重迷惑(double bluff)的手法。换言之,我们察看两个女孩的形象、阅读说明、判断哪一个女孩希望上大学及哪一个打算16岁时离校。这里的双重迷惑在于打算离校的那个女孩是那个按常规行事的女孩——那些不像我们一样具备文化能力的人——总是勤奋好学。这之所以是双重迷惑,是因为我们并非被该手法下意识地欺骗。我们可能会为自己的聪明睿智而庆幸。我们不同于他人,我们并没有受骗上当——我们有着必要的文化能力。因此,我们是当老师的好料子。该广告考察的是做教师的必备知识,让我们认识到自己在这方面所具备的知识:它给我们提供了一个这样说的立场:"对,我要当老师。"②

换言之,该广告利用人们司空见惯的常识性修辞,有效地遮蔽了长期以来因工资相对偏低而导致的(中学)教师流失问题,实现了通过征募教师而巩固英国福利制度这一既定的支配性资产阶级意识形态。朱迪丝·威廉姆

---

① Stuart Hall (1996) "Cultural Studies: Two Paradigms", in John Storey (ed.) *What Is Cultural Studies?: A Reader*, London: Arnold, p.39.

② John Storey ([1993]1997) *An Introduction to Cultural Theory and Popular Culture*, London: Prentice Hall/Harvester Wheatsheaf, pp.88—9.

森(Judith Williamson)提供了类似的一个例子;在其代表作《解码广告:广告中的意识形态与意义》中,她分析了一则汽车轮胎广告,该广告的背景是一辆停在防波堤上的汽车。

> 此间的防波堤被设想为对刹车制动力的测试;它提供一个风险元素……然而,防波堤的意义实际上在于风险与危险的对立面……防波堤的外部与轮胎的外部相似,其曲线让人想到的是轮胎的形状……防波堤坚固结实……基于视觉上的相似性,我们便认为这就是轮胎的情形。在广告画面中,防波堤实际上已然圈住汽车,使其在危险的水域的中央安然无恙;类似地,汽车与驾驶员的所有安全隐藏在轮胎里,轮胎能够抗击这些危险元素,支撑汽车。①

在威廉姆森看来,该汽车轮胎广告利用坚固安全的防波堤这一日常生活意象,建构出了该品牌的轮胎结实耐用、性能可靠的神话。

这样的例子或许可以让人觉得,以伯明翰当代文化研究中心为代表的英国文化研究的语言学转向一帆风顺,但事实并非如此;文化主义,伯明翰当代文化研究中心的支配性研究范式,对列维-斯特劳斯结构人类学、巴特神话理论所代表的欧陆结构主义进行了"仪式性"的抵抗。或者更为准确地讲,英国文化研究的语言学转向可谓是英国本土的经验型"文学"文化批评与来自欧陆的理论型结构主义持续论战的产物,虽然二者之间原本不无相似之处,比如它们在形成时间上相仿,而且"二者都铸就于政治上的反对斯大林主义、经济上的反对'经济主义'之中"。② 这场论战经过时任伯明翰当代文化研究中心主任的斯图亚特·霍尔及其继任者理查德·约翰逊的概念化,成为了英国文化研究发展历史上著名的文化主义—结构主义论争,集中见诸霍尔的《文化研究:两种范式》和约翰逊的《文化的历史/意识形态理论:关于僵局的注解》。③ 霍尔在《文化研究:两种范式》中指出,由于文化主义规避积极意识与"给定的历史条件"之间的区隔,文化主义范式容易在文

---

① Judith Williamson ([1978]1984) *Decoding Advertising*: *Ideology and Meaning in Advertising*, London: Marion Boyars, p.18.
② Richard Johnson (1979) "History of Culture/Theory of Ideology: Notes on an Impasse", in Michèle Barrett et al. (ed.) *Ideology and Cultural Production*, London: Croom Helm, p.56.
③ Stuart Hall (1996) "Cultural Studies: Two Paradigms", in John Storey (ed.) *What Is Cultural Studies?: A Reader*, London: Arnold, pp.31—48; Richard Johnson (1979) "History of Culture/Theories of Ideology: Notes on an Impasse", in Michèle Barrett et al. (eds.) *Ideology and Cultural Production*, London: Croom Helm, pp.49—77.

化分析中受到"赋予'经验'以验证性位置"的"经验引力"(experiential pull)及"对创造性与历史能动性的强调"的影响。① 相反,由于结构主义认识到了限定性结构关系的存在,"各种结构主义的重要优势在于它们对'限定条件'的强调",它不仅承认不同层次的理论抽象的重要性,而且成功地用意识形态的范畴取代了经验的范畴。② 霍尔的这般两相对照为其叙述带来了广泛的影响力,但也不乏评论家认为他有诋毁文化主义缺乏理论性之嫌,一如米尔纳所言:"在我看来,就这里的重心落在所谓的英国文化主义无理论性而言,霍尔曲解了情势。"③事实上,米尔纳曲解了霍尔的本意;霍尔作为文化主义范式的积极实践者与推广者,始终认为文化主义有其自身的理论模式,正如他在评说《漫长的革命》这本承前启后的文化研究著作时所指出的那样:

> 《漫长的革命》……是英国战后智识生活的一个发轫性事件。它标志着对过去与现在的一种截然不同的反思的开启。它在文学—道德的参照点方面联系着既有的"文化—与—社会"论争。但是它在理论模式与抱负方面又与这一传统有着显然的断裂。它试图将其特有的高度个人化的"理论化",移植到强调无可复加地特殊、经验与道德的话语习惯与模式上……《漫长的革命》的难读,即其间的某些章节的某种抽象特质,可以在很大程度上被归结为其作为一部"断裂的文本"的地位。④

约翰逊在此间的观点与霍尔的观点极为相似。约翰逊认为,尽管文化主义与结构主义有相似之处,而且都无力单独满足英国文化研究的需求,它们仍然无法和谐共生;或者更加具体地讲,不如结构主义抽象或者理论化的文化主义时常受到结构主义的诟病,虽然文化主义并非貌似的那样不抽象。

> 尽管文化主义的叙述远不如结构主义理论抽象(这在一定程度上是一大优点),但是它们仍然有着某种明确的认识论,理论地假定一种

---

① Stuart Hall (1996) "Cultural Studies: Two Paradigms", in John Storey (ed.) *What Is Cultural Studies?: A Reader*, London: Arnold, p.38.
② Ibid., pp.42—4.
③ Andrew Milner (1994) *Contemporary Cultural Theory: An Introduction*, London: UCL Press, p.3.
④ Stuart Hall ([1980]1981) "Cultural Studies and the Centre: some problematics and problems", in The Centre for Contemporary Cultural Studies (ed.) *Culture, Media, Language: Working Papers in Cultural Studies*, London: Hutchinson, p.19.

关于历史学家可能如何了解过去的观点,提出一些关于作为一个整体的社会关系或者社会的本质的概括性假设。换句(阿尔都塞式的)话讲,有着一种文化主义的问题性,既在真切地激活逐条历史,又隐匿于历史之中,可以被抽象出来与其他的问题性相匹敌。①

  文化主义与结构主义之间的"理论之争"联系着人们对文化理论本身的理解,或者更加准确地说,联系着"结构主义者"对文化理论的历史的理解。作为一种文化理论而被引入到英国文化研究之中的结构主义,自恃自己的理论出身指责土生土长的文化主义没有理论或者缺乏足够的理论化,但事实是,首先,包括结构主义在内的所有文化理论皆为现代性的产物。换言之,虽然文化自原始社会伊始业已存在,但文化理论却并非如此;在人类进入现代社会以后,文化才被问题化、理论化。其次,以欧洲为例,自现代社会以降,英国及欧洲大陆的德国、法国均已然发展出诸多关于文化的话语,它们构成了对文化现代化的本质的持续思考,在本质上无不具有理论色彩。文化主义者威廉斯对"漫长的革命"的论述如此,文化保守主义者F.R.利维斯对文化的衰退的感慨亦如此——前工业有机社会的消失是"近代历史上最为重大的事件"。② 前工业社会中的文化并非以我们今天所熟知的独立形态存在,而是寄居在政治或者经济之中;其间被全社会共同滋养的知识分子,即威廉斯所谓的"被组织起来的艺术家"(instituted artist)或者葛兰西所谓的"传统知识分子",也不承担任何具有主体意识的职责。正如彼德·伯格(Peter Bürger)所指出的,中世纪的宗教艺术完全融入了作为社会机构的宗教之中,高雅艺术成为了宫廷社会的一部分。"高雅艺术是宫廷社会的生活习惯的一部分,正如宗教艺术是宗教信徒的生活习惯的一部分那样"。③ 所以,前工业社会中并不需要我们现代意义上的文化理论,因为

  简言之,文化在我们面前成为一个理论问题,只是因为它已然在社会中让人困惑。正是因为文化并非以类似的方式核心于我们的生活,或者至少核心于体制化地接受的那部分生活,文化才变为一个如此"理论的"概念。文化理论不仅是特殊的、专门的学术话语,不仅是特

---

  ① Richard Johnson (1979) "History of Culture/Theory of Ideology: Notes on an Impasse", in Michèle Barrett *et al.* (eds.) *Ideology and Cultural Production*, London: Croom Helm, p.54.

  ② F. R. Leavis & Denys Thompson ([1933]1977) *Culture and Environment*, London: Chatto & Windus, p.87.

  ③ Peter Bürger (1984) *Theory of the Avant-garde*, translated by Michael Shaw, Minneapolis: University of Minnesota Press, p.47.

定的一套经验的、实际的研究问题背后的指导之手；它同时也是……社会的被压抑的"他者"，其正式修辞的提供几乎全部出自过去所谓的"政治经济学"及现在的政治学、经济学等独立学科。事实上，文化理论是我们文化中的最大不满之一。①

根据米尔纳的观点，从诸多日常生活面向中脱颖而出的文化被问题化、被理论化，是因为社会—文化的现代化的出现，尤其是资本主义制度的诞生。资本主义制度的诞生及其成为现代世界的支配性生产方式，使原本寄居于政治或者经济之中的文化逐渐另立门户，成为了供资本家追逐利润的一个新兴场域，时刻不离利润最大化这一目标的驱使。随着文化生产的这般进入史无前例的商业化阶段，知识分子——艺术家、作家、牧师、教师——的社会立场与地位均发生了史无前例的转变或者变化，比如知识分子及其生产第一次有了自主权。或者借用伯格的话来讲，资本主义制度之下的"艺术与生活习惯的分离成为了资产阶级艺术的自主权这一决定性特征"。② 自主权一方面使知识分子及其生产摆脱了社会控制的束缚，另一方面却又使他们失去了社会供养，开始接受市场裁决。所以，在知识分子及其生产的自主权从资产阶级的高雅艺术扩散到新兴的大众艺术及其他文化形式之后，自主权一方面成为了一个社会问题，另一方面又成为了一个全社会争夺的目标。正因如此，各种政治、经济乃至宗教势力纷纷通过审查、补贴、教育等形式介入文化商品市场，并最终致使文化冲突或威廉斯所谓的"不对称的最为重要的现代形式"不断涌现，③一端是资本主义的机器再生产，另一端是旧有的文化与社会再生产机构。回溯性地看，这些"不对称"产生了诸多具有深远意义的影响；正是因为有了它们，当代文化理论才得以脱胎而出。④

既然当代文化理论乃不对称的产物，其间的知识分子所能拥有的社会空间也就必然位处商业化的文化产业与进行文化调节或管理的国家及其相关机构之间。在这样的一种情势下，知识分子的活生生的经历必将由其所

---

① Andrew Milner（1994）*Contemporary Cultural Theory: An Introduction*, London: UCL Press, p.4.
② Peter Bürger（1984）*Theory of the Avant-garde*, translated by Michael Shaw, Minneapolis: University of Minnesota Press, p.49.
③ Raymond Williams（1981）*Culture*, London: Fontana Press, p.102.
④ Andrew Milner（1994）*Contemporary Cultural Theory: An Introduction*, London: UCL Press, p.6.

在的各种当下社会冲突来结构;文化理论便是他们对这些社会冲突所展开的话语阐释。这就决定了文化理论绝非单一的一套权威话语,而是多种范式,彼此间相互竞争、相互排斥、甚至相互矛盾;甚至同一范式内部也会有诸多差异。因此,不难想象的是,基于文化主义范式对社会冲突进行阐释的文化主义者,与基于结构主义范式对社会冲突进行阐释的结构主义者必将水火不容。事实上,正如我们将在下文中看到的那样,各种范式之间的论争不仅已然构成了英国文化研究发展史上的外在特征,而且在很大程度上内在地推动和结构着英国文化研究的发展本身。

土生土长的文化主义范式与漂洋过海而来的结构主义范式之间不仅存在着理论层面的论争,而且还同时有着现实层面的论争;也许更加重要的是,二者围绕大众文化这一老生常谈的议题进行了激烈论争。在20世纪的很长一段时间内,人们一直在就大众文化,尤其是大众文化研究争论不休。即使是在鲜有的"休战期","大众文化研究得以被合法化的基础也基本上是负面的,比如揭示它在道德上的腐化作用及美学上的贫困,或者借用马克思主义方法来讲,揭示其作为支配性意识形态传播者的作用"。[①] 所以,从本质上讲,此等语境之下的大众文化研究无异于采取一种反对大众文化的立场,指出大众文化为高雅文化所替代的必要性。此类观点不仅流行于以 F. R. 利维斯为代表的保守主义者/改良主义者之中,而且受到了以西奥多·阿多诺(Theodor Adorno)为代表的诸多西方马克思主义者的大力追捧。虽然 F. R. 利维斯及阿多诺在此间的大众文化观后来因为这样的一种认识而被摒弃,即在理论化、合法化大众文化研究的过程中,比如对电影、流行音乐、体育与青年亚文化的研究,等等,人们逐渐认识到了原来被划归在大众文化范畴中的种种实践之间有着密切的关联,即"通过它们在更为广阔的社会及政治过程之中所起的作用,尤其是在对父权制度与资本主义制度中的既定社会秩序的认同生产中的作用,系统地交织在一起",[②]但这丝毫未改变大众文化及大众文化研究作为争论话题的命运。或者借用托尼·本内特的话来讲,结构主义进入英国文化研究之后,"这方面的论争往往被锁定在结构主义与文化主义所代表的两极周围"。[③]

文化主义认为大众文化是受支配的社会集团与阶级的真实利益与价值

---

[①] Tony Bennett([1994]2006) "Popular Culture and the 'turn' to Gramsci", in John Storey (ed.) *Cultural Theory and Popular Culture: A Reader*, London: Prentice Hall, p. 92.

[②] Ibid., pp. 92—3.

[③] Ibid., p93.

观的真实表达,比如可以是特定阶级或性别本质的化身;霍加特对英国工人阶级大众文化的考察、R. 帕克(Roszika Parker)与 G. 波洛克(Griselda Pollock)对女性文化的探究,①无不体现着这样一种认知。文化主义者关注大众文化,是因为他们希望能从中找到某种真实的声音,"仿佛它能以某种纯粹的形式存在,被保存和滋养在某个隐蔽处,不为资本主义社会中居支配地位的文化生产形式所影响"。② 相反,结构主义认为大众文化是一种意识形态国家机器,它就像索绪尔的语言支配言语一样支配着大众思想。结构主义者主张通过聚焦文本形式的分析,揭示文本结构借以组织实践的方式,虽然他们会因此忽视制约文本形式的生产或者接受的种种条件。值得注意的是,文化主义与结构主义在此间的差异明显地体现于学科视野之中;文化主义趋向于在历史及社会学内部一统天下,特别是关涉到对工人阶级的"活生生的文化"或"生活方式"的研究时,而结构主义则集中于对电影、电视及通俗文学的研究之中。进入 1970 年代以后,文化主义与结构主义在理论和实践层面的分歧与差异有时候明显得泾渭分明,非此即彼,以致人们完全可以根据一个人的研究领域来断定他要么是文化主义者,要么是结构主义者。如果一个人选择流行音乐、体育、青年亚文化等作为自己的兴趣领域,他就必然是文化主义者;反之,如果一个人选择电视、电影或者通俗文学等作为自己的兴趣领域,他就必然是结构主义者。让情况更加复杂的是,二者似乎没有和解的可能,或者一如 E. P. 汤普森所言,这两个传统注定不会被强扭进一桩婚姻之中。③ 这样的僵持局面一直延续到了福柯的权力理论的到来;"语言结构乃是权力的寄生物,权力在某种意义上正是借助语言、语言结构来现身的",④这一观点最终成功地化解了文化主义—结构主义论争,融合了文化主义与结构主义的解释力。

文化主义—结构主义论争的结束带来了英国文化研究的语言学转向、拥抱结构主义,虽然其间仍存在着结构主义的利用问题,一如詹姆斯·莱德洛在《列维-斯特劳斯》开篇处所言:"本书的焦点……在于想确定哪些思想对于结构主义是根本性的,想说明结构主义的分析方法究竟包括些什么以

---

① Roszika Parker and Griselda Pollock (1982) *Old Mistresses: Women, art and ideology*, New York: Pantheon Books.

② Tony Bennett ([1994]2006) "Popular Culture and the 'turn' to Gramsci", in John Storey (ed.) *Cultural Theory and Popular Culture: A Reader*, London: Prentice Hall, p.93.

③ E. P. Thompson ([1978]1981) *The Poverty of Theory & Other Essays*, London: Merlin.

④ 汪民安:《谁是罗兰·巴特》,江苏人民出版社,2005 年,第 11 页。

及它为什么与众不同……结构主义真的是一种严肃的人人都该了解的分析方法吗？如果是这样,那它究竟如何运作？"①这既是以伯明翰当代文化研究中心为代表的英国文化研究理论立场逐渐成形的标志,也是对英国文化研究向前发展的推动。② 伯明翰当代文化研究中心从此开始了杰姆逊所谓的"从语言学角度重新理解一切事物"的一系列尝试,③正如他们在完成"大众新闻与社会变迁"项目时所显现出来的那样。1967年,当代文化研究中心学生 A.C.H.史密斯(A. C. H. Smith)、伊丽莎白·伊米尔奇(Elizabeth Immirzi)、特雷弗·布莱克韦尔(Trevor Blackwell)得到了郎特利信托公司(The Rowntree Trust,又译罗温树信托公司)为期三年的资助,受邀考察大众新闻与社会变迁间的关系,于是便有了已然产生广泛影响的《报纸的声音:大众新闻与社会变迁(1935—1965)》(*Paper Voices: The Popular Press and Social Change, 1935—1965*)。④

霍尔在《报纸的声音:大众新闻与社会变迁(1935—1965)》的序言中告诉我们,史密斯等人的研究是基于这样的一个假设:

> 在任何一天的新闻背后,都会有一系列不断变化的关于在任何一个重大历史时刻的新闻内容的定义……不同于多数的社会学实践,我们假定报纸为一个意义结构,而不是一个发送与接收新闻的渠道。因此,我们的研究把报纸处理为文本:文字与视觉的建构物、使用象征手段、受制于由最广义意义上的语言运用所决定的规则、习惯与传统。⑤

为了"考察大众新闻向其读者阐释社会变迁的方式、探究和开发推动整个文化研究领域的细读分析方法",⑥史密斯等项目参与者采取了如下策略:首先,通过"全盘照搬"霍加特式文学批评方法,延续和拓展1950年代新左

---

① 詹姆斯·莱德洛:"序",载埃德蒙·利奇:《列维—斯特劳斯》,吴琼译,昆仑出版社,1999年,第1—2页。

② 陈光兴:《英国文化研究的谱系学》,《思想文综》第4辑,暨南大学出版社,1999年,第16页。

③ Fredric Jameson (1972) *The Prison-house of Language: A Critical Account of Structuralism and Russian Formalism*, PrInceton, NJ: Princeton University Press, vii.

④ A. C. H. Smith, with Elizabeth Immirzi and Trevor Blackwell (1975) *Paper Voices: The Popular Press and Social Changes, 1935—1965*, Totowa, NJ: Rowman and Littlefield.

⑤ Stuart Hall (1975) "Introduction", in A. C. H. Smith, with Elizabeth Immirzi and Trevor Blackwell, *Paper Voices: The Popular Press and Social Changes, 1935—1965*, Totowa, NJ: Rowman and Littlefield, pp.16—7.

⑥ Ibid., p.11.

派参与当下社会变迁讨论的风格;其次,点面结合,既放眼于从经济大萧条年代到 1950 年代的丰盈社会、1960 年代的放纵社会这样一个长时段,又重点突出需要深度分析的 1945 年、1955 年及 1964 年;最后,选取两份具有代表性的报纸——《每日快报》(*The Daily Express*)及《每日镜报》(*The Daily Mirror*),分析其作为一种"形塑力量"(shaping force)在内容、感召、意见及成见方面所采取的种种模式,讨论其作为残存的长期性习惯做法的潜在意义结构。后来事实证明,史密斯等人确乎成功地"为新闻研究增添了一个新的维度",①即"**通过**形式与外表、版式、修辞与风格等必要中介**追溯**社会与历史过程"。②但客观地讲,这一成功必须在很大程度上归功于文化主义前辈,尤其是项目开展期间的两位中心主任。《报纸的声音:大众新闻与社会变迁(1935—1965)》不但携带着"斯图亚特·霍尔那挥之不去的影响",③而且史密斯等人描述《每日镜报》的语言时所采取的我们/他们式划分——"我们/他们意识深深地根置于工人阶级对虚幻权威的不信任之中",④也会让人想起霍加特的《文化的用途》。同样,"意指符码"(code of signification)、"赋予'新闻'以意义的复合符码结构"等概念的引入,⑤是因为史密斯等人把威廉斯的相关研究作为了自己的研究起点,虽然他们最终在方法上既超越了威廉斯在《文化与社会》与《漫长的革命》中所使用的人文主义文学批评传统,也超越了威廉斯在《传播》中所援用的历史与内容分析。所以,我们可以说《报纸的声音:大众新闻与社会变迁(1935—1965)》是英国文化研究发展史上的一部承前启后的作品,既充分地展示了英国文化研究过去在理论及方法论方面的精华,又尝试性地宣告了其未来,或者借用罗伯特·E. 李的话来讲,"《报纸的声音:大众新闻与社会变迁(1935—1965)》显现了与过去的联系,宣告了代表伯明翰当代文化研究中心在 1970 年代的十

---

① Catherine Ann Cline, cited in Richard E. Lee (2003) *Life and Times of Cultural Studies*, Dyrham and London: Duke University, p. 77.

② A. C. H. Smith, with Elizabeth Immirzi and Trevor Blackwell (1975) *Paper Voices: The Popular Press and Social Changes, 1935—1965*, Totowa, NJ: Rowman and Littlefield, p. 21.

③ Phillip Whitehead, quoted in Richard E. Lee (2003) *Life and Times of Cultural Studies*, Dyrham and London: Duke University, p. 77.

④ A. C. H. Smith, with Elizabeth Immirzi and Trevor Blackwell (1975) *Paper Voices: The Popular Press and Social Changes, 1935—1965*, Totowa, NJ: Rowman and Littlefield, p. 67.

⑤ Ibid., p. 19, p. 21.

年所开展的工作,即理论转向与方法论转向的开始"。①

　　这里必须指出的是,虽然就总体情况而言,霍尔本人及其领导的伯明翰当代文化研究中心日益接受了结构主义及随之而来的后结构主义,但文化主义立场依旧在一定程度上发挥作用,尤其是在当代文化研究中心的亚文化研究方面。由霍加特的《文化的用途》所代表的人种志与威廉斯式定位于代际与阶级的文本解读,联袂打造了对亚文化如何抵制支配性文化的精彩描述,其间最为突出的例子便是霍尔与托尼·杰斐逊(Tony Jefferson)合编的《通过仪式进行抵抗:战后英国的青年亚文化》。② 虽然从本质上讲,该书乃结构主义及后结构主义文化理论合力孕育的产物,但是其间的文化主义痕迹仍然十分突出,尤其是保罗·威利斯对青少年使用毒品问题所做的分析。事实上,威利斯是一位坚定的文化主义者,即使是在结构主义已然大行其道的情势之下,也不曾对自己的观点有丝毫改动;直到他出版《共同文化》的1990年,③他依旧旗帜鲜明地拥护经验的文化主义、反对理论的结构主义,主张共同文化、反对精英文化。另外,巴特符号学、神话理论在诸多非传统语言领域的运用,使伯明翰当代文化研究中心的理论家们看到了借符号学分析打开语言、经验与现实之间的无形之缝的希望,有效地促成了伯明翰当代文化研究中心结束成立之初的摇摆状态,把伯明翰当代文化研究中心引入了发展的快车道。一如伯明翰学派重要成员赫布迪格所言:"在巴特的指引之下,符号学正好许诺了文化研究暧昧地置身于其上的两种冲突性文化定义的和解——道德信念(巴特的马克思主义信仰)与流行主题(对社会整体生活方式的研究)的联姻"。④ 但是,这并不能否定符号学分析方法进入伯明翰当代文化研究中心的一波三折。尽管巴特与霍加特、威廉斯在对文学的关注上一致,尽管汤普森有着用马克思主义改造威廉斯式文化理论的打算与尝试,但毋庸置疑,巴特所带来的马克思主义问题系却全新于他们所代表的伯明翰学派,伯明翰学派原有的并非以理论见长的社会评论式考察因此难以为继。所以,伯明翰当代文化研究中心在引入巴特符号学、

---

① Richard E. Lee (2003) *Life and Times of Cultural Studies*, Dyrham and London: Duke University, p.77.

② Stuart Hall and Tony Jefferson ([1976]1983) (eds.) *Resistance through Rituals: Youth Subcultures in Post-war Britain*, London: Hutchinson.

③ Paul Willis et al. (1990) *Common Culture: Symbolic work at play in the everyday cultures of the young*, Boulder & San Francisco: Westview Press.

④ Dick Hebdige ([1979]1997) *Subculture: The Meaning of Style*, London and New York: Routledge, p.10.

神话理论的同时,引入了一种更加凸显意识形态的分析框架——阿尔都塞意识形态理论,借以考察和分析侵淫于社会生活各个层面的"匿名的意识形态"。从这个意义上讲,伯明翰当代文化研究中心此时已然为阿尔都塞的"造访"打开了大门。

## 第四节　文化研究的后学转向

随着结构主义的到来、语言学转向的发生,来自欧洲大陆与北美洲的后结构主义、后殖民主义、后现代主义先后在伯明翰当代文化研究中心不战而胜,英国文化研究的面貌为之大变。各种"后学"观念与理论,包括米歇尔·福柯的知识/权力理论、雅克·德里达(Jacques Derridas)的解构主义(deconstructionism)、爱德华·W.萨义德的东方学、雅克·拉康(Jacques Lacan)的马克思主义心理分析、让-弗朗索瓦·利奥塔的后现代知识状况、让·波德里亚的拟像(simulacra,又译作类像)、弗雷德里克·杰姆逊的晚期资本主义文化逻辑、皮埃尔·布迪厄的象征资本、米歇尔·德塞都(Michel de Certeau)的日常生活美学,强烈冲击了伯明翰当代文化研究中心,合力导演了当代文化研究中心的"后学"转向,促成了英国文化研究进入全盛时期,呈现出具有积极意义的"激进异质性"。[①]

1967年,德里达的《写作与差异》、《言语与现象》、《论文字学》等著作相继出版,后结构主义正式登场,旨在批判与反拨语音逻各斯中心主义(logophonocentrism)与逻各斯中心主义(logocentrism)、消解二元对立与拒斥形而上学、开辟新的写作与阅读方式。这固然与一直受逻各斯中心主义支配的西方文化传统有关,但同时也密切关涉德里达等后结构/解构主义者生活、写作于其间的特殊社会氛围。1968年五月风暴前的巴黎,空气中弥漫着浓烈的"哲学已死"或"人之消亡"气息,一如福柯在《词与物》中的断言:

> 在整个19世纪,哲学的终结和一种临近的文化的允诺可能与限定性的思想和人在知识中的出现只是同一件事。在我们今天,事实即哲学始终并且仍然正在总结,以及事实也许是在哲学中、但更在哲学以外和反对哲学,在文学中,如同在形式反思中,语言问题才被提出来的,这

---

[①] Stuart Hall (1996) "Cultural Studies: Two Paradigms", in John Storey (ed.) *What Is Cultural Studies?: A Reader*, London: Arnold, p.47.

两个事实可能都证明了人正在消失。①

诸多批评家已然注意到巴黎五月风暴与后结构主义/解构主义之间的关联,一如后结构主义的激烈批判者、英国当代马克思主义文学理论家与文化批评家伊格尔顿所言:

> 后结构主义是从兴奋与幻灭、解放与纵情、狂欢与灾难——这就是1968年——的混合中产生出来的。尽管无力打碎国家权力的种种结构,后结构主义发现还是有可能去颠覆语言的种种结构……学生运动被从街上冲入地下,从而被驱入话语之中。②

不同于福柯基于现代认知类型提出的"人之消亡",德里达以差异、延缓及播撒等概念为其认知核心,提出了"出场形而上学"内部的"人的界限"的概念,主张主体身份的"分延",虽然作为同时代人,德里达与福柯不乏共同之处。德里达不仅像福柯那样感兴趣于人,"我所感兴趣的是某种大规模的思考人的历史、人类化历史(historie de l'homonisation)、人,即逐渐趋向赋予手、观看、理论与触觉以特权的动物人之形成历史的谱系学",③而且还在集中阐述其解构主义思想的《论文字学》中,像福柯那样主张作为第一主体的作者应消失于写作体系之中。一如他在论及自己当时所处氛围时所言:

> 我可以说那是一种我无法赞成的对哲学的不信任的气氛。我当时想试着一方面强调瓦解形而上学的那种必要性,另一方面强调无需否定哲学,也无需去说哲学已经过时。这正是困难的来源,我一直就处在这种困难之中……这个困难就在于解构哲学而又不要瓦解它,不要轻易打发它或者剥夺它的资格。我一直没有间断地处在这两极之间。④

正因如此,福柯与德里达共同铸就了后结构主义的流行与发展,"就不断发展的后结构主义话语而言,关键性的理论选择源自福柯与德里达,而不

---

① 米歇尔·福柯:《词与物——人文学科考古学》,莫伟民译,上海三联书店,2001年,第504页。
② 特里·伊格尔顿:《二十世纪西方文学理论》,伍晓明译,北京大学出版社,2007年,第139页。
③ 雅克·德里达:"访谈代序",雅克·德里达:《书写与差异》,张宁译,生活·读书·新知三联书店,2001年,第19页。
④ 同上书,第4页。

是福柯与巴特在 1970 年代末和 1980 年代的日益融合"。① 旨在解构结构主义的后结构主义同时分享着结构主义的意义产生于能指链上的差异的运作这一主题,主张主体通过差异而建构,即我们是什么在一定程度上是为我们不是什么所建构;从中深受启示的英国文化研究理论家逐渐将目光转向了社会语境中的差异问题,比如性别、种族与族群问题,②力图通过对自身所处文化中的性别、种族与族群等的考察,达到反思西方主流意识形态的目的。因此,在后学冲击之下的英国文化研究中,昔日不见踪影的女性文化、少数族群文化、第三世界关切等主题纷纷浮出了历史地表,已然家喻户晓的正典受到了质疑。

在造就后学时代的英国文化研究的理论资源中,德里达的后结构主义或者解构主义思想、福柯的权力话语可谓是最为重要的。德里达最终成为了庞杂而艰深的解构主义的同义词,但解构尝试早在结构主义运动之前便业已存在,其踪迹可以追溯到德里达的批判对象尼采、胡塞尔、海德格尔等人那里。德里达始终否认自己所倡导的解构主义与后结构主义之间有相同之处,但因为他的挑战首先发起于自己曾为其中坚力量的结构主义内部,德里达仍通常被划入后结构主义者的行列。"后结构主义实际上是雅克·德里达的作品的同义词"。③ 在结构主义大行其道的时候,德里达往往在分享其间的诸多诠释的同时,有意识地与结构主义思想拉开距离。换言之,德里达在对"结构主义名下的许多工作满怀敬意"的同时,④通过对结构主义的哲学预设提出多种质疑,打开后结构主义或者解构主义之路,即某种意义上的"哲学的非哲学思想"或"后哲学"。德里达旨在以某种超出哲学的方式去思考哲学,或者说超越结构主义的二元论,以便"去思考人或者理性时,问题就不再简单地是人性的或者理性的,也不再是反人性的、非人性的或非理性的"。⑤

德里达对结构主义的解构始于他对索绪尔结构语言学的反拨。如前所述,索绪尔的贡献之一是他对能指与所指的划分,指出了意义来自能指间的

---

① Andrew Milner(1994)*Contemporary Cultural Theory: An Introduction*, London: UCL Press, p. 88.
② Chris Barker(2000)*Cultural Studies: Theory and Practice*, London: Sage, p. 24.
③ John Storey([1993]1997)*An Introduction to Cultural Theory and Popular Culture*, London: Prentice Hall/Harvester Wheatsheaf, p. 90.
④ 雅克·德里达:"访谈代序",雅克·德里达:《书写与差异》,张宁译,生活·读书·新知三联书店,2001 年,第 3 页。
⑤ 同上书,第 12 页。

差别,但德里达并不满足于索绪尔基于能指与所指的区隔对意义所做的阐释。在德里达看来,所有的所指都是能指无限区分的结果,无不构成能指的终极所指,因此,任何作为一条无限延伸的能指链的意义,都无法充分地存在于语言这张无边无际蔓延的网之内。换言之,取决于差别的意义与其说是固定的,不如说是移动的;意义必将向外扩散(differre),始终处于无穷延宕(deferment)之中,同时在场(present)与缺席(absent)。为了表示意义的这一无穷延宕过程,德里达发明了"延异"(différance)一词,用以表示诉诸空间的差异(différence)及诉诸时间的延缓(différé),正如他在分析让-雅克·卢梭的"忏悔式"与语言学相关的写作时,对言语与书写的二元对立的解构一样。德里达认为,尽管书写系统并非一如卢梭所言,只能是言语的补充,而是可以成为保护在场的必要手段,但书写系统并非对现实的真实描写或再现;书写系统与现实之间始终有差异的存在、有某种延宕。用德里达自己的话准确地讲:

> 作为延异的书写(gram)是无法依旧基于在场/缺席的对立而想象的一个结构、一种运动。延异是种种差异及其踪迹的系统游戏(play),是各种元素借以相互关联的留出间隔(spacing)游戏。留出间隔是既主动又被动地制造间隔(différance 一词中的字母 a 表示这种不确定性同时关切主动与被动,不可能按照语词的对立进行组织或分布);如果没有了那些间隔,"含义充分的"语词就不会指意,不会发挥作用。①

德里达所谓的差异与延缓普遍存在于各种语言之中,一个典型的例证便是各门语言中记录词义的字典。字典既是对能指—所指关系的记录,同时也是对能指—所指关系的无限延伸。就汉字"熊"而言,如果我们借助《现代汉语词典》查寻作为能指的"熊"的所指,我们首先会被告知"熊"读作 Xióng,它有三个词义——所指:(1)"哺乳动物,头大,尾巴短,四肢短而粗,脚掌大,趾端有带钩的爪,能爬树。主要吃动物性食物,也吃水果、坚果等。种类很多,如棕熊、马来熊、黑熊。有的地区叫熊瞎子";(2)姓;(3)[方言]"斥责"、"怯懦;能力低下"。②如果我们继续就"熊"的三个所指进行查询,我们就会发现它们已然构成产生出更多所指的能指。这便是德里达所

---

① Jacques Derrida([1972]1981)*Positions*, Chicago: The University of Chicago Press, p. 27.

② 中国社会科学院语言研究所词典编辑室:《现代汉语词典》(第5版),商务印书馆,2005年,第1531页。

谓的"从意义到意义,从能指到能指的无限指涉";①它最终必然导致语词的多个层面和多重意义,导致文本阐释的多重性及其意义的不可终极性。意义的"确定"只是暂时的,即唯有当能指被置放于某一话语之中、被解读于某一语境之中时,从能指到能指的无限指涉游戏才会暂时终止,就像"熊出没注意"的含义那样。② 德里达以此为起点开始了他对逻各斯中心主义、语音逻各斯中心主义以及形而上学的批判与解构,最终把解构主义推向了巅峰。为了更有效地阐释及推广其解构主义,德里达后来在1972年出版的《播撒》一书中,提出了"播撒"(dissémation)的概念。作为延宕的延续,"播撒"表示由于差异与延缓的存在,文本并非直接表达或传递信息,而是像播撒种子一样,"这里撒一点,那里撒一点"。③

以"延异"、"播撒"等概念为核心的德里达解构主义能够让人意识到结构主义二元对立中的一方总比另一方有特权或更加重要,意识到对立的双方并非纯粹的对立面,即一方总是由另一方激活。所以,德里达解构主义通常被人接受为一种去中心化的阅读方式,虽然德里达时常否认作为一种批判理论的解构主义是一种方法,"我常说,解构不是一种方法"。④ 一如M. H. 艾布拉姆斯(M. H. Abrams)所言:

> 当其被应用于文学批评时,解构表示一种文本阅读理论与实践,它质疑并宣称要"颠覆"或者"破坏"这样的假设:语言系统提供的基础足以确立文学文本的边界、连贯性或者统一性,以及确定的意义。解构式阅读旨在显现文本本身内部的种种冲突性力量,它们将把其结构及意义的表面确定性驱散为无法共存的、无法确定的可能性的无限延伸。⑤

德里达的解构主义并非仅仅是一种阅读方法,伊格尔顿对此也有论述:

> 德里达显然不想仅仅发展一种新的阅读方法:对于他来说,解构最

---

① Jacques Derridas([1978]1995) *Writing and Difference*, London: Routledge, p. 25.
② "熊出没注意"一语在不同的语境下有不同的含义。"熊出没注意"最初是日本北海道地区提醒人们注意熊的警示标识,后来成为了诸多旅游纪念品的商标;当其被日本及其他地区的汽车车主贴在车上时,表示该车主很厉害,最好离车远点。
③ Jacques Derrida([1972]1981) *Dissemination*, Chicago: The University of Chicago Press, p. 32.
④ 雅克·德里达:"访谈代序",载《书写与差异》,张宁译,生活·读书·新知三联书店,2001年,第16页。
⑤ M. H. Abrams (2004) (ed.) *A Glossary of Literary Terms*, Beijing: Forein Language Teaching and Research Press, p. 55.

终是一种政治实践,它试图摧毁特定思想体系及其背后的那一整个由种种政治结构和社会制度形成的系统籍以维持自己势力的逻辑。他并不是在荒诞地力图否定种种相对确定的真理、意义、同一性、意向和历史连续性的存在,他是在力图把这些东西视为一个更加深广的历史——语言的历史、无意识的历史、种种社会制度的历史和习俗的历史——的种种效果。①

德里达的解构主义旨在通过索绪尔结构主义符号学的因果关系,削弱索绪尔结构语言学体系甚至结构主义本身的基础,推翻结构主义中的等级体系。② 必须指出的是,德里达解构思想的宗旨并非仅仅像耶鲁学派那样,无穷无尽地拆解文本,玩"无底的文字游戏",或者像一些批评家所言,通往虚无主义。恰恰相反,德里达解构式阅读一直将目标锁定在作者未曾觉察到的一种存在于其所使用语言模式中的能控制部分与不能控制部分之间的关系,以便生产出一种能够使不可见可见的表意结构。③ 更加具体地讲,解构"在每一个不同的上下文脉络中移动或转型,但它没有终极目的";④解构的更大意义或效用在于其政治性。德里达认为并不存在没有"兴趣"或"目的"的一般性解构;事实是"只存在在既定文化、历史、政治情境下的一些解构姿态。针对每种情境,有某种必要的策略,这种策略依情况的不同而有别,我们应当分析的是这种具体上下文中的兴趣所在"。⑤ 所以,解构的首要目的并非"否定"或破坏,而是帮助其行动者(agent)质疑和批判现有的一些意义等级:

> 首先是回顾,也就是说行使记忆的权力,去了解我们所生活于其间的文化是从哪里来的,传统是从哪里来的,权威与公认的习俗是从哪里来的。所以,没有无记忆的解构,这一点具有普世有效性……即便记忆内容各有不同,但每一次都必须为在今日文化中占主导地位的东西作谱系学研究。那些如今起规范作用、具有协调性、支配性的因素都有其

---

① 特里·伊格尔顿:《二十世纪西方文学理论》,伍晓明译,北京大学出版社,2007年,第145页。
② Jacques Derrida([1972]1981) *Positions*, Chicago: The University of Chicago Press, p. 41.
③ 雅克·德里达:《论文字学》,汪堂家译,上海译文出版社,1999年,第221—236页。
④ 雅克·德里达:"访谈代序",雅克·德里达:《书写与差异》,张宁译,生活·读书·新知三联书店,2001年,第14页。
⑤ 同上。

来历。而解构的责任首先正是尽可能地去重建这种霸权的谱系:它从哪儿来的,而为什么是它获得了今日的霸权地位?……解构的责任自然是尽可能地转变场域。这就是为什么解构不是一种简单的理论姿态,它是一种介入伦理及政治转型的姿态。因此,也是去转变一种存在霸权的情境,自然这也等于去转移霸权。去叛逆霸权并质疑权威。从这个角度来讲,解构一直都是对非正当的教条、权威与霸权的对抗。①

很显然,德里达的解构思想具有极强的反本质主义色彩。德里达主张一切范畴皆为语言的社会建构、否定普世性意义及具有普世性之物的存在;受此启发抑或"影响",②伯明翰学派的理论家与实践者,包括威廉斯、霍尔在内,纷纷修订或调整自己的立场与观点。威廉斯对意义的变异的强调无疑是因为"意义的不确定性"的影响:

> 意义的变异及因之而起的困惑并非仅仅源自某一系统中的故障,或者反馈错误,或者教育缺陷。在我看来,它们在历史与当下材料中有很多例证。事实上,它们必须经常作为变异被强调,因为它们代表不同的经验及对经验的解读;这一情形将继续如此,通过积极的关联与冲突,而不是学者及委员会的阐释实践。真正可谓贡献的并非是解决办法,而是或许偶得的边缘意识。③

霍尔虽然仍旧在使用"表征"这一术语,但他已然明显地凸现了"表征"的建构性:"意义与其说是被简单地'发现'的,还不如说是被**生产**(建构)出来的。所以,在现在被称为'社会构成主义的途径'中,表征被认为进入了物的建构过程本身"。④ 女性主义文化理论家基于"解构"的帮助,成功拆解了男/女二元对立等级制。他们认为,在英国这样的父权制社会中,作为性别等级制第一原则与先验能指的菲勒斯代表着完整、一致和单纯;菲勒斯中心主义以二元对立的方式塑造出的一系列男/女二元对立项:阳/阴、理性/疯狂、坚强/软弱、有序/无序等,无不以男性为第一性,女性仅仅作为男性

---

① 雅克·德里达:"访谈代序",《书写与差异》,张宁译,生活·读书·新知三联书店,2001年,第15—16页。
② Chris Barker (2000) *Cultural Studies: Theory and Practice*, London: Sage, p.77.
③ Raymond Williams ([1976]1985) *Key Words: A vocabulary of culture and society*, New York: Oxford University Press, p.24.
④ 斯图亚特·霍尔:《表征——文化表象与意指实践》,徐亮、陆兴华译,商务印书馆,2003年,第6页。

的对立面而存在,所以,菲勒斯以绝对的差别构造出自身的权威地位。但是,正如解构所提示的,任何一项总是内在地包含着另一项,男性之为男性必须经由女性这个"他者"的激活。这个女性是异己的、外在的,然而没有它,男性又无从定义其自身:

> 不仅他[男人]自己的存在寄生性地取决于女人,取决于排斥和臣属她这一行为,而且这种排斥之所以必要的理由之一乃是因为她可能毕竟不那么"他者"。也许她乃是男人之内的某种东西的一个符号,而那正是他需要压抑,需要从他自己的存在之中逐出,并需要将其贬斥到他自己的种种确定界线以外的某个保证使她不出问题的异域的。也许外在之物也这样或者那样地是内在之物,而异己之物也是切己之物,所以男人才需要如此警惕地守卫着这两个领域之间的这条绝对边界。①

换言之,绝对的男性气质或女性气质并不存在,女性是男性的组成部分,是男性需要贬抑、排斥的,而这恰恰证明所谓的女性气质内在于男性。男性和女性的对立组完全是父权意识形态的运作,是维护菲勒斯霸权之需。

后殖民主义文化研究也深受德里达解构主义的影响,尤其是在因政治斗争、哲学思考及语言学关切而流行于1990年代的身份(identity)政治研究之中。② 在德里达,以及安东尼·吉登斯(Antony Giddens)的启发下,伯明翰学派的理论家们普遍挑战与质疑西方既有身份研究中的这样一种假设:作为自我的一个普世性与永恒性核心而存在的身份人皆有之,即女人、男人、欧洲人、青少年等身份范畴无不拥有其固定不变的本质。相反,他们主张身份是一种受制于时空的社会及文化建构、随特定的社会及文化聚合而变化。更加具体地讲,伯明翰学派的理论家们认为,在霍尔所谓的对身份进行概念化的三种分类中,即启蒙主体(the enlightenment subject)、社会学主体(the sociological subject)及后现代主体(the postmodern subject),③后现代主体已然因人的身份日益碎片化、去中心化占据了绝对上风。

当然,"受惠"于德里达解构主义思想的,并非仅有伯明翰学派文化研究;其他各派英国文化研究也因德里达解构主义有了新举措,比如莱斯特学

---

① 特里·伊格尔顿:《二十世纪西方文学理论》,伍晓明译,北京大学出版社,2007年,第130页。
② Chris Barker (2000) *Cultural Studies: Theory and Practice*, London: Sage, p.165.
③ Stuart Hall (1992) "The Question of Cultural Identity", in S. Hall, D. Held and T. McGrew (eds.) *Modernity and Its Future*, Cambridge: Polity Press, pp.275—7.

派理论家多米尼克·斯特里纳蒂(Dominic Strinati)对已然在文化研究中深入人心的巴特符号学、神话理论的解构。斯特里纳蒂一方面肯定巴特符号学的优势,"巴特所发展的符号学分析观点比结构主义更可取,因为它的眼界是历史的,而且试图把大众文化的各种符号与社会力量和阶级利益联系起来",一方面质疑与挑战巴特符号学的经验有效性:"我们怎么能知道符号学所提出的各种结论不是分析者主观印象的结果,而是对意义的系统结构的一种客观揭示?的确,最好还是把符号学视为文本评价的一种形式或者文学批评,而不是客观的社会科学"。①

伯明翰当代文化研究中心在接受德里达的同时,也在接受作为后结构主义者的福柯。《疯癫史》、《词与物》等著作使福柯被贴上了结构主义者的标签,但我们知道,福柯本人曾公开否认自己的结构主义者身份,而且更为重要的是,从未在其标志性的话语分析中强调过结构主义的共时性结构。②福柯并非像结构主义者那样关注语言系统及类语言系统如何决定语言及文化表达的本质,而是关注语言—运用(language-use)及其与其他社会、文化实践相耦合的方式。换言之,福柯关注的是作为一种社会实践的话语(discourse),尽管他对话语的理解与认识并非一成不变。在对话语进行理论探讨时,福柯视话语为"所有陈述的总体领域";在考察具体结构时,福柯视话语为"个性化的陈述集合";在考察特定说话方式与文本的生产时,福柯视话语为"受约束的实践"。③ 随着他从考古学分析到系谱学分析的转移,福柯的话语从建构知识的自主规则场域演变为了受制于权力体系。福柯之所以关注话语,是因为在他看来,话语直接联系着权力:"语言—运用及普遍意义上的文化实践在与语言的其他运用、其他的文化文本及实践的对话和潜在冲突之中,被视为'具有对话性'。从这个意义上讲,话语与权力不可分割";④话语可以通过界定与排除的过程,即通过特定的话语及话语建构(discursive formation)界定某一文本的言说内容、言说方式而发挥权力。

无论是在考古学分析时期还是系谱学分析时期,话语始终是福柯认识

---

① Dominic Stranati([1995]1996) *An Introduction to Theories of Popular Culture*, London and New York: Routledge, p.123, p.124.
② 吴猛、和新风:《文化权力的终结:与福柯对话》,四川人民出版社,2003年,第199页。
③ Michel Foucault (1972) *The Archaeology of Knowledge*, London: Travistock Publishers, p.80.
④ John Storey([1993]1997) *An Introduction to Cultural Theory and Popular Culture*, London:Prentice Hall/Harvester Wheatsheaf, p.96.

论中的一个不可或缺的元素,虽然他最终是借助系谱学分析才得以完成对话语观念的阐释。福柯认为:

> 考古学的视野不是一种科学、理性、精神或者文化,而是一种互置的缠绕,其界限和交汇点不能被固定在单一运作之中。考古学是一种比较分析,它不愿意减少各种话语的差异,也不愿意抽象出一套统一概括话语的纲目。考古学宁愿把话语的差异遣散到不同的形象之中。①

事实上,福柯在进行考古学分析的同时,也在致力于系谱学分析实践。在尼采的"追溯一个词的隐秘历史,以发现一个概念得以形成的隐蔽的处境"这一系谱观念的启发之下,② 福柯提出了其系谱学分析方法,旨在揭示权力与知识间的关系,尤其是二者的关系在他所谓的话语建构中的运作,因为作为由诸多不成文规则组成的概念体系,话语建构会在承认一些思想模式的同时,否认另一些思想模式。换言之,福柯式系谱学分析旨在帮助人们阅读可以发现的关于主体或者客体的一切材料,追溯支配性概念所发生的意义改变。比如,在某个概念受到思想家的关注之前,关于这个概念,有什么被记录了?有多少缺席的话语与关涉这个概念的实践相纠缠?

在《规训与惩罚:监狱的诞生》及《性经验史》(卷一)中,福柯对系谱学权力话语分析进行了全面阐释。福柯对监狱及性经验中权力的关注与考察,首先是其所处的社会语境所致。1968年的巴黎五月风暴以及1970年代初的"监狱情报组"运动使福柯深受挫伤,因此"逐渐偏离了自己曾在法兰西学院的申请报告中所提到过的研究计划,即'继承性知识'问题,而是转向了监狱、权力、机构、规则"。③ 福柯旨在通过对监狱及性经验的考察与研究,让人重新审查自己与真理、权力及自我之间的关系:"我所有的分析都反对人类中普遍必然性的观念。这些分析揭示出制度的专横,呈现出我们还可以享受的自由空间和我们还有什么可以被改变"。④ 福柯感兴趣于监狱及性经验中的权力,同时也是因为他认为权力无所不在,以及尼采对他的深刻影响。"尼采将权力关系作为哲学话语的公共焦点加以阐明——对马克思而言,这一焦点则是生产关系。尼采是一位权力哲学家,他致力于权力

---

① Michel Foucault (1972) *The Archaeology of Knowledge*, London: Travistock Publishers, pp. 159—60.
② 艾莉森·利·布朗:《福柯》,聂保平译,中华书局,2002年,第19页。
③ 吴猛、和新凤:《文化权力的终结:与福柯对话》,四川人民出版社,2003年,第52页。
④ 转引自艾莉森·利·布朗:《福柯》,聂保平译,中华书局,2002年,第2页。

的思考,却不把自己局限于政治理论之中"。① 在尼采的知识乃一种权力武器的影响之下,福柯旨在通过论述"现代灵魂与一种新的审判权力之间关系的历史……现行科学—法律综合体的系谱",②揭示"人如何借助真理的生产(……建立真理与谬误的实践可以同时于其间被变得有序而相关的领域)管理(自己与他人)",③所以福柯在《规训与惩罚:监狱的诞生》中,反复指出权力与话语之间的复杂纠缠:

> 也许我们应该抛弃这样的一种信念,即权力使人疯狂,已经放弃权力因此是知识的条件之一。相反,我们应该承认,权力生产知识(而且不仅仅是因为知识服务于权力,权力才支持知识,或者不仅仅是因为知识有用,权力才使用知识);权力和知识直接相互映射;如果没有相应知识领域的建构,便不存在权力关系,没有权力关系的同时预设及建构,便不存在知识。④

福柯认为,权力并非像人们通常所坚持的"压抑性假说"(repressive hypothesis)那样,是一种起禁忌或压抑作用的压制性力量,而是一种生产性力量。一如福柯在论及儿童的性教育时所言:

> 如果现在你阅读18世纪出版的各种父母指南……你会发现儿童的性问题在所有可能的处境中被反复申说。也许有人会反驳,说这些话语的目的只是防止儿童发生性行为。但是,它们的作用却是向父母喋喋不休地灌输:他们的孩子的性构成为一个根本的问题……其结果是一个襁褓之躯被性化了,父母—子女的关系被性化了,家庭统治被性化了。与其说性是一种曾经压抑性的权力,远不如说它是权力的一种积极成果。⑤

权力是知识生产中的一种积极力量,或者说权力关系使意义生产成为可能。

---

① Colin Gorden (1988) (ed.) *Power/Knowledge: Selected Interviews and Other Writings 1972—1977*, New York: Pantheon Books, p.53.
② Michel Foucault ([1977]1995) *Discipline and Punish: The Birth of Prison*, New York: Vantage Books, p.23.
③ John Storey ([1993]1997) *An Introduction to Cultural Theory and Popular Culture*, London: Prentice Hall/Harvester Wheatsheaf, p.97.
④ Michel Foucault ([1977]1995) *Discipline and Punish: The Birth of Prison*, New York: Vantage Books, p.27.
⑤ Colin Gorden (1988) (ed.) *Power/Knowledge: Selected Interviews and Other Writings 1972—1977*, New York: Pantheon Books, p.120.

这是福柯早在《我,皮尔内·利维埃》中便指出过的观点:

> 皮尔内·利维埃(Pierre Rivière)具有无数复杂的好斗动机;他的罪行被记录和谈论,赋予他的死以荣誉;他的叙述因为要导向犯罪被预先准备;他的口头辩解由于疯癫而被认可。其原始叙述的记录斥责并澄清了这个谎言,并号召死亡的到来。从美好的一面看,在一个文本中,有些内容可被视为理性的证据(这就是判决利维埃死刑的根据),而另一些则是疯癫的符号(这就是为了生命而监禁他的根据)。①

福柯旨在通过"我,皮尔内·利维埃,残杀了我的母亲、姐姐及兄长"这一简短介绍,让人注意到同时围绕着利维埃事件的喧哗与缄默。其间的医生、律师、法官及警察,无不在致力于意义的生产,决定谋杀者利维埃的生死及各种权力斗争,尽管这些与利维埃、他的家庭或者他的可能性没有任何关联。所以,福柯既无意证明利维埃无罪,也无意通过制度对利维埃进行判决,而是希望通过喧哗与缄默的并置让人注意到对罪行或罪行的处理;重要的并非对罪行的还原阐释,而是通过权力进行意义生产。②

在《规训与惩罚:监狱的诞生》中,福柯对权力的积极意义进行了更加深入的考察与阐释。通过从酷刑或死刑的公共场景到规训监狱罪犯的历史转变的考察,福柯指出:"我们必须断然停止从消极方面来描述权力的影响:'排斥'、'压制'、'审查'、'提炼'、'掩饰'、'隐瞒'。实际上,权力是生产性的;它生产现实;它生产对象的领域和真理的仪式"。③ 福柯认为,此间的权力往往借助话语完成其对意义的生产;话语由真理、权力与知识配置而成。由于每个社会都有其自己的"真理政权"(regime of truth)、"真理的'普通政治学'"(general politics)",福柯并不关注某一特定话语是否真实或准确地表征了"现实";对他而言,重要的是该话语与其他话语、其他社会实践的持续冲突。权力散播、置身于话语之中,它通过在限定某些行为方式的同时生产出自己所应允的行为方式得到实施。一如福柯在《性经验史》(卷一)中谈论权力关系对主体性的生产时所言:

---

① Michel Foucault (1975) (ed.) *I, Pierre Rivière, having slaughtered my mother, my sister and my brother: A Case of Parricide in the 19th Century*, Lincoln: University of Nebraska University Press, 1975, xi.

② 艾莉森·利·布朗:《福柯》,聂保平译,中华书局,2002年,第11页。

③ Michel Foucault ([1977]1995) *Discipline and Punish: The Birth of Prison*, New York: Vantage Books, p.194.

> 教育机构大肆强迫人们对儿童的性、青少年的性保持缄默这种说法并不准确……教育机构已然添加了关涉这一问题的话语形式；它已然为性建构了诸多切入点；它已然确立了诸多关涉性的观点；它已然规范了言说的内容及限定了言说者。言说孩子们的性……或者向孩子们谈性……将孩子们置入一个时而让他们陈述、时而让他们评论……的话语网络之中——所有的这一切使得我们可以将权力的强化与话语的添加联系起来。①

福柯认为，控制孩子手淫的努力实际上生产或结构了孩子的性经验及种种性愉悦，因为孩子们从父母、学校的介入知道了对手淫这样的性经验的掩饰。换言之，对孩子的这样一种监视及对手淫的这般处理使孩子及其父母对性经验产生了某种警觉，进而产生了某种认知及凸显。② 福柯正是在这个意义上指出了权力与知识的交织：不是权力与知识，而是权力/知识。

福柯对肯定性权力的强调，旨在提醒人们重新审视某些类如资本主义的出现一样普遍的事物或现象。福柯在考察"生命权力"(bio-power)时，发现学校、兵营、工厂等规训场所的快速发展，以及对出生率、寿命、公共卫生、住房及移民等问题的政治与经济关注的出现，促成了曾经在古典时期彼此分离的规训与人口控制，随着生命权力时代在19世纪的开启融合在了"实现身体征服及人口控制的诸多不同手法"之中，比如对性经验的控制。③ 福柯认为，生命权力时代的形成与发展是资本主义的发展所不可或缺的：

> 毋庸置疑，生命权力是资本主义的发展所不可或缺的一个元素；若不将身体有控制地嵌入生产机构中、不按照经济过程进行人口现象的调整，便不可能有资本主义的发展。但是这并非它所要求的一切；它同时需要两个因素的发展、它们的强化、实用性及驯服性；它必须有能够优化普遍力量、能力及生活的权力方法，同时不使它们变得难于控制。④

生命权力的出现使身体本身成了权力的靶子，即那些围绕着监狱、军队

---

① Michel Foucault (1978) *The History of Sexuality*, vol. I: An Introduction, New York: Pantheon Books, pp. 29—30.
② S. Mills (1997) *Discourse*, London and New York: Routeldge, p. 37.
③ Michel Foucault (1978) *The History of Sexuality*, vol. I: An Introduction, New York: Pantheon Books, p. 140.
④ Ibid., pp. 140—1.

及学校的规训已然把形塑驯顺的身体作为了权力的目标。"身体的驯顺在于它能够被征服、利用、改变及改善"。① 权力对驯顺身体的需要,是因为驯顺的身体能够被轻易、无异议地控制,能够被形塑为权力运作的对象、纳入到权力关系的网络与统治话语之中,能够被剥夺创造可能消解真理生产模式的策略的能力与兴趣。

> 规训使体能增强(从功能的经济角度讲),同时又消解体能(从服从的政治角度讲)。简言之,规训使力量与身体分离。一方面,它把体能变成一种"才能",一种"能力",并竭力增强它。另一方面,它扭转体能的运作——力量可能因此产生——并将之置入一种严格的隶属关系之中。②

驯顺身体的方法很多,比如军队的训练与体罚机制;它们能够形塑出比一般标准更强壮、愿意服从任何命令的身体,一如边沁式全景敞视监狱:

> 边沁提出了权力应该是可见的但又是无法确知的这一原则。所谓的可见是指被囚禁者应不断地目睹着监视他的中心瞭望台的高大轮廓。所谓的无法确定是指被囚禁者应在任何时候都不知道自己是否被监视,但他一定确信他可能被随时监视。③

全景敞视监狱藉其全方位监视和监视的不可知在场这一双重规训,在被囚禁者身上造成了一种有意识的、持续的可见状态,从而确保了权力的自动运行。④

福柯沿着吉尔·德勒兹(Gilles Deleuze,又译德鲁兹)所谓的"福柯的三个本体"——真理、权力及自我——进行的自我改造最终改造了诸多他者,促成了本尼特所谓的"与马克思主义的一次激进的概念性断裂"。⑤ 虽然诺曼·费尔克劳(Norman Fairclough)等话语批评家指出福柯的权力话语有滥用"权力"之嫌,⑥霍尔等文化理论家认为福柯的权力话语有"粗俗的化约

---

① Michel Foucault ([1977]1995) *Discipline and Punish: The Birth of Prison*, New York: Vantage Books, p.136.
② Ibid., p.138.
③ Ibid., p.201.
④ Ibid., p.201.
⑤ Tony Bennett (1992) "Useful Culture", *Cultural Studies*, 6(3): 395—408.
⑥ Norman Fairclough (2001) *Language and Power*, London and New York: Longman pp.86—7.

论"之嫌,①但福柯的权力话语仍然凭借"使一种受欢迎的回归成为可能,即返回对特定意识形态和话语构成的具体分析、返回详细阐述它们的场所",导致了英国文化研究的"福柯转向"。② 一如哈特利所言:

> 这对文化研究中的方法而言,如果不是其他什么的话,简直就是天赐之物。因为它同时使微观和宏观层面的分析拥有了合法性。它要求对"细小的"微观层面的个人身体及用以规训身体的技法进行分析。事实上,它允许文本分析,以及文本的延伸至包括形象、文字及身体。但同时它鼓励关注宏观层面的人及他们被管理与操控的方式。换言之,它允许社会分析。简言之,福柯的作品不仅仅承认打一开始便一直困扰着文化研究的方法论划分,一方为特殊主义(文本批评及符号学),另一方为归纳性的抱负(社会学)。③

必须指出的是,福柯之所以能对英国文化研究产生重大影响,除了有其思想的深邃这一显在原因以外,同时也是因为他对知识分子所应扮演角色的考察与审视:

> 知识分子本身是权力系统的代理人,这种权力系统即是他们对"意识"的责任观念和作为这个系统组成部分的话语。知识分子的角色不再是把自己当作那种为了表达被扼杀的总体真理的"弄潮儿和旁观者";更确切地讲,知识分子要为反对各种权力而斗争,这些权力试图使得知识分子在"知识"、"真理"、"意识"和"话语"等领域内变成权力的对象和工具。④

当然,伯明翰当代文化研究中心的既有认知储备也对福柯"入驻"其间起到了温床作用。自霍尔时代开始,伯明翰当代文化研究中心便对表征采取了一种建构性的研究方法,认识到了事物的意义必须经由描述、概念化与替代等手段的表征,事物只有通过表征才会有意义。换言之,伯明翰学派的理论家们认为表征无异于一种实践,一种使事物或世界拥有威廉斯所谓的被分

---

① Stuart Hall (1996) "Cultural Studies: Two Paradigms", in John Storey (ed.) *What Is Cultural Studies?: A Reader*, London, Arnold, p.48.
② Ibid., p.47.
③ John Hartley (2003) *A Short History of Cultural Studies*, London: Sage, p.109.
④ Donald F. Bouchard (1977) (ed.) *Language, Counter-memory, Practice: Selected Essays and Interviews by Michel Foucault*, translated by Donald Bouchard and Sheey Simon, Ithaca: Cornell University Press, pp.207—8.

享与被争夺的意义的实践。福柯对伯明翰当代文化研究中心、对英国文化研究的影响,既体现在了具体的文本研究之中,比如米卡·纳娃(Mica Nava)对消费主义的分析:"消费主义远不只是经济活动:它也关涉梦想与抚慰、形象与身份……消费主义是一种话语,规训力量通过它同时被实施与争夺",①也体现在了帮助调整研究方向上。受福柯的权力话语的激发,尤其是灵活运用福柯权力话语的爱德华·萨义德的启发,伯明翰学派的理论家对表征有了进一步的关注,尤其是对表征的生产性本质,发起了后殖民研究及多元文化研究。

在旨在激活"每当'东方'这一特殊实体出现问题时与其发生牵连的整个关系网"及表明"欧洲文化如何从作为一种替代物,甚至是一种潜在自我的东方获取其力量和自我身份"的《东方学》中,②萨义德基于话语的真理并不在于言说内容,而在于言说者、言说语境等因素,揭示了关于东方的西方话语——东方主义——如何在西方国家的"权力"利益的驱使之下,建构出关于东方的"知识"及"权力/知识"体系。萨义德指出,东方不仅"几乎是一个被欧洲人凭空创造出来的地方,它自古以来便代表着罗曼史、异国情调、美丽的风景、难忘的回忆、非凡的经历",而且"是欧洲**物质**文明与文化的一个内在组成部分"。③ 萨义德赋予了 orientalism 一词三种不同却相关的含义:作为学术研究的一个学科、一种思维方式、一种话语方式。作为学术研究的一个学科的东方学最易为人接受,虽然它今天已然不太受专家们的青睐;作为一种思维方式的东方主义基于本体论及认识论意义上的东方/西方之分,已然被视为了建构与东方、东方人民、习俗、思维、命运等有关的理论、诗歌、小说、社会分析和政治论说的起点;作为一种话语方式的东方主义主要是基于历史与物质的考量:

> 如果将 18 世纪末作为粗略界定的起点,东方主义可以被作为处理东方的一种共享机制加以讨论和分析——通过做出与东方有关的陈述、对有关东方的观点进行裁决处理东方,通过对东方进行描述、讲授、殖民、统治处理东方:简言之,视东方主义为西方支配、重建和君临东方的一种方式。④

---

① Mica Nava (1987) "Consumerism and its Contradictions", *Cultural Studies* 1(2), pp. 209—10.
② Edward Said ([1978]1979) *Orientalism*, New York: Vantage Books, p.3.
③ Ibid., p.1, p.2.
④ Ibid., p.3.

受萨义德,以及加娅特里·斯皮瓦克(Gayatri C. Spivak)和霍米·芭芭(Homi K. Bhabha)等理论家的启发,英国的后殖民文化研究批评家立足于对西方中心主义的批判,揭示西方/东方二元对立等级的被构建方式,即西方话语体系与知识体系如何定义、发明与他者化"东方",使东方成为说明与验证西方进步与优越的负项,构筑起西方与东方的等级秩序与权力。后殖民主义文化研究解构或颠覆"东方主义"、将处于支配地位的白人的、宗主国的、欧洲的文化"去中心化",其目的并非简单互换西方与东方的等级位置,重弹东方文化优越论的老调,而是防止落入种族中心论、民族本质论的窠臼,将西方/东方一类概念、二元对立项的出现置于过去三百年全球化的历史进程中,去发现、揭露此类知识生产背后的权力与利益关系,正如约翰·汤林森(John Tomlinson)与比尔·阿什克罗夫特(Bill Ashcroft)等人所做的那样。汤林森在《文化帝国主义》中考察与批判了后殖民的媒体帝国主义、民族国家话语、全球资本主义以及现代性,分析与揭示了文化殖民的内蕴及其历史走向。① 阿什克罗夫特等人在《帝国反击:后殖民文化的理论与实践》中考察了所谓的"混成"(hybridization),即本土传统通过混成的形式与帝国残存物相结合,以一种语言创设出一种新的后殖民表述方式,即与帝国输送的"大写英语"(English)不同的、变异的"小写英语"(english)。② 所以,因福柯权力话语而起的后殖民主义文化研究有着显在的颠覆趋向;事实上,这也是多元文化主义文化研究的特征。一如斯妮娅·古诺(Sneja Gunew)所指出的,多元文化主义可以解构支配性的单一民族叙事,可以成为"质疑霸权主义个体的一种策略",因而可以建立"建构'指意突破口'的基础,革命性的、非重复性的历史的前提"。③

---

① John Tomlinson ([1985]1991) *Cultural Imperialism*, London: Printer Press.
② Bill Ashcroft, Govreth Griffiths and Helen Tiffin (1989) *The Empire Writes Back: Theory and Practice in Post-colonial Literature*, London and New York: Routledge.
③ Sneja Gunew (1985) "Australia: 1984", in F. Barker et al. (eds.) *Europe and Its Others*, vol. 1, Colchester: The University of Essex Press, p.188.

# 第五章　范式转型再出发

伯明翰学派文化研究一直因意识形态传统著称，或者如格雷姆·特纳所言，"意识形态始终为文化研究中最重要的概念范畴"。① 所以，在美国大众传播理论家、媒体评论家詹姆斯·凯里（James Carey）看来，伯明翰学派文化研究"可以很容易地，并且也许是最准确地被描述为意识形态研究，因为它们以各种复杂的方式把文化等同于意识形态"。② 然而，不同发展阶段的伯明翰学派文化研究关注意识形态的程度与维度不尽相同。文化主义范式支配下的伯明翰学派文化研究受《文化与社会》、《文化的用途》等发轫性著作的影响，关注工人阶级文化的解放力量，以及大众在文化中的能动性，因而重视对经典或正统马克思主义的经济决定论、阶级还原论的经验性批评。一如霍尔基于实践的特殊性对经济还原论的批评所证明的："虽然文化主义经常肯定不同实践的特殊性——'文化'不能被吸纳进入'经济'，但它缺乏一种从理论上证明这种特殊性的恰当方法。"③进入 1970 年代以后，随着以意识形态理论为核心的阿尔都塞结构主义马克思主义等西方马克思主义理论的引入，伯明翰学派文化研究意识到了"马克思主义理论化对还原论提出了自己的'内部'批评，即还原论为晚期资本主义的支配与从属机制提供的解释并不恰当"，④于是开始了对经典或正统马克思主义的理论质疑与批评，尤其是对其总体性概念、经济还原论、阶级还原论等内容。

---

① Graeme Turner（[1990]2003）*British Cultural Studies: An Introduction*, London and New York: Routledge, p.167.
② James Carey（1989）*Communication and Culture: Essays on Media and Society*, Boston: Unwin Hyman, p.97.
③ Stuart Hall（1996）"Cultural Studies: Two Paradigms", in John Storey（ed.）*What Is Cultural Studies?: A Reader*, London: Arnold, p.44.
④ Jennifer Daryl Slack（[1996]2003）"The Theory and Method of Articulation in Cultural Studies", in David Morley and Kuan-Hsing Chen（eds.）*Stuart Hall: Critical Dialogues in Cultural Studies*, London and New York: Routledge, p.116.

到1970年代,文化理论家毫不含糊地参与了批评"经典"或者"正统"马克思主义,以及它对彼此关联的两种还原论的依赖:经济还原论与阶级还原论;前者依赖的是对马克思关于基础与上层建筑之间关系的概念的有限阅读,后者依赖的是对马克思的阶级概念的有限阅读。①

伯明翰学派对经典或正统马克思主义的批评由经验层面上升至理论层面所暗示的,是伯明翰学派从文化主义阶段过渡为结构主义阶段;与之相伴随的,是伯明翰当代文化研究中心的意识形态认识从阶级到霸权再到接合的转移,以及其关注点从工人阶级日常生活转移到媒介研究的微观政治经济学。作为这样一种变化的结果,意识形态开始作为一个核心概念,频繁显现于伯明翰学派文化研究。不同于经典马克思主义的"德意志意识形态式意识形态"或"经济基础—上层建筑式意识形态",流行于1970年代伯明翰当代文化研究中心的意识形态是阿尔都塞所谓的"一种'表象'。在这种表象中,个体与其实际生存状况的关系是一种想象关系";②其间活生生的文化不再仅仅是生活经验的表征或再现,而且作为一种意识形态构成了生活经验的前提与基础。在阿尔都塞意识形态理论的指引下,尤其是他关于主体性、多元决定(overdetermination),③以及意识形态国家机器(ISAs)的论述,伯明翰学派文化研究完成了从文化主义范式向结构主义范式的过渡,通过围绕《银幕》的文化主义与结构主义之争改变了固有的文化认知。④ 然而,阿尔都塞意识形态理论在极大地启发以伯明翰学派为代表的英国文化研究与媒体研究的过程中,日渐显现出诸多无法克服的缺陷,如大卫·莫利所言,受作为一种新神话的阿尔都塞意识形态理论的影响,一些英国文化研究著述由于"把个人主体仅仅归结为特定结构的个别化,为超越他的主体

---

① Jennifer Daryl Slack([1996]2003)"The Theory and Method of Articulation in Cultural Studies", in David Morley and Kuan-Hsing Chen(eds.) *Stuart Hall: Critical Dialogues in Cultural Studies*, London and New York: Routledge, p.116.

② 路易·阿尔都塞:《意识形态和意识形态国家机器》,李迅译,《当代电影》,1987年第4期,第33页。

③ 据考证,作为一个概念的"多元决定"最初是由精神分析学创始人西格蒙德·弗洛伊德发明的,后来因为阿尔都塞的沿用开始流行于社会—政治分析;多元决定论否认经典马克思主义的经济决定论,指向决定因素的多元性,虽然在拉克劳与莫菲看来,阿尔都塞在使用这一概念时对其进行了(有问题的)限制。参见Jean Laplanche and Jean-Baptiste Pontalis(1988)*The Language of Psychoanalysis*, London: Karnac。

④ Stuart Hall(1996)"Cultural Studies: Two Paradigms", in John Storey(ed.)*What Is Cultural Studies? A Reader*, London: Arnold.

性空间的话语所言说",无力提供"一个位置供我们从中观察个人如何利用其结构位置所赋予的文化资源积极地生产意义"。① 正因如此,以伯明翰学派为代表的英国文化研究从阿尔都塞转向了意大利马克思主义理论家安东尼奥·葛兰西,经历了其发展史上影响最为深远的一次转向——"葛兰西转向",决定性地帮助了英国文化研究将"殖民"小旗插满全世界。

## 第一节 文化研究与意识形态传统

意识形态是英国文化研究的核心概念之一,但这并不意味着英国文化研究中一定存在关于意识形态的清晰定义。对文化理论家、批评家而言,意识形态是一个言人人殊的概念,不但不同的人对之有不同的理解,而且同一个人也会随着其观念与所处情势的变化与发展,对之进行不同的界定。所以,虽然作为术语的意识形态与文化绝非同义词,如霍尔所言,"当人们说'意识形态'时,某种东西遗漏了,而当人们说'文化'时,某种东西缺少了",②但文化研究中确有意识形态与文化相交替的现象,尤其是在大众文化研究中,以致文化研究中的意识形态定义或界定可谓不计其数。根据伯明翰学派文化理论家约翰·斯道雷的考察,英国文化研究所挪用的意识形态概念主要有五种:"由某一特定人群所阐释的系统思想"、"某种掩盖、歪曲与隐瞒"、"意识形态模式"、"意识形态国家机器"、"神话"。③ 我们稍加考察就会发现,流行于文化研究之中的这些意识形态概念大多直接联系着马克思,或者说具有浓厚的马克思主义痕迹;马克思从未清晰地定义过作为一个概念的意识形态,因而为后人留下了多种阐释的开放空间。

不同于法兰克福学派获取资源于马克思的商品拜物教理论,以伯明翰学派为代表的英国文化研究首先挪用了马克思关于"统治阶级的思想在每一个时代都是占统治地位的思想"的论述。马克思在《德意志意识形态》中指出:

> 统治阶级的思想在每一个时代都是占统治地位的思想……一个阶级是社会上占统治地位的**物质**力量,同时也是社会上占统治地位的**精**

---

① David Morley (1986) *Family Television: Cultural Power and Domestic Pleasure*, London: Comedia, p.48.
② Stuart Hall (1978) "Some paradigms in cultural studies", *Annali* 3, p.23.
③ John Storey ([1993]1997) *An Introduction to Cultural Theory and Popular Culture*, London: Prentice Hall/Harvester Wheatsheaf, pp.2—6.

神力量。支配着物质生产资料的阶级,同时也支配着精神生产的资料,因此那些没有精神生产资料的人的思想,一般地是受统治阶级支配的。占统治地位的思想不过是占统治地位的物质关系在观念上的表现,不过是以思想的形式表现出来的占统治地位的物质关系;因而,这就是那些使某一个阶级成为统治阶级的各种关系的表现,因而这也就是这个阶级的统治的思想。此外,构成统治阶级的各个个人也都具有意识……既然他们正是作为一个阶级而进行统治,并且决定着某一历史时代的整个面貌,不言而喻,他们在这个历史时代的一切领域中也会这样做,就是说,他们还作为思维着的人,作为思想的生产者而进行统治,他们调节着自己时代的思想的生产和分配;而这就意味着他们的思想是一个时代的占统治地位的思想。①

英国文化理论家因此认为,任何一个社会的支配性意识形态都是其统治阶级的意识形态;居于支配地位的统治阶级或其知识分子代表往往通过生产和传播思想而支配统治阶级以外的各阶级的意志和行动,从而使统治阶级的既有统治秩序得到维持和延续。就资本主义的英国社会而言,资产阶级在支配物质资料生产的同时也支配着精神资料的生产,所以资产阶级的意识形态成为了英国的支配性意识形态,尽管它并非传播于英国社会的唯一一种意识形态。正如格雷厄姆·默多克(Graham Murdock)与皮特·戈尔丁(Peter Golding)对资本主义大众传播的分析的揭示那样,资产阶级凭借自己对文化产业生产手段的拥有而支配思想的生产与传播,彰显作为支配集团的资产阶级的思想,支配从属集团的思想,从而使优待统治阶级、剥削从属阶级的现有不平等社会制度得到维系。②

马克思在《〈政治经济学批判〉导言》中对经济基础/上层建筑关系的阐释也极大地启发了英国文化理论家:

> 人们在自己生活的社会生产中发生一定的、必然的、不以他们的意志为转移的关系,即同他们的物质生产力的一定发展阶段相适应的生产关系。这些生产关系的总和构成社会的经济结构,即有法律的和政

---

① 中共中央马克思、恩格斯、列宁、斯大林著作编译局:《马克思恩格斯选集》第 1 卷,人民出版社,1972 年,第 52 页。

② Graham Murdock and Peter Golding (1977) "Capitalism, communication and class relations", in J. Curran, M. Gurevitch and J. Wollacott (eds.) *Mass Communication and Society*, London: Edward Arnold.

治的上层建筑竖立其上并有一定的社会意识形式与之相适应的现实基础。物质生活的生产方式**制约**着整个社会、政治生活和精神生活的过程。不是人们的意识决定人们的存在,相反,是人们的社会存在决定人们的意识。……随着经济基础的改变,全部庞大的上层建筑也或慢或快地发生变革。在考察这些变革时,必须时刻把下面两者区别开来:一种是生产的经济条件方面所发生的物质的、可以用自然科学的精确性指明的变革,一种是人们借以意识到这个冲突并力求把它克服的那些法律的、政治的、宗教的、美学的或哲学的,简言之,意识形态的形式。①

一些文化研究理论家因此认为,既然由生产力与生产关系构成的经济基础决定包括意识形态在内的上层建筑,作为上层建筑一部分的意识形态便必然一如托马斯·潘恩所谓的基督教救赎,本质上为一种"虚假意识形态"(false consciousness)。② 统治阶级往往凭借自己在物质生活、生产中的支配地位"把自己的利益说成是社会全体成员的共同利益,抽象地讲,就是赋予自己的思想以普遍性的形式,把它们描绘成唯一合理的、具有普遍意义的思想",③以便让自己显现为并非剥削者或压迫者、使被统治阶级无视自己的被剥削者或被压迫者地位,从而达到维护现有社会秩序的目的。一如卡尔·曼海姆(Karl Mannheim)所言:

> "意识形态"这个概念反映了这样一个发现,它源自政治冲突,也就是说,统治集团可能在他们的思想中非常高度地利益关注于某一情势,以致他们不再能看到某些会破坏他们的支配意识的面向。"意识形态"这个词中隐而不露的洞见是,在某些情势之下,某些团体的集体无意识使社会的真实状况无论是对自己,还是对他人,都晦暗不明,从而使社会得到稳定。④

虚假意识形态概念或者"幻象"曾经在英国文化研究中深入人心,吸引着诸多批评家致力于考察电影、电视、音乐、报纸、杂志等大众娱乐形式及教

---

① 中共中央马克思、恩格斯、列宁、斯大林著作编译局:《马克思恩格斯选集》第 2 卷,人民出版社,1972 年,第 82—83 页。
② 托马斯·潘恩在《人权论》中指出,从本质上讲,基督教的救赎思想并非出自道德标准,而是源自经济利益的考虑。
③ 中共中央马克思、恩格斯、列宁、斯大林著作编译局:《马克思恩格斯选集》第 1 卷,人民出版社,1972 年,第 53 页。
④ Karl Mannheim (1936) *Ideology and Utopia: An introduction to the sociology of knowledge*, New York: Harcourt Brace, p.40.

育、宗教、家庭、性/别关系等社会同化机构（acculturating institution）中的虚假意识形态，揭示资本主义社会中处于支配地位的资产阶级如何利用自己对经济基础的支配，生产虚假意识形态——某种伪装、扭曲或隐瞒。这些批评家们对虚假意识形态的关注，首先是因为他们的马克思主义立场：

> 社会中因果关系流动的结构并不平等，即经济以一种特权方式影响政治与意识形态关系，反之则不然。人们通常认为，对这一观点的接受构成了马克思主义的"有限地位"。[但是]有人认为，如果放弃这一观点，马克思主义便不再是马克思主义了。①

同时也是因为虚假意识形态在资本主义社会比比皆是。在二战以来的历次英国大选中，占据统治地位的资产阶级每每通过铺天盖地的媒体宣传，让选民误以为唯有来自保守党或工党的候选人才有治理国家的能力或资格，虽然来自其他党派的角逐者能力不相上下。好莱坞电影《阿甘正传》（Forrest Gump）所建构出来的白人与黑人之间的兄弟情谊，试图让人相信美国梦的实现绝无种族之分，殊不知无论是在作为该电影背景的1960年代，还是在该电影上映的1990年代，种族冲突始终为美国社会的主要社会问题之一。貌似不同的政治竞选宣传与娱乐产品并无本质差异，都是使资产阶级的思想成为社会统治思想的虚假意识形态。

事实上，在一定意义上讲，在"运作于马克思主义周遭，研究马克思主义，反对马克思主义，试图影响马克思主义，勉力发展马克思主义"的过程中，英国文化研究正是在与虚假意识形态的斗争中，获取了形成与发展的动力。一如霍尔所言：

> 英国文化研究的邂逅马克思主义必须首先被视为遭遇一个难题——并非一种理论，甚至并非一个问题系。它诞生和发展于批判我认为并非是外在于而是内在于马克思主义的某种化约论及经济主义，与经济基础—上层建筑模式的斗争；深奥微妙的马克思主义也好，庸俗粗陋的马克思主义也好，都曾试图借助这一斗争思考社会、经济与文化之间的关系。它置身于、定位于与虚假意识形态问题的一场不可或缺、旷日持久、至今尚未停息的斗争之中。②

---

① Tony Bennett (1982) "Popular culture: defining our terms", in *Popular Culture: Themes and issues 1*, Milton Keynes: Open University Press, p. 81.

② Stuart Hall ([1993]1999) "Cultural studies and its theoretical legacies", in Simon During (ed.) *The Cultural Studies Reader*, London and New York: Routledge, p. 100, pp. 100—1.

伯明翰学派新生代代表麦克罗比在谈到英国文化研究的起源时,表达了类似的观点:

> 文化研究一开始是作为一种激进探寻形式而亮相的,它反对化约论与经济主义、反对经济基础——上层建筑的隐喻,抵制虚假意识形态概念……弗雷德里克·杰姆逊及大卫·哈维(David Harvey)等批评家所标示出来的回归前后现代主义的(pre-postmodern)马克思主义是站不住脚的,因为可以预计的是,回归这一术语将通过置文化与政治关系于一种机械与反映主义的角色之中,凸现种种经济关系与经济决定,而不是文化与政治关系。①

必须指出的是,因为虚假意识形态观的基础——经济基础—上层建筑模式——在文化研究中的用途十分有限,②英国文化理论家在直接借鉴马克思主义意识形态理论的同时,也积极地根据自己的情势与需要,建构不列颠特色的马克思主义意识形态理论,其间的一个典型代表便是大众传媒政治经济学。通过融通马克思在《德意志意识形态》与《〈政治经济学批判〉导言》中的意识形态观点,莱斯特—拉夫堡学派文化研究代表人物默多克与戈尔丁建构出了他们所谓的大众传媒政治经济学;他们认为:

> 马克思关注于强调这一事实,即《德意志意识形态》所概括的阶级制度对生产和分配的支配,本身为支撑着资本主义经济的基本力量所包容与制约。因此,充分分析文化生产之所需便是在考察支配的阶级基础的同时,考察支配被实施于其间的总体经济环境。③

默多克与戈尔丁在此间否认了马克思及他们自己对经济决定论的坚持,但鉴于他们对经济的强调,他们的大众传媒政治经济学可谓在本质上无异于伯明翰学派文化研究一直批评的法兰克福学派大众文化理论的翻版,因而尽管曾经名噪一时,但并未得到伯明翰学派文化研究的青睐。

---

① Angela McRobbie (1992) "Post-Marxism and Cultural Studies: a post-script", in Lawrence Grossberg, Cary Nelson and Paula A. Treichler (eds.) *Cultural Studies*, New York and London: Routledge, p.720, p.719.

② Raymond Williams (1977) *Marxism and Literature*, Oxford and New York: Oxford University Press, p.80.

③ Graham Murdock and Peter Golding (1977) "Capitalism, communicatin and class relations", in J. Curran, M. Gurevitch and J. Woolacott (eds.) *Mass Communication and Society*, London: Edward Arnold, p.16.

伯明翰当代文化研究中心一直视媒体研究为工作重点之一,其间的一个重要维度便是对20世纪西方马克思主义主要流派之一,法兰克福学派大众文化理论的批判。众所周知,"法兰克福学派"是在1960年代由"局外人"给予成立于1923年的法兰克福大学社会研究所的标签,①其代表人物有马克斯·霍克海默(Max Horkheimer)、西奥多·阿多诺、瓦尔特·本雅明、利奥·洛文塔尔(Leo Lowenthal)、赫伯特·马尔库塞(Herbert Marcuse)、尤金·哈贝马斯(Juergen Harbermas,又译于尔根·哈贝马斯)。一方面,法兰克福学派内部存在着较大差异,"如果将老一代法兰克福学派的40年作为一个整体来看,就会发现,根本就没有能够将现在所说的'法兰克福学派'的全部要素都包括进去的某个统一范式或者范式转型"。② 就对资本主义整合程度的认识而言,法兰克福学派成员之间流行着悲观主义与乐观主义这两种截然不同的思想趋向,前者认为在强大的资本主义整合力量面前,任何努力都将无济于事,后者则不断寻找革命的主体,力图将洛文塔尔所谓的政治—革命意识转化为革命实践与政治行动。③ 另一方面,得益于霍克海默在1937年发表的一篇论及"传统理论和批评理论"的文章,作为一个整体的法兰克福学派始终以批判理论(Kritische Theorie/critical theory)著称,虽然社会研究所首任所长卡尔·格吕堡(Carl Grünberg)着重于经验的、具体的政治经济学、工人运动史研究。霍克海默等人基于法西斯主义留下的痛苦记忆、蓬勃发展的美国大众文化(mass culture)、马克思主义与心理分析的耦合,借用马克思早期著作中的"异化"概念及卢卡奇的"物化"思想,提出了其著名的"大众文化批判理论",④在三个层面开展批判实践:"思想层面,指的是理性批判和形而上学批判;社会层面,强调的是社会批判(大众

---

① 罗尔夫·魏格豪斯:《法兰克福学派:历史、理论及政治影响》,孟登迎、赵文、刘凯译,上海人民出版社,2010年,第4页。

② 同上书,第6页。

③ Martin Jay (1987) (ed.) *An Unmastered Past: The Auto-biographical Reflections of Leo Lowenthal*, Berkeley: University of California Press, p.240.

④ John Storey ([1993]1997) *An Introduction to Cultural Theory and Popular Culture*, London: Prentice Hall/Harvester Wheatsheaf, p.105。一些批评家认为,就法兰克福学派而言,作为概念的"大众文化批评理论"与"大众文化理论"是可以交替的,但我们必须知道,在对大众文化的认识上,法兰克福学派内部存在着肯定与否定两种声音,并且相应地形成了具有同样合法性的两套理论话语。从这个意义上讲,我出于权宜之计冒险为法兰克福学院贴上"大众文化批评理论"的标签,难免有以偏概全之嫌。参见赵勇:《整合与颠覆:大众文化的辩证法——法兰克福学派的大众文化理论》,北京大学出版社,2005年,第1—3页。

文化批判);最后是国家层面,侧重于意识形态批判(政党意识形态和科学主义意识形态)"。①

直接关涉伯明翰当代文化研究中心的,是由阿多诺与霍克海默发起的社会批判或大众文化批判。1947年,阿多诺与霍克海默首创了"文化产业"一词,指出了文化产业的同质性与可预测性特征。一如他们在《文化产业:作为大众欺骗的启蒙》这篇著名论文里所指出的:

> 电影、广播和杂志制造了一个系统。不仅各个部分之间能够取得一致,各个部分在整体上也能取得一致……不管是在威权国家,还是在其他地方,装潢精美的工业管理建筑和展览中心到处都是一模一样……它们得以存在的全部理由,就是作为计划的组成部分来证明计划。只要电影一开始,结局会怎样,谁会得到赞赏,谁会受到惩罚,谁会被人们忘记,这一切都已经清清楚楚了。在轻音乐中,一旦受过训练的耳朵听到流行歌曲的第一句,他就会猜到接下去将是什么东西,而当歌曲确实这样继续下去的时候,他会感到很满意……②

根据法兰克福学派大众文化批评理论,自由资本主义向垄断资本主义转化的过程同时也是文化本身日益商品化、资本化、产业化的过程;原本外在或独立于经济的意义、经验、文化产品于其间演变为高度资本化的商品,被派定"意识形态混凝土"或马克思所谓的"人民的鸦片"的作用,为追逐利润的经济公司及追逐权力的政治集团服务。法兰克福学派认为,在垄断资本主义这一全新的资本主义历史阶段,即阿多诺所谓的"全面管理的社会"(totally administered society)或马尔库塞所谓的"单向度社会"(one-dimensional society),作为媒介的文化产业或汉娜·阿伦特、汉斯·马格努斯·恩岑斯贝格(Hans Magnus Enzensberger)所谓的"意识产业"成为大众操控及宣传的主要工具,③曾经具有革命性的工人阶级因此变为驯顺的"笨蛋"(dope)、"上当受骗者"(dupe)、"大众"(mass),走向不革命甚至反革命,阻止从资本主义到社会主义的划时代社会变迁。比如,以好莱坞为代表的文化产业往往通过为"笨蛋"、"大众"(消费者)提供无需使用大脑的娱乐产品,转移他们对自己所肩负的阶级斗争任务的关注。所以,以娱乐产品为代表的"大

---

① 曹卫东:《法兰克福学派的掌门人》,《读书》,2002年第10期,第102页。
② 马克斯·霍克海默、西奥多·阿道尔诺:《启蒙辩证法:哲学断片》,渠敬东、曹卫东译,上海世纪出版集团,2006年,第107—112页。
③ John Hartley (2003) *A Short History of Cultural Studies*, London: Sage, p.90.

众文化"无异于法兰克福学派成员曾经历过的约瑟夫·戈培尔(Josef Goebbels)式纳粹宣传:表面上对"大众"作出某种承诺,实际上只对极权主义负责,"大众"最终上当受骗、成为牺牲品。

"大众"毋庸置疑是法兰克福学派大众文化批评理论的标示性术语,因此获得了法兰克福学派的多维度界定,比如(西方)马克思主义视野下的"大众犹如原子"、法西斯主义阴影视野下的"大众文化是极权主义的温床"、美国大众文化视野下的"美国文化不但缺少一种欧洲文化中无需证明的精神,而且人们缺少对这种精神的敬意"。作为马克思主义经济决定论及列宁主义先锋主义(Leninist vanguardism)的一种哲学替代物,法兰克福学派强调社会生活的文化及意识形态维度,试图把握作为一个整体的社会,关注革命主体在发达资本主义社会的消失;法兰克福学派的"大众"一词隐含着他们对无产阶级"群众"堕落为中产阶级"大众"的失望与批判,促成了他们将关注焦点投向个体,形成一种二元对立式思维模式——自律个体与顺从大众、艺术与大众文化。① 这既是法兰克福学派进行社会批判的基点与核心,同时也是其成员被伯明翰学派文化研究贴上精英主义标签的原因所在。

任何一种理论话语都是特定历史语境的产物;简单地将法兰克福学派大众文化批判归结为精英主义话语难免有草率之嫌。从语境或历史还原的角度看,法兰克福学派的某些观点确有其自身的合理性,一如道格拉斯·凯尔纳(Douglas Kellner)论及法兰克福学派对美国大众文化的考察时所言:

> 流亡美国期间,他们注意到二战时期罗斯福使用媒介让人印象深刻,也觉察到宣传家对大众媒介的利用……处于这种军事化体制与战争状态下的媒介——无论它是自由民主的、法西斯主义的还是国家社会主义的——都更与单向度的或宣传的形式密切相关。而且媒介与社会的"批判理论"模式可以对二战之后与"冷战"期间那种统治的趋势与效果作出更精确的描绘。当媒介被利征用于反共讨伐时,当媒介内容受到严格控制与审查时,阿多诺与霍克海默所提及的"清洗"局面便出现了。②

---

① 赵勇:《论法兰克福学派大众文化理论的生成语境》,《学术研究》,2004年第11期,第117—121页。

② Douglas Kellner (1989) *Critical Theory, Marxism, and Modernity*, Cambridge: Polity Press, p. 134.

正因如此,法兰克福学派影响巨大,甚至得到了一些理论大师毫不吝啬的赞美,一如福柯所言:"倘若我能及时了解到法兰克福学派,我肯定会节省很多劳动。那样我就不会说一堆废话了,也不会为避免迷路而尝试那么多错误的途径——当时法兰克福学派已然把道路清理出来了。"①然而,多数时候,法兰克福学派大众文化批判理论则因其经济决定论与精英主义底色、对文化产业的简单化处理,遭到拒斥。安德列斯·胡塞恩(Andreas Huyssen)在其力作《大分裂之后:现代主义、大众文化、后现代主义》中,②通过指出阿多诺不仅是一位现代主义理论家,而且还是一位打造已然领略过先锋派的失败的现代主义理论家,批评了阿多诺大众文化观中的局限与褊狭。在伯明翰学派文化理论家中,威廉斯率先批判了法兰克福学派对文化产业的简单化处理;他认为,因为现代社会中至少存在着四种不同的编码方式:父权制或压抑性的编码、视媒体为社会控制工具的权威制编码、视媒体为赚钱工具的商业性编码、视媒体为大众介入与双向对话的民主性编码,文化产品的消费者绝非时时为法兰克福学派所谓的"笨蛋"或"大众"。③ 在霍尔及其追随者看来,法兰克福学派所代表的,是从经济到意识的单向度流动或经济力量决定包括文化在内的意识形态这一经典马克思主义式认识,它无力解释当代英国社会质变之所需;在英国这样一个大规模群众组织与合法政治行动无力提供所希翼的变化的国度,唯有将激进裂变或革命之希望寄予文化。所以,霍尔时代的伯明翰当代文化研究中心将经济决定论及大众媒体政治经济学扔进了"基础—上层建筑马克思主义的垃圾箱",④勉力对文化与经济间的关系进行重新理论化,突出文化及文化消费者的能动性在分析与实践层面的核心地位。

伯明翰当代文化研究中心批评和拒绝大众媒体政治经济学与法兰克福学派大众文化批判理论,是因为它们并未摆脱经典或传统马克思主义的经济决定论,但这并不意味着他们对马克思主义的彻底弃绝。智识及学科的专业性已然致使伯明翰当代文化研究中心对经济维度有所"冷落",但这并

---

① Michel Foucault (1983) "Um welchen Preis sagt die Vernunft die Wahrheit? Ein Gespräch", *Spuren* 1, p. 24.

② Andreas Huyssen (1986) *After the Great Divide: Modernism, Mass Culture and Postmodernism*, Bloomington: Indiana University Press.

③ Raymond Williams ([1974]2003) *Television: Technology and Cultural Form*, London and New York: Routledge.

④ Jim McGuigan (1992) *Cultural Populism*, London: Routledge, p. 40.

不表示他们对经济在文化分析与批判中的重要性的否认。"按文化研究传统工作的人,无不知晓对文化的理解必须求助于某种政治经济学分析"。①事实上,为了重新激活马克思主义,赋予马克思主义以新的活力,伯明翰当代文化中心在加强与凸显其跨学科性的过程中,重新审视了大众媒体政治经济学的被普遍运用。具体地讲,1970年代以降,詹姆斯·霍罗伦(James Halloran)领导的莱斯特大学媒体研究中心(Leicester University Centre for Media Research)、詹姆斯·卡伦(James Curran)领导的伦敦大学戈德史密斯学院(Goldsmith College)、约翰·埃尔德里奇(John Eldridge)与格雷格·菲洛(Greg Philo)领导的格拉斯哥媒体小组(Glasgow University Media Group)所开展的大众媒体政治经济学研究,②尤其是他们所取得的成就,使伯明翰当代文化研究中心更为清晰地看到了跨学科考察与分析的潜力。然而,思想并不等于行动;伯明翰当代文化研究中心并未因此即刻挪用政治经济学,因为存在一种担心,作为一种研究方法的政治经济学最终会因其简约本质而背离对意识的探寻,陷入"悲观精英主义"(pessimistic elitism)的泥潭。

  文化研究一直拒绝困扰着诸多文化理论与分析工作的"悲观精英主义"(我想到的是利维斯主义、法兰克福学派、大部分的解构主义流派、经济决定论版本的马克思主义、政治经济学),它们似乎总想暗示"能动性"永远受"结构"的压制;文化消费只不过是生产的影子;观众协商是虚幻之物,仅仅是经济力量的游戏之中的幻影式棋子而已。而且,"悲观精英主义"是试图让自己扮演某种形式的激进文化政治的一种思维方式。但是它往往是这样的一种政治,其间对权力的攻击最终只不过是自以为是的揭示:其他人如何始终为"文化傻瓜"。③

事实上,斯道雷所谓的悲观精英主义在伯明翰当代文化研究中心的批评家身上并不鲜见,甚至在霍尔那里也不例外。尽管1950年代以降,霍尔一直在致力于大众文化研究,但他对大众文化的兴趣却并非源自大众文化的内在生态,而仅仅在于大众文化是一个重要战场,可以通过反对当权者的文化的斗争于其间建构出社会主义。

  [大众文化]是进行支持或反对当权者的文化的斗争场域之一:它同时也是斗争中或赢取或输掉的资本。它是一个认同与抵制的竞技

---

① John Hartley (2003) *A Short History of Cultural Studies*, London: Sage, p.101.
② Ibid., p.102.
③ John Storey (1999) *Cultural Consumption and Everyday Life*, London: Arnold, p.168.

场。它在一定意义上是霸权出现及获取霸权之地。它并非仅仅是(已然羽翼丰满的)社会主义制度、社会主义文化得以"表达"之地。相反,它是社会主义制定得以被建构的场所之一。这便是"大众文化"之所以重要的原因。实话告诉你,就其他方面而言,我并不认为大众文化有什么价值。①

进入"后霍尔时期"——新时代——以后,悲观精英主义的大众文化处理方式引起了伯明翰学派文化研究实践者的反思。此间的霍尔把抛弃了经济维度的文化研究的发展归纳为英国文化研究"理论化的失败",甚至进而否认了以自己的名义所进行的诸多文化研究工作:

> 已然从对决定主义经济主义的弃绝中缘起的,并非是对作为其他实践的"存在条件"的经济关系及其影响之类问题的别样思考路径……而是大量的、广泛的、影响深远的否定。因为最广义上的经济的确没有像人们通常所认为的那样,"最终决定"历史的真正进程,所以好像经济并不存在。②

霍尔等伯明翰学派文化理论家的反思于不期然间带来了两个后果:重新思考政治经济学与遭遇政治经济学家的反攻倒算。如前所述,批判经济决定论与揭示活生生的文化中的虚假意识形态构成了早期英国文化研究的主部。所以,英国文化研究是对意识与经济之间关系的研究,虽然历史地看,英国文化研究并未公平对待意识与经济。早期英国文化研究有着明显的文化至上特征,偏重对意识、主体性、身份及个人经验等范畴的考察与阐释。③正因如此,"新时代"的伯明翰学派文化研究把经济因果关系纳入了其议事日程,在一定程度上接受了麦克盖根等经济至上论者的批评:

> 如果人们记得数年前,正是霍尔在审视文化研究的范式之争时,将文化的政治经济学观点扔进了基础—上层建筑马克思主义的垃圾箱,这一转变便显得趣味横生。尽管"新时代"(New Times)这一观点并不构成向经济简约论的一种复归,但它确乎为两种迄今对立的立场开辟了对话空间。在我看来,当代文化研究与文化的政治经济学的分裂,是该研究领

---

① Stuart Hall (1981) "Notes on deconstructing 'the popular'", in Raphael Samuel (ed.) *People's History and Socialist Theory*, London: Routledge & Kegan Paul, p.239.
② Stuart Hall, cited in John Hartley (2003) *A Short History of Cultural Studies*, London: Sage, p.105.
③ Ibid.: Sage, p.88.

域最具破坏性的特征之一。核心问题系实际上被设定在了经济简约论的恐怖之上。其结果是,媒介机构的经济面向及消费者文化的更为广义的经济动力学便很少得到考察,被简单地搁置,因而严重削弱了文化研究的解释力,本质上的批判力。①

随着以苏联为核心的社会主义阵营在1990年代初的解体,致力于媒体研究的激进的政治经济学家因为出版机构的鼓励,把批判文化研究视为了自己的一种姿态与立场。以马约里·弗格森(Marjorie Ferguson)、戈尔丁、麦克盖根、尼古拉斯·伽汉姆(Nicholas Garnham)为代表的媒体政治经济学家分别通过自己的著述,对文化研究进行"无情"的批判。弗格森与格尔丁在《质疑文化研究》中指出,无论是过去还是现在,文化研究始终面临这样一个实质性问题,即文化研究在规避经济化约论及经济基础—上层建筑模式的过程中"已全然与经济脱钩,也已在很大程度上与政治脱钩",因此无力"很有经验地处理民族及全球政治、经济与媒体制度中的深层次结构变化"。② 换言之,1990年代初的文化研究已然因忽视文化的生产而走向了文化分析的唯心主义认识论、因迷恋理论而把理论当作了文化分析的目的、因依赖隐喻而语焉不详。③ 从本质上讲,弗格森与戈尔丁的观点不过是麦克盖根对文化研究的批评的翻版。1992年,麦克盖根出版了探索"例行公事地联系着某种分析方案的弥散性政治情感"的《文化民粹主义》,④于其间批评了伯明翰当代文化研究中心的理论家们1970年代末以降显出的一种不加批判的文化民粹主义,即"认为普遍百姓的象征性经验与活动比大写的'文化'更富有政治内涵,更费思量"。⑤ 麦克盖根认为,以伯明翰当代文化研究中心为代表的英国文化研究中存在着两条文化民粹主义的轨迹,一条导致"**生产主义**大众文化观",一条导致"**消费主义**大众文化观",其结果是英国文化研究形成甚至根植于某种民粹主义情感。"因为与'经典'马克思主义那悠久而冗长的基础—上层建筑模式的某种早期创伤性遭遇,即一种

---

① Jim McGuigan (1992) *Cultural Populism*, London: Routledge, pp.40—1.
② Marjorie Ferguson and Peter Golding (1995) "Cultural Studies and Changing Times: An Introduction", in Marjorie Ferguson and Peter Golding (eds.) *Cultural Studies in Question*, London: Sage, xxv, xiii.
③ Ibid., xx—xxii.
④ Jim McGuigan (1992) *Cultural Populism*, London: Routledge, p.2.
⑤ Ibid., p.4.

由伤人元气的回避综合症症候性地代表的创伤",①在以生产制度与支配制度的对立为基础的文化场中,威廉斯等文化研究先驱所开创的文化民主运动未能成功地建立起一种文化生产/支配制度、是/应该的二元力量。这一失败在1970年代末的英国社会向右转的推波助澜下,直接将忽视经济、技术等因素的英国文化研究送入了不加批判的文化民粹主义之中:

> 激进民粹主义虽然对社会民主有着爱恨交织的矛盾心理,但更为严重的是,它低估了文化消费的大众力量。相反,第二条轨迹最终将达到大大高估消费者力量的程度,落入一种并非完全不同于右翼政治经济学的不加批判的民粹主义之中。②

麦克盖根认为,不加批判的文化民粹主义意味着以伯明翰学派为代表的英国文化研究已然陷入范式危机之中,而英国文化研究能否走出危机则在于它能否及如何重新开启霸权理论与政治经济学之间的对话。后来,麦克盖根的民粹主义观念得到了伽汉姆的进一步发挥。在《政治经济学与文化研究:和解还是离婚?》一文中,伽汉姆指出,马克思主义政治经济学与文化研究之间的对立是因为文化研究对政治经济学的深刻误解所致:

> 作为一项事业的文化研究发展自一组关于政治经济学的假设。它持续地将该范式作为其身为'激进'事业的基本假设与合法性之源而置于自身内部,尽管为了避免可怕的经济主义或化约论指控,这一范式经常受到某一修辞烟幕的压抑或者伪装。③

换言之,历史地看,威廉斯、霍加特等文化研究创始人所进行的反精英主义、反支配文化的斗争,从本质上讲乃是一场意在改变资本主义社会关系的社会主义政治运动,所以,文化研究与政治经济学之间并不存在任何本质性的冲突。英国文化研究已然为实现其抱负在两大主题范围内进行了探索,即意识形态问题、支配与从属问题;前者将英国文化研究引向了对真理与谬误、意图与阐释等概念的关注,致力于符号表征与社会行为之间的关系问题,而后者则将文化研究的视野从阶级扩展到种族与性别之中,聚焦菲斯克

---

① Jim McGuigan (1992) *Cultural Populism*, London: Routledge, p. 245.
② Ibid., p. 76.
③ Nicholas Garnham ([1994]2006) "Political Economy and Cultural Studies: Reconciliation or Divorce?", in John Sotrey (ed.) *Cultural Theory and Popular Culture: A Reader*, London: Prentice Hall, p. 615.

所谓的"白人父权制资本主义"(white patriarchal capitalism)。① 尽管如此,文化研究的本质并未发生丝毫变化。伽汉姆因此认为,英国文化研究必须纠正其在发展过程中所做出的对政治经济学的错误理解——政治经济学是反映论的或者决定论的,放弃对虚假意识形态的拒绝和对性别与种族的强调,停止夸大消费及日常生活的自由,重建政治经济学—文化研究之桥,阻止政治经济学与文化研究的离婚或实现政治经济学与文化研究的和解。

针对伽汉姆对文化研究的批评,曾经批判过社会研究中的文化转向、呼吁关注物质与经济发展的格罗斯伯格,②通过《文化研究与政治经济学:还有人厌倦这场辩论吗?》一文进行了有力的回应。格罗斯伯格首先否认了伽汉姆所谓的政治经济学与文化研究间的亲密关系:"文化研究与政治经济学从未如此亲密过;毕竟亲密关系本身是一个强大的社会决定因素。它们更像相互容忍的堂兄弟"。③ 然后,格罗斯伯格从文化研究的全局出发,全面而有力地回击由伽汉姆的批评所代表的来自政治经济学的两个惯常性批评——不顾及文化的生产机构而赞美大众或流行文化及放弃自己的反对派角色,因忽视经济学而无力理解当下世界中的权力、支配及压迫结构。格罗斯伯格认为,伽汉姆对文化研究的诸多批评都是站不住脚的,比如他对文化研究强调性别与种族的指责有去历史化之嫌、他对批评对象的选择随意性太大、他的比较对象之间往往不具可比性、他的批评对象时常是在场的缺席。④ 格罗斯伯格最后指出,尽管当下的文化研究正在以重要而有趣的方式回归经济问题,但是

> 文化研究无需回到事实上从未存在过的某种关系之中……我必须拒绝和解的邀请,并且指出我们无需离婚,因为我们从未结过婚。相反,我希望我们能够一起生活,如果不是在同一个街区的话,至少是在同一个地区。我们可能不会欣赏彼此的趣味或走相同的旅游路线,但

---

① John Fiske (1992) "Cultural studies and the culture of everyday life", in Lawrence Grossberg, Cary Nelson and Paula A. Treichler (eds.) *Cultural Studies*, New York and London: Routledge, p.161.

② Paula Zaukko (2003) *Doing Research in Cultural Studies: An Introduction to Classical and New Methodological Approaches*, London: Sage, p.5.

③ Lawrence Grossberg ([1994]2006) "Cultural studies vs. political economy: is anybody else bored with this debate?", in John Sotrey (ed.) *Cultural Theory and Popular Culture: A Reader*, London: Prentice Hall, p.626.

④ Ibid., pp.627—8.

是我们可以分享一种权力的地理与地理的权力意识。①

尽管"最近对文化研究的诸多批评都是误解"这一认知可能言人人殊,②但首先可以肯定的是,政治经济学与文化研究之间的论争是1990年代初"苏东事变"的直接产物。面对冷战结束、冷战式思维无处不在这一现实,作为一项政治工程的文化研究应该走向何方?围绕这一问题的思考及论争加速了文化研究始于1980年代末期的自我反省:

> 似乎有三种力量在推动着重新评介和再创造的车轮。首先是文化研究凭借其国际发展、学术学院化及……学科殖民而获得的高能见度。第二种力量来自于文化研究教学的无限弹性倾向,其兴趣除了自身的历史以外,还包括性别和性事(sexuality)、民族与民族身份……种族与族群、大众文化与观众……推动文化研究沿着修正主义(revisionism)路径前行的第三种力量直接来自外部批评。③

弗格森与格尔丁因此断定文化研究已然陷入危机,至少正在遭遇方法论危机,提出了"认识—方法论怀旧"(episto-methodological nostalgia)的建议,即主张文化研究的未来在于重新挪用社会学研究方法。④ 然而,这并非事实的全貌。诚然有一批文化研究理论家自1980年代以降便在不断反思文化研究实践的方法论及理论资源,呼吁文化研究放慢输血的步伐、回归(社会学)传统,但他们绝非是弗格森与格尔丁所谓的"认识—方法论怀旧",正如伯明翰学派的麦克罗比和莫利在这场论战中所说的那样。1980年代以降,文化研究的日渐体制化与符码化导致了文化研究的正典化,在北美学术界甚至"已然几乎等同于某种后现代的、解构主义的文学理论",所以莫利在批判性地考察后现代的或"自反的"(reflexive)人种志、构成主义认识论、话语理论的文本主义等文化研究种种正典的过程中,批评了它们的忽视社

---

① Lawrence Grossberg([1994]2006) "Cultural studies vs. political economy: is anybody else bored with this debate?", in John Sotrey (ed.) *Cultural Theory and Popular Culture: A Reader*, London: Prentice Hall, p. 635.

② David Morley (1995) "Theoretical Orthodoxies: Textualism, Constructivism and the 'New Ethnography' in Cultural Studies", in Marjorie Ferguson and Peter Golding (eds.) *Cultural Studies in Question*, London: Sage, p. 121.

③ Marjorie Ferguson and Peter Golding (1995) "Cultural Studies and Changing Times: An Introduction", in Marjorie Ferguson and Peter Golding (eds.) *Cultural Studies in Question*, London: Sage, xiii.

④ Ibid., xviii.

会—经济维度,呼吁文化研究重新将社会学纳入其中。① 麦克罗比也在考察理论时代以来的女性主义文化研究时,主张"回到更具社会学意义的问题上,尤其是在所研究问题与政策相关之处",提倡回归"三 E"——经验式的(empirical)、人种志的(ethnographical)、试验性的(experimental)研究,以便已然被后结构主义、心理分析理论化的女性主义文化研究能够更加具有实用性或者社会介入能力。② 但必须注意的是,无论是莫利还是麦克罗比,都绝非是在主张简单地回归社会学;莫利所谓的重新将社会学纳入文化研究并非简单地将社会学研究方法重新挪用到文化研究之中,而是力图实现"社会学的唯物主义、认识论的现实主义及方法论的实用主义"的有效耦合。③ 从这个意义上讲,弗格森与格尔丁把莫利、麦克罗比的呼吁归结为"认识—方法论怀旧"是不妥当的。

其次,作为一门学科的文化研究在 1980 年代以降不断受到政治经济学的指责甚至攻击,在一定程度上反映了英国人文科学内部的学派之争,以及文化研究的快速发展给其他学科造成的压力。1970 年代,以文化主义、结构主义为主要范式的伯明翰学派与以政治经济学分析见长的莱斯特学派可谓势均力敌;进入 1980 年代以后,伯明翰学派迎来了它在英国的快速膨胀与学术殖民,令其他学派与文化研究的相邻学科十分不安。1988—1994 年期间,英国高校的全日制学生总数从 563,000 人飙升到 930,000 人,但一方面,一些传统的人文及社会学科非但没有因此见到学生人数的上升,而且出现了不断的萎缩,另一方面,非伯明翰学派的文化研究并未因此获利,莱斯特大学大众媒体研究中心甚至还被迫将其关注点从以前的大众文化转向了国际传播。④ 这一局面不但直接导致了其他学派和学科的嫉妒与批评,而且引起了有关政府高层的关注与不满。当时的英国教育大臣曾公开表示:

---

① David Morley (1995) "Theoretical Orthodoxies: Textualism, Constructivism and the 'New Ethnography' in Cultural Studies", in Marjorie Ferguson and Peter Golding (eds.) *Cultural Studies in Question*, London: Sage, p. 122.

② Angela McRobbie (1995) "The Es and the Anti-Es: New Questions for Feminism and Cultural Studies", in Marjorie Ferguson and Peter Golding (eds.) *Cultural Studies in Question*, London: Sage, p. 170.

③ David Morley (1995) "Theoretical Orthodoxies: Textualism, Constructivism and the 'New Ethnography' in Cultural Studies", in Marjorie Ferguson and Peter Golding (eds.) *Cultural Studies in Question*, London: Sage, p. 122.

④ Paula Zaukko (2003) *Doing Cultural Research in Cultural Studies: An Introduction to Classical and New Methodological Approaches*, London: Sage, p. 7.

"我已下令进行调查……力图弄清楚为什么一些年轻人被实验室拒绝,却为了媒体研究之类的当代伪宗教而涌往研讨室……对意志薄弱者而言,进入文化的迪斯尼有着显在的吸引力。"①类似的状况也发生在了迅猛发展的美国文化研究身上,只不过其间的批评家更多聚焦在教学大纲的变化及文化的多元性而已。

所以,尽管莱斯特学派的弗格森与格尔丁等人倡导的政治经济学方法有利于突出生产、分配和消费作为意识形态的通俗文化的某些结构条件,但由于它在其间接受了某些经济决定论的观念、没有直接分析文化,它对伯明翰学派文化研究的作用十分有限。正因如此,斯特里纳蒂认为,有关大众媒体政治经济学的出现可以被视为是对西方马克思主义内部新发展的论战性回应,一如阿尔杜塞的结构主义马克思主义的出现与流行。②

## 第二节 文化研究与结构主义马克思主义

以佩里·安德森为代表的第二代新左派占据英国左翼思想阵地之后,基于"引进、批评、应用"的原则,引进了诸多关乎意识形态的欧陆理论。伯明翰学派文化研究因此获得了结构主义马克思主义这一重要思想资源,借助它调整了自己的研究对象与方法,继而通过围绕《银幕》理论的论争推进了之前的文化主义—结构主义论争,开始了对文化主义与结构主义的内在矛盾的理论思考,完成了"在新的历史条件下的一种思想转型和战略调整"。③ 正是在这个意义上,霍尔指出:"没有这些欧陆理论文本,文化研究也就无法形成自己的工程。"④

结构主义马克思主义是发轫于 1960 年代的西方马克思主义流派之一,或者更为准确地讲,最为重要的"反人道主义马克思主义流派",其主要代表是一向否认自己为结构主义者的阿尔都塞,以及他的学生,希腊马克思主义政治社会学家尼科斯·普兰查斯(Nicos Poulantzas)。但是,我们必须知

---

① J. Patten, cited in Marjorie Ferguson and Peter Golding (1995) (eds.) *Cultural Studies in Question*, London: Sage, xx.
② Dominic Strinati ([1995]1996) *An Intoduction to Theories of Popular Culture*, London and New York: Routledge, pp.142—7.
③ 周凡:《后马克思主义导论》,中央编译出版社,2010 年,第 1—2 页。
④ Stuart Hall (1990) "The Emergence of Cultural Studies and the Crisis of the Humanities", *October*, vol.53, p.16.

道,最早致力于将马克思主义与结构主义相提并论的,是法国人类学家吕西安·塞巴格(Lucian Sebag),而不是阿尔都塞。作为曾经的法共党员,塞巴格阅读过《资本论》等马克思主义著作;与法共分道扬镳后,塞巴格开始尝试将马克思主义纳入结构主义的轨道。1964 年,塞巴格出版了《马克思主义与结构主义》(Marxism and Structuralism)一书,正式论及马克思主义与结构主义的关系问题。塞巴格指出,马克思主义是关于社会现象的总体性理论,正日益变为一种意识形态,而意识形态并非科学;结构主义是关于人类现实最好的一种科学方法,已然在历史学、本体论、精神分析及马克思主义中发挥了重要作用。所以,马克思主义与结构主义应该结合起来;唯有如此,我们才能理解马克思关于社会现象的总体理论,才能理解人类现实。毋庸置疑,塞巴格开了把马克思主义与结构主义相融合的先河,只可惜他英年早逝,没有留下其他作品,因此并未引起人们的足够关注。列维-斯特劳斯、拉康、皮亚杰等人也都曾在自己的著述中,论及马克思主义与结构主义的关系问题。他们分享着这样的一种观点,即马克思的著作中确曾有结构主义的方法,他们自己的结构主义方法就是源自马克思主义,所以赞同"结构主义马克思主义"这一提法及其基本的理论主张。

1948 年,阿尔都塞在著名科学史家与哲学家加斯东·巴歇拉尔(Gaston Bachelard)的指导下,在巴黎高师通过了教师资格考试论文《黑格尔哲学内容的概念》,获得了哲学教师的资格,并留校任教。1960 年代初,已然开始接受结构主义思潮影响的阿尔都塞参加了法国理论界关于"青年马克思"与"人道主义"等问题的大讨论,发表了一系列别具一格的结构主义式论战性文章,见诸后来辑录成册出版的《保卫马克思》。1965 年,阿尔都塞出版了他与艾蒂安·巴里巴尔(Etienne Balibar)合著的《阅读〈资本论〉》,因此成为了当时最引人注目的马克思主义哲学家,成为了掀起巴黎五月风暴的青年学生的精神领袖,令曾经因让·保罗·萨特(Jean Paul Sartre)的存在主义哲学及莫里斯·梅洛-庞蒂(Maurice Merleau-Ponty)的现象学而几乎无人问津的马克思主义重新成为了法国智识关注的焦点或中心,虽然"重要的是行动,而不是语词",或者说"支配着法国知识分子思想的,与其说是马克思主义理论,还不如说是党,即致力于行动的一个组织"。① 五月风暴所代表的激进政治实践搁浅以后,阿尔都塞将研究重心转向了国家上层建筑及

---

① Alan Sheridan ([1980]1986) *Michel Foucault: The Will to Truth*, London and New York: Tavistock Publications, p.4.

国际共运的前途,致力于通过对经验主义、历史主义、人道主义的批判,把马克思主义建构为一门科学,一门已克服经济决定论、已解决意识形态理论的缺乏等理论难题的科学,以期捍卫马克思主义理论的哲学基础。① 阿尔都塞为此设计了"征候式阅读"(Lecture Symptomatique/symptomatic reading)的方法,②

> 它揭示所阅读文本中的被隐藏的内容,并同时让这一文本与另一文本相联系,呈现为第一个文本中的必要的缺席。就像他第一次阅读那样,马克思的第二次阅读假定存在两个文本,以及用第二个文本来衡量第一个文本。但是,这次重新阅读与原来的阅读的区别在于这一事实——通过重新阅读,第二个文本与第一个文本中的疏忽耦合在一起。③

阿尔都塞认为,马克思主义理论中的经济主义是一种缺乏科学性的本质主义,而征候式阅读则是彻底清除经济主义的利器。在阿尔都塞看来,经济决定论并非可以被研究证实的经验命题,其间问题的解决办法不可能源自经验,而是唯有依靠这样一种理论认知:经济基础—上层建筑理论中的经济基础与上层建筑之间的关系具有双重性,一方面,经济基础决定或限定上层建筑的形式与内容,另一方面,上层建筑表征与确认经济基础。换言之,经济基础与上层建筑间的关系既可以被解读为一种机械的因果关系(经济决定论)——上层建筑是经济基础的被动反映,也可被视为各种限定的设置、某种框架的提供——经济仅仅是最终起作用。④ 阿尔都塞所选择的是后一种理解,以期在坚持马克思对经济决定论的强调的同时,凸显意识形态

---

① Dominic Strinati ([1995]1996) *An Intoduction to Theories of Popular Culture*, London and New York: Routledge, p.147.

② "征候式阅读"这一概念是阿尔都塞基于巴黎结构主义语言学派的研究成果提出来的,是他所有著述的毋庸置疑的基础。受弗洛伊德精神分析的影响,巴黎结构主义语言学家提出了一种"创造性阅读"的方法;这种方法认为,每部著作的作者在创作时都处于一种"不及物状态"之中,他所写下的文字具有"二维"功能,一维是表面书写语的意思,另一维则是隐匿于字里行间的意思,相比之下,后一维意思更为重要。阿尔都塞所谓的"征候式阅读",就是根据语言文字一维中所表征的"征候",把二维的意思从作者的"理论框架"的深处"挖掘出来"。依据这一方法去阅读马克思的著述,阿尔都塞对马克思的思想发展与马克思主义做出了一系列新的解释,以及一些影响深远的补充。

③ Louis Althusser and Etienne Balibar (1979) *Reading Capital*, London: Verso, p.79.

④ John Storey ([1993]1997) *An Introduction to Cultural Theory and Popular Culture*, London: Prentice Hall/Harvester Wheatsheaf, p.102.

作为社会本身的一种力量。阿尔都塞认为,由生产力与生产关系构成的经济基础与包括意识形态在内的上层建筑之间的关系并非某种简单的决定与被决定关系,或者形式与内容的关系,而是一种复杂的结构关系。虽然经济基础对整个社会的其他结构与力量具有最终决定作用,但这绝非意味着上层建筑相对自主性的不存在。一方面,经济基础不可能以纯形式存在,上层建筑不可能仅仅受制于经济基础,比如上层建筑完全有可能受到某些外在的、次要的因素的制约甚至决定;另一方面,上层建筑在受制于经济基础的同时,必然会以某种方式对经济基础产生影响或反作用。换言之,作为上层建筑一部分的意识形态不仅具有相对自主性,而且可以有特殊作用。

基于这一认知,阿尔都塞主张把发展意识形态理论视为建构马克思主义为一门科学之必须。1971 年,阿尔都塞发表了题为"意识形态和意识形态国家机器"的意识形态经典论文,全面阐释其意识形态理论。为了详细说明如何基于生产关系的再生产设计出一套新的马克思主义意识形态理论,阿尔都塞首先阐释了他对马克思的经济基础—上层建筑模式的理解:

> 我说过……马克思把每个社会都设想为由"层面"或"级域"构成的结构。它有一种特定的分节,即分为下层结构或经济基础(生产力和生产关系的"统一体")和上层建筑。上层建筑包括两个"层面"或"级域":一个是政治—法律(国家和法律)的,一个是意识形态(不同的意识形态,宗教的、伦理的、法律的、政治的,等等)的。①

阿尔都塞认为,马克思的社会结构图绘提供了一种空间隐喻关系:基础(下层结构)上有两个"楼层"(上层建筑);基础通过为上面的"楼层"(上层建筑)提供所依赖的根基对其产生最终决定作用,或者说上面的"楼层"所发生的一切最终都是由基础最终决定。从这个意义上讲,矗立在基础之上的"楼层"不可能具有最终的决定作用,而是仅能相对于基础而言的"相对自主性",与基础处于"交互作用"之中。

> 马克思主义的地形图即大厦(基础和上层结构)的空间隐喻的理论上的长处在于它所揭示的决定作用(或作用力标志)问题至关重要,它表明是基础最终决定了整座大厦。作为结论,它迫使我们提出"派生性"的作用力类型为上层建筑所特有这一理论问题,也就是说,它迫

---

① 路易·阿尔都塞:《意识形态和意识形态国家机器》,李迅译,《当代电影》,1987 年第 3 期,第 101 页。

使我们对马克思主义传统所相提并论的上层建筑的相互作用和经济基础之上上层建筑的相对独立性进行思考。①

阿尔都塞强调上层建筑的相对自主性及其与经济基础的交互作用,这无疑是源自他对劳动力再生产的认知。阿尔都塞认为,虽然物质资料或工资、最低限度需求的提供可以保证劳动力的再生产,但它们的保证是有限的,还需要劳动力有技能和资格:"必先使劳动力(各自)具有专门的技术,然后才是劳动力的再生产"。在资本主义制度下,劳动力的技能和资格的再生产"越来越靠资本主义教育制度以及其他组织和机构在生产外部来完成":

> 对此我将作一个更为科学的阐述:劳动力再生产不仅要求一种劳动力技能的再生产,同时,也要求一种对现存秩序的规则附以**人身屈从**的再生产,即工人们对统治意识形态的**归顺心理**的再生产,以及一种剥削和压迫的代理人们恰如其分地**操纵统治意识形态的能力的再生产**,这一切甚至在"话语"上都为统治阶级提供了优势。②

阿尔都塞认为,虽然上层建筑可以发挥保证生产关系再生产的作用,但其作用的发挥则需依靠某些国家机器。阿尔都塞指出,国家机器分为强制性国家机器(RSAs)与意识形态国家机器:前者由政府、军队、警察、监狱、法庭等构成,它们依靠武力或压制的手段发挥对生产关系再生产的保证作用;后者由宗教、教育、家庭、工会、传播媒介等构成,它们靠意识形态手段发挥对生产关系再生产的保证作用。在各种各样的意识形态国家机器中,进行劳动力的资格和技能再生产的教育发挥着支配地位的作用:

> 学校接纳各个阶级的学龄儿童。在校期间,这些儿童最"受挤兑",他们受着家庭国家机器和教育国家机器的两面挤压。学校无论使用旧方法还是使用新方法,都旨在强迫学生接受适量的、统治意识形态隐匿其中的"专门知识"……或者干脆就是提纯的统治意识形态……各种类型的专门知识无不隐含着统治阶级的意识形态。正是靠传授这些专门知识的学徒制度,资本主义的社会生产关系(即剥削者

---

① 路易·阿尔都塞:《意识形态和意识形态国家机器》,李迅译,《当代电影》,1987年第3期,第102页。
② 同上书,第100—101页。

同被剥削者的关系)的再生产才得以大量进行。①

就资本主义社会而言,教育的意识形态国家机器(学校、学校—家庭联合体)之所以能够成为居支配地位的意识形态国家机器、在生产关系再生产中起决定作用,是因为资本主义制度下普遍流行着这样一种学校观念,即学校是清除了意识形态影响的中立环境。"在那儿,'父母'(他们是孩子的占有者)把孩子托付给教师,而教师也尊重孩子们的'良心'与'自由',并且以自己为榜样,为他们展示了通向成年人的自由、道德和责任的途径"。② 学校不仅能够帮助学生——未来的劳动力——获得技术能力、拥有和运用完成劳动任务所需要的技巧,而且促成他们养成勤勉认真的劳动者应有的良好行为、正确态度、服从管理、尊重权威。从这个意义上讲,以学校为代表的教育机构实际上是在发挥一种国家功能。

经过上述铺垫,阿尔都塞以极其抽象与武断的方式提出了其一般意识形态理论。首先,一般意识形态与个体意识形态的不同在于它是一种没有历史的意识形态,因为"对马克思来说,意识形态是一种想象的拼合物[拼贴],一个纯粹的梦,空幻而无实义……意识形态的历史在于自身之外,而在那儿,唯一存在的历史就是具体的个体的历史"。③ 其次,"意识形态是一种'表象'。在这种表象中,个体与其实际生存状况的关系是一种想象关系"。阿尔都塞认为,无论是宗教意识形态还是法律意识系统、政治意识形态,它们都无一例外地在表现个体与其实际生存状况之间的一种想象关系,所以它们又都无一例外地构成一种幻想,一种映射现实的幻象,需要人们的阐释。但必须指出的是,阿尔都塞所谓的阐释既非教士与专制君主等权力集团往往把自己的政治见解阐释为美丽的谎言,从而将其强加到无权的"人民"身上,维持对"人民"的控制与剥削,也不同于社会上普遍流行、无所不在的物质异化。阿尔都塞认为,任何一种意识形态中都存在"想象性畸变"(imaginary distortion),所表现的都不可能是人们生活于其间的真实世界本身,而是他们与真实世界之间的一种现象性关系。

所有意识形态在其必然的想象性畸变中并不表现现实生产关系

---

① 路易·阿尔都塞:《意识形态和意识形态国家机器》,李迅译,《当代电影》,1987 年第 3 期,第 109—110 页。
② 同上书,第 110 页。
③ 路易·阿尔都塞:《意识形态和意识形态国家机器》,李迅译,《当代电影》,1987 年第 4 期,第 32 页。

(及其衍生的其他关系),而是表现个体与生产关系及其衍生的那些关系的(想象)关系状态。因此,在意识形态中被表现出来的东西就不是左右个体生存的现实关系系统,而是这些个体与他们身处其中的现实关系的想象关系。①

阿尔都塞认为,作为一种表象的意识形态"并不具有一种空想的或精神的存在,而是具有一种物质的存在",因为一方面"每一种意识形态国家机器都是一种意识形态的实现",另一方面,"一种意识形态总是存在于一种机器及其实践或常规之中。这种存在即是物质的存在"。② 意识形态的观念体系既是一套思想体系,同时也是物质实践,普遍存在于特定的仪式、风俗、规章制度等日常生活实践或活动之中,比如"一个小教堂中的小弥撒、一个葬礼、一个体育俱乐部的小型比赛、一个学习日、一次政党集会"。③ 仪式或规章制度等物质实践会一如思想体系,让人无意识地受制于既有的权力、地位或财富不平等。一个典型例证便是作为基本福利的带薪休假制度。众所周知,雇主与员工之间的关系绝非平等关系,但由于员工的"不作为"即带薪休假得到了雇主的支持与肯定,员工往往会在休假后精神抖擞、心怀感激地回到原有社会秩序之中,继续无视/容忍自己被剥削或被压迫。从这个意义上讲,带薪休假所发挥的是思想意识形态国家机器的功能,帮助复制再生产现有不平等制度得以为继的各种社会状况及社会关系。

作为一种物质存在的意识形态可以具有再生产资本主义的功能,但这一功能的发挥取决于意识形态询唤(interpellation)个体为主体。阿尔都塞认为,首先,具体个体不同于具体主体,个体甚至在出生前就已然是主体;其次,所有意识形态都具有通过认识功能把具体个体构成为主体的功能,主体的类型由所有意识形态通过认识功能构成。"正是在这个双重构成的相互作用之中,存在着所有意识形态的功能作用"。④ 意识形态于其间发挥功能作用的过程即为询唤或召唤的过程:"我[阿尔都塞]认为意识形态是以一种在个体中"招募"主体(它招募所有个体)或把个体"改造成"主体(它改造所有个体)的方式并运用非常准确的操作"长生效果"或"发挥功能作用"

---

① 路易·阿尔都塞:《意识形态和意识形态国家机器》,李迅译,《当代电影》,1987年第4期,第34页。
② 同上书,第35页。
③ 同上书,第36页。
④ 路易·阿尔都塞:《意识形态和意识形态国家机器》,李迅译,《当代电影》,1987年第3期,第37页。

的。这种操作我称之为询唤或招唤"。① 意识形态询唤个体为主体,其目的在于确定主体在某一社会结构中的位置,一如他以孩子为例清晰地证明的:

  一个将要出生的孩子是在"温情"……中被期待的:它将接受父姓、经历认同过程并成为一个不能被替代的人。这一切都是预先确定的。因此,孩子在出生以前一直就是主体了。按照特殊的家庭意识形态构型,孩子被指定为这个构型中的主体;一旦它成为母腹中的生命,它就会被"期望"于这个构型之中。这个家庭意识形态构型,就其唯一性而言,有着很紧密的结构。在这个不可改变的、多少有点"病理学特征的"……结构中,上述主体将"找到"预先已确定的"它"的位置,即"变成"有性别的主体(男孩或女孩)。②

  显然,阿尔都塞的意识形态理论,尤其是《意识形态及意识形态国家机器》一文中的意识形态观,是拉康的"镜像阶段"(mirror stage)理论的启发的结果。③ 在20世纪西方哲学语言学转向的语境下,拉康对古典精神分析理论进行重新阐释并生成新的意义,创立了以镜像阶段和主体三维为核心的语言精神分析学。拉康指出,人类自我的主体,即"自我"是一个虚无,是错误地知觉身体与自我的关系所造成的幻想,因为象征性的人类语言像一堵墙,挡住了主体真实存在的发生和成长,也挡住了可能触及的自我的"真实"。具体地讲,拉康认为,每一个人的成长都要经历一个"镜像阶段"(大致为婴幼儿的第6个月到第18个月);它既是婴幼儿开始获得语言的阶段,同时也是一个人的主体形成的关键时期。在此阶段,婴幼儿的主体性源自他/她所看见的自己在镜子中的形象——镜像。镜像有三个特点:由镜中之像形成,因而是一种镜像;由主体经过想象而成,因而是一种幻像;因镜子外抱着婴儿的母亲对婴儿的期许态度以及决定母亲有此态度的社会文化而成,因而是理想化的形象。因此,由镜像而来的主体具有三个层次:其一是实在界(the real),它一方面是新生儿的原初—自然—本质的混沌状态,另一方面是象征界统制的具体现实后面的以"无"或"匮乏"方式存在的本质。其二是想象界(the imaginary)。婴儿在看到自己镜子中的形象的同时,看到镜子中抱着自己的母亲对自己的态度,从而按照一种理想的方式去想象自

---

① 路易·阿尔都塞:《意识形态和意识形态国家机器》,李迅译,《当代电影》,1987年第3期,第38页。
② 同上书,第39—40页。
③ 参见戴锦华:《电影批评》,北京大学出版社,2004年,第154—162页。

己,让自己的形象成为一种理想之我,因此,镜像是由想象界的运作而形成的。其三是象征界(the symbolic)。婴儿看着镜子中的形象,通过主体语言对自己的镜像进行组织,因此,镜像是按以语言为主的象征界的运作所组织起来的。倘若在想象界主体是按照文化(与主体相对的他者)的形象要求形成自己的镜像,在象征界主体则按照文化的概念要求(语言、法律、习惯、思想)形成自己的本质。主体进入象征界后,象征界与想象界相互作用,合力形成主体的具体面貌,抑或说主体是作为想象界/象征界互动的产物。在主体的三维中,想象界和象征界构成具体现实中的形象和思想的关系,二者的合一又与实在界构成一个实虚合一的关系。主体由实在界的原初混沌进入想象界和象征界的镜像之后,实在界变为被想象界和象征界压抑到内部、深处的"无"。换言之,实在界是被想象界和象征界对之矫形和填满之后的"不可能性";想象界、象征界、实在界三者处在一个主体与客体的既相互对立,又相互依赖,还相互转换的复杂关系之中。

简言之,拉康认为,镜像阶段的婴幼儿看镜子时,最初往往会把自己的镜像误认为是另一个婴儿,犯下我/他混淆的错误,后来又会把自己的镜像等同于自己,犯下真实/虚构混淆的错误。这个把自我想象为他人、把他人指认为自我的过程便是主体的建构过程,因为主体并不等于自我,而是自我形成过程的建构性产物,比如社会角色与身份。阿尔都塞正是在这里受到了启发,以之为基础发展出了他的意识形态"询唤"理论,"对阿尔都塞而言,意识形态的至关重要的工作就是'询唤'或者'欢呼'作为主体的个人,将其建构为似乎是按自由意志而行动的个人"。[①]

这些便是阿尔都塞结构主义马克思主义意识形态理论的主要观点,以及阿尔都塞对马克思主义的超越。阿尔都塞以其独特的方式完成了马克思主义的未竟事业——位移处于历史中心的个人。一方面,他借助意识形态国家机器概念使人看到了意识形态控制的无所不在,另一方面,他用主体询唤概念使人意识到了自身主体的并非统一甚至矛盾。正因如此,阿尔都塞的结构主义马克思主义意识形态理论顺利越过了英吉利海峡,开始了它对英国智识界的冲击。早在1966年,《泰晤士报·文学副刊》就鉴于知识分子对马克思主义与结构主义的广泛兴趣,以"结构主义马克思主义"的名义把阿尔都塞介绍到了英国。英国共产党曾出自政治斗争的考虑组织过有关阿

---

① Antony Easthope (1994) "Cultural Studies", in Michael Groden and Martin Kreiswirth (eds.) *The Johns Hopkins Guide to Literary Theory & Criticism*, Baltimore and London: The Johns Hopkins University Press, p.177.

尔都塞的专题讨论；大学生及教师小组于1971年创办了专门解释与阐发阿尔都塞的相关思想与理论的刊物《理论实践》。① 在此过程中，以伯明翰学派为代表的建基于反思经典或传统马克思主义的英国文化研究，对阿尔都塞及其结构主义马克思主义意识形态理论表示出了显在的青睐，迫不及待地将其与自己的既有资源融为一体。这关乎阿尔都塞意识形态理论对文化与意识形态的重要性的强调，与伯明翰当代文化研究中心关注活生生的文化的意义这一长期传统的契合，但更为重要的，是它能够很好地满足伯明翰当代文化研究中心摆脱困境的急迫需求。一如伊格尔顿所认为的，阿尔都塞得以被引入英伦，在很大程度上是因为彼时的英国社会现实所致：面对发生在1968年前后的一系列历史事件，

> 左派改良主义或第一代新左派显得无能为力，激进思想家们迫切需要理论上的更新，以解释新现象，解决新问题。在这样的背景下，阿尔都塞的结构主义马克思主义著作进入英国，为新一代左派知识分子提供了理论阐释的另一种可能性。他们热情回应阿尔都塞，在对岸思想家的启发下，重新"阅读马克思"，形成70年代中期英国马克思主义的"文化繁荣"。②

鉴于1968年前后的英国社会语境及思想状况，尤其是英国共产党在1968年的一系列反主流文化性质的别样生活方式及政治暴乱事件面前的束手无策，比如巴黎五月风暴、伦敦反越战示威游行及芝加哥民主党大会，霍尔及其追随者意识到了从理论上修订共产主义及马克思主义的必要性，认识到了文化的相对自主性，认识到了文化可以对意识甚至政治产生某种决定作用，或者换言之，认识到了文化是阶级斗争的合适场所。面对本土资源的枯竭，霍尔领导下的伯明翰当代文化研究中心迫切希望借助欧洲大陆对马克思主义哲学的新解读，考察文化对阶级斗争及革命的具体作业方式。所以，伯明翰当代文化研究中心先后引进了阿尔都塞及葛兰西，"从阿尔都塞那里传来了意识形态及主体性的重新概念化、询唤及意识形态国家机器等概念……从葛兰西那里传来了霸权及国族—大众概念、关于国家的新思

---

① 孟登迎：《英语世界的阿尔都塞研究概述》，http://www.cul-studies.com/community/mengdengying/200501/505.html，2007-4-4。
② 马海良：《文化政治美学——伊格尔顿批判研究》，中国社会科学出版社，2004年，第4—5页。

想及知识分子的政治作用"。①

在伯明翰当代文化研究中心,阿尔都塞结构主义马克思主义产生了广泛而深刻的影响。理查德·约翰逊基于英国智识传统的经验主义的不足接纳了阿尔都塞主义,不仅选择了意识与主体性作为自己的文化研究实践的关键词,而且主张文化研究以"意识或主体性的历史形式、我们所经历的主体形式"为研究对象。霍尔建议通过挪用阿尔都塞主义,将视野扩大到风格、时尚、音乐等亚文化领域,从中考察工人阶级在工业及政治激进运动未能引发英国社会巨变之后的思想与信念、寻找进行阶级斗争的新的可能性,一如他早年在论及风格、广告等亚文化在社会变革中的作用时所言:

> 我认为我们无法从广告以外的任何地方直接读到工人阶级的态度……但其结果可能并非是阶级制度的瓦解……而是一种关于何为阶级、阶级重要几何、"阶级"效忠何在的混乱意识……换言之(这是我的意识形态观),由思想构成的上层建筑(这里指的是错误思想、虚假意识形态)将直接影响事件的进程。如果承认这一事实使我们重新思考对马克思的"不是人们的意识决定人们的存在,相反,是人们的社会存在决定人们的意识"这一格言的阐释方法中的一些更为基本——尽管具有当下性——的概念,那么我只会对人说:"革命者万岁"!②

作为对霍尔的建议的呼应,朱迪丝·威廉姆森对广告开展了一系列基于阿尔都塞结构主义马克思主义的考察,见诸其影响深远的《解码广告:广告中的意识形态与意义》。威廉姆森在考察中发现,一切广告都旨在展示我们与真实生存环境之间的想象性关系,因此无不带有意识形态意味。广告所强调的并非是源自生产过程的阶级差异,而是源自消费环节的身份差异,或者换言之,社会身份所关乎的并非是我们生产什么,而是我们消费什么。威廉姆森借用阿尔都塞的询唤概念指出,受到产品广告的询唤之后,特定产品的消费者不但会生产意义,而且将不断地购买和消费,一如她对"6号"香烟广告语——People like you are changing to No. 6("像你这样的人都改抽6号")——的分析。当某人听到广告语中的"像你这样的人"的时候,他/她就不但被询唤为烟民的一员,而且至关重要的是,被询唤为烟民中的一个个体,能够在由"你"一词所开启的想象空间中,认识到自身的存在,因

---

① John Hartley (2003) *A Short History of Cultural Studies*, London: Sage, p. 93.
② Shurat Hall (1959) "The Big Swipe: Some Comments on the 'Classlessness Controversy'", *Universities and Left Review*, no. 7, p. 51.

此被邀请成为广告语所虚构的那个"你"。① 然而,对阿尔都塞而言,这一过程关乎一种意识形态的"误认"。一方面,为了能够发挥作用,广告必须吸引尽可能多的人认识到自己即是那个"你";另一方面,他/她透过广告识别出的那个"你"实际上仅仅是由广告语所建构的"你"。基于这样的一种视角,广告千方百计地让人认为自己就是其话语中的那个特定的"你",于其间要么成为其物质实践,即消费行为的主体,要么受制于它。所以,无论是就其运作方式还是就其产生的效果而言,广告都是意识形态的。

不难发现,阿尔都塞的结构主义马克思主义意识形态理论对英国文化研究的影响既见诸理论层面,也见诸实践层面;尤其重要的是,它帮助了伯明翰当代文化研究中心将马克思主义从政治场移植到智识场,促成了其间的批评家成为巴特所谓的"新式铭写人"(scripter),集效忠者的理想形象与视写作为行动于一身。② 就1970年代伯明翰当代文化研究中心的研究重点之一的媒体研究而言,接受阿尔都塞之后的文化研究学者的研究路径发生了显在变化:他们眼中的媒介信息已成为"文本"(text),即对符号的复杂而有结构的安排,而非信息或见解的简单传递;他们眼中的媒介信息接收者已成为有别于"大众"(mass)的"读者"——读者非但不会被动地受制于意识形态操控或道德腐化,而且还会积极参与意义的建构。换言之,受阿尔都塞结构主义马克思主义的影响,伯明翰当代文化研究中心的理论家已将目光从过去的效果或影响研究转移到了文本—读者关系之中,虽然"显影于1970年代的一些早期文本—读者关系模式可能大致相当于旧有'大众社会'(mass society)观的马克思主义变种(比如阿多诺与霍克海默)——因为它们继续视观众为几乎完全受制于媒体机构所发挥的意识形态作用"。③ 这样的一种"文本决定主义"(textual determinism)在1970年代初的电影研究中十分盛行,尤其是那些团结在《银幕》(Screen)周围的电影理论家、评论家,这种局面暗示了文化研究与电影研究、伯明翰当代文化研究中心与"《银幕》理论"(Screen theory)之间的复杂纠缠。④

---

① Judith Williamson([1978]1984) *Decoding Advertisements: Ideology and Meaning in Advertising*, London: Marion Boyars, pp.49—50.

② Roland Barthes([1953]1968) *Writing Degree Zero*, New York: Hill and Wang.

③ Shaun Moores([1993]1998) *Interpreting Audiences: The Ethnography of Media Consumption*, London: Sage, p.6.

④ Andrew Milner(1994) *Contemporary Cultural Theory: An Introduction*, London: UCL Press, p.95.

1964年,佩里·安德森受萨特的《现代杂志》(*Les Temps Modernes*)的启发,决心改造《新左评论》,开始关注新电影、新音乐、新写作,补充政治报道以短评、文化报道。在这样的一种背景下,聚集在《新左评论》周围的第二代新左派成员出现分流,其中的一些人转向了《银幕》,于其间开辟电影政治、理论空间。安妮特·库恩(Annette Kuhn)等电影研究史专家通过考察发现,《银幕》的历史可以追溯到1952年,其刊名经历了从《电影教师》(*The Film Teacher*)到《银幕教育》(*Screen Education*)再到《银幕》的变化。① 具体地讲,《银幕》的第一段历史始于新生的英国电影教师协会(The Society of Film Teachers)开始出版《电影教师》的1952年,止于1958年;作为一种不定期出版的油印时事通讯,《电影教师》共有17期面世。1959年,英国电影教师协会更名为英国电影电视教育协会(The Society for Education in Film and Television),开始出版改造自《电影教师》的《银幕教育》,旨在关注"视觉媒体对青年人的影响"、培养"有思想的观众"。1969年,英国电影电视教育协会成为英国电影协会(The British Film Institute, BFI)的拨款资助单位,已经定期地、不间断地出刊45期的《银幕教育》随之更换编辑队伍,启用《银幕》作为新刊名。《银幕》的编辑有意识地把使用新刊名的第一期(1969年)编为卷十,以突出《银幕》与《银幕教育》的连续性。根据《银幕》创刊号,1960年代后期正是电影研究作为一门独立学科形成于英国的时期,电影教学与研究密切相联,尽管二者的关系并非总是融洽。创刊之初的《银幕》旨在为"考察与讨论有关电影与电视研究"提供一个论坛,服务于在各类师资培训学校与继续教育机构基于人文教育传统从事电影与电视研究的教师。1971年再次更换编辑队伍后,《银幕》确定了"提出一种教育与电影的政治"的目标,进入了一个新的激进主义电影研究阶段,一方面与传统的主观经验式电影批评决裂,倡导基于科学方法论的现代电影理论研究,另一方面声言电影产品为资本主义意识形态产品,主张以电影理论抵制和反抗资本主义意识形态。于是,以让-路易·卡莫利(Jean-Louis Comolli)和让·纳尔博尼(Jean Narboni)的"电影/意识形态/批评"(Cinema/ideology/criticism)为代表的《电影手册》(*Cashiers du cinéma*)文章,开始越过英吉利海峡,深刻地影响英国的电影研究,造就了令世人瞩目的"1970年代《银幕》理论"。

在《银幕》理论的形塑与建构过程中,最早引起人们关注的理论家之一是以批评"作者论"(Auteurism)为起点的彼得·沃伦(Peter Wollen);他因

---

① Annette Khun (2009) "*Screen* and screen theorizing today", *Screen*, 50:1, pp.1—12.

此得到了时任英国电影协会教育部主任的帕迪·霍内尔的支持,于1969年出版了结构主义—符号学在英国学界的第一个重要成果——《电影中的符号与意义》(*Signs and Meaning in the Cinema*)。沃伦不但考察了爱森斯坦所代表的俄罗斯"电影语言"与"政治电影"观念,审视了从法国引进的作者论,而且更重要的是,主张以C. S. 皮尔士符号学代替作为克里斯蒂安·麦茨(Christian Metz)电影符号学基础的索绪尔语言学,聚焦于作为符号系统的电影语言的表意分析。所以,沃伦一方面基于让"英国也有一本像样的电影理论书",①推进了英国电影研究从传统评论向现代理论的转化,另一方面促成了英国人文社会科学的结构主义转向。除沃伦以外,活跃在《银幕》周围的理论家还有劳拉·穆尔维(Laura Mulvey)、斯蒂芬·希斯(Stephen Heath)、克莉丝汀·格莱德希尔(Christine Gledhill)、理查·戴尔(Richard Dyre)、杰姬·斯泰茜(Jackie Stacey)、柯林·麦克凯布(Colin MacCabe),等等。一如《银幕》1973年合刊所证明的,②他们勉力耦合符号学、阿尔都塞结构主义马克思主义及拉康精神分析,"将马克思主义与精神分析在符号学领域的遭遇理论化",③成功建构了以结构主义意识形态文本分析、女性主义精神分析为核心的《银幕》理论,借以探讨电影文本如何为观众/读者建构一种主体性或提供一种主体位置(subject position)。借用麦克盖根的话来讲,"'银幕理论'代表文本如何安置主体的结构主义的、以语言学为基础的文本分析";④它为致力于主体分析的电影理论家、批评家提供新的认知视野,赋予他们在革命斗争中的先锋队位置。

《银幕》理论的结构主义意识形态文本分析的代表之一,是麦克凯布对"经典现实主义文本"(classic realistic text)——既具文学价值又具政治、哲学及现实意义的19世纪小说与经典好莱坞电影——的分析,旨在揭示这些文本如何借助隐藏叙事痕迹,将主体"铭写"到资产阶级意识形态的从属位

---

① S. Gilbert *et al.* (2001) "An Interview with Peter Wollen", http://www.Belkin-gallery.ubc.ca/lastcall/current/pageI.html, 2012-4-8.

② 1973年的《银幕》合刊刊发了麦茨、茨维坦·托多罗夫(Tzvetan Todorov)和朱莉娅·克里斯蒂娃(Julia Kristeva)等人的文章,以及麦茨出版物目录,可谓集中体现了"1970年代《银幕》理论"。随后的一期《银幕》刊发了一篇斯蒂芬·希斯讨论麦茨的文章,以及讨论约翰·福特(John Ford)的《少年林肯》(*Young Mr. Lincoln*)的集体文章——著名的《电影手册》"栏目e"(category e)的原始文本,因此也是对日渐普遍于电影研究的好莱坞电影进行意识形态解读的原始文本。

③ Stephen Heath (1981) *Questions of Cinema*, London: Macmillan, p.201.

④ Jim McGuigan (1992) *Cultural Populism*, London: Routledge, p.70.

置。麦克凯布在《语言、语言学与文学研究》一文中指出,[①]构成19世纪小说文本的话语分两个层次:小说作者的叙述语言为一个话语层次,即"元语言"(meta-language),而小说人物的语言则属另一个话语层次,即"对象语言"(object language)。话语的层次联系着读者对"真相"的经验主义概念,而话语之别见诸引号的使用。元语言判断对象语言的真实,解释对象语言与真相之间的关系;把对象语言置于引号中即是把其真实性置于可商榷、可阐释的位置,因而遮蔽"写作"状态,建立起叙述话语与现实之间的直接对等关系。即是说,在19世纪现实主义小说中,叙述话语占据着支配地位,因为唯有叙述话语有能力为读者提供"真实的情况"、"真实的现实"。这样的模式也见诸以艾伦·J. 帕库拉(Alan J. Pakula)执导的《克鲁特》(*Klute*,又译《柳巷芳草》)为代表的好莱坞现实主义电影,一如麦克凯布在题为《现实主义与电影:对某些莱希特勒式主题的思考》的论文中所指出的。[②] 在经典好莱坞现实主义电影中,居于知情地位、履行提供真相功能的,是影片对所发生事件的叙述,因此,这样的电影文本有着与小说文本类似的两个话语层次,即发挥对象语言作用的电影对白、发挥元语言功能的电影画面。影片中充当叙事者的是摄影机,通过画面向观众展示所发生的事件,为观众提供真相;于其间发挥元语言功能的画面往往以非书写、非物质的形式呈现在观众面前,呈现为一扇供观众观看被表征之物的透明窗户,而观众则被外在地安置,处于一种布莱希特所谓的"被动观看"的位置,证实资产阶级文化所倡导的超我。所以,麦克凯布指出,无论是小说还是电影,在经典现实主义文本中,由于叙事话语让自己直接对应终极现实,具有毋庸置疑的真实性,读者/观众与现实的关系只可能是一种纯粹预知的关系,或者换言之,浸淫在这些古典现实主义文本中的,莫不是是资产阶级的现实主义,服务于现存社会秩序的复制。正是在这个意义上,麦克凯布呼吁,作为对这样一种现实主义的反拨,电影理论家、批评家必须重返布莱希特、爱森斯坦,以及1920年代和1930年代的其他大师,重拾文化生产的先锋传统。

在《银幕》理论的女性主义精神分析领域,最频繁地被人引述的理论家无疑是穆尔维。1975年,《银幕》刊发了麦茨的发轫性论文《想象的能

---

[①] Colin MacCabe (1985) "Language, linguistics and the study of literature", in *Theoretical Essays: Film, Linguistics, Literature*, Manchester: Manchester University Press, pp.113—130.

[②] Colin MacCabe (1985) "Realism and Cinema: Notes on Some Brechtian Theses", in *Theoretical Essays: Film, Linguistics, Literature*, Manchester: Manchester University Press, pp.33—57.

指》,①并且借《跳切》(*Jump Cut*)作者朱莉娅·李萨吉(Julia Lesage)的文章《人类主体:你,他还是我?》②开始挑战心理分析理论的菲勒斯中心主义,于是便有了穆尔维聚焦经典好莱坞电影的意识形态与性别问题的回应文章,即《视觉愉悦与叙事电影》这一女性主义电影理论的传奇宣言和纲领性文章。③ 穆尔维基于把心理分析挪用为一种政治武器,以及对心理分析与符号学的耦合,发现好莱坞主流电影往往将色情元素编入支配性父权秩序的语言之中,而它们为此采取的策略通常是将男性观众的观看/凝视(gaze)组织进一种特定的二元对立结构,即男性—主动—色迷迷地观看,女性—被动—认同/被看(to-be-looked-at-ness)。即是说,好莱坞主流电影对女性的表征所关涉的并非是真实的女性,而是通过形象与男性欲望对象对女性的建构,以期保证观众被置于一种男性主导的主体位置。观影过程中,男性观众从影片中男性英雄/理想的"自我"身上获得的是自我认同,但从对影片中女性的色迷迷的、对象化的凝视中所得到的,则是窥淫(voyeurism)的快感。与此同时,鉴于作为快感源头的女性缺少阴茎,对女性身体的凝视也会引起男性观众对阉割的恐惧;为了逃避阉割威胁,他们要么恋物——通过赋予某物以阳具意义否定阉割,要么施暴——在对女性身体的施虐与惩罚中获得窥淫的快感。所以,穆尔维认为,好莱坞主流电影是为父权制服务的,其间的女性形象既是一个压抑之场,也是一个对抗与斗争之场,俨然为"资本主义文化及男性无意识的符号和征候"。④

以麦克凯布、穆尔维为代表的《银幕》撰稿人的理论贡献,加之他们的大量先锋电影实践,⑤不仅加速了英国电影研究的理论化,而且促成了《银幕》理论在英国的结构主义场域中占据"无可辩驳的统领地位",⑥开始它与

---

① Christian Metz (1975) "The imaginary signifier", *Screen* 16:2, pp.14—76.
② Julia Lesage (1975) "The human subject: you, he or me?", *Screen* 16:2, pp.77—83.
③ Laura Mulvey (1992) "Visual pleasure and narrative cinema", in *Screen* (ed.) *The Sexual Subject: A Screen Reader in Sexuality*, London and New York: Routledge, pp.22—34。首发于《银幕》第16卷第3期。
④ 劳拉·穆尔维:《恋物与好奇》,钟仁译,上海人民出版社,2007年,第I—II页。
⑤ 1974年以降,劳拉·穆尔维与她丈夫彼得·沃伦联袂编剧、执导了六部先锋电影,包括《彭忒西勒亚:亚马逊女王》(*Penthesilea: Queen of the Amazons*,1974)、《斯芬克斯之谜》(*Riddles of the Sphinx*,1977)、《艾米》(*Amy*,1980)、《水晶球占卜术》(*Crystal Gazing*,1982)、《碧姬别恋》(*Frida Kahlo and Tina Modotti*,1982)、《顽皮姐妹》(*The Bad Sister*,1982),深刻地影响了英国的电影研究与电影制作实践。
⑥ Paul Willemen, "Note on *Dancer in the Dark*", www://www.frameworkonline.com/42pw.htm, 2009-5-9.

文化研究的复杂纠缠。① 无论是《银幕》理论的形塑者还是伯明翰中心的文化研究学人,都深知作为自身重要理论资源的阿尔都塞结构主义马克思主义,尤其是其询唤理论,在实践中存在着相当大的操作难度。"事实上,文化这一概念是结构主义的询唤这一实用概念的必要补充。众所周知,询唤理论的一个困难与(被理解为意识形态对个人意识的作用的)询唤的基础或阵地有关。解决该问题的一套办法是引入心理分析范畴及无意识。"②《银幕》理论的形塑者与伯明翰中心的文化研究学者基于拉康在无意识中发现了整个语言结构("主体在其从出生开始的历程中就进行斗争,争取被另一个意识——首先是母亲——所承认,而这种斗争只能发生在语言中")③,在挪用阿尔都塞意识形态理论的同时,引进了拉康的精神分析理论,见诸他们的女性主义电影研究、文化研究,尽管他们都十分明了,拉康的精神分析范畴因"太过单薄与概括而不足以进行历史分析"。④

共同的理论基础带来了《银幕》理论与文化研究间的互动与彼此借鉴。比如,就女性主义批评而言,集中体现于《银幕》的电影研究受伯明翰当代文化研究中心的跨学科研究方法的影响,逐渐走向了对心理、历史、社会的组合考察,而在伯明翰当代文化研究中心,一个显在的变化则是从社会、历史到社会、历史与心理的组合考察。然而,这并非是《银幕》理论与文化研究之间关系的全部。鉴于《银幕》理论过分依赖文本结构分析,忽视观众的能动作用,具有文本决定主义之嫌,伯明翰中心仅仅部分或零碎地接受了《银幕》理论;伯明翰中心践行的是一种截然不同于《银幕》理论的媒体理论——编码/解码(encoding/decoding)理论。一如伯明翰媒体小组的电视研究所告诉我们的,霍尔时代的伯明翰中心已将其考察重心由工人阶级社区转移到了以电视为代表的媒体,尤其是媒体与意识形态的关系。"正是在'意识形态'版本的文化研究中,媒体成为了进行意义生产实践探索的场所:'实践'被认为是**话语性的**,生产**主体性**。它们并非被认为是**主动性的**,

---

① Antony Easthope (1994) "Cultural Studies", in Michael Groden and Martin Kreiswirth (eds.) *The Johns Hopkins Guide to Literary Theory & Criticism*, Baltimore and London: The Johns Hopkins University Press, p. 177.
② Richard Johnson (1979) "History of Culture/Theory of Ideology: Notes on an Impasse", in Michèle Barrett *et al.* (eds.) *Ideology and Cultural Production*, London: Croom Helm, p. 75.
③ 徐崇温:《结构主义与后结构主义》,辽宁人民出版社,1986年,第17页。
④ Richard Johnson (1979) "History of Culture/Theory of Ideology: Notes on an Impasse", in Michèle Barrett *et al.* (eds.) *Ideology and Cultural Production*, London: Croom Helm, p. 75.

生产**事件**"。① 在这一背景下,已然接受结构主义与符号学影响的霍尔提出了对媒体与文化研究至关重要的编码/解码理论,集中显影于最初作为油印文章面世于伯明翰中心、后来被辑入正式出版的《文化、媒体和语言:文化研究工作论文:1972—79》的《编码/解码》。② 霍尔在文章中批评了传统的大众传播研究模式的"发送者/信息/接受者的线性特征",主张信息传播过程乃由相连又相异的环节的接合所生产与维系的结构,即信息如马克思在《政治经济学批判大纲》和《资本论》中所描述的商品,必然经历生产、流通、分配/消费、再生产等四个环节。换言之,信息传播过程是一个"处于支配地位的复杂结构"(complex structure in dominance),为相互联系但又保持着自己的特性与形态、保持着自己的存在形式与条件的实践所维系。这些实践的对象是意义与信息,而意义与信息则显现为通过符码(code)在话语的语义链中的运作而组织起来的特定符号(sign)载体。③ 所以,信息流通是以话语的形式进行的,不但关乎信息本身,而且关乎意识形态、社会政治、经济、文化与历史等因素。

具体地讲,信息的生产即信息的编码,流通环节之后的几乎同时发生的信息消费与信息再生产则是信息的解码;编码与解码之间没有必然的一致性,因为传播交流并不能做到完全清晰的传播。在实际传播过程中,编码者与解码者各有其意义结构,两者可能并不相同,因而没有直接的同一性。霍尔指出,编码和解码的符码间的对称程度,即传播交流中的"理解"和"误解"程度依赖"人格化"、编码者—生产者,以及解码者—受众所处位置之间建立的对称/不对称(对等关系)程度。但是,这转而又依赖符码间的同一

---

① John Hartley (2003) *A Short History of Cultural Studies*, London: Sage, p. 126.

② Stuart Hall, "Encoding/decoding", in The Centre for Contemporary Cultural Studies ([1980]1981) *Culture, Media, Language: Working Papers in Cultural Studies*, London: Hutchinson, pp. 128—38;原题目为"Encoding and Decoding in Television Discourse",载伯明翰当代文化研究中心油印论文第 7 期(1973 年)。中文译文见斯图亚特·霍尔:《编码,解码》,载罗钢、刘象愚主编:《文化研究读本》,中国社会科学出版社,2000 年,第 345—358 页。

③ 符号(sign)与符码(code)是理解霍尔的编码/解码理论的基础,直接联系着霍尔对索绪尔与巴特的挪用:首先,语言是由能指和所指构成的一个符号系统,而能指与所指之间的关系是随意的,并无必然性;其次,意义包括外延(denotation)与内涵(connotation)两个层次,分别意指常识与必须依赖符码介入的言外之意。符码存在于符号与话语之前;如果说符号是语言、文字、画面等的表现形式,那么符码则是表达这些形式的规则,它是包含在符号系统之中的,可以是语法规则、文化规则、意识形态规则,甚至可以是政治、经济规则。符号必须是被社会认同的,是一定社会内部通用的表现形式,但符码可以是个人的,是个体或者某个团体对符号的认知、解读系统。

性/非同一性程度,这些符码是否完全传达、中断或系统地扭曲所传达的一切。符码间缺乏相宜性在很大程度上取决于发送者与受众之间关系与地位的结构差异,但也取决于信息来源与受众的符码间的不对称性。正是因为传播交流双方间缺乏对等性的"扭曲"和"误解"的存在,霍尔假定了"尚需从经验上予以检验和完善"的三种受众解码立场:①第一,支配—霸权性立场(the dominant-hegemonic position)。比如,电视观众直接从电视新闻中获取其意义,并基于信息编码的参照符码解码信息的时候,他们便是在支配性符码范围内进行操作,即受众采取与编码者(发送者)的"专业编码"完全相同的诠释架构,抑或优势解读(preferred reading)的方式。第二,协商性立场(the negotiated position)。持这种解码立场的受众大致采用已然编制的意义,但也会通过协商性解读(negotiated reading),将信息与某些反映其立场与兴趣的具体或当下情势相结合,修正优势意义,透出协商(谈判)的特征。协商性解读中包含着相容因素与对抗因素的混合:既对支配—霸权性编码所"举荐"的意义保持相当程度的认同,又在一个更加有限的情势层面上保留自己的权力,以期信息的意义适合"局部条件"——自身的特定情况,适合于他/她本身所属团体的地位。所以,观众与支配性意识形态之间始终处于一种充满矛盾的商议过程之中。第三,对抗性立场(the oppositional position)。持这种立场的解码者有可能完全了解信息编码的情势,也理解话语赋予的外延和内涵的曲折变化,但是却基于对抗性解读(oppositional reading)挪用另一个诠释架构,因而导致解码的结果与编码者意欲传送的意义全然不同,颠覆编码者的传播意图。

在霍尔所设想的这三种解码立场中,后两种无疑显示了他所代表的伯明翰当代文化研究中心力图扬弃阿尔都塞主义的努力;他们不像《银幕》理论的形塑者那样,认为文本结构将支配受众信息接收的结果,而是认为意识形态与受支配者的社会经验之间存在着持续不断的矛盾——情景意识形态(situational ideology),其交汇处就是一个意识形态斗争的场所,受众成为不断抗争的主体。从这个意义上讲,霍尔的编码/解码理论可谓是一种关于主体性、权力与意义建构的社会理论;它定将在铭写于文本内的观看/阅读与和文本发生互动的实际社会主体之间打开一个缺口。意义的最终决定因素是二者的逻辑互动,或者具体地就媒体研究而言,正是文本与观看之间的持

---

① The Centre for Contemporary Cultural Studies([1980]1981) *Culture, Media, Language: Working Papers in Cultural Studies*, London: Hutchinson, p.136.

续对话或互动在决定着观众研究实践的起点。正因如此,在伯明翰中心方兴未艾的媒体研究中流行起了"霍尔模式",这个模式改变了实证主义研究对信息传送者与受众关系的线性理解,认为意义不是传送者"传递"的,而是受众"生产"的。这种视角的转变不仅仅意味着他们发现了积极"生产"意义的受众,而且把受众纳入到了主体间传播关系之中,揭示了阐释过程中所隐含的社会经济关系。意识形态被传送不等于被接受。电视观众远不是呆头呆脑的"沙发土豆"(couch potato);①支配—霸权性意识形态要想把自己一路推销下去,并不像它一厢情愿期望的那么简单。霍尔的编码/解码理论成为了在特定社会文化语境中研究受众接受行为的理论资源;文化研究因此敞开了电视受众主动性研究的大门,一种新范式的受众研究兴起并迅速扩展开来。所以,斯道雷指出,霍尔的"编码/解码"的发表标志着"英国文化研究最终摆脱了左派利维斯主义、'悲观论调'的马克思主义、美国大众传播模式,文化主义和结构主义,开始展现出自身独特的风貌"。②

随着霍尔模式的浮现,以大卫·莫利、夏洛特·布伦斯顿为代表的伯明翰中心媒体小组开始了从经验上检验和完善编码/解码理论的任务,一方面见诸他们的《日常电视:〈举国上下〉》、③《〈举国上下〉的观众:结构与解码》等里程碑式著述,④一方面见诸他们为之使用的人种志方法。《举国上下》(*Nationwide*)是英国广播公司在1970年代的一档杂志型时事新闻节目,播出时间为傍晚6—7点,介于全国新闻与家庭黄金剧场之间,其内容既有对当天重大事件的"实事求是的"观察,但更多的是富有人情味的地方新闻:"《举国上下》并不涉及远离日常生活的地区……而是报道我们中诸多人已然参观过的地方,把我们带入普通家庭的起居室,向我们展示……夫妇俩如何应对通货膨胀、应付他们的新生儿。"⑤1975—1976年间,伯明翰中心媒体

---

① "沙发土豆"(couch potato)是对习惯于坐在沙发上一边吃土豆片一边看电视节目的电视迷的戏称。多数学者认为,这样的观众只是在消极地接受,在电视节目面前失去了作为主体的能动性,因而可以被认为是"堕落的"和"精神破产的"。参见大卫·莫利:《媒介理论、文化消费与技术变化》,张道建译,《文艺研究》,2011年第4期,第99—106页。

② John Storey (1999) *Cultural Consumption and Everyday Life*, London: Arnold, p.76.

③ Charlotte Brunsdon and David Morley (1978) *Everyday Television*: "*Nationwide*", London: BFI.

④ David Morley (1980) *The "Nationwide" Audience: Structure and Decoding*, London: BFI. 参见明铭:《一个诠释性典范:霍尔模式》,《新闻与传播研究》,2002年第2期,第23—30页。

⑤ Charlotte Brunsdon and David Morley (1978) *Everyday Television*: "*Nationwide*", London: BFI, p.11.

小组选取了《举国上下》作为考察对象，聚焦于该节目与众不同的意识形态主题和它为观众提供信息的方法；考察结果经过莫利与布伦斯顿的整理与拓展，以《日常电视：〈举国上下〉》为题于1978年面世，一方面为读者提供了一面从中识别自己的镜子，另一方面让读者看到了一个以差异中的同一性为特征的民族。"《举国上下》建构了一幅形形色色的'英国人'的画像。我们作为构成这个国家的区域性社区的成员，作为家庭成员团结在一起……我们对家庭生活的共同关注根植于《举国上下》的常识话语之中。"①

后来，为了进一步检验和完善霍尔的编码/解码模式，尤其是观众接受与拒绝"优势解读"的程度、认同节目内容的程度，莫利基于人种志延展了媒体小组的《举国上下》项目。一如《〈举国上下〉的观众：结构与解码》所告诉我们的，莫利为其后续研究采取了如下步骤：(1) 建构解码范围的类型；(2) 分析解码方式的变异及其原因；(3) 揭示不同诠释方式的产生；(4) 考察变异情况与其他文化因素的关联性：阶级、社会经济或教育地位，以及文化与诠释素养/话语/符码之间吻合的本质。其间莫利首先按照职业与教育背景的不同——经理、学生、学徒、工会成员，组织了29个观众组——"解释性群体"(interpretative communities)，每组5—10人，然后为观众播放《举国上下》的录像两次，继而以焦点访谈(focused interview)与团体访谈(group interview)的方式，考察观众的解读。莫利发现，大多数观众对所观看节目的解读证实了霍尔模式。比如，文科大学生和师范学生组大抵持"协商性立场"，黑人大学生基本持"对抗性立场"，而工会成员组则因为组员身份的不同(行政人员抑或售货员)，分别持"协商性立场"或者"对抗性立场"。但是，一些观众组的解读却无法用霍尔模式来解释。比如，中产阶级银行经理组与工人阶级学徒组、男生组具有解码立场的一致性，都对文本的编码意义坚持支配—霸权性立场。莫利认为，这一出乎预料的结果的出现，是因为银行经理组的优势解码源自其政治立场，同时与《举国上下》的保守话语相一致，而学徒组的解码立场则是由于他们缺乏批判精神，政治上随波逐流。所以，不同观众组的不同反应与解码并非仅仅源自个人心理状态的差异，而是联系着沉淀于社会结构之内的文化差异——它们不但限制着而且引导着个人诠释讯息的方式。如果要真正了解特定讯息的所有潜在意义，就必须描绘由讯息所设定的受众的"文化图谱"(cultural map)；这张图谱必须能够显

---

① Charlotte Brunsdon and David Morley (1978) *Everyday Television*: "*Nationwide*", London: BFI, p. 92.

示受众中存在什么次级群体,次级群体又各自拥有哪些不同的文化库存与符号资源。一个讯息文本及其意义必须从两方面的互动来理解:一是文本所内含的符码,一是不同社会位置的受众所占据的符码。莫利最后指出,个人对于讯息的解读必须由其社会脉络入手,但这绝非意味着采取某种模式的决定论,也即是说阶级位置与解码架构并无直接关系,从而挑战并校正了霍尔的"观众不同的解码是其阶级立场的结果"这一观点。正是在这里,莫利对媒体与受众研究的最大贡献一目了然:社会位置与话语或者体制位置的特定结合形塑特定的解读方式,抑或说整个解码过程是为结构所限制的。

然而,我们必须知道的是,莫利的研究并非完美无暇,比如他对区域/国家区隔的忽视,或者一如英国媒体研究学者萧恩·莫利斯(Shaun Moores)所指出的,编码/解码理论及其早期运用至少存在着两个方面的问题,一是对媒体内容的类型与不同解读大众之间的相关性的忽视,一是对媒介消费场景的忽视:

> 简单地讲,如果调查不以事先弄清楚调查者所选定的观众群是否经常在观看某一节目为基础,那么对观众群解读该节目的方式的调查便是价值有限的……莫利的研究的另一个重要缺陷在于它忽视了消费通常发生于其间的社会场景——日常媒介消费的即刻性物理及人际环境。①

尽管如此,集中体现莫利研究成果的《〈举国上下〉的观众:结构与解码》堪称"批评性媒体理论与研究之发展的一个里程碑"、"一个重要转折点"。② 一方面,受莫利的启发,越来越多的媒体研究学人意识到了文本与观众/读者在意义争夺中的相对权力,因此将其注意力从文本形式转移到观众/读者与文本的纠缠,通过经验性的人种志考察证明作为解码者的观众/消费者并非编码意义与身份的被动接受者。另一方面,随着媒体研究的深入,莫利斯所指出的问题逐步得到了解决。一如莫利的《家庭电视:文化权力与家庭愉悦》、③詹妮斯·拉德威(Janice Radway)的《阅读罗曼史:妇女、父权与通

---

① Shaun Moores([1993]1998) *Interpreting Audiences: The Ethnography of Media Consumption*, London: Sage, p.7.
② Ibid., p.22.
③ David Morley (1986) *Family Telivision: Cultural Power nd Domestic Leisure*, London: Comedia.

俗文学》所证明的,①无论是莫利本人还是受他启发的其他学人,悉数在考察观众/读者的媒介解码方式时,不但把观众/读者的文化品位、偏好、性别及权力等维度纳入了考量范围,而且深入到了媒介的具体消费语境之中。从这个意义上讲,伯明翰当代文化研究中心的媒体研究在检验、修订与丰富霍尔的编码/解码理论的同时,有效地催生、推动了受众研究的开展。

不难发现,《银幕》理论与伯明翰当代文化研究中心的文化研究之间有着显在的差异,尤其是在对观众/读者的认知方面,所以,二者虽然不乏相互借鉴,但更多的时候却是彼此论战。1977年,《银幕》第四期发表了论文《辩论:马克思主义与文化》,②由此引发了两个阵营之间的一次激烈论战:《银幕》批评伯明翰当代文化研究中心在运用"文化"范畴时体现出来的人道主义和经验主义倾向,而伯明翰当代文化研究中心则指责《银幕》理论的精神分析和符号学方法是抽象的形式主义。直到1980年代,这一论战仍在断断续续地进行,一如理查德·约翰逊在1983年的题为"究竟什么是文化研究?"的演讲中所言:

> ……整个系列从索绪尔的语言学和列维-斯特劳斯的人类学,到早期的巴特和人们有时所谓的"符号学标志一号"(semiology mark 1),再到1968年5月之前准备就绪于电影批评、符号学和叙事理论的发展,包括阿尔都塞马克思主义、后期符号学和精神分析的复杂交织。尽管其变体众多,"意指实践"的这些方法共有一些范式局限性,我称之为"结构主义的缩略"(structuralist foreshortening)。③

约翰逊认为,从索绪尔、列维-斯特劳斯到巴特和拉康的结构主义与后结构主义是一种简约化文本的"形式主义",它们因过分囿于文本分析而忽视了文化形式的生产问题,它们因过分关注"形式语言或符码"的生产而忽视了读者的问题,它们有一种严重的理论缺乏,那就是"主体性理论的缺乏"。约翰逊还特意比较了伯明翰当代文化研究中心的文化研究和《银幕》杂志的电影研究:

---

① Janice Radway (1984) *Reading the Romance: Women, Patriarchy, and Popular Literature*, Chapel Hill and London: The University of North Carolina Press.

② Iain Chambers et al. (1977) "Debate: Marxism and Culture", *Screen*, 18:4, pp.109—19.

③ Richard Johnson (1996) "What is cultural studies anyway?", in John Storey (ed.) *What Is Cultural Studies?: A Reader*, London: Arnold, p.98.

在伯明翰的文化研究已然倾向于**更加**基于史实,更加关注特殊时刻和制度定位的时候,英国的电影批评的倾向恰恰相反……《银幕》在 1970 年代愈加关注的并非是作为社会和历史过程的生产,而是表意系统本身的"生产能力",尤其是电影媒体的表征手段本身。①

约翰逊认为,对表征手段的这种研究既忽视了人的实际生产活动和在生产活动中形成的人的社会关系,也缺乏对表征手段背后的东西做出历史的解释;另外,这种形式主义批评对精神分析的运用尽管是想把文本与读者连结起来,可其代价往往是要对社会主体进行极端的简化,"把他或她归结为原始的、赤裸的、婴儿的需要"。② 约翰逊的这些观点在伯明翰中心颇具代表性,显示了文化研究的某些基本特征,比如在政治意识形态上强烈的新左派色彩,在理论范式上坚定的马克思主义基调,在研究方法上明显的经验主义倾向,在文化理想上鲜明的具有"阶级意识"的人道主义情怀。尽管根据霍尔的说法,1980 年代以降的文化研究中存在着"结构主义"范式取代"文化主义"范式的趋向,但在一开始,所谓的"结构主义"是经过修正的,是在有限的意义上加以运用的,并且仅仅局限于阿尔都塞的马克思主义的结构主义。直到 1990 年代,这种情形才有所改变,尤其是视觉文化研究的兴起,从根本上动摇了传统的文化研究那种相对整齐划一的形象。

其间的一个例证是约翰·伯格(John Berger)的《观看之道》(*Ways of Seeing*),它在一定程度上调停了伯明翰中心与《银幕》的论争,为英国媒体与文化研究的发展提供了不可多得的催化作用。早在文化研究作为术语出现以前的 1950 年代初,以阿诺德·豪泽尔(Arnold Hauser)为代表的英国艺术家便开始了通过融合社会批评与美学批评而实现大众阅读政治化的尝试。1972 年,曾经出版过诸多文化研究"正典"的企鹅出版社为配合 BBC 的电视系列讲座,出版发行了伯格定位于艺术批评的《观看之道》。通过艺术与文化的有机耦合,伯格有效地实现了向普通大众传授"观看之道"、增强普通大众对电视等企业化媒体的解读能力的目的:

> 观看先于言语。孩童在会说话之前便学会了观看与辨识。但还有着一种观看于其间先于言语的理解。那便是观看确立我们在周遭世界中的位置;虽然我们在言语范围内解释世界,但言语绝不可能抹杀我们

---

① Richard Johnson (1996) "What is cultural studies anyway?", in John Storey (ed.) *What Is Cultural Studies?: A Reader*, London: Arnold, p. 99.

② Ibid., p. 103.

被世界包围这一事实。我们之所见与所知之间的关系并未得到澄清。①

伯格认为,人们观看事物的方式受制于其知识与信仰,人们只看见被注视之物,而注视却具有选择性,所以,人们将所见之物纳入其能及的范围,不断审度物我之间的关系。通过对艺术与政治、作为观看对象的女性、油画自身的矛盾、广告与资本主义白日梦等主题的实例阐释——艺术被神秘化是为了方便少数特权人物编造历史、确实存在着影响女性气质的男性"凝视"、拥有油画有别于欣赏油画、广告不论及当下,伯格道明了当代文化理论中的一个重要观念,即现实是由其被感知的方式建构的。伯格并未纠缠于被建构的现实真实与否,而是开宗明义地将广告、媒体、宣传等视为观看之道的内在维度,将整个流行文化纳入艺术批评的视野。伯格认为,物之物质性(thingyness)并不在于它是客观或自然事实,而在于它表达某种内在结构、表现权力的存在。表面现象的深层结构是权力,这一"观看之道"便是伯格能对英国文化研究产生广泛影响的原因所在,虽然他的系列电视讲座的录像带被用作教学资料、他的参与现场辩论也功不可没。伯格在方法论上的新视野——在关注艺术现代形式的同时,基于马克思的商品拜物教理论关注艺术对现代资产阶级的经济价值——有效地融合了高雅文化与大众文化,促成了各式结构主义批评将其批评性阅读拓展到非言语类媒体、文化之中。甚至可以在一定意义上讲,英国的媒体与文化研究之所以能够随着对语言、意识形态及话语的权力的研究的深入,将关注点进一步从真实转向真理,得归功于与伯格。② "这就是文化研究进入的路径。它通过约翰·伯格及其他人的作品,承继了在未来主义者对现代的愉悦与自由主义者对商业的厌恶之间的张力,并在它们之后加上了对通俗文化本身的越来越大胆的兴趣。"③

以上分析表明,旨在通过克服马克思主义中的经济主义而将其建构为一门科学的阿尔都塞最终并未使马克思主义远离经济决定论,因为正如斯特里纳蒂曾经指出过的那样:"难以理解的是,流行于某一特定社会的种种思想如何能够在被经济基础决定的同时,以一种具有相对自主性的方式影

---

① John Berger (1972) *Ways of Seeing*, London: Penguin, p.7.
② John Hartley (2003) *A Short History of Cultural Studies*, London: Sage, pp.60—1.
③ Ibid., p.77.

响社会的结构与方向,包括经济基础教育。"①尽管阿尔都塞的意识形态理论,尤其是其间的意识形态国家机器概念,引发了一场关于马克思主义认知的革命,启发了伯明翰当代文化研究中心的马克思主义理论再解读及具体的文化研究实践,但阿尔都塞在阐释意识形态国家机器的再生产资本主义功能时犯下了马克思主义教条主义的错误,走进了功能主义的怀抱。阿尔都塞往往利用社会现象的结果去探究社会现象的原因,让人觉得现有制度必然可以在意识形态国家机器的帮助之下长治久安,没有为阶级斗争留下应用的空间:

> 阿尔都塞并未把这些斗争与意识形态叙述联系起来,仅仅暗示了意识形态已然通过向从属阶级灌输统治阶级的意识形态或者掩饰在统治阶级意识形态中的"窍门"解决了阶级斗争问题。丝毫不奇怪的是,各种社会冲突的意义都在阿尔都塞的理论中被忽略了。②

## 第三节 伯明翰学派与葛兰西工程

阿尔都塞结构主义马克思主义的经济决定论底色、教条主义、功能主义,尤其是对阶级斗争的忽视,极大地限制了它作为马克思主义文化及意识形态分析方法的潜力。

> 在阿尔图塞的系统里,意识形态是与政治实践以及理论实践乃至物质实践相并列的一种社会实践,这一观点是他的结构主义多元决定论的产物,其后果是淡化社会存在决定社会意识的唯物主义基本立场,最终削弱了意识形态批判的力量。③

因此,伯明翰当代文化研究中心在 1970 年代后期设法开发了"葛兰西工程",旨在借助安东尼奥·葛兰西的霸权理论探究新形势下的英国文化与意识形态,比如新时期的"国族—大众"问题,于是便出现了托尼·本尼特所谓的英国文化研究的葛兰西转向(The Turn to Gramsci)。葛兰西转向的发生,首先是因为历史地看,出生不同、观点各异、用途有别的既有研究范

---

① Dominic Strinati ([1995]1996) *An Introduction to Theories of Popular Culture*, London and New York: p.156.

② Ibid., p.159.

③ 马海良:《文化政治美学——伊格尔顿批评理论研究》,中国社会科学出版社,2004年,第20页。

式——文化主义与结构主义——注定无缘缔结秦晋之好,以致伯明翰当代文化研究中心在一定程度上遭遇了严重的范式危机,各项工作因此陷入了僵局。伯明翰当代文化研究中心急需一种能够位移结构主义—文化主义对立的理论资源,或者借用本尼特的话来讲,"走出困境的唯一路径似乎在于将论争转移到一块新领地,一块将位移结构主义—文化主义对立的新领地"。① 伯明翰当代文化研究中心为此进行过诸多尝试,比如前文论及的挪用阿尔都塞意识形态理论,结果均以失败告终;直至霍尔发现葛兰西,"尽管我读过很多更精致和复杂的论述,但依我看,葛兰西的论述似乎依旧最能表达我们在设法为之之物",②伯明翰当代文化研究中心才得以行之有效地走出困境、实现研究范式的转移。所以,位移结构主义—文化主义对立的工作把伯明翰当代文化研究中心引向了葛兰西的著述,尤其是他关于霸权的著述;以伯明翰学派为代表的英国文化研究的葛兰西转向随之发生。

作为一个文化研究术语的葛兰西转向是经由本尼特的介绍与阐释才开始流行的。在《大众文化与社会关系》一书的序言"大众文化与'葛兰西转向'"中,本尼特道出了大众文化研究走向葛兰西霸权理论之必然:在葛兰西的理论框架中,作为一个场域的大众文化既非结构主义意义上的大众的文化扭曲,也非文化主义意义上的大众的文化自我确认,而是受制于相互冲突的压力与趋向的各种关系的角力场,所以葛兰西的霸权理论能够有效避免和否定文化主义与结构主义的二元对立,为重构大众文化研究中的理论及政治问题提供可能性。本尼特认为,从社会阶级之间的对立性经济和政治关系来看,文化主义与结构主义在文化及意识形态领域的结构和组织方面的观念相差无几,因为"两种范式都认为文化与意识形态领域被一种支配性意识形态控制"。③ 无论是就本质而言还是总体而言,此间的支配性意识形态都是资产阶级性质的,被作为一种异化力量强加给从属阶级。从这个意义上讲,结构主义与文化主义的差别仅在于趋向或方向的不同而已。结构主义把大众文化(popular culture)、群众文化(mass culture)、支配性意识形态等概念等量齐观,认为大众文化研究的政治目的在于揭示运行于各

---

① Tony Bennett ([1994]2006) "Popular Culture and the 'Turn to Gramsci'", in John Storey (ed.) *Cultural Theory and Popular Culture: A Reader*, London: Prentice Hall, p.94.
② Stuart Hall ([1993]1999) "Cultural Studies and Its Theoretical Legacies", in Simon During (ed.) *The Cultural Studies Reader*, London and New York: Routledge, p.102.
③ Tony Bennett ([1994]2006) "Popular Culture and the 'Turn to Gramsci'", in John Storey (ed.) *Cultural Theory and Popular Culture: A Reader*, London: Prentice Hall, p.94.

种大众文化形式及实践中的支配性意识形态机制,使读者具备阻止类似机制运作于相关实践中的能力。类似地,文化主义把大众文化视为土生土长的从属阶级文化,认为大众文化研究的目的在于发现大众的真实声音、阐释其意义、说明其文化价值。更加具体地讲,尽管两种范式的趋向或方向不同,但它们却分享着这样一种认知,即文化及意识形态领域被分割为对立的两个阵营——资产阶级阵营与工人阶级阵营;两大阵营处于一种零和(zero-sum)游戏之中,都以消灭对方、占领对方地盘为最高目标。

葛兰西的霸权理论认为,在资产阶级与工人阶级的零和游戏中,文化及意识形态发挥着至关重要的作用。资产阶级与工人阶级之间的文化与意识形态关系,与其说是体现为前者对后者的统治或支配,不如说是前者对后者具有霸权或领导权。以霸权概念代替统治概念,既是葛兰西对马克思主义理论的修订,也是其理论体系能够对大众文化研究产生革命性影响的原因所在:

> 霸权概念的替代统治概念并非……仅仅是术语上的差别;关于文化及意识形态斗争的开展,它带来了截然不同的方法观念……葛兰西认为,资产阶级之所以能够成为具有霸权地位的领导阶级,取决于资产阶级意识形态能够在多大程度上容纳对抗阶级的文化及价值观、为它们提供空间。资产阶级霸权的获得并非在于消除工人阶级文化,而是在于工人阶级文化与资产阶级文化与意识形态的耦合,其结果是……其政治归属关系在此间被改变了。①

换言之,葛兰西认为,既不存在大众的真实文化场域,也不存在原汁原味的资产阶级意识形态;意识形态是一个充满谈判、协商、对话与斗争的场域,于其间争夺霸权的关键是要占领"常识"(common sense)与大众文化领域。一如克里斯·巴克所言:

> 对葛兰西而言,所有人都思考世界,并且通过大众文化的"常识"组织他们的生活与经验。因此,常识是意识形态冲突的一个至关重要的场所,尤其是在铸就"健全的见识"(good sense)的斗争中;对葛兰西而言,"健全的见识"即认识到资本主义制度的阶级特征。常识是意识形态斗争的最为重要的场域,因为它是"被认为理所当然的"地带,是

---

① Tony Bennett([1994]2006)"Popular Culture and the 'Turn to Gramsci'", in John Storey (ed.) *Cultural Theory and Popular Culture: A Reader*, London: Prentice Hall, p.95.

引导日常世界之行为的一种实践意识。在常识的领域里,更为一致的一套套哲学思想相互角逐并转化。因此,葛兰西非常关注流行思想与大众文化的特性。①

从这个意义上讲,根据葛兰西的霸权理论,英国文化研究在文化主义与结构主义之间的非此即彼式选择便是毫无理由可言;文化主义与结构主义的对立必须被位移到葛兰西霸权理论所建构起的新领地之上。当然,本尼特并非第一个认识到英国文化研究必须实行葛兰西转向的理论家;早在1970年代初,霍尔、约翰逊等人就表示了与文化主义及结构主义保持距离的愿望与建议,并把走出僵局的希望寄托在了葛兰西身上:

> 我们希望让自己与两种立场拉开距离,一种是文化主义的趋势,另一种是其批评者的趋势。我们无意暗示阶级文化全都铁板一块,或者围绕核心原则或思想而组织……阶级文化的同质性与独特性程度随历史而显著地变化。也许情况是所有作为连贯的价值体系的文化概念都可能具有误导性。由于葛兰西关于"常识"的激进异质性概念基于对特定的活生生形式的熟悉,它可以是一个更好的、适用范围广泛的指南。我们应当始于寻找冲突、禁忌、异质,而不是统一。这是"文化研究"与有害的、浪漫的一面相断裂的一种方式;另一种重要方式是辨识大众文化中的性别因素及……由男性支配的文化形式。②

事实上,早在1959年,威尔士共产主义历史学家格温·阿尔夫·威廉斯(Gwyn Alf Williams)便把葛兰西作为意大利共产党创始人之一介绍到了英国,但并未掀起任何波澜。③ 进入1970年代以后,葛兰西被重新发现,受到了伯明翰学派文化研究学者的青睐与重视,这既关乎源自1973年石油危机的一系列英国社会危机的出现,更关乎葛兰西理论对这些危机的阐释力。在相对于其生命而言的漫长铁窗生涯中,④葛兰西为后人留下了作为《狱中书简》和《狱中札记》基本内容的34本狱中笔记。疾病的困扰及监狱的监

---

① Chris Barker (2000) *Cultural Studies: Theory and Practice*, London: Sage, p. 60.
② Richard Johnson (1979) "History of Culture/Theory of Ideology: Notes on an Impasse", in Michèle Barrett *et al.* (eds.) *Ideology and Cultural Production*, London: Croom Helm, p. 76.
③ John Hartley (2003) *A Short History of Cultural Studies*, London: Sage, p. 93.
④ 安东尼奥·葛兰西生于1891年,在都灵大学上学时(1911—1914年)开始投身革命,1921年1月与陶里亚蒂一起创建了意大利共产党,1924年任意大利共产党总书记,1926年被捕入狱,1937年因健康状况极度恶化从监狱保外就医,不久与世长辞。

督等因素造就了葛兰西独树一帜的理论家地位:与众不同的写作风格、与众不同的马克思主义认知。① 基于自己作为一个工人阶级知识分子的政治活动及政治斗争经验,葛兰西在马克思的"统治阶级的思想在每一时代都是占统治地位的思想"的启发之下,在《南方问题的一些情况》一文中提出了对文化研究影响深远的霸权概念。葛兰西所谓的霸权是指在某一特定历史阶段、某一社会居于支配地位的集团为维护自己的统治地位所采取的一种文化及意识形态手段;支配集团通过成功获取从属集团在道德、政治及文化价值等方面的"认同"(consensus),建立一种将支配集团与从属集团融为一体的政治与意识形态认同,从而确保支配集团的社会及文化领导地位。换言之,葛兰西所谓的霸权是因社会冲突而起的社会控制的一个面向;它并非是资本主义功能之必须,而是一系列两相认可的观念或思想,这些观念或思想既源自阶级及其他社会矛盾,也为形塑阶级及其他社会矛盾服务。

  一个社会集团的霸权地位表现在以下两个方面,即"统治"和"智识与道德领导权"。一个社会集团统治着它往往会"清除"或甚至以武力来制服的敌对集团,他[它]领导着同类的和结盟的集团。一个社会集团能够也必须在赢得政权之前开始行使"领导权"(这就是赢得政权的首要条件之一);当它行使政权的时候就最终成了统治者,但它即使是牢牢地掌握了政权,也必须继续以往的"领导"。②

从这里可以看出,葛兰西霸权概念中的作为社会控制的霸权并不同于作为社会控制的武力制服或高压;霸权视领导权为不可或缺,或者说领导权对霸权至关重要。这已然成为葛兰西霸权理论研究者的共识,一如保罗·兰塞姆(Paul Ransome)所指出的:

  葛兰西使用霸权概念来描述居于支配地位的社会集团可以援用的各种社会控制方式。他在**高压控制**和**认同控制**之间做了区隔,前者显现于直接的武力或武力威胁,后者产生于个人"心甘情愿地"或"自愿地"吸纳支配集团的世界观或霸权;一种使该集团具有霸权的吸纳。③

霸权表现从属集团对支配集团的话语权威的认同,虽然从属集团对支配集

---

① Perry Anderson (1979) *Considerations on Western Marxism*, London: Verso, pp. 45—50.
② Antony Gramsci (1971) *Selections from the Prison Notebooks*, London: Lawrence & Wishart, pp. 57—8.
③ Paul Ransome (1992) *Antonio Gramsci: An Introduction*, New York: Harvester/Wheatsheaf, p. 150.

团的认同程度是一个值得追究或考察的问题。此间的认同概念至关重要，因为它暗示从属集团对支配集团的文化、价值观和意识形态的认同和接受并非是他们在身体或心理上受到了某种诱惑，也并非他们受到了意识形态灌输，而是因为他们自有理由，比如支配集团向他们做出的某种经济或福利让步。换言之，从属集团对支配集团的认同是因为支配集团的霸权在一定程度上、以某种方式体现着从属阶级的利益。用葛兰西的话准确地讲：

> 毋庸置疑，霸权的事实事先假定考虑被施行霸权的集团的利益与趋向、达成某种折衷平衡——换言之，领导集团应该做出某种经济公司式的牺牲。但同样毫无疑问的是，这样的牺牲与这样的妥协不会触及到本质；因为尽管霸权是伦理—政治的，但是它必然是经济的，必然基于领导集团在经济活动的关键内核中所发挥的决定性作用。①

此间的葛兰西很可能给人以经济决定论者之嫌，因为他似乎在暗示，支配集团必须在经济方面做出妥协或让步才能达成作为霸权基础的折衷平衡。事实上，这并非葛兰西的本意；葛兰西并不赞成马克思的经济基础决定上层建筑的观点。既然霸权与从属集团对支配集团的道德、思想及价值观的认同有关，支配集团所做出的妥协与让步并非仅仅局限于经济方面，而是必然也关涉到文化及思想等领域。换言之，霸权所关涉的认同是一种特殊的认同，或者更加具体地讲，是某一社会集团依靠"智识与道德领导权"把自身的特殊利益呈现为作为一个整体的社会普遍利益的认同。某一社会集团依靠变特殊为普遍、变潜在对立为简单差异而获得霸权。一如恩斯特·拉克劳(Ernesto Laclau)所言：

> 与其说一个阶级的霸权在于它能够在多大程度上向社会中的其他人强加某种一致的世界观，不如说在于它能够在多大程度上以这样的一种方式阐释不同的世界观，使它们间的潜在对立得到缓和。英国资产阶级之在19世纪转化为霸权阶级，所倚重的并非是向其他阶级强加某种一致的意识形态，而是通过消除不同于自己霸权事业的各种意识形态间的对立性，成功地对它们进行阐释的程度。②

---

① Antony Gramsci (1971) *Selections from the Prison Notebooks*, London: Lawrence & Wishart, p.161.

② Ernesto Laclau (1977) *Politics and Ideology in Marxist Theory*, London: NLB, pp.161—2.

从这个意义上讲,认同无异于谈判;为了赢得"智识与道德领导权",支配集团必须与从属集团进行谈判,最终被认同的只会是统治阶级智识与道德的某种"谈判版本"。一如罗伯特·格雷(Robert Gray)所言:

> 阶级霸权是一种动态的、变动不居的社会从属关系,它朝着两个方向运动。从属阶级的行为与意识的某些面向可能复制出某种版本的统治阶级价值。但是价值系统在为适应种种存在条件做出必要调整的过程中被修订了;从属阶级因此遵循统治阶级的一种"谈判版本"。另一方面,意识形态霸权的结构改变和吸收不同的价值观,以便有效地阻止它们充分实现其内涵。①

所以,在葛兰西那里,支配集团依靠智识及道德领导权的实施所建构的认同、所获取的霸权并非是稳定的;霸权始终为一个暂时的解决办法,随支配集团与从属集团的持续谈判不断更新,呈现为一系列不断变化的话语与实践。换言之,霸权是一种由持续的形成与替代过程所构成的非稳定均势,一方为支配集团的利益,另一方为从属集团的利益;尽管在均势中获胜与流行的始终是支配集团的利益,但支配集团并不能因此便为所欲为。享有霸权的支配集团必须时刻警惕各从属集团可能结成反霸权联盟、进行反霸权斗争。葛兰西认为,反霸权联盟的反霸权斗争能否成功取决于市民社会(civil society)。通过融合黑格尔的"市民社会"概念与列宁的"国家"(state)概念,葛兰西提出了"完全国家"(integral state)概念,即国家并非如正统马克思主义所言,等于经济基础加上层建筑,而是等于政治社会加市民社会:国家=政治社会+市民社会,抑或说国家是披上了强制的甲胄的领导权。葛兰西认为,无论是政治社会——由政府、军队和法律等组成的强制性国家机构,还是市民社会——由教会、工会、学校、社区等组成的非强制性的、"私人的"机构,都是属于上层建筑。作为上层建筑的两个"阶层"之一,市民社会承担霸权的生产、再生产及转化功能;唯有得势于市民社会的集团方有问鼎上层建筑另一"阶层"——政治社会——的机会。上层建筑的两个阶层分工明确:政治社会实行高压、市民社会行使霸权。霸权可以借市民社会的机构浸淫于文化的生产与消费中,使大众媒介与大众文化服务于霸权的生产、再生产与转化,宛若阿尔都塞的意识形态国家机器服务于支配性意识形

---

① Robert Gray (1976) *The Labour Aristocracy in Victorian Edinburgh*, Oxford: Clarendon Press, p.6.

态一样。所以,"市民社会是葛兰西确定文化与意识形态在社会中的位置的途径,而霸权则是他理解它们如何发挥作用的途径。基于一种葛兰西式视野来看,对大众文化与大众媒介的理解与解释必须依赖霸权概念"。①

关于市民社会与霸权的密切相关,葛兰西挪用了机动战/运动战与阵地战等军事术语的类比进行说明:在市民社会薄弱而国家强大的情况下,获取武装革命的胜利宜采用机动战或运动战策略;在市民社会强大而国家羸弱的情况下,获取武装革命的胜利应采取阵地战的策略。葛兰西同时坚持,革命力量在夺取国家之前,必须首先夺取市民社会,然后组成一个从属集团联盟,最后夺取现有支配集团的霸权。正因为市民社会有这样一种属性,

> "市民社会"已然成为一个非常复杂的结构,一个抵御着危机及萧条等直接经济因素的灾难性"袭击"的结构。市民社会的上层建筑宛若现代战争的战壕系统一样。战争中时常有这样的情况,即猛烈的炮火袭击似乎摧毁了敌人的整个防御系统,但事实上它仅仅摧毁了其外层防线:在前进和进攻的时候,进攻者会发现自己依然面对着一道牢固的防线。在政治活动中,在经济大萧条期间,会有同样的情况发生。②

葛兰西认为,市民社会中作为新知识分子的"有机知识分子"(organic intellectual)是生产、再生产与转化霸权的中坚力量;他们履行着创造认同、执行教育及对话等职能,在变特殊为普遍、变潜在对立为简单差异的霸权建构过程中功不可没。有机知识分子与传统知识分子的不同在于其社会职能的差异:"成为新知识分子的方式不再取决于侃侃而谈,那只是情感和激情外在和暂时的动力,要积极地参与实际生活不仅仅是做一个雄辩者,而是要作为建设者、组织者和'坚持不懈的劝说者'(同时超越抽象的数理精神)"。③"虽然人们因此可以说所有人都是知识分子,但是并非所有人都在社会上有着知识分子的职能";唯有那些承担着"决定和组织道德与精神生活方面的变革"任务的知识分子堪称有机知识分子。④ 所以,有机知识分子并不局限为大艺术家、大作家或者知名学者,而是泛指那些从事智识生产、传播和

---

① Dominic Strinati([1995]1996) *An Introduction to Theories of Popular Culture*, London and New York: Routledge, p.169.

② Antony Gramsci (1971) *Selections from the Prison Notebooks*, London: Lawrence & Wishart, p.235.

③ Ibid., p.453.

④ Ibid., p.9, p.453.

阐释的人;他们虽然主要存在于市民社会之中,但市民社会并非他们的唯一存身之处。正因为有机知识分子并非仅负责知识生产,同样重要甚至更为重要的是作为传输者或阐释者把知识带入实践或"常识",或者借用霍尔的话来讲,"知识分子的使命并非只是要在正确的时候出现在正确的游行队伍之中,而且还要离间他们已从体制中获得的优势地位、接受整个知识体系本身,以及在本雅明的意义上试图让它服务于其他工程"。① 所以,每个阶级都注重"有机地"生产自己的知识分子:

> 每个社会集团既然产生于经济社会原初的基本职能领域,它也同时有机地制造出一个或多个知识分子阶层,这样的阶层不仅在经济领域而且在社会与政治领域将同质性以及对自身功用的认识赋予该社会集团。资本主义企业家同自身一起创造出工业技师、政治经济专家、新文化和法律体系的组织者等人员。②

葛兰西之所以强调有机知识分子的社会职能,是因为他们所生产的霸权往往借助意义的流通运作于意识与表征领域,通过确立各种社会关系的意义强化既有的支配与从属关系的意义,即威廉斯所谓的"为大多数人建构出一种现实感":

> 霸权因此并非仅仅是意识形态的阐释性上层,其种种控制形式亦并非通常所谓的"操控"或者"驯化"之类的形式。它是制约生活方方面面的一整套实践与期盼……它是一个活生生的意义与价值系统——既具构成性又在构成之中——在它们被作为实践而体验时,它们显现为彼此加强。它因此为大多数人建构出一种现实感……它是最浓烈意义上的一种"文化",一种必须同时被视为特定阶级的活生生支配与从属的文化。③

建构现实感的目的在于实现社会控制;这已然在文化研究实践中得到证实。在研究"最浓烈意义上的一种'文化'"的霸权的过程中,文化理论家们发现,教育、大众媒介、家庭、国家、法律等机构通常被视为公正或中立的

---

① Stuart Hall (1990) "The Emergence of Cultural Studies and the Crisis of the Humanities", *October*, vol. 53, pp. 17—8.

② Antony Gramsci (1971) *Selections from the Prison Notebooks*, London: Lawrence & Wishart, p. 5.

③ Raymond Williams (1977) *Marxism and Literature*, Oxford: Oxford University Press, p. 110.

代表,在阶级、性别、种族等方面不偏不倚。但事实上,作为知识、意义与感觉生产者的这些机构,其重要性不仅在于它们是个人与社会意识的组织者、与生产者,而且还在于它们的陈述功能;它们往往受成员构成的影响,最终合力搭建起一个建构和实施霸权的平台,成为某一支配集团的"拓殖"对象。此间的支配集团不仅包括了在经济上具有支配地位的集团,而且也包括该支配集团的盟友,即那些认为自身利益与该集团利益有一致性的专业人员、管理人员及各类知识分子。所以,在霸权运作于其间的意识与表征领域,当对社会、个人及文化的经验总和的理解受制于支配集团的术语时,便是霸权运作之时:

> 霸权将历史上属于某个阶级的意识形态予以自然化,使之成为一种常识。其要害在于权力不是作为强权而是作为"权威"而得到行施;生活的"文化"部分都被去政治化了。最易采用并最受官方鼓励的那些理解自己与世界的策略;不仅是作为策略而出现,而且也是作为"人性"的自然(无可争辩)属性而出现。除此之外的其他策略——基于相反的政治策略或反霸权意识——在这种语境中则不仅是作为"非正式的"东西而出现,而且可能被表现为名副其实的无意义;它们不可设想,不能表达。①

因此,相对于传统的文化理论,葛兰西的专注于文化的霸权概念有着显在的优势,能够像威廉斯所解释的那样,在两个面向直接影响原有文化理论:一是对先前的文化概念的超越,一是对先前的意识形态概念的超越:

> 尽管葛兰西对该概念[霸权]的使用仍在很大程度上不确定,但他的工作构成了马克思主义文化理论中的重要转折点之一……无论该概念对于马克思主义政治理论意味着什么……其对文化理论的影响都是立竿见影的。因为"霸权"是一个同时兼容与超越先前的两个强大概念的概念:作为"整个社会过程"的"文化"概念……任何一种马克思主义意义上的"意识形态"概念。②

更加具体地讲,虽然葛兰西本人并未专门就文化问题进行专门论述,但其著

---

① 约翰·菲斯克等编:《关键概念:传播与文化研究辞典》,李彬译注,新华出版社,2003年,第123页。

② Raymond Williams (1977) *Marxism and Literature*, Oxford: Oxford University Press, p. 108.

作与思想在1970年代被重新发掘,鼓励了英国文化研究学者把传统马克思主义理论所忽视的文化、语言、民族、教育、知识分子的作用等附带因素纳入自己的研究范畴,促成了英国文化研究历史上意义重大的葛兰西转向。英国文化研究的葛兰西转向,尤其是基于葛兰西霸权概念的新霸权理论,成功地把"马克思主义从政治领域转向了智识领域",①最终在两个方面对英国文化研究学者产生了巨大影响:一是对大众文化政治学的重新思考,一是对大众文化概念本身的重新思考。首先,英国文化研究的理论家及实践者基于霸权是一种被用于描述某一支配集团不仅仅依靠武力统治,而是靠认同引导的状况或过程这一认识,发展出了一套从葛兰西所谓的支配与从属角度探讨文化与权力、阶级、民族之间关系的文化霸权理论。在这样一种葛兰西式文化霸权理论的影响下,人们开始把大众文化视为霸权生产与再生产的主要场域之一,其间充满了斗争和谈判,比如统治集团利益和从属集团利益之间的斗争和谈判、统治集团利益的强加和从属集团利益的抵制之间的斗争和谈判。其次,基于对作为结构的大众文化与作为能动性的大众文化这两种相互对立的大众文化观的反思,人们提出了一种全新的大众文化观。结构主义及法兰克福学派等认为,大众文化乃文化产业强加于人的文化,其目的在于通过确立主体位置、强加意义等手段实现文化产业对利润的追求及意识形态控制;文化主义则主张大众文化是一种来自底层的文化或者说是本真的工人阶级文化。但是,葛兰西式霸权理论认为,这两种大众文化观虽然不无可取之处,但又都不乏片面性,因为

> 大众文化既不是一种本真的工人阶级文化,也不是一种由文化产业强加的文化,而是葛兰西所谓的二者间的一种折衷平衡,一个底层力量和上层力量的矛盾混合体;它既是商业性的、也是本真的,既有抵制的特征、也有融合的特征,既是结构、也是能动性。②

随着葛兰西转向的发生,聚焦大众文化研究的英国文化研究逐渐将其注意力从文化产品转向了文化商品的消费,或者更加准确地讲,转向了文化商品"在消费活动中被挪用、被赋予意义的方式"。③ 一如迪克·赫布迪格的《亚文化:风格的意义》所证明的,葛兰西转向能够策动英国文化研究转

---

① John Hartley (2003) *A Short History of Cultural Studies*, London: Sage, p.101.
② 约翰·斯道雷:《记忆与欲望的耦合——英国文化研究中的文化与权力》,徐德林译,广西师范大学出版社,2007年,第108页。
③ 同上。

向文化消费,其间既有学理原因,也有政治原因。从学理上讲,对文化消费的关注可以有效地考察文化文本获得意义的方式。一如斯道雷所言,受葛兰西霸权理论启发的文化研究始终坚持文化生产和文化消费之间的辩证关系,即一种语境下的"抵制"可以在另一种语境下演变为"融合",其真正兴趣所在并非是单个文本的意义,而是诸多文本的意义,或者说并非作为物质的、被铭写的、有保证的个体意义,而是一系列文本的社会意义、它们在实践中被挪用和被使用的方式。某一特定语境中的消费者所面对的始终是决定性生产条件之结果,即作为物质存在的商品,而面对商品的消费者同样总是在某一特定语境中挪用商品为文化、"在使用中生产"外在于商品的物质性的种种意义。[1] 从政治上讲,葛兰西式文化消费研究可以帮助文化研究有效地规避其间的形形色色的"悲观精英主义"。从语境还原的角度来看,利维斯主义、法兰克福学派、多数版本的结构主义、经典马克思主义无不是激进文化政治形式,但它们的能动性被结构淹没、消费仅为生产的影子、受众谈判乃乌有之物等认知,注定了它们的悲观精英主义本质,所以它们对权力的抨击往往仅能止步于揭示他人为何始终为文化盲从者或"人世间的新式鸦片"的受害者。[2] 与悲观精英主义不同的是,葛兰西式文化研究拒绝承认文化产品的消费者为"文化盲从者"或上当受骗者,尽管它同时承认文化产业是生产支配性意识形态的主要场域之一。更加具体地讲,葛兰西式文化研究基于文化并非现成"消费品",而是各种消费实践的产物这一认知,在承认资本及生产的权威、创作结构的操控力量的同时,主张文化消费有其自身的积极复杂性及受情景制约的能动性。一方面,文化生产是复杂而矛盾的,无法用决定、占有、操控、虚假意识等简单概念来进行解释;另一方面,意义并非不可更改,而是始终为暂时性的,始终依赖语境。

此间必须指出的是,葛兰西式文化研究所谓的"在使用中生产"并非意味着文化消费始终具有授权性、抵制性。否认文化消费的被动性并非是否认文化消费的偶尔被动;否认文化产品的消费者为文化盲从者并非是否认文化产业的操控意图。葛兰西式文化研究所要否认的,是资本主义社会日常生活是一幅堕落的商业和意识形态操控景观,或者说是资本主义社会的

---

[1] 约翰·斯道雷:《英国的文化研究》,王晓路译,《文化研究》第7辑,广西师范大学出版社,第222页。

[2] Stuart Hall (1981) "Notes on Deconstructing 'The Popular'", in Raphael Samuel (ed.) *People's History and Socialist Theory*, London: Routledge and Kegan Paul, pp.227—40.

文化产品旨在牟取利润和取得社会控制。葛兰西式文化研究坚持认为,生产与消费间的关系并不能靠精英主义的一瞥或高人一筹的嘲笑一劳永逸地决定;解读文化产品的意义、愉悦、意识形态效果并不能依赖于生产的时刻,而是文化消费的"在使用中生产"。因此,尽管英国文化研究转向文化消费被一些批评家视为了英国文化研究陷入范式危机的标志,但不难发现,源自葛兰西霸权理论的文化消费转向已然为理解生产("结构")与消费("能动性")的关系、"抵制"与"融合"的关系提供了新的手段与路径:既不能仅仅赞美能动性,也不能满足于细说权力结构;能动性和结构之间、生产和文化消费之间的关系是辩证的。所以,"霸权这个极具生产力的隐喻"在英国文化研究中并未像葛兰西的最初设计那样发挥作用,①即被用于从阶级角度解释和探究权力关系,而是被不断扩展和重新阐述,被运用到了对性别、种族、意义和愉悦等维度的考察之中。比如约翰·克拉克(John Clarke)等人的性别研究便是在葛兰西霸权理论的指导之下进行的:

> 男人和女人既……被建构,又通过社会、文化和历史建构自己。因此,现有文化模式建构起一个各群体可以占据、改变和发展的历史存储器——一个预先构制的"可能性之场"。每个群体都利用其初始条件进行生产——文化通过这种'生产'和通过这种实践,得以被再生产**和被传播**。②

玛丽·吉莱斯皮(Marie Gillespie)同样是葛兰西霸权理论的拥趸。吉莱斯皮在分析青年印巴裔伦敦人(Punjabi Londoner)的"再创造性消费"的时候,对媒体消费和移民、流散社区之间的关系做出了颇具葛兰西意味的解释:印巴裔伦敦人"被媒体所传播的形象和意义塑造,但同时又重新塑造媒体所传播的形象和意义"。③

## 第四节 走向接合理论

葛兰西转向的发生不仅让伯明翰学派文化研究获得了"霸权"这一新

---

① Stuart Hall([1993]1999) "Cultural Studies and Its Theoretical Legacies", in Simon During(ed.) *The Cultural Studies Reader*, London and New York: Routledge, p.102.

② John Clarke et al. (1976) "Subculture, Cultures, and Classes", in Stuart Hall and Tony Jefferson(eds.) *Resistance through Rituals*, London: Hutchinson, p.11.

③ Marie Gillespie (1995) *Television, Ethnicity, and Cultural Change*, London: Routledge, pp.2—3.

的理论资源,而且刺激并促成了霍尔对"接合"(articulation)概念的形塑。[1]受葛兰西的启发,为源自范式转型的"理论谜题"所困的霍尔采取了重新理论化还原论过程这一"绕道"策略,于其间发现了曾经被还原论遮蔽,现在急需填补的理论空间。"1970年代与1980年代初,文化理论家的工作,尤其是斯图亚特·霍尔的工作,通过关注还原论概念令其费解之物打开了那个空间。好像出现了一个理论空白,一个勉力被填补的空间。"[2]霍尔不但为此设计了"生产模型"(productive matrix)、"关系组合"(combination of relation)等概念,而且至关重要的是,在葛兰西转向中发现了拉克劳,引导伯明翰当代文化研究中心走向了接合理论。接合概念古已有之,"柏拉图的洞穴之喻在历史上第一次包含了接合理论",[3]但它并未成为文化研究奠基人威廉斯的"关键词"之一。文化主义流行于伯明翰当代文化研究中心的时候,接合一词仅仅是"一个避免还原论的符号",何为接合、接合如何运作等问题并未得到文化理论家的严格理论化。首先把接合作为一个概念进行理论化的,是著名后马克思主义者拉克劳,虽然马克思、葛兰西、阿尔都塞等思想家都曾对其有过开掘。比如,马克思在论述生产方式时,曾经使用过"结合"、"总和"等概念:

> 生产关系总合起来就构成为所谓社会关系,构成为所谓社会,并且是构成为一个处于一定历史发展阶段上的社会,具有独特的特征的社会。古代社会、封建社会和资产阶级社会都是这样的生产关系的总和,而其中每一个生产关系的总和同时又标志着人类历史发展中的一个特

---

[1] 受发轫性的《后现代主义与接合理论:斯图亚特·霍尔访谈录》(饶芃子主编:《思想文综》第4辑,暨南大学出版社,1999年,第204—231页)一文的影响,中国的文化研究学者通常把"articulation"译为"接合",但鉴于斯图亚特·霍尔对该词的理解与阐释,尤其是他使用该词的语境,我更倾向于将该词译为"耦合",以突出其未完成性、偶然性、暂时性等特性。参见Stuart Hall([1996]2003) "On Postmodernism and articulation: An Interview with Stuart Hall", in David Morley and Kuan-Hsing Chen (eds.) *Stuart Hall: Critical Dialogues in Cultural Studies*, London and New York: Routledge, pp.131—150; Stuart Hall (1985) "The Rediscovery of Ideology: the Return of the Repressed in Media Studies", in Veronica Beechey and James Donald (eds.) *Subjectivity and Social Relations*, Milton Keynes: Open University Press, pp.23—55。

[2] Jennifer Daryl Slack ([1996]2003) "The Theory and Method of Articulation in Cultural Studies", in David Morley and Kuan-Hsing Chen (eds.) *Stuart Hall: Critical Dialogues in Cultural Studies*, London and New York: Routledge, p.117.

[3] Ernesto Laclau(1977) *Politics and Ideology in Marxist Theory*, London: NLB, p.7

殊阶段。①

拉克劳在 1977 年出版的《马克思主义理论中的政治与意识形态》中指出,还原论,尤其是阶级还原论,已然同时在理论与政治上失效,无力解释阶级话语中的实际变化;发展一种能够代替还原论的理论已然成为一种必须:

> 如今,欧洲工人阶级影响日盛,并且在他们注定要将其斗争越来越构想为对中间阶层的意识形态与政治霸权的争夺之际,对马克思主义而言,发展出一种消除阶级还原论的最后残迹的意识形态实践的严格理论,比以往任何时候都更有必要。②

在批判性地吸收尼科斯·普兰查斯的意识形态理论、有效地挪用阿尔都塞的询唤理论的基础上,拉克劳提出了自己的接合系谱学:接合概念深植于欧洲哲学传统,但需要重构,一如他对柏拉图洞穴隐喻的解读:"常识话语,即意见(doxa)呈现为一个误导性接合的体系,概念于其间似乎并非由内在逻辑关系所联系(link),而是仅仅被习俗与意见已然在它们之间确立的内涵的(connotative)或引发共鸣的(evocative)联系绑在一起。"③接合即是"概念之间的联系"。④ 洞穴隐喻意在"解接合"(disarticulate)(误导性的)联系,"再接合"(re-articulate)它们真实的(必然的)联系,即是说,摆脱意见走向知识的过程即是切断原有的接合重建真正接合的过程;从"解接合"到"再接合"的双重运动联系着西方哲学的理性主义范式。作为一种"重构",拉克劳把这一范式修订如下:

> 第一,并不是每一个概念都与其他概念有必然性联系,仅仅从一种关系出发构建一个体系的总体性是不可能的……第二,在不同的概念结构间不可能建立必然的关系,而只能构造出接合的可能性条件。第三,因此,任何对具体的接近都以更复杂的概念接合为前提条件,而不仅仅是对简单的概念全体逻辑特性的揭示。⑤

所以,对任何具体情势或现象的分析都必须探究复杂的、多重的、理论上抽象的非必然性联系;一如拉克劳对支配阶级的霸权行使过程的分析所

---

① 中共中央马克思、恩格斯、列宁、斯大林著作编译局:《马克思恩格斯选集》第 1 卷,人民出版社,1972 年,第 363 页。
② Ernesto Laclau(1977) *Politics and Ideology in Marxist Theory*, London: NLB, p. 142.
③ Ibid., p.7.
④ Ibid.
⑤ Ibid., p.10.

证明的,获得支配地位的阶级总能将非阶级矛盾的话语接合进自己的话语,因而总能吸纳从属阶级的话语内容。即是说,虽然没有任何话语有着一种本质性的阶级内涵,但话语中的意义总是在内涵上联系着不同的阶级利益与特征。就1970年代的英国工人阶级而言,其内涵可以由革命性的反抗、对剥削阶级的仇恨组成,但也可能接合进对资产阶级生活方式的享受与革命热情的消退。①

不难发现,拉克劳的接合概念体现的是一种非还原论或本质论的阶级观,对实践与意识形态元素之非必然对应关系的主张,对作为冲突性意识形态结构的常识的批评,以及对霸权乃一种话语接合过程的坚持。② 正因如此,虽然拉克劳对接合概念的使用多少有些实验性,"意识形态要素的阶级决定,作为诸要素的复合的具体的意识形态,通过意识形态的阶级因素的收编(incorporation)或接合而导致的意识形态的变形——这一探讨方法有何值得批评之处呢?"③拉克劳成为了霍尔形塑接合理论时的首选资源。

> 一如我对它的使用,接合理论是由恩斯特·拉克劳在其著作《马克思主义理论中的政治与意识形态》中提出来的。其间的他的观点是,意识形态要素的政治内涵并无必然的归属性,因此,我们有必要思考不同实践之间——意识形态与社会力量之间、意识形态的不同要素之间、构成一次社会运动的不同社会团体之间,等等——偶然的、非必然的连接。他用接合概念来与夹杂在经典马克思主义意识形态理论之中的必然论和还原论逻辑决裂。④

"意识形态要素的政治内涵并无必然的归属性"这一观点所暗示的,是意识形态要素并非一定具有阶级属性,其中的一些要素是非阶级的或中性的;意识形态的同一性并非是由主体在生产关系中的结构性位置所给定的,而是取决于意识形态各要素的连接方式——接合。即是说,意识形态的阶级性并非是预先给定的,而是为意识形态要素的接合所建构的;接合在打造

---

① Ernesto Laclau(1977) *Politics and Ideology in Marxist Theory*, London: NLB, p.161.
② Jennifer Daryl Slack ([1996]2003) "The Theory and Method of Articulation in Cultural Studies", in David Morley and Kuan-Hsing Chen (eds.) *Stuart Hall: Critical Dialogues in Cultural Studies*, London and New York: Routledge, p.120.
③ Ernesto Laclau (1977) *Politics and Ideology in Marxist Theory*, London: NLB, p.97.
④ Stuart Hall ([1996]2003) "On postmodernism and articulation: An interview with Stuart Hall", in David Morley and Kuan-Hsing Chen (eds.) *Stuart Hall: Critical Dialogues in Cultural Studies*, London and New York: Routledge, p.142.

由多种要素组成的意识形态同一性的同时,赋予意识形态"自治"。这无疑是拉克劳对马克思主义还原论的一种颠覆,而霍尔正是从这里受到了启发,一如他在讨论意识形态与社会力量之间的关系时所言:

> 它【意识形态】不可能是一种历史或政治力量被简单地还原为一个一致的阶级……事实上,唯有通过作为一致化的意识形态之内的集体主题的型构,它才成为一种一致的力量。直到它开始拥有某种解释一种共享的集体情势的概念形式(form of intelligibility),它才变为一个阶级或一种一致的社会力量。即使到这时,决定其地位与同一性的东西也绝非我们可以还原为我们过去常常用经济意义上的阶级所意指的术语。①

然而,霍尔对拉克劳的有关观点也不乏拒绝,一如他在谈到拉克劳与尚塔尔·墨菲(Chantal Mouffe)合著的《领导权与社会主义的策略:走向激进民主政治》时所言:

> 我依然偏爱《马克思主义理论中的政治与意识形态》。……当时他[拉克劳]正在艰难地摆脱还原论,开始以话语模式重新概念化马克思主义的范畴。但在新作中,元素之间为什么可以或者不可以潜在地接合的理由并不存在。很显然,还原论批判已然导致社会乃一个完全开放的话语场域这一概念。②

霍尔"依然偏爱"《领导权与社会主义的策略:走向激进民主政治》,是因为其间的拉克劳从对结构主义马克思主义的意识形态批评滑向了单纯的话语境地:全书"集中在那些乍一看来是被赋予特权的许多危机方面凝聚点的话语范畴上,以及在多样折射的各个层面上解释可能的历史意义。所有话语折衷主义和摇摆从一开始就被排除了",而且坚持"在这一讨论的环境之中,我们把任何建立要素之间关系的实践称之为连接[接合],那些要素的同一性被规定为连接实践的结果。来自连接实践的结构化总体,我们称之为话语"。③ 在霍尔看来,按照"实践皆话语"的逻辑,难免会出现"将**所**

---

① Stuart Hall([1996]2003)"On postmodernism and articulation: An interview with Stuart Hall", in David Morley and Kuan-Hsing Chen(eds.) *Stuart Hall: Critical Dialogues in Cultural Studies*, London and New York: Routledge, p.144.

② Ibid., p.146.

③ 恩斯特·拉克劳、查塔尔·墨菲:《领导权与社会主义的策略——走向激进民主政治》,尹树广、鉴传金译,黑龙江人民出版社,2003年,第2页、第114页。

有实践概念化为仅仅是话语而已,将所有历史行动者概念化为话语建构的主体性,大谈位置性却绝口不提社会实际位置,仅仅看到具体个体被询唤到不同主体位置性的方式"。① 在这里,霍尔看到了自己和拉克劳与墨菲之间的分歧:他们认为"世界、社会实践是语言,而我想说社会**像**语言一样运作。虽然语言之喻是重新思考很多基本问题的最佳方式,但存在着一种从承认其效用与力量到认为它实际如此的滑动",并且直言不讳地对他们提出了批评:

> 从逻辑上讲,一旦你已然开启门扉,穿过它去看看世界的另一面是什么模样便是合情合理的。但在我看来,这经常变为它自己版本的还原论。我想说,彻底的话语立场是一种向上的还原论,而不是像经济主义那样是向下的还原论。情况似乎是,在反对一种幼稚的唯物主义的过程中,$X$ 像 $Y$ 一样运作的比喻被化约为了 $X = Y$。②

当然,就对"实践皆话语"的批评而言,拉克劳与墨菲并非霍尔仅有的批评对象;阿尔都塞同样遭遇了他一针见血的批评。讨论意义、表征与实践的关系时,霍尔虽然承认一切实践及其意义密切联系着其表征与话语,但拒绝把一切实践还原或化约为话语:

> 不能得出这样的结论:因为一切实践都带有意识形态的痕迹,或者被意识形态铭写,一切实践便仅仅是意识形态。那些以制造意识形态表征为主要目标的实践是有特殊性的。它们有别于那些……制造其他商品的实践。从事媒体工作的那些人在生产、再生产与改变意识形态表征领域本身。就与一般意识形态的关系而言,他们有别于生产、再生产物质商品世界的那些人,然而,物质商品同样被意识形态铭写。③

在他对还原论、"实践皆话语"等观点的批评中,在他对实践特殊性的强调中,霍尔开始了其接合理论形塑工作。在发表于 1980 年的《支配结构中的种族、接合与社会》一文中,霍尔第一次对作为一个概念的接合做出了阐释:

---

① Stuart Hall([1996]2003)"On postmodernism and articulation: An interview with Stuart Hall", in David Morley and Kuan-Hsing Chen (eds.) *Stuart Hall: Critical Dialogues in Cultural Studies*, London and New York: Routledge, p.146.

② Ibid.

③ Stuart Hall (1985) "Signification, representation, ideology: Althusser and the post-structuralist debates", *Critical Studies in Mass Communication*, vol. 2, no. 2, pp.103—4.

这种联合或接合所形成的同一性始终、必然是一个"复杂的结构":一个万物于其间一如通过相似性那样通过差异性,彼此相关的结构。这就要求连接不同特征的机制显现出来——因为没有"必然的对应"或者表达上的类似可以被视为"给定的"。这也意味着因为联合是一种结构(一个接合的联合),而并非是一种随意的组合(association,又译串联),它的各部分之间存在着被结构的关系,即支配与从属的关系。因此,借用阿尔都塞的模棱两可的术语来讲,一个"复杂的统一体,支配结构"①

霍尔在此间对接合概念的阐释标志着他的接合理论的萌芽,仅仅指出了接合理论的部分内涵;②他对接合概念的系统理论化与阐释主要发生在数年后。在发表于1985年的《意指、表征、意识形态:阿尔都塞与后结构主义论争》一文中,霍尔指出:

我用"接合"一词来表示一种连接或者联系,它在任何情况下都未必是给定的,……而是要求出现在特定存在情势之中。它必须通过特定过程积极地维系,也并非是"永恒的",而是必须被不断更新;它在某些环境下可能消失或被瓦解,导致旧的联系被消解、新的联系——再接合——被打造。同样重要的是,不同实践之间的接合并非意味着它们会变得相同或一种实践消解到另一种之中。每一种实践都保持其独特的限定因素与存在条件。然而,接合一旦形成,两种实践就会共同作用,并非是作为一种"即刻的认同"……而是作为"同一性中的区隔"。③

很显然,霍尔已然提升了对接合概念的理论化程度,但他对之最详尽的阐释,却见诸劳伦斯·格罗斯伯格等人在这一年晚些时候对他的访谈:

在英国,这一术语具有微妙的双重意义,因为"articulate"表示发出声音、说出来、发音清晰等。它带有用语言表达、表达等意味。但我们也说"铰接式"卡车(货车):一种前体(驾驶室)和后体(拖车)可以但不一定必须彼此连接的卡车。两个部分相互连接,但要借助一个可以

---

① Stuart Hall (1980) "Race, Articulation and Societies Structured in Dominance", *Sociological Theories: Race and Colonialism*, Paris: UNESCO, p. 325.
② 邹威华:《斯图亚特·霍尔的"接合理论"研究》,《当代外国文学》,2012年第1期,第44页。
③ Stuart Hall (1985) "Signification, representation, ideology: Althusser and the post-structuralist debates", *Critical Studies in Mass Communication*, vol. 2, no. 2, pp.113—4.

断开的特殊环扣。因此,接合是一种连接形式,它**可以**在一定条件下让两个不同的元素统一起来。环扣并非总是必然的、确定的、绝对的和必需的。你不得不追问,在什么情势下**可以**打造或产生出一种关联?因此,一种话语的所谓"同一性"实际上是不同的、独特的元素接合,这些元素可以通过不同的方式重新接合,因为它们丝毫没有必然的"归属性"。至关重要的"同一性"是被接合的话语与社会力量之间的一种环扣,它在一定历史条件下可以但不一定必须借助被接合的话语与社会力量连接起来。因此,接合理论既是理解意识形态元素何以在一定情势下逐渐连接在某一话语之内的方式,也是追问它们何以在某一关键时刻(conjuncture)与特定政治主体接合或不接合的方式。①

此间的霍尔不但向我们阐释了接合概念的丰富内涵,比如接合、解接合、再接合、环扣、意识形态、要素、一定条件、遇合、差异性、同一性,等等,而且以接合—解接合—再接合的动态发展视角,让我们看到了接合的非必然性、非持久性、暂时性、动态性、未完成性等特征,从根本上摆脱了经济还原论与阶级还原论,促成了接合概念的理论地位。当然,霍尔形塑接合理论的成功并非仅仅源自于伯明翰学派文化研究的意识形态传统、对还原论与本质论的持续批评,同时也联系着霍尔对"关键时刻"的把握。霍尔勉力建构或形塑接合理论可谓是一种现实的需要,关乎铁娘子撒切尔夫人当政以降已然发生结构性变化的英国社会文化现实对理论阐释的渴求。撒切尔夫人的英国福利制度改革显然损害了工人阶级的利益,但为何却赢得了后者的认同与支持?霍尔发现,撒切尔夫人成功的秘诀在于一种独特形式的领导权——"威权平民主义"(authoritarian populism),它强调"对一种基于法律、秩序和家庭价值的新的平民道德的需求",并且"通过将受欢迎的资本主义制度的动力界定为包含所有人,它也变成了一种道德力量"。② 撒切尔夫人时常与工人阶级一起抱怨官僚政府,不断重复资本主义制度不仅为富人服务,而且也为普通人服务,即普通人同样能够成为股东与投资人。但一如其

---

① Stuart Hall([1996]2003)"On postmodernism and articulation:An interview with Stuart Hall", in David Morley and Kuan-Hsing Chen(eds.)*Stuart Hall:Critical Dialogues in Cultural Studies*, London and New York:Routledge, pp.141—2. 关于"conjuncture"的翻译,参见劳伦斯·格罗斯伯格、刘康:《关键时刻的语境大串联——关于文化研究的对话》,《南京大学学报》,2007年第3期,第75—81页。

② Angela McRobbie(2009)*The Uses of Cultural Studies*, Beijing:Peking University Press, p.24.

以下修辞所证明的,"在公司里不要跟我谈什么'他们'和'我们'"、"大家在公司里都是'我们'。你活下去就是公司活下去,你成功就是公司成功——大家齐心。未来在于合作而不是对抗",①在与左派的斗争中,撒切尔夫人仅仅旨在借助赢得大众的认同重建政权。通过这样的一种威权平民主义实践,"其中平民被威权化即综合和超越,而威权被平民化即被普遍化、道德化、常识化和自然化",威权平民主义便成为了葛兰西意义上的霸权性意识形态的实践,抑或威廉斯意义上的日常生活,不再关乎经济的枯荣。②

面对撒切尔主义的胜利、右翼势力的复兴、广泛的保守政策的回归、结构主义马克思主义的衰退、声誉日隆的后结构主义与后现代主义对宏大叙事的颠覆,尤其是英国左派知识分子对社会主义的性质、目标、纲领、策略等的质疑,霍尔主张左派从撒切尔主义的胜利中吸取经验,放弃过时的还原论、本质论。为此,霍尔首先借用接合概念修正了马克思主义思想:"第一,意识形态不是专属于或天然地联系于某一特定的社会阶级。第二……意识形态计划……可以发挥出更大的社会影响力,它可以改变社会……第三,这种改变的发生并不必然地受制于或紧密地相关于经济力量",③继而通过"解接合"撒切尔夫人喜欢的一些概念,"再接合"了作为一个概念的撒切尔主义(Thatcherism)。

同时,我们还须知道,在霍尔建构接合理论的过程中,俄罗斯理论家沃洛希诺夫亦可谓至关重要的理论资源,尤其是他针对同源论(homology theory)提出的"阶级并不与符号社区相一致"、"符号是阶级斗争的战场"等观念。④ 一方面,"一些意指结构比另一些意指结构更为容易地与某一团体的利益相连接";另一方面,"当两个或者多个相异的元素被用于暗示、象征或召唤彼此的时候",它们可以建立起"非常牢固的接合关系"。⑤ 一如猫王埃尔维斯·普雷斯利(Elvis Presley)的音乐所证明的,青少年的反叛、工人阶

---

① Stuart Hall (1988) *The Hard Road to Renewal: Thatcherism and the Crisis of the Left*, London and New York: Verso, p.49.

② 金惠敏:《霍尔的文章,麦克罗比的眼睛——霍尔文化研究三大主题的评议》,《江西社会科学》,2006年第8期,第233页。

③ Angela McRobbie (2009) *The Uses of Cultural Studies*, Beijing: Peking University Press, p.26.

④ Valentin Volosinov (1973) *Marxism and the Philosophy of Language*, New York: Seminar Press, p.23.

⑤ Ibid., pp.9—10.

级的质朴、族裔之根等元素被接合在一起,彼此召唤。与此相联系的是沃洛希诺夫的"复调"、"多声部"等概念。一方面,文化文本可能发出的不同"腔调"注定了文化文本的意义始终为社会产品;另一方面,同一文化文本的可以被归附上迥然不同的意义决定了文化文本的意义始终为斗争和谈判之场域。所以,文化领域充满了为特定意识形态和特定社会利益而接合、解接合和再接合文化文本的斗争;文化文本并非意义之源,而是可以为了特定的、也许是对抗性的社会利益,在特定语境下生产出各种各样意义的场域。借用霍尔的话准确地讲:

> 大众文化是这场支持和反对支配者文化的斗争进行于其间的场域之一……它是认同与抵制的竞技场。它在一定程度上是霸权出现的地方,以及霸权被获得的地方。它并非社会主义,一种社会主义文化……可以被简单地"表达"的场域。但它是社会主义可以被建构的场域之一。这就是为什么"大众文化"重要的原因。①

"接合是一种连接形式,它**可以**在一定条件下让两个不同的元素统一起来";从这里我们可以看出,首先,接合理论旨在建立差异中的同一性,"接合即在差异性中产生同一性,在碎片中产生统一,在实践中产生结构。接合将这个实践与那个效果联系起来,将这个文本与那个意义联系起来,将这个经验与那些政治联系起来。而这些关联本身则被接合为更大的结构"。② 其次,作为接合理论关键词的,是差异、同一性、接合、解接合、再接合、必然性、一定条件等,而它们所暗示的是接合的未完成状态,以及接合理论的理论化的未完成状态,从而决定了接合理论必然以反本质主义、摒弃还原论和决定论为特征。所以,詹妮弗·达里尔·斯莱克(Jennifer Daryl Slack)认为,霍尔对接合理论有如下贡献:

> 第一,他拒绝阶级、生产方式、结构还原论的诱惑,以及拒绝文化主义把文化还原为"经验"的倾向。第二,他提升将话语与其他社会力量相接合的重要性,"悬崖勒马",没有把一切都变为话语。第三,霍尔的致力于接合的策略性特征凸显了文化研究的介入主义承诺。第四,霍

---

① Stuart Hall (1981) "Notes on Deconstructing 'the Popular'", in Raphael Samuel (ed.) *People's History and Social Theory*, London: Routledge and Kegan Paul, p.239.

② Lawrence Grossberg (1992) *We Gotta Get out of This Place: Popular Conservatism and Postmodern Culture*, New York and London: Routledge, p.54.

尔对接合的讨论是最为持久、最易操作的。①

接合的各个要素内部及其之间呈现出接合与被接合的双重动态的辩证关系,即接合—解接合—再接合的过程体现出一种动态、流动的关系,所以,任何要素的接合都是暂时的、松散的,并没有固定或必然的本质。一如葛兰西的霸权与反霸权,一切都在运动中,在历史中接合、发展、变异。"接合因此并非仅仅是一种结果(并非仅仅是一种连结),而是一个创造连结的过程,在很大程度上一如霸权并非支配,而是创造与维持认同或者协调利益的过程。"②但是,接合的非必然性并非意味着接合是任意的,而是需要"一定条件",一方面是接合者的意图,另一方面是历史条件;在任何情况下,即便是非必然的接合,也都需要一定条件,否则接合就会像霍尔坚决反对的那样,趋向任意的、漫无目的的流动。

我并不认为任何东西都可以与其他的任何东西相接合;正是在这个意义上,我在有时被称作"完全话语的"立场前突然停止。所有话语都有"存在的条件",虽然这些条件不可能固定或者确保特定的结果,但它们可能限定或者限制接合过程本身。历史型构由先前的但强有力地被打造的接合构成,不可能被某一抽象的历史法则确保处于恰当的位置,但它们是非常抵制变化的,并且确实确立了趋向与边界之线,这些趋向与边界之线给予政治与意识形态场域一种型构的"开放结构",而不是简单地滑入一种无休止的、无尽头的多元性之中。③

霍尔对"存在的条件"的强调意在反对拉克劳与墨菲的激进或极端话语理论,即把一切条件还原为话语条件,否定社会主体的实践能动性。这一点得到了格罗斯伯格的呼应与支持:"接合可以被理解为一种更为活跃的关于决定概念的认识……接合总是复杂的:不仅是原因有效果,而且效果自身也影响原因,二者本身由大量别的关系所决定。接合从来不是单纯和单一的,它们不能抽离于相互连接的语境。"④所以,毋庸置疑,接合理论既是

---

① Jennifer Daryl Slack([1996]2003)"The theory and method of articulation in cultural studies", in David Morley and Kuan-Hsing Chen (eds.) *Stuart Hall: Critical Dialogues in Cultural Studies*, London and New York: Routledge, p.121.

② Ibid., p.114.

③ Stuart Hall (1988) *The Hard Road to Renewal: Thatcherism and the Crisis of the Left*, London and New York: Verso, p.10.

④ Lawrence Grossberg (1992) *We Gotta Get out of This Place: Popular Conservatism and Postmodern Culture*, New York and London: Routledge, p.56.

霍尔对西方马克思主义或后马克思主义新发展的贡献，更是对伯明翰学派文化研究的贡献，代表了新葛兰西派文化研究的一种理论联系实际的努力。更加具体地讲，接合理论模糊了进步的大众文化与反动的大众文化之间的区隔，表征的是霍尔等文化研究理论家在新的历史语境下的一种理性思考与选择，暗示的是伯明翰学派文化研究对大众文化的态度既不是阿多诺与利维斯主义者的"批判"，也不是本雅明和萨特的"利用"，而是一种与"俯视"无关的"理解"。① 或者一如托尼·本尼特所言，伯明翰当代文化研究中心用"理解"大众文化代替了原来的"声讨"（condemn）。② 如是，接合理论可以让人看到文化形式与实践——葛兰西意义上的上层建筑——的相对自主性；权力的社会—经济结构并不决定它们，而是与它们相联系。

> 接合理论认识到了文化领域的复杂性。它不但坚持文化与意识形态元素的相对自主性……而且强调那些被实实在在地建构的组合模式（combinatory pattern）确乎调和社会—经济结构中的深层次的、客观存在的模式，以及调和的开展于**斗争**之中：为了以特定方式接合文化领域的元素，以便它们的组织基于由某一阶级在现有生产方法中的地位和利益所决定的原则和价值体系，各阶级相互斗争。③

现实文化与阶级地位等经济决定因素之间的关系总是成问题的、不完整的，是意识形态运作与斗争的对象，"文化关系与文化变化并非是预先决定的；相反，它们是协商、强加、抵制、变化等的产物……因此，特定的文化形式与实践不能被机械地或者根据范式附加于特定阶级；对某一种形式与实践的阐释、评价与用途同样不能。"④借用霍尔的话来讲："这样的完全不相关的'文化'是不存在的，即它们在历史不变性的关系中，根据范式附加于特定的'所有'阶级"。⑤ 虽然文化诸元素并非直接地、永远地，或者唯一地联系

---

① 北京师范大学中文系教授赵勇认为，大致地讲，20世纪西方知识分子对大众文化采取了四种姿态：批判、利用、理解与欣赏。详见赵勇：《批判·利用·理解·欣赏——知识分子面对大众文化的四种姿态》，《探索与争鸣》，2011年第1期，第68—74页。

② Graeme Turner（[1990]2003）*British Cultural Studies: An Introduction*, London and New York: Routledge, p.47.

③ Richard Middleton（[1990]2000）*Studying Popular Music*, Philadelphia: Open University Press, p.9.

④ Ibid., p.8.

⑤ Stuart Hall（1981）"Notes on Deconstructing 'the Popular'", in Raphael Samuel（ed.）*People's History and Social Theory*, London: Routledge and Kegan Paul, p.238.

着阶级地位等特定经济决定因素,但它们是受这些因素最终决定的,通过直接联系着阶级地位的接合原则(articulating principle),要么将现有元素组合为新模式,要么赋予它们以新内涵。

显影以降,接合理论不断被大西洋两岸的文化研究学者挪用,服务于他们对身份认同、差异政治、族裔流散等问题的研究,而且屡试不爽。在伯明翰当代文化研究中心,引人注目的成果之一是前文已然论及的迪克·赫布迪格的《亚文化:风格的意义》。在大西洋的另一岸,耶鲁大学教授迈克尔·丹宁(Michael Denning)对19世纪美国廉价小说(dime novel)的分析也堪称接合理论的完美使用。① 丹宁指出,作为商业性的、批量生产的19世纪美国情感小说的通称,廉价小说旨在制造一种令人兴奋、无伤大雅的"屏障记忆"(screen memory),其内容主要关乎西部冒险、白手起家、学童趣事等。丹宁发现,廉价小说有三种版式:故事报(story paper)、廉价小说、廉价图书馆(cheap library);它们无论在历史还是内容上都有重叠,但确乎代表了19世纪廉价小说出版的三个不同时刻。通常情况下,很多故事首先在故事报上连载,然后作为廉价小说以单行本发行,最后在廉价图书馆上重印;尽管版式在不断发生变化,但读者、出版商及故事本身却具有连续性。从这个意义上讲,为这类故事贴上"廉价小说"的标签可谓是合情合理的,以示它与维多利亚中产阶级的高雅文学的区别。

据丹宁的考察,廉价小说的出现与流行直接联系着以蒸汽式滚筒印刷机为代表的出版技术的发展、由铁路和运河组成的交通运输网络的建设,以及工匠、技师等新阅读大众的出现,而廉价小说的消失则主要由于图书托拉斯的建立、廉价杂志的出现,以及国际版权协议的签订。在廉价小说由盛及衰的过程中,其最具代表性的故事逐渐从早期西部故事、拓荒者故事、印第安战斗故事等,演变抑或"堕落"为亡命徒故事、都市生活故事、侦探故事等。另外,廉价小说通常被视为男童和男人的图书,而定位于女性的罗曼司则鲜有读者。所以,尽管评价廉价小说在19世纪美国工人阶级文化中的地位和作用时,丹宁接受了廉价小说乃文化产业产品这一观点,但他并未因此认为其间仅有融合或抵制在发挥作用。相反,丹宁坚持认为,这类小说既非欺骗、操控的形式,也非反对和抵制支配性文化的表达,而是一个充满竞争与冲突的场域,其间的符号呈现出矛盾的伪装,发出不同甚至对立的腔调;

---

① Michael Denning (1987) *Mechanic Accents: Dime Novels and Working Class Culture in America*, London and New York: Verso.

一如支配性文化的符号可以用人民的腔调进行接合,工人阶级文化的符号也可以用多种手段进行放逐。

另一个著名例子是美国学者罗伯特·S. 汉斯佐(Robert S. Hanczor)对备受指责的电视节目《纽约重案组》(*NYPD Blue*)的考察。① 我们知道,每当公共利益问题经媒体曝光时,分析出现在认同赢得过程中的复杂的关系网络便成为一种必须。对此,传统做法是以议题设定、政治经济与修辞等为视角,但在考察1993年《纽约重案组》争议事件的过程中,汉斯佐选择作为理论基础的,却是霍尔的接合理论,以期发现参与争议的个人与团体之间的授权性关联,以及流行于其间的意识形态社会力量。基于对出现于该次争论之中的非必须的、冲突性的关系的观察,汉斯佐发现,貌似无关痛痒的小问题往往密切联系着更大的社会—政治运动,证实了接合理论不失为探究经过大众发酵的公共争议问题的性质的一种新视角。

以上的接合理论实践表明,接合是在一定条件下将两种或多种不同要素连接在一起的方式,体现为在差异化的要素中建构同一性的一种关联实践。接合是一种建构,既不是必然的,也不是绝对的,而是语境化的产物;它是各种"相异原素"在"关键时刻"相连接的某种方式,这种方式形成某种新的机制或连接后获得某种新的意义。在一些评论家看来,接合理论似乎有时候适合于事件,有时候适合于关于事件的话语,其原则到底是经验的还是逻辑的让人难以捉摸。② 但我们不难发现,作为一种实践策略,接合理论对文化与权力之间关系的解读具有独特而深刻的价值,尤其是在关于文化与政治、话语与传播、族裔散居与身份认同的解构与建构的解读实践中,体现了伯明翰学派文化研究在方法论上的连贯性。

> 接合概念或许是当代文化研究中最具生产力的概念之一。……接合已然获得了理论的地位,就像在"接合理论"中一样。从理论方面来讲,接合可以被理解为在描述一种社会形态的特征时为避免落入还原论和本质论的双重陷阱所采用的一种方式。……但是接合也可被视为文化分析中所使用的一种方法。一方面,接合为理解文化研究所探讨的问题提供一种方法论构架;另一方面,它为进行文化研究提供策略,

---

① Robert S. Hanczor (1997) "Articulation Theory and Public Controversy: Taking Sides over *NYPD Blue*", *Critical Studies in Mass Communication*, vol. 14, no. 1, pp. 1—30.

② Chris Rojek (1993) *Ways of Escape: Modern Transformations in Leisure and Travel*, London: Macmillan.

一种将分析对象"语境化"的方法。①

## 第五节　形塑文化唯物主义

同时作为一种理论和方法,接合理论引人注目地推进了伯明翰学派文化研究的理论建设和批评实践。但我们必须知道,在伯明翰学派文化研究内部,与霍尔等人建构与实践接合理论同等重要的,是威廉斯对文化唯物主义的形塑,实现了他从文化主义者到文化唯物主义者的转变。众所周知,威廉斯始终位居马克思主义理论家之列,但他并非正统马克思主义的信奉者和实践者。② 早在提出作为一个术语的"情感结构"时,威廉斯便开始了他对正统马克思主义的反拨。在他与迈克尔·奥罗姆(Michael Orrom)合著的《电影导论》中,威廉斯首次把"情感结构"用作了批评术语,以之意指对特定时间和地点的生活品质的活生生的体验,从而质疑与挑战 1930 年代和 1940 年代的英国马克思主义文学与文化分析的既有解释架构。

> 虽然我们在对过去时代的研究之中,可以离析出生活的方方面面,视它们彼此独立一般,但是很显然,这仅仅是它们可以被研究之式,而不是它们被经验之式。我们把每一个成分都作为沉积物进行考察,但是在活生生的当下经验中,每一个成分都是漂浮不定的,是一个复合整体的必不可少部分。从艺术的本质来看,似乎真实的是,艺术正是从这样的一种整体性中得到滋养;整体性的效果,支配性的情感结构首先被表达与根植于艺术之中。③

后来,情感结构"有些随意地"出现在《文化与社会》中,通过"界定某种类如经典的、消极意义上的意识形态的东西",④作为一个术语引起了学界

---

① Jennifer Daryl Slack([1996]2003)"The Theory and Method of Articulation in Cultural Studies", in David Morley and Kuan-Hsing Chen (eds.) *Stuart Hall*: *Critical Dialogues in Cultural Studies*, London and New York: Routledge, p.112.

② John Higgens (1999) *Raymond Williams*: *Literature, Marxism and Cultural Materialism*, London and New York: Routledge, p.100.

③ Raymond Williams and Michael Orrom (1954) *Preface to Film*, London: Film Drama Limited, p.21.

④ David Simpson (1995) "Raymond Williams: Feeling for Structures, Voicing 'History'", in C. Prendergast (ed.) *Cultural Materialism*: *Essays on Raymond Williams*, Minneapolis: University of Minnesota Press, p.42.

的广泛关注,但直到《漫长的革命》的出版,威廉斯才第一次对之进行"持续的叙述"。所以,《新左评论》曾从参照点的角度指出情感结构这一最具威廉斯特色的概念在使用上的困难,比如诟病它貌似关涉一代人,但其时间跨度却不时超越一代人;又如它在社会意识的表达中总是太过单一,仅仅承认作为一个术语的情感结构不失为《漫长的革命》中最值得注目的理论创新之一"。① 威廉斯在回应《新左评论》的批评时指出,尽管作为一个术语的情感结构的使用确有不足,但对情感结构的任何讨论都必须以他在 1954 年对该术语的使用与定义为起点。他不仅特别指出:"我第一次使用它的确是在《电影导论》中",而且坚持"这一概念的关键,包括它可以发挥的一切潜力与它尚未解决的一切困难的关键,在于它是被作为一种分析过程而提出来的,针对实实在在的书面作品,尤其强调形式与传统"。② 换言之,在威廉斯那里,情感结构的实用价值远远大于其理论价值:"时至今日,我发现我不断回到这一概念更多地是基于实实在在的文学分析经验,而不是基于联系着该概念的任何理论上的满足。"③作为一个术语的情感结构旨在实用,这是威廉斯反复强调的。

> 通过对一个时期的研究,我们能够或多或少地准确地重建物质生活、社会组织,以及在很大程度上重建支配性思想。此间无需讨论的是,在这个复合体中,这些面向中哪一个面向(如果存在这样一个面向)具有决定作用;像戏剧这样的重要设定(institution)很可能不同程度地仿效一切面向……虽然让一件艺术作品与任何部分的被观察到的整体性关联起来可能在不同程度上有益,但是在分析之中意识到下述情况则是一种普遍经验,即在人们比较该作品与可分离部分时,会发现一个成分缺少外部匹配物。依我看,这一成分就是我所谓的一个时期的情感结构;它唯有通过对作为一个整体的艺术作品本身的经验,方可为人所意识。④

上述引文最早出现在《电影导论》之中,后来被威廉斯重新挪用,以应

---

① Raymond Williams (1979) *Politics and Letters: Interviews with New Left Review*, London: NLB/Verso, p.156.
② Ibid., p.159.
③ Ibid.
④ Ibid., pp.158—159.

对《新左评论》对他及其情感结构的责难与误解。威廉斯在此间所强调的，是情感结构乃文本分析工作的产物，即"唯有通过对作为一个整体的艺术作品本身的经验，方可为人所意识"。① 表面上，此间的威廉斯似乎是在支持正统马克思主义的经济基础—上层建筑分析模式，至少在一定程度上是如此，但事实上，如果我们联系到威廉斯的过去，我们会发现事实并非如此。质疑、挑战马克思主义可谓是威廉斯的终身职业；在提倡视戏剧传统为社会意识形式的《戏剧表演》中，威廉斯公开地表明了他以情感结构代替马克思主义的经济基础—上层建筑的理由：

> 总体而言，似乎很清楚的是，任何特定时代的戏剧传统都在本质上与那个时代的情感结构相关。我使用情感结构这一短语，是因为在我看来，它在这一语境中比思想或者普通生活更为准确。我们现在通常认为，一个社会在某一特定时期的所有产品在本质上是密切相关的，虽然这在现实中并不总是容易看出来。②

在威廉斯指出情感结构比思想或者普通生活更为准确的时候，他实际上是在批评正统马克思主义的经济基础—上层建筑范式，因为众所周知，后者认为物质生活之中的生产方式决定社会、政治及精神生活的普遍特征。或者更加具体地讲，在传统马克思主义那里，任何一种戏剧或者文学传统都会在本质上与经济基础有关，而不会与威廉姆斯所谓的情感结构有关。情感结构之所以能够比思想或普通生活更为准确，是因为情感结构具有潜意识特征，一如威廉斯在《戏剧：从易卜生到布莱希特》中所指出的："它恰如'结构'一词所表明的，稳固、明确，虽然它根植于我们经验中最深层次和最难以捉摸的要素之中；它是向特定世界做出反应的一种方式，虽然人们对这个世界的感觉其实并非是有意识地进行的，而是通过经验来感觉的。"③威廉斯以20世纪初欧洲戏剧从自然主义向表现主义的突变为例，指出了情感结构与意识形态重大变迁之间的纠缠；在他看来，这一突变

> 标志着一系列体现特殊的情感结构的戏剧惯例，即一系列公认的感知和响应现实的方式的崩溃。自然主义戏剧以为资产阶级世界的日常生活是稳固的，而表现主义感到需要超越这个界限，揭穿它的欺骗

---

① John Higgens (1999) *Raymond Williams: Literature, Marxism and Cultural Materialism*, London and New York: Routledge, p.38.
② Raymond Williams (1954) *Drama in Performance*, London: Frederick Muller, p.21.
③ Raymond Williams (1971) *Drama from Ibsen to Brecht*, London: Chatto & Windus, p.18.

性,分解它的社会关系,通过象征和幻想,透视"正常状态"掩盖下的互相疏远的、自我分裂的人类灵魂。因而,俗套戏剧的转变意味着更为深刻的资产阶级意识形态的转变,正如维多利亚支气管以自我和关系的颇为自信的观念在日益临近的世界资本主义危机面前开始崩溃瓦解。①

类似地,在《文化与社会》中,威廉斯通过对19世纪英国工业小说的分析,揭示了中产阶级意识形态与小说家的生活经验之间的对立这一情感结构,他在分析结束时指出:"在其被作为一个整体进行阅读时,这些小说不但阐明了传统正在确立的对工业主义的惯常批评,而且阐明了具有同等决定力的普遍情感结构。对邪恶的认知受到了对介入的担心的平抑。同情没有被转化为行动,而是退避三舍。"②

威廉斯对马克思主义的反拨散见于他的诸多著述之中;其间的一个主要原因在于英国的马克思主义本身。由于经验主义与功利主义哲学在不列颠岛的盛行,英国既未能诞生出韦伯式总体性社会理论家,也难以接受总体性的社会理论,二战后的英国马克思主义者对欧陆的马克思主义新发展知之甚少。就威廉斯而言,文化主义阶段的威廉斯所接触的马克思主义主要是克里斯托弗·考德威尔式经济决定论马克思主义。正因如此,在第二代新左派将欧陆的马克思主义新发展译介到英国的时候,伊格尔顿向英国的马克思主义者发出了这样的警告:

> 目前,任何试图建立一门唯物主义美学的英国马克思主义者都要实事求是地认识到自己的缺陷。这不仅是因为这个领域涉及的问题众多,而且还因为,从英国背景入手介入这一领域简直就是自动取消了发言权。……它[英国]缺乏一种传统,是欧洲收容的房客,一位早慧的、但却是寄人篱下的外来者。③

英国知识分子盲视欧陆理论,在一定程度上也是由英语的特权地位所致。鉴于英语作为一种全球交流手段的战略重要性,英国知识分子很少处于全

---

① 特里·伊格尔顿:《马克思主义与文学批评》,文宝译,北京:人民文学出版社,1980年,第29—30页。
② Raymond Williams (1958) *Culture and Society 1780—1950*, London: Harper Torchbooks, p.109.
③ Terry Eagleton (1976) *Criticism and Ideology: A Study in Marxist Literary Theory*, London: NLB and Verso, p.77.

球智识发展的前沿或核心位置,他们的主要作用在于充当文化交流的全球性导管。"倘若英国是一个店主之国,那么它自己的知识分子便是新旧世界之间的被动商人。他们是'外国'思想,尤其是法国与德国思想的阐释者和供应者。各式各样的马克思主义就是这种外来影响的基本成分。"①作为结果,一如伊格尔顿所指出的,受考德威尔在《论垂死的文化》中提出的社会存在是无定形的、形式是限定的这一观点的影响,"本世纪30年代的英国马克思主义批评家常常陷入'庸俗马克思主义'的错误,即从文学中搜寻意识形态内容,并将这种内容直接联系到阶级斗争或经济。"②

正因如此,威廉斯曾一度放弃了自己在求学时代所信仰的马克思主义:"我始终反对基础—上层建筑定理,这主要不是因为它的方法论不足,而是因为它的僵化、抽象和呆板特征……我渐渐地视其基本为一个资产阶级的定理;更加具体地讲,实用主义思想的一种核心立场。"③威廉斯最终重拾马克思主义、致力于文化唯物主义的建构,与乔治·卢卡奇及其传人吕西安·戈德曼的介质作用不无关联,或者借用爱德华·萨义德的话来讲:"威廉斯认为戈德曼的来访使剑桥认识了理论,并且像受过欧陆传统训练的思想家那样理解和使用理论。"④威廉斯在《文学与社会学——纪念吕西安·戈德曼》一文中富于情感地指出,在"其作品深受我们欢迎与尊敬"的戈德曼访问剑桥大学期间与他的交流,⑤使自己更加深刻地感悟到了其时盛行于英国的"实用批评"的脆弱,认识到了英国人文学科中理论的匮乏。所以,尽管威廉斯并不完全赞同卢卡奇和戈德曼的社会总体理论,但他们作品中的"一种活性的、展开的马克思主义理论"依旧让威廉斯经受到了本雅明意义上的"惊颤体验",最终"像受过欧陆传统训练的思想家那样理解和使用理论"。其间的原因既有彼此的心灵相通——"我们二者深知这里的讽刺意

---

① Bryan S. Turner (1992) "Ideology and Utopia in the Formation of an Intelligentsia: Reflections on the English Cultural Conduit", in Mike Featherstone (ed.) *Cultural Theory and Cultural Change*, London: Sage, pp.183—184.

② 特里·伊格尔顿:《马克思主义与文学批评》,文宝译,人民文学出版社,1980年,第28页。

③ Raymond Williams ([1980]2005) *Culture and Materialism: Selected Essays*, London and New York: Verso, p.20.

④ Edward Said (1983) *The World, the Text and the Critic*, London and Boston: Faber and Faber, p.247.

⑤ Raymond Williams ([1980]2005) *Culture and Materialism: Selected Essays*, London and New York: Verso, p.11.

涵,英法两国之间短短的地理距离经常转化为巨大的文化距离,在细节层面上尤其如此",①更为重要的是威廉斯对戈德曼的"发生结构学"(genetic structuralism)的认同。戈德曼在《文学社会学方法论》中提出的"作品世界的结构与某些社会集团的精神结构是同构的"观点,②尤其是他在《隐蔽的上帝》中提出的世界观概念:"世界观并不是直接的经验材料,相反它是理解人的思想的直接表现中那必不可少的**概念的**工作方法。人们一旦超出某一作家的思想或作品范畴时,这种方法甚至在经验方面也表现出其重要性和现实性",③使威廉斯看到了分析社会精神结构与作品结构如何结合的方法论意义。一如戈德曼对帕斯卡尔、康德和拉辛的世界观考察所证明的:

> 如果说构成帕斯卡尔、康德和拉辛著作的梗概结构的大部分主要因素是类似的,并且尽管这些作家作为活生生的经验的个体彼此各有不同,那么我们就必然得出一个结论,即存在一种不再是纯个人的,并且通过他们的作品表现出来的现实。这就是世界观,从我刚才提到的作者的具体情况来说,这就是**悲剧观**。④

戈德曼认为,世界观是"使一个群体(往往是一个社会阶级)的成员聚合起来并使他们与其他诸群体相对抗的全部愿望、感情和思想";虽然各个群体的成员都会"或多或少地自觉和协调地实现阶级意识",但"能够在概念或想象力方面表现这种协调的是哲学家或作家,因为他们的作品更接近于世界观的协调,他们所表现的是社会群体的**最大可能限度的意识**,因此也就更为重要",所以,"凡是伟大的文学艺术作品都是世界观的表现。世界观是集体意识现象,而集体意识在思想家或诗人的意识中能达到概念或感觉上最清晰的高度"。⑤

在以悲剧观这一特定世界观作为方法考察拉辛等作家的作品时,戈德曼发现,作家的作品结构往往因"集体主体"(collective subjectivity)而异质同构于作家所属社会集团的世界观或精神结构。所以,文学作品并非是作家个人的创造,而是一个社会集团的"超越个人的精神结构"的创造,表征

---

① Raymond Williams([1980]2005) *Culture and Materialism: Selected Essays*, London and New York: Verso, p.11.
② 吕西安·戈德曼:《文学社会学方法论》,段毅、牛宏宝译,工人出版社,1989年,第182页。
③ 吕西安·戈德曼:《隐蔽的上帝》,蔡鸿滨译,百花文艺出版社,1998年,第18页。
④ 同上书,第19页。
⑤ 同上书,第21页、第23页。

作家所属集团共有的观念、价值、理想的结构。从这个意义上讲,一切文学作品都是社会集团世界观的产物:

> 伟大的作家恰恰是这样一种特殊的个人,他在某个方面,即文学(或绘画、观念艺术、音乐等)作品里,成果地创造了一个一致的,几乎严密一致的想象世界,其结构与集团整体所倾向的结构相适应,至于作品,它尤其是随着其结构远离或接近这种严密的一致而显得更为平凡或更为重要。①

对此伊格尔顿有着精到的评价:"戈德曼考察文学作品的结构,研究它在多大程度上体现作家所属的社会阶级或集团的思想结构(或'世界观')。作品越是表现这个社会阶级完整一贯的'世界观',它就越具有艺术的生命力。"②正是在这里,威廉斯找到了戈德曼的发生结构学与他自己的情感结构的关联,继而重新回到了马克思主义的阵营:

> 事实上,通常被提炼为世界观的东西无不是教条的总和,它们比大多数人所想象的更有组织、更加连贯。因此,我不能确信我在实践中总是能够将它与戈德曼在分析中引以为可能性意识(possible consciousness)的那类证据相区隔。另外,我认为二者也都经常与文学的真实结构及过程有一些距离。针对这种距离感,我提出了我自己的情感结构概念。③

当然,戈德曼不仅让威廉斯重新回到了马克思主义的阵营,而且更为重要的是,威廉斯因此发现并接受了葛兰西,成为了最富盛名的马克思主义文化理论家之一。1973年,威廉斯在《新左评论》上发表了著名的《马克思主义文化理论中的"基础与上层建筑"》一文,探讨马克思主义文化概念:

> 关于马克思主义文化理论的任何现代方法,都必须始于对起决定作用的基础与被决定的上层建筑这一命题的思考。事实上,从严格意义上的理论观点来看,这并非我们可以决定开始的地方。倘若我们能够始于一个原本同样重要、同样可信的命题,即社会存在决定社会意识

---

① 吕西安·戈德曼:《小说社会学方法论》,段毅、牛宏宝译,工人出版社,1989年,第230页。
② 特里·伊格尔顿:《马克思主义与文学批评》,文宝译,人民文学出版社,1980年,第36页。
③ Raymond Williams（[1980]2005）*Culture and Materialism: Selected Essays*, London and New York: Verso, p.24.

这一命题,情形就会在很多方面更好。这不是说两个命题必然相互否定或者彼此冲突。但是,基础与上层建筑这一命题因为其比喻的因素,以及它对确切的、固定的空间关系的暗示,至少在某些使用过程中构成了对另一命题的一种非常特殊的,有时候不能接受的改写。但是,在从马克思到马克思主义的演变过程中,在主流马克思主义本身的发展过程中,起决定作用的基础与被决定的上层建筑这一命题已然被普遍视为了马克思主义文化分析的关键。①

此间基于葛兰西对上层建筑的论述、霸权概念的讨论,为威廉斯奠定了文化唯物主义的基础:"文化物质主义不会强调文化的自主性或超越性,也不会将文化贬抑为经济与社会实践的附庸。具体而言……文化从来就不是真空的存在,可以抽离其他的社会实践。"②随着他对葛兰西的霸权概念的认识的加深,威廉斯后来在《马克思主义与文学》中全面归纳了作为一个表意系统的文化这一观念,即认识到了表意系统同时由被分享的意义及被争夺的意义所组成。他不仅于其间重申了在《漫长的革命》中对文化的三分,即作为一个综合体的文化是由支配性文化、残余文化和新兴文化组成,而且还强调了残余文化和新兴文化对支配文化的抵制和抗争作用。③ 威廉斯认为,任何新兴文化都需要新的形式或者更新旧有的形式,在支配文化面前,这些形式尚处于前新兴状态之间,有待于情感结构于其间的创新,因为

> 情感结构可以被定义为漂浮不定的社会经验,不同于已然沉淀、更为显在和即刻获得的其他社会语义型构。无论如何,并非所有艺术都关联于一种当下的情感结构。大多数当下艺术的有效型构都关联于已然显在的社会型构,即支配性的或者残余的型构。④

在1976年出版的《关键词:文化与社会的词汇》中,"霸权"成为了关键词之一;威廉斯在详细考察霸权的词源的同时,将其与世界观、意识形态进行比较,以便更加全面地理解情感结构。威廉斯认为,霸权与世界观的不同之处

---

① Raymond Williams (1973) "'Base and Superstructure' in Marxist Cultural Theory", *New Left Review*, no. 82, p.1.

② 李有成:《阶级、文化物质主义与文化研究》,载张汉良:《方法:文学的路》,台湾大学出版社,2002年,第17—43页;转引自刘建基:"译者导读",雷蒙·威廉斯:《关键词:文化与社会的词汇》,刘建基译,生活·读书·新知三联书店,2005年,第3页。

③ Raymond Williams (1977) *Marxism and Literature*, Oxford: Oxford University Press, p.122.

④ Ibid., pp.133—4.

在于它作为一种理解世界、自我及他人的方式,"不仅属于智能的层面,而且属于政治的层面,从制度、关系到意识皆是其涵盖的范围",而霸权与意识形态的不同之处则在于"它不但表达统治阶级的利益,而且它被那些实际臣属于统治阶级的人接受,视为'一般的事实'或是'常识'"。① 所以,在威廉斯看来,就对革命的理解而言,葛兰西的霸权概念显在地优于正统马克思主义的经济基础—上层建筑模式。

从这个意义上讲,威廉斯不但借助葛兰西的霸权理论完善和整合了他对正统马克思主义的批判和反拨,而且完成了他对文化唯物主义的建构:"研究作为(社会和物质)生产过程的文化的理论,研究作为物质生产手段(包括作为物质性'实践意识'的语言、特定的写作方法与写作形式,以及机械与电子传播系统)的社会使用的特定实践、'艺术'的理论。"② 在威廉斯自我定位中,他是一个历史唯物主义者而不是马克思主义者,③所以,他始终强调文化既是物质的也是象征的特定社会实践,主张文化本身也是一种社会实践,于是便有了貌似"充满诡异"的作为一个术语的文化唯物主义。④ 事实上,"文化"与"唯物主义"并非是一种单纯的外在形式的组合,而是一种内在的接合抑或耦合,凸显文化的物质实践性。明确地提出文化唯物主义的理论框架,这既是威廉斯对自己早期思想的总结和延续,也是他对马克思主义传统的进一步反拨和重构。一如他在《马克思主义与文学》的"导言"中所言:"我撰写此书的目的在于介绍这种不断发展的历程,并采取一种适应这些思想体系发展的方法,力求做到既廓清歧义又给出确切的定义。这就必然要回顾过去的(马克思主义和非马克思主义的)思想发展。"⑤

必须指出的是,像霍尔一样,威廉斯也从俄罗斯理论家沃洛希诺夫的《马克思主义与语言哲学》中受益良多,尤其是在他对语言符号二重性的论述之中——形式元素与意义是"实际言语过程之中和语言的持续发展之中的实实在在的社会发展过程的产物",因此,

---

① 雷蒙·威廉斯:《关键词:文化与社会的词汇》,刘建基译,生活·读书·新知三联书店,第 202—203 页。
② Raymond Williams([1980]2005) *Culture and Materialism: Selected Essay*, London and New York: Verso, p.243.
③ Raymond Williams (1989) *Resources of Hope*, London and New York: Verso, xx.
④ 马海良:《文化唯物主义》,载汪民安主编:《文化研究关键词》,江苏人民出版社,2007年,第 353 页。
⑤ Raymond Williams (1977) *Marxism and Literature*, Oxford: Oxford University Press, p.1.

> 我们发现的并非是某种具体化的"语言"和"社会",而是一种能动的社会语言。语言……也并非是对"物质现实"的简单"反映"或"表达"。相反,我们所获得的是通过语言对现实的把握,因为语言作为一种实践意识,在为包括生产活动在内的一切社会活动所浸透的同时,浸透包括生产活动在内的一切社会活动。因为把握是社会性的、持续的……所以它发生于能动的、不断变化的社会之中。语言所言说的……正是关于和服务于经验。或者更为直接地讲,语言就是这种能动的、不断变化的经验的耦合;在这个世界上的一种动态的、被耦合的社会在场(presence)。①

不难发现,威廉斯通过对结构主义语言观与沃洛希诺夫的意识形态符号观的接合,提出了自己的接合观,阐释了语言的社会实践意义,赋予了将文学和文化理解为物质性社会生产的可能性。威廉斯因此突破了传统的反映论或表现论的樊篱,看到了语言及表意实践是人类特有的存在方式,是人类对世界的一种建构方式。一如评论家对威廉斯的《关键词:文化与社会的词汇》的评论所暗示的:

> 本书不是一本辞典,也不是一份简单的词汇表,而是一种历史的语义学,作者关注的是这些词义的历史与复杂变化。……威廉斯所要强调的是,词义的变异和变化不是一个自发的自然过程,往往是不同社会利益集团之间斗争的结果,语言的社会运用乃是"各种转换、利益和控制关系表演的舞台",词语是各种社会力量交往互动的产物,不同倾向的社会声音在这里冲突和交流。因此,如果我们仔细研究词汇的意义及其用法的变化,我们就能很好地把握变化背后的隐含动机和意义形态意图,发现社会里的权力所在和权力分配机制,进而找到抵抗力的源泉。②

正因如此,威廉斯"几乎是单枪匹马地把文化研究从刚发现的比较粗糙的状态改造成异常丰富、资源雄厚的研究领域,因此不可逆转地改变了英国的思想和政治图景,使成千上万的学生、同行和读者长久地得到他的思想

---

① Raymond Williams (1977) *Marxism and Literature*, Oxford: Oxford University Press, pp. 37—8.
② 付德根:《词义的历史变异及深层原因——读雷蒙·威廉斯的〈关键词〉》,《文汇读书周报》,2005 年 5 月 6 日,第 9 版。

赐予"。① 或者换言之,威廉斯通过对正统马克思主义的反拨,尤其是对葛兰西霸权理论的挪用,成功地建构文化唯物主义,对包括萨义德在内的诸多理论家和思想家产生了显在影响。虽然萨义德对威廉斯的"英国文学主要是关于英国的"这一观点持保留态度,但他并未因此否认威廉斯是"一位伟大的批评家",尤其是威廉斯的"情感结构"对他的启发:"我尊重他的工作并从其中学习到很多东西。……文学时常表明,它以某种方式参与了欧洲在海外的扩张,因而制造出了威廉姆斯所说的'感觉的结构'。这个'感觉的结构'支持、表现和巩固了帝国的实践。"②在《文化与帝国主义》中,萨义德分析了狄更斯的" 部关于自我幻想的小说"——《远大前程》:

> 匹普想成为一名绅士,可他既不想努力奋斗,又缺乏成为绅士所必备的贵族经济来源。幼年时,他曾经帮助过一个被判了刑的囚犯。这个人名叫阿贝尔·马格维奇。马格维奇被流放到澳大利亚之后,馈赠了他年轻的恩人一大笔钱作为回报。由于负责此事的律师把这笔钱交给匹普的时候,并没有说明真相,匹普认为这笔钱来自一个老妇人哈维山小姐。后来,马格维奇非法潜回伦敦,却遭到了匹普的冷眼,因为马格维奇浑身上下透着罪犯的气息而令人不快。然而,最终,匹普还是向马格维奇和现实妥协了:他终于接受了正在被警方追捕、狼狈不堪而且已经病入膏肓的马格维奇,认他为义父,而不是什么可以被拒绝或摒弃的人。尽管马格维奇事实上是无法被接受的。因为他来自澳大利亚那个专门改造犯人的地方。那里的犯人是不能被遣返回国的。③

不难发现,萨义德在这里借用的是威廉斯通过分析工业小说揭示 19 世纪英国情感结构的方法,虽然他并未使用情感结构的字样。在萨义德看来,狄更斯为马格维奇安排的命运——在疾病中死去——俨然是遵循 1840 年代英国中产阶级的情感结构的结果,一方面,匹普必须感恩,另一方面,马格维奇必须停止留在英国:"不仅仅是惩罚,而且是帝国主义式的:臣民可以被送到澳大利亚那样的地方,但是他们不能回到宗主国空间来。就像狄更斯所有的小说中所证实的那样,那里已被宗主国的上层阶级所精心划定,归为己

---

① 特里·伊格尔顿:《历史中的政治、哲学、爱欲》,马海良译,中国社会科学出版社,1999年,第 266 页。
② 爱德华·W. 萨义德:《文化与帝国主义》,李琨译,生活·读书·新知三联书店,2003年,第 16 页。
③ 同上书,第 5—6 页。

有并占据了。"①

由于融通了法兰克福学派与阿尔都塞主义的对峙,文化唯物主义有效地推进了伯明翰学派文化研究对文化过程的动态性与复杂性的认知,引发了伯明翰学派文化研究的日益体制化和全球播散。当然,文化唯物主义在1980年代的兴起与流行,也在一定程度上表征了1980年代的社会与人文科学旨在超越传统学科界限、考察"整个文化实践领域"的爆炸式发展趋势,尤其是马克思主义于其间的核心地位。一如格罗斯伯格与纳尔逊在"重新思考马克思主义的危机"的《马克思主义与文化的阐释》的"引言"中所言,马克思主义可以非常理想地服务于人文与社会科学的发展,因为它

> 长期以来,至少一直在含蓄地参与消除这些领域之间的隔膜,让每一种需要都成为阐释活动的一个场域——通过政治化阐释与文化行为、通过考察文化生产的经济维度、通过激进历史化我们对表意实践的理解——从政治话语到艺术、从信仰到社会实践、从心理学话语到经济学话语——当然,也通过继续修正与拓展具有跨学科意涵的诸多理论。②

现在,作为马克思主义文化理论家的威廉斯已然拥有三代读者:1950年代的英国新左派一代、1960—1970年代的结构主义一代、1980—1990年代的第三代。③ 无论我们旨在追溯(作为一门学科的)文化研究的形成与发展,还是意欲考察西方现代性与现代主义,探究西方马克思主义的新发展、新贡献,威廉斯都是我们无法绕开的理论大家。甚至可以说,如果我们不研究威廉斯及其理论遗产,我们对西方现代主义、西方马克思主义、文化理论的任何研究都会有重大缺陷。从这个意义上讲,作为威廉斯的理论精髓的文化唯物主义可谓是当下文化研究、文学研究的一种"希望之旅的资源"。

---

① 爱德华·W. 萨义德:《文化与帝国主义》,李琨译,生活·读书·新知三联书店,2003年,第8页。
② Lawrence Grossberg and Cary Nelson (1988) "Introduction: The Territory of Marxism", in Grossberg, Lawrence and Nelson, Cary (eds.) *Marxism and the Interpretation of Culture*, Urbana: University of Illinois Press, p. 1.
③ Allen O'Connor (1989) *Raymond Williams: Writing, Culture, Politics*, Oxford: Blackwell, pp. 9—10.

# 余论　文化研究的播散

1970年代末1980年代初,因为新自由主义的崛起,以及亨廷顿所谓的"文化兴趣的复兴"——"在1980年代,对作为一种解释变量的文化的兴趣开始复兴",①以伯明翰学派为中心的英国文化研究经历了从"作为政治的一种学术实践"到"一种学术实践的政治"的演变,继而开始其环球之旅,先后播散并扎根于澳大利亚、美国及世界其他各地,直至建起支配世界文化研究的"三A轴心"文化研究帝国。尽管其间自有多种因素的纠缠,我们难以一言以蔽之,但不难发现的是,作为一门学科的文化研究显在地随文化理论家与实践者的全球流动而播散,毕竟多数文化研究理论家及实践者乃学院中人,而"作为学院中人的好处之一便是理论可以很好地旅行,只不过有一点时差罢了"。② 伦敦大学戈德史密斯学院之所以能够集结到詹姆斯·卡伦、安吉娜·麦克罗比等一大批世界知名学者,成为媒体与文化研究领域的又一重镇,在一定意义上可谓是霍加特移师的结果;卸去联合国教科文组织助理总干事的职位之后,霍加特并未回到他创办的伯明翰当代文化研究中心,而是接受了伦敦大学戈德史密斯学院的邀请,担任其学监(Warden)。③ 类似的是,澳大利亚文化研究的兴起直接联系着托尼·本尼特、约翰·菲斯克等英国理论家将其战场移至澳大利亚,以及格雷姆·特纳、墨美姬等澳籍学者的回归,而美国文化研究的形成与壮大则在相当程度上联系着"一个在伯明翰的美国人"劳伦斯·格罗斯伯格。同样,陈光兴等学人的从美返台有效地催生了文化研究在中国台湾的兴起,而文化研究在中国大陆的显

---

① Samuel P. Huntington (2000) "Forward", in Lawrence E. Harrison and Samuel P. Huntington (eds.) *Culture Matters—How Values Shape Human Progress*, New York: Basic Books, xiv.

② John Fiske ([1989]1996) *Undestanding Popular Culture*, London and New York: Routledge, ix.

③ 1971—1975年期间,霍加特曾担任联合国教科文组织助理总干事一职,之后于1976年开始担任伦敦大学戈德史密斯学院学监,直至1984年退休;为了感谢他对戈德史密斯学院的贡献,戈德史密斯学院现已将其主楼更名为"理查德·霍加特大楼"(Richard Hoggart Building)。参见 John Hartley (2003) *A Short History of Cultural Studies*, London: Sage, p.108。

影则关乎美国马克思主义文化理论家杰姆逊的来华传道,以及北京大学比较文学教授戴锦华的在美国被命名为文化研究教授。

文化研究的环球旅行始于它在不列颠岛内的播散。1970年代中期以后,文化理论家流动日益频繁、有关著述与刊物影响日隆,①加之撒切尔政府的教育改革,②"文化研究逐渐在英国内部扩散,许多学校开始授予文化研究的课程与学位。"③到1990年代初,文化研究基本完成了它作为一门学科在不列颠岛内的播散。一方面,30多所高校先后设立了文化研究系(见附录三),④招收各学位层次的学生,授予文化研究学位;另一方面,文化研究进入了英国中学A级教育证书系统(GCE A-level),⑤成为了英国中学生毕业会考功课之一。这一情势所暗示的是,尽管仍有人对文化研究的学科性或学科合法性提出质疑,认为它至多是一门亚学科,⑥但事实是文化研究已然较好地满足了英国按学问性质及教学科目对知识进行分门别类的传统或标准:既有固定的研究对象——大众文化——与研究方法——文本解读及民族志/人种志,也有自己的学术阵地——以《文化研究》为代表的专业

---

① 较有代表性的刊物包括伯明翰当代文化研究中心不定期发行的《文化研究工作论文》、《银幕》及其前身《银幕教育》(*Screen Education*)、《女性主义评论》(*Feminist Review*)、《文学教学政治》(*The LTP Journal*)、《新结构》(*New Formations*)。

② 1979年以降,撒切尔夫人领导下的英国政府实施了以"压缩、效率"为核心的一系列高等教育改革,其结果是高等教育大众化系统的建立、大学与学院"双轨制"的终结,以及人才收编和知识权力的制度化、规范化与学科化进程的加速,于是便有了大学与大学生人数的大幅增加,企业研究等社会学科、文化研究等人文学科的普遍开设。

③ 陈光兴:《英国文化研究的谱系学》,《思想文综》第4辑,暨南大学出版社,1999年,第10页。

④ 在文化研究的不列颠之旅期间,霍尔所在的开放大学社会学系发挥了不可替代的作用:首先,它帮助人们有效地调节了文化主义与结构主义、作为能动者的读者与被结构的读者之间的矛盾;其次,它在1982年至1987年期间开设的U203大众文化课程,基于以葛兰西的霸权概念融合文化主义与结构主义这一准绳,通过本尼特等50多位"大众传播与社会"、"大众文化"等课程小组成员的积极参与,先后培养了5000多位文化研究实践者及推广者;再次,它精心编写了一系列文化研究教材,扫除了各级各类学校开设文化研究课程的障碍。参见 Graeme Turner([1990]2003) *British Cultural Studies*, London and New York: Routledge, p.6;陈光兴:《英国文化研究的谱系学》,《思想文综》第4辑,暨南大学出版社,1999年,第10页。

⑤ GCE(General Certificate of Education)——普通教育证书考试是英国于1951年开始施行的一种单科性考试,不同于英国从1965年开始施行的CSE(Certificate of Secondary Education)——中等教育证书考试,后者更加重视实践性、职业性的知识技能。

⑥ 中国大陆的情况尤其如此。虽然文化研究已被一些中国高校设立为博士研究生的研究方向,但它依旧寄人篱下,依附于比较文学与世界文学或者文艺学等学科。所以,不乏学者指出,文化研究不过为文学研究内部的一种研究视野而言,至多为一门准/亚学科。

学术刊物、以韦尔索和劳特里奇(Routledge)为代表的专业出版机构、科研水平评估体系(RAE)、①教学质量评估体系(TQA)。②"在1992年、1996年及2001年的英国科研水平评估中,文化研究在决定英国各大学研究力量的研究评估运作小组中获得了能见度",③虽然我们必须承认,文化研究已然造就的近半个世纪历史,正是它日益学科化的历史:"无论对它的定义是多么的暧昧及形形色色,在过去的这四十多年之中,文化研究一直在被期刊与丛书、大学课程、专业、系部及学位论文日益学科化。"④一如约翰·斯道雷、安德鲁·密尔勒(Andrew Milner)、格雷姆·特纳、劳伦斯·格罗斯伯格、约翰·哈特利等理论家所阐明的那样,一方面,文化研究已然艰难但有效地证明了自己在人文学科中的不可替代性,其学科合法性已然赢得学人的肯定与认可,另一方面,当下智识领域中的诸多理论及方法论、主题、问题系已经或正在被纳入文化研究之中。

在文化研究作为一门学科勉力跻身于不列颠岛各地的1980年代初,已然移居澳大利亚的菲斯克、哈特利、本尼特等英国文化理论家携手特纳、墨

---

① RAE—Research Assessment Exercise(科研水平评估)是由英国政府拟定的高等院校科研水平评价体系。各基金管理部门每5年一次的RAE评估活动采用"同行评价"的方法,由各特定专业的杰出专家(其中至少一位必须是国际性专家),对同一专业领域内科研工作者的工作进行评价。评估结果采用五分制:
1) 5* 表示科研工作在大多数领域内达到世界现今水平,在所有其余领域内达到国内先进水平。
2) 5 表示科研工作在某些领域达到世界现今水平,在几乎所有其他领域达到国内先进水平。
3) 4 表示科研工作在几乎所有领域达到国内先进水平,也有某些领域达到世界水平。
4) 3a 表示科研工作在大多数领域内达到国内先进水平,也有某些领域达到世界水平。
5) 3b 表示科研工作大多数领域内达到国内先进水平。
6) 2 表示科研工作在不到半数的领域内达到国内先进水平。
7) 1 表示科研工作没有达到国内先进水平。
② TQA—Teaching Quality Assessment,教学质量评估或学科质量评估,由英国高等教育质量保障局专门针对各特定专业的教学质量而进行。教学质量专业评估是考核被评估专业的教学质量和学生的学习状况,重点是评估学生的学习状况和学习成绩。TQA包括的内容有:课程内容设计、教育学习评估、学生表现情况、学生辅导及指导、学校学习资源、质量管理及加强;TQA的满分为24分,取得22以上的专业具有优质的教学质量;对于准备学习本科课程或授课式研究生课程的学生来说,专业评估的结果很有参考价值。
③ John Hartley (2003) *A Short History of Cultural Studies*, London: Sage, p.10.
④ Richard E. Lee (2003) *Life and Times of Cultural Studies*, Durham: Duke University Press, p.1.

美姬等澳籍学者,举办文化研究课程、创办文化研究刊物、出版文化研究著述,①为澳大利亚学人提供文化研究方法与理论建构,普及文化研究基本教养,而且更为重要的是,基于"在我们看来,承认澳大利亚大众文化的活力与重要性似乎显然为一大进步",促成英国文化研究中居于支配地位的文化观——"大众的全部生活方式,他们的习俗与仪式、他们的娱乐与消遣,不但包括艺术,而且包括体育与去海滨度假等实践"——根植于澳大利亚土壤。②所以,尽管他们"并不愿意替英国是否在这个领域具有霸权地位背书",③但一如菲斯克与人合著的《澳大利亚的神话:解读澳大利亚大众文化》、特纳的《英国文化研究导论》等著作所证明的,他们确乎在形塑、催生澳大利亚文化研究的同时,为它深深地打上了英国文化研究的烙印,令它具有了"英国性"(Englishness)。另外,虽然他们基于自己的英国经验深知,体制化、学科化可能稀释文化研究的批评力量,导致文化研究丧失原本坚持的批评立场与政治目标,因而不愿充当澳大利亚文化研究体制化的推手,但不可否认,正是因为他们,澳大利亚文化研究很快便步了英国文化研究的后尘,正式作为一门学科现身于大学校园。

历史地看,菲斯克等人之所以能够成功地"殖民"澳大利亚,是因为在1960年代与1970年代,澳大利亚智识文化的发展依旧主要受英国而不是美国智识潮流的影响。一如米尔纳讨论澳大利亚文化研究的形成时所言,澳大利亚新左派博采众长,不断从《竞技场》(Arena)等本土马克思主义期刊和自由主义(libertarianism)、毛主义(Maoism)等政治运动获取资源,但在引入西方马克思主义的过程中,发挥主要作用的却是英国的《新左评论》。④澳大利亚社会学家彼得·贝尔哈兹(Peter Beilharz)也表达了类似观点:"至少就1970年代的十年而言,似乎有一条驿马快递专线将巴黎与《新左评论》

---

① 菲斯克等人首先在西澳大利亚科技学院(后来的科廷科技大学)设置了文化研究专业,然后又创办了《澳大利亚文化研究》(国际权威刊物《文化研究》的前身),出版了《澳大利亚的神话:解读澳大利亚大众文化》(*Myths of Oz: Reading Australian Popular Culture*)等对澳大利亚文化研究具有发轫性作用的著作。

② John Fiske, Bob Hodge and Graeme Turner (1987) *Myths of Oz: Reading Australian Popular Culture*, St. Leonards, Australia: Allen & Unwin, viii.

③ Graeme Turner:《英国文化研究导论》,唐维敏译,台湾亚太图书出版社,1998年,第 vi 页。

④ Andrew Milner (1994) "Literature, culture and society: The politics of Australian cultural theory", in Patrick Fuery (ed.) *Representation, Discourse and Desire: Contemporary Australian Culture and Critical Theory*, Melbourne: Longman Cheshire, pp. 35—69.

联系起来,将《新左评论》与墨尔本及悉尼联系起来。"① 这一前提既构成了菲斯克等人"殖民"成功的基础,也导致了"英国性"一直幽灵般徘徊在澳大利亚文化研究的上空。历史化澳大利亚文化研究的早期尝试,如苏珊·德莫迪(Susan Dermody)、约翰·多克(John Docker)与德鲁希拉·莫德耶斯卡(Drusilla Modjeska)合编的《内莉·梅尔芭、金杰·梅格斯与朋友:澳大利亚文化史论文集》,②约翰·辛克莱(John Sinclair)与吉姆·戴维森(Jim Davidson)合著的《澳大利亚文化研究等于伯明翰加本土:澳大利亚文化研究专论》,③几乎全都是转借英国文化研究的理论与模式,而面世于 1990 年代的著述,比如彼得·古多尔(Peter Goodall)的专著《争论不休的高雅文化与大众文化》,④同样在很大程度上是以英国文化研究的历史为基线。

正因如此,文化理论家往往集体无意识地建构澳大利亚文化研究与英国文化研究的系谱学关联,为澳大利亚文化研究贴上"英国性"的标签,殊不知,此间的"英国性"不无虚假成分。受历史与文化认同等因素的刺激,澳大利亚的智识生活确曾受英国的影响,但这并不意味着前者必然是后者的翻版;就文化研究的内部发展而言,英国与澳大利亚两地的研究传统从一开始便不尽相同。尽管我们不能绝对地断言英国文化研究以学术性为主,澳大利亚文化研究以实践性见长,但"最具创新性的澳大利亚[文化研究]工作……一直更感兴趣于阐述象征行为的特定形式的**含义**、文化实践的特定时刻的**影响**,而不是参照更为古旧的文化理论去证明这般行为的合理性"。⑤ 即是说,受"理论工作亦可被视为一种文化实践"的鼓励,⑥澳大利亚文化研究学人虽然对理论并无敌意,但更愿意致力于媒体的性别与种族表征、美学与日常生活的关联、大众文化的用途、公众的政治、空间的实践等

---

① Peter Beilharz (1995) "Social theory in Australia: A roadmap for tourists", *Thesis Eleven*, vol. 43, p. 127.

② Susan Dermody, John Docker and Drusilla Modjeska (1992) "Introduction: Australian Cultural Studies: Problems and Dilemmas", in Susan Dermody, John Docker and Drusilla Modjeska (eds.) *Nellie Melba, Ginger Meggs and Friends: Essays in Australian Cultural History*, Malmsbury, Australia: Kibble.

③ John Sinclair and Jim Davidson (1984) *Australian Cultural Studies = Birmingham + Meanjin: An occasional paper in Australian cultural studies*, Melbourne: Footscray Institute of Technology.

④ Peter Goodall (1995) *High Culture, Popular Culture: The long debate*, St. Leonards, Australia: Allen and Unwin.

⑤ John Frow and Meaghan Morris (1993) "Introduction", in John Frow and Meaghan Morris (eds.) *Australian Cultural Studies: A Reader*, Urbana and Chicago: University of Illinois Press, xiv.

⑥ Ibid.

实践领域;所以,文化研究在澳大利亚社会生活中扮演着举足轻重的角色,既能为政府制定文化政策提供参考,更能致力于公共话题的论争。一如本尼特的"将政策纳入文化研究"所证明的,"澳大利亚文化研究一直主要致力于研究——因此凸显——日常生活文化。然而,或许让这一领域在一定程度上不同于其美国同行的,是它与实用主义文化政治的联系、与智识实践的特定参与形式的联系"。①

具体地讲,随着安巴拉瓦纳·斯瓦兰登(Ambalavaner Sivannandan)所谓的"从改造世界到改造语词"的视野转移,诞生于1970年代这一文化研究理论时代的"理论实践者"时常因难以履行自我宣称的有机知识分子职责而陷入进退维谷;②面对英美新自由主义国家在释放市场力量的同时限制文化准入政策,诸多文化理论家既未能提供应有的洞见,也无力进行必要而有效的干预。有鉴于此,本尼特以自己创办的格里菲斯大学文化政策研究所为大本营,③致力于文化与媒体政策研究这一雷蒙德·威廉斯的未竟事业,以期实现对文化的营救抑或"重释"。考虑到英国文化研究彼时所遭遇的"范式危机",本尼特呼吁启用福柯的权力关系理论,尤其是其"治理性"(governmentalization)与"监视"(police)观念,从理论、实践、体制等维度"将政策纳入文化研究",从文化实践与权力关系的纠缠考察文化实践。④ 即是说,本尼特意在与地方及全国性行政部门或者准行政部门建立形式多样的合作或者顾问关系,通过组织研究、出版及会议等活动,切实参与关涉博物馆、艺术、电影、语言与教育政策的政策制定,而不是凸显政策考量在文化研究中的核心地位抑或悬置文化研究。通过对1970年代以来的澳大利亚社会运动现实的考察,约翰·福莱士(John Flaus)、墨美姬、海伦·格瑞斯(Helen Grace)、斯图亚特·康宁汉姆(Stuart Cunningham)、汤姆·奥里根(Tom O'Regan)及哈特利等人纷纷对本尼特的工程做出呼应,分别以评论

---

① Tania Lewis (2004) "Meaghan Morris and the Formation of Australian Cultural Studies: A Narrative of Intellectual Exchange and Located Transnationalism", *Cultural Studies*, 18(4), p.46.

② Ambalavaner Sivanandan (1990) *Communities of Resistance: Writings on Black Struggles for Socialism*, London: Verso, p.49.

③ 1987年,本尼特创办了格里菲斯大学文化政策研究所(Institute for Cultural Policy Studies),即后来的文化与媒体政策中心(Key Centre for Cultural and Media Policy),其核心成员包括科林·默西埃(Colin Mercer)、斯图亚特·康宁汉姆(Stuart Cunningham)、珍妮弗·克雷克(Jennifer Craik)、吉莉安·斯旺森(Gillian Swanson)、彼得·安德森(Peter Anderson)等人。

④ Tony Bennett (1992) "Putting Policy into Cultural Studies", in Lawrence Grossberg, Cary Nelso, and Paula A. Treichler (eds.) *Cultural Studies*, New York and London: Routledge, p.23.

家、独立电影制作人、产业理论家等身份加入其中,阐释政策研究与理解澳大利亚政治、经济、媒体与文化产业、新闻及相应规章制度的关联。

最终,本尼特等人合力终结了1980年代澳大利亚文化研究,造就了处于"日本人所谓的蓬勃发展状态之中"的1990年代澳大利亚文化研究;①澳大利亚文化研究因此成为了世界文化研究共同体的最重要成员之一,尤其是在澳大利亚文化研究学会(Cultural Studies Association of Australia)成立之后。一如约翰·弗劳(John Frow)所言:"两个时刻记录了存在于1980年代的'澳大利亚文化研究'的终结:澳大利亚文化研究协会在1992年的形成,格雷姆·特纳的《民族、文化、文本》、我与墨美姬的《澳大利亚文化研究读本》在1993年的出版。"②所以,本尼特等人实践的以"实践性"为特征的文化研究即使不能否定,至少在很大程度上稀释了评论家们所谓的澳大利亚文化研究的"英国性",可以有效地证明文化理论家乔恩·斯特拉顿(Jon Stratton)与洪美恩(Ien Ang)令人吃惊与信服的观察,即作为一个术语的"澳大利亚文化研究"表征的是一种具有误导性的同质性:它割裂了澳大利亚与世界其他地区尤其是亚太地区的地缘政治关系,忽视了澳大利亚文化研究的世界性,遮蔽了澳大利亚的内部差异性。③

但是,否定澳大利亚文化研究的"英国性"并不意味着否定澳大利亚文化研究与英国文化研究之间存在着相似性,毕竟"在文化研究学术层面上,'英国'具有相当领导力"。④ 比如,澳大利亚文化研究像英国文化研究一样,首先被孕育于成人教育运动之中:

> 1960年代与1970年代的成人教育的影响(主要通过工人教育协会),同时滋养与保持了关于自学成才与业余实践的一种强大但不正式的智识文化,这种文化形塑了后来因教育系统的扩张而成为专业知识分子的很多人的价值观。1960年代末,我们自己与一种"文化与社会"方法的首次遭遇并非来自阅读雷蒙德·威廉斯,而是来自参加约

---

① John Frow, "Australian Cultural Studies: Theory, Story, History", http://www.australian-humanitiesreview.org/archive/Issue-December-2005/frow.html, 2011-9-18.

② Ibid.

③ Jon Stratton and Ien Ang (1996) "On the Impossibility of a Global Cultural Studies: 'British' Cultural Studies in an 'International' Frame", in David Morley and Kuan-Hsing Chen (eds.) *Stuart Hall: Critical Dialogues in Cultural Studies*, London: Routeldge, pp.361—91.

④ Graeme Turner:《英国文化研究导论》,唐维敏译,台湾亚太图书出版社,1998年,第 vi 页。

翰·福莱士举办于悉尼新港滩（Newport Beach）的工人教育协会电影暑假学校。①

1970年代末，媒体研究在澳大利亚的职业化，加之英国文化研究作为严肃学术力量的登陆，导致了以福莱士为代表的成人教育讲师被遮蔽于澳大利亚文化研究的历史，尽管1953年以降，福莱士一直以教师、评论家、演员的身份活跃在澳大利亚教育机构之中，穿梭在期刊与从实验电影到电视剧及商业片的诸多媒体之间，"为文化研究工程培养了一批支持者，造就了一代电影及媒体评论家"。② 墨美姬之得以成长为文化理论家、电影评论家，在一定程度上正是因为她从福莱士的1969年与1970年电影暑假班获得了正规大学教育所无法提供的灵感源泉："福莱士介绍给墨美姬的，是主要存在于学界之外的一种批评性思考的文化，在独特的澳大利亚脉络文化理论的早期发展中起型构作用的一种文化。"③

正是在这个意义上，特纳虽然坚称"不存在澳大利亚文化研究起源的神话……不同于英国的文化研究，并不存在澳大利亚文化研究可以说是因之而起的核心机构。在澳大利亚，文化研究依旧是多重碎片化的"，但同时也指出，澳大利亚文化研究诞生"在电影与媒体研究等更为成熟的学科的边缘，在文学研究、艺术与社会学这样的学科内，或者学术之外，女性主义之内的关于理论与实践的论争，作为结构文化政策发展与批评之内的争辩的手段"。④ 根据特纳、弗劳等人的观察与考证，经过成人教育的孕育，作为一门学科的文化研究首先出现在借助1970年代澳大利亚教育现代化改革而崛起的澳大利亚新大学，或者定位于职业培训的科技学院及高等教育学院，依附于传播研究或相关专业。这些机构纷纷设置文化研究或相关课程，原因之一是它们对文化研究寄予了厚望：与其他（人文）学科相比较，文化研究不但"资本"要求更低而且成果更具前沿性、更具当下关切性、更具社会意义，因此更适合作为它们在科研方面与老大学一争高下的工具。

---

① John Frow and Meaghan Morris (1993) "Introduction", in John Frow and Meaghan Morris (eds.) *Australian Cultural Studies: A Reader*, Urbana and Chicago: University of Illinois Press, xxv.
② Ibid., xxiv.
③ Tania Lewis (2004) "Meaghan Morris and the Formation of Australian Cultural Studies: A Narrative of Intellectual Exchange and Located Transnationalism", *Cultural Studies*, 18(4), p.51.
④ Graeme Turner (1993) "Introduction: Moving the Margins: Theory, Practice and Australian Cultural Studies", in Graeme Turner (ed.) *Nation, Culture, Text: Australian Cultural and Media Studies*, London: Routledge, pp.4—5.

所以,在我们基于英国文化研究的影响建构一种同质性的澳大利亚文化研究、屏显其铁板一块的"英国性"的时候,我们其实是在对澳大利亚文化研究进行再次遮蔽;不同于之前的遮蔽作为一个整体的澳大利亚文化研究,此间遮蔽的是其独特的形成机制与内部复杂性。或者正如特纳所指出的那样,在关于文化研究系谱的英美叙述中,"几乎没有认识到北/南分歧、第一世界/第二世界差异(更不必说第三世界的任何叙述),或者文化研究知识的新帝国主义运作——完全吻合生产它们的国家的政治史的运作",[1]而非英美世界的叙述则明显缺乏自身文化独特性的意识。经常为"澳大利亚文化研究"这一术语所遮蔽的,包括澳大利亚文化研究自身独特的形塑动力,比如澳大利亚政府在1960年代开始实施的多元文化政策、澳大利亚人的"经济问题需要'文化'解决办法"这一1980年代共识、围绕澳大利民族身份的1980年代媒体论争,[2]以及澳大利亚文化研究与女性主义的多重耦合。[3] 弗劳与墨美姬在追溯澳大利亚文化研究的系谱时发现,就其形塑力量而言,"或许比其他任何单一的智识影响更重要、更持久的,是女性主义与对日常生活及'个人'生活政治的女性主义理解"。[4] 他们所谓的女性主义是澳大利亚学院智识与社会运动的产物、本土力量与跨国影响的结晶,包括"女权主义官僚运动"(femocrat/femocracy movement)与"新澳大利亚女性主义"(New Australian Feminism)。迫于"妇女选举团"(Women's Electoral Lobby)的压力,澳大利亚工党政府于1973年任命了一位总理妇女顾问,女权主义官僚运动随之开始,诸多女权主义者,尤其是来自高等教育行业的女权主义者因此获得了公职,积极地借助后结构主义、后现代主义等源自法国的理论干预政府政策。虽然鉴于"澳大利亚社会理论化的实用性",[5]女权主义官僚运动出现于澳大利亚丝毫不让人吃惊,但澳大利亚女性主义将法国理论应用于国家政策领域的方式却是非同寻常的。所以,"女权主义官

---

[1] Graeme Turner (1992) "Of rocks and hard places: The colonized, the national and Australian cultural studies", *Cultural Studies*, 6(6), pp.424—432.

[2] John Frow and Meaghan Morris (1993) "Introduction", in John Frow and Meaghan Morris (eds.) *Australian Cultural Studies: A Reader*, Urbana and Chicago: University of Illinois Press, vii.

[3] Tony Bennett (1998) "Cultural Studies: A reluctant discipline", *Cultural Studies*, 12 (12), pp.528—545.

[4] John Frow and Meaghan Morris (1993) "Introduction", in John Frow and Meaghan Morris (eds.) *Australian Cultural Studies: A Reader*, Urbana and Chicago: University of Illinois Press, xvii.

[5] Peter Beilharz (1995) "Social Theory in Australia: A Roadmap for Tourists", *Thesis Eleven*, vol.43, p.129.

僚运动必须被视为在为文化政策研究领域铺平道路,尤其是为伊恩·亨特与托尼·本尼特等人的受福柯启发、定位于政策的著述铺平道路。"①

新澳大利亚女性主义即"澳大利亚'流派'的身体女性主义"(Australian "school" of corporeal feminism),源自1970年代以降的国际智识引入,以及本土期刊与出版业的积极参与理论建构。② 集女性主义修辞、拉康心理分析与巴特符号学于一体,新澳大利亚女性主义代表了1980年代末期的澳大利亚后结构女性主义成果,对国际智识社区产生了重要影响。

> 澳大利亚女性主义——比如通过巴雷特([Michèle] Barrett)合编的韦尔索出版社"女性主义问题"系列——在把法国女性主义理论引入说英语的知识分子社区中,发挥了重要作用。相应的,很多澳大利亚女性主义者……为了把法国女性主义与后结构主义思想置入英美学术界,做出了关键性的贡献。③

不难发现,澳大利亚女性主义,无论是女权主义官僚运动还是新澳大利亚女性主义,致力于本土与国际智识与政治轨迹之间的交汇。一如苏珊·谢里登(Susan Sheridan)所言:

> 总是在为"国际"(美国与英国,后来是法国)女性主义的移植提供肥沃土壤的澳大利亚女性主义有着某些本土特征,其中引人注目的是它将其他的那些特征与自身的发展相嫁接而且不时地培养出新品种的能力。一如澳大利亚小说家克里斯蒂娜·斯特德(Christina Stead)对这个大陆本身的表征,澳大利亚女性主义可以被想象为并非一个孤立的殖民前哨,而是位处世界贸易路线的交叉口,而且矛盾的是,被天生为旅行家的殖民者占据着。④

澳大利亚文化理论家所曾"嫁接"抑或与之处于"一种双向交流关系"的,既有深刻影响澳大利亚文化研究的女性主义,也包括由米歇尔·德赛都(Michel de Certeau)、亨利·列斐弗尔(Henri Lefebvre)、罗兰·巴特等人所代表

---

① Tania Lewis (2004) "Meaghan Morris and the Formation of Australian Cultural Studies: A Narrative of Intellectual Exchange and Located Transnationalism", *Cultural Studies*, 18(4), p.58.

② Rita Felski and Zoe Sofia (1996) "Introduction to 'Australian Feminism'", *Cultural Studies*, no. 10, p.386.

③ Tania Lewis (2004) "Meaghan Morris and the Formation of Australian Cultural Studies: A Narrative of Intellectual Exchange and Located Transnationalism", *Cultural Studies*, 18(4), p.57.

④ Susan Sheridan (1988) (ed.) *Grafts: Feminist Cultural Criticism*, London: Verso, p.1.

的有关日常生活的当代法国理论。正是在这个意义上,墨美姬指出,澳大利亚文化理论家始终基于自己的本土性、澳大利亚的民族性、法国理论的跨国性,与法国理论保持一定的临界距离,"1970年代以降被引入澳大利亚的一批批思想并非是被写到了一张白纸上,而是遭遇与进入了流行于彼时的本土模式的激进文化批评的对话之中"。① 在接触与译介阿尔都塞、福柯、德勒兹、鲍德里亚、弗里克斯·瓜塔里(Félix Guattari)等人著述的过程中,墨美姬有意识地参照自己成长于其间的落后乡镇的情感结构、"土生土长的"澳大利亚智识传统的需要,勉力耦合本土、民族、跨国元素,证明了智识的跨国流动何以促成以民族为基础的智识形塑。所以,从某种意义上讲,可谓是动荡的、在很大程度上为学生所驱动的1960年代与1970年代智识文化促成了理论运动在澳大利亚的合法化。1980年的"第一届澳大利亚传播与文化研究大会"(The First Australian Communications and Cultural Studies Conference),以及1981年的"外国身体大会:澳大利亚的符号学/符号学与澳大利亚"(The Foreign Bodies Conference: Semiotics in/and Australia),标志着法国理论开始被体制化于澳大利亚学界,因而大大推动了澳大利亚文化研究的早期发展,虽然,直到《澳大利亚文化研究》的创刊,"文化理论才自觉地假借文化研究,在澳大利亚获得中心位置"。②

1983年,菲斯克、弗劳、特纳等人合力创办了《澳大利亚文化研究》,以期在凝聚人才的同时,通过发表定位于澳大利亚的文化理论,卓有成效地把澳大利亚文化研究推向国际舞台。事实证明,通过提升澳大利亚文化研究的国际能见度与"品牌化",《澳大利亚文化研究》不但如愿地催生了一个众所周知为"澳大利亚文化研究"的独特领域的出现,而且刺激了英美学界对澳大利亚文化理论的兴趣。1987年,美国梅图恩出版公司(Methuen)收购了《澳大利亚文化研究》,以之为基础打造出了名为"文化研究"的国际刊物。1990年,以美国为主要市场的厄温海曼公司(Unwin Hyman)为特纳出版了专著《英国文化研究导论》,在成就特纳为主要文化理论家的同时,有效地帮助了美国学生及其他读者衔接基本素材与概念背景之间的鸿沟,获得文化研究的基本教养。所有这一切在返身证明澳大利亚文化研究的独特性、合法性与连续性的同时,将澳大利亚文化理论、文化研究推向了美国及美国之外的世界各地,尤其是亚洲。结束在美国的教学与科研之后,2000

---

① Tania Lewis (2004) "Meaghan Morris and the Formation of Australian Cultural Studies: A Narrative of Intellectual Exchange and Located Transnationalism", *Cultural Studies*, 18(4), p.52.

② Ibid., p.59.

年底,墨美姬受聘担任香港岭南大学文化研究系主任;她通过与陈光兴、酒井直树(Naoki Sakai)等亚裔文化研究学者的合作,着实推进了陈光兴所谓的"新全球地方主义"(new internationalist localism),有力地促成了亚洲文化研究与英美、澳大利亚文化研究之间的互动。所以,倘若《澳大利亚文化研究》与《英国文化研究导论》是澳大利亚文化研究走出被遮蔽状态屏显于世界的媒介,澳大利亚文化研究就无疑是"三A轴心"文化研究帝国不折不扣的中继站,虽然随着本尼特、菲斯克、哈特利、弗柔、墨美姬等学者的相继离开,新世纪的澳大利亚文化研究已然大不如从前。

几乎在登临澳大利亚的同时,文化研究停靠在了作为文化理论集散地的美国;"美国学术界对文化研究的兴趣最先兴起于[19]80年代中期和[19]90年代"。① 如前所述,文化研究在英国的形成很大程度上关涉着二战后美国流行/大众文化的越洋影响,即美国的流行/大众文化漂洋过海到英国后所生成的新的文化空间危及到了英国本土大众文化。作为一门学科的文化研究被返身介绍到大众文化之邦美国时,受到了美国学院知识分子的拥戴,"英国文化研究先驱的作品正在成为近乎粉丝迷狂的一种对象、美国研究生的一项新项目";② 甚至一些已然在高雅/经典文化领域功成名就的理论家与批评家也开始关注与研究大众文化,美国人文学科因此经历了整体发展方向的逆转。著名的美国解构主义理论家J.希利斯·米勒不仅予以了文化研究不带成见的关注:

> 这种对文学中历史或者文化背景关系的新的兴趣,实际上正在迅速地引起一种被称做"文化批评"或"文化研究"的新的强有力的学科。这项新的事业有时放在传统的英文系里,有时放在那种正在美国各地许多大学中出现的文化研究中心或研究所里。③

而且还躬身探讨文化研究的目的与方法。在其《插图》(Illustration,1992)一书的前半部分,米勒以技术已然对学术产生的影响为参照,分析了文化研究运动/扩散所引发的各种冲突,坚信计算机技术对人文学科的潜在影响将会是文字、声音、图像等多种媒介的日渐互动/融合,以及开放式、分享式学术

---

① 文森特·B.利奇(Vincent B. Leitch)、卡特尔·R.刘易斯(Mitchell R. Lewis):《美国的文化研究》,《文化研究》第7辑,王晓路译,广西师范大学出版社,2007年,第229页。
② Marjorie Ferguson and Peter Golding (1997) "Preface", in Marjorie Ferguson and Peter Golding (eds.) *Cultural Studies in Question*, London: Sage, x.
③ 单天伦:《当代美国社会科学》,社会科学出版社,1993年,第102页。

产品的生产,从而有助于文化研究实现其授权"边缘"文化的目的。在该书的后半部分,米勒考察了书籍、绘画、报刊等多种带插图的媒体中的文字与图像之间的关系,从族群、性别、区域研究的维度证明了言语符号与视觉符号的结合何以揭示其表征背后的意涵。米勒最后指出,在挑战集文字与图像为一体的各种艺术与文学形式的社会及政治霸权时,文化研究必须聚焦于它们所具有的必然改变我们所感知的世界的力量,而不仅仅是对世界的反映。

文化研究在美国受到欢迎的另一个例证,也许是更好的一个例证,是1990年4月4—9日期间举办于伊利诺伊斯大学的世界文化研究大会。① 这次题为"文化研究:现状与未来"的大会是由格罗斯伯格、卡里·纳尔逊(Cary Nelson)等美国文化研究领军人物或者主要推手组织的,堪称世界文化研究历史上空前绝后的一次大会,与会者达900人之众,议题范畴达创记录的16个之多:文化研究的历史、性别与性事、民族性与民族身份、殖民与殖民主义、种族与族群、大众文化及其受众、身份政治、教学法、美学的政治、文化与机构、民族志与文化研究、学科的政治、话语与文本性、科学与文化及生态系统、重读历史、后现代时代的全球文化。尽管严格地讲,大会所收到的文章大多没有被称作文化研究论文的资格,但它确乎从一个侧面反映了文化研究的国际旅行及其在美国的繁荣:"文化研究领域……正经历着一场空前的国际繁荣……在美国尤为热烈。"②换言之,虽然格罗斯伯格等大会组织者坦承无法预知文化研究的国际繁荣将持续多久,也无法准确估计这场繁荣将给人们的智识生活带来何等影响,但他们可以肯定,文化研究已然在美国崛起。首先,自1980年代中期开始,一些定位于文化研究的刊物纷纷在美国登台亮相,比如《文化批评》(*Cultural Critique*)、《差异》(*Differences*)、《公共文化》(*Public Culture*)等。其次,包括出版社、刊物、会议、大学、职介机构在内的诸多美国学术机构"在文化研究中创造了重大投资机会,尽管它们有时并不了解其历史、其实践者、它与其他传统学科的关系,以

---

① 1980年代末1990年代初,美国人文学界召开了一系列关涉文化研究的大会,其中较有影响的除1990年4月在伊利诺伊斯大学举办的题为"文化研究:现状与未来"的大会之外,包括1988年现代语言协会(Modern Language Association)年会、1990年9月在宾夕法尼亚印第安纳大学举办的"理论在本科文学课堂的作用:课程、教学法与政治"大会、1990年10月在俄克拉荷马大学举办的"跨学科:1990年代的文化研究"大会,等等。

② Cary Nelson, Paula A. Treichler, Lawrence Grossberg (1992) "Cultural Studies: An Introduction", in Lawrence Grossberg, Cary Nelson and Paula A. Treichler (eds.) *Cultural Studies*, New York and London: Routledge, p.1.

及它在学术圈外的生命力"。

可以肯定的是,在学术左派的支离破碎的体制性重组之中,文化研究有着特殊的智识前途,因为很显然的是,它努力超越各种社会及政治利益、致力于当下情势之中的诸多问题……同时,毋庸置疑的是,文化研究的物质与经济前途不仅促成了其在智识上的成就,而且同样促成了其当下的时髦。①

文化研究之所以能够在1980年代的美国取得"智识上的成就",作为"当下的时髦"流行于美国的学院知识分子及左翼批评家之间,作用于同性恋、女性主义及种族问题等美国社会问题的研究,②原因首先在于美国有着深厚的大众文化根基。美国大众文化是由美国拓荒移民所创造的一种平民文化,其发展密切联系着美国的工业化都市化进程、科技成果被广泛应用于大众传播媒介之中等因素;与历史悠久、人文传统深厚的欧洲文化相比,美国文化并不具备雅俗相对的稳定文化构架,或者说缺乏阿多诺所谓的"精神关联物",从一开始就表现为以资本运作为手段、以赢利为目的的大众文化,必须参与市场竞争的商业文化。所以,美国的大众文化观十分宽泛,基本涵盖了美国社会生活的各个维度。③ 经过经年累月的发展,到1930年代,美国的大众文化已极为繁荣:

在整个[19]30年代,几乎没有什么比新闻影片、画报、广播节目以及好莱坞电影更能影响人们对世界的看法了。对于知识界及一般公众而言,大众传播媒介的影响是无孔不入,无法回避的。不管电台播放些什么,不管电影公司放映些什么,数以百万计的人每天晚上听无线电,每星期看两场电影,已养成习惯。甚至人们对社会问题的看法也日益取决于《生活》杂志和《时代的进展》节目中卢斯的观点;人们认为恰当的举止也要以电台或银幕明星为典范。除了这些明显现象外,传播工具还有更微妙的作用:总统利用无线电广播使得政府好像亲切地来到了

---

① Cary Nelson, Paula A. Treichler, Lawrence Grossberg (1992) "Cultural Studies: An Introduction", in Lawrence Grossberg, Cary Nelson and Paula A. Treichler (eds.) *Cultural Studies*, New York and London: Routledge, p.1.

② 李欧梵、汪晖:《什么是"文化研究"?》,《读书》,1994年第7期,第59页。

③ 关于美国大众文化的历史,参见慧敏:《当代美国大众文化的历史解读》,齐鲁书社,2009年;郭小聪:《约瑟夫·奈软实力说与美国大众文化的历史渊源》,《国际关系学院学报》,2011年第5期。

每个家庭的炉火边,从而取得了人们对新政各项政策的支持。新闻纪录片的技巧和电影对白一下子闯进了文学领域,连小说家似乎都在不知不觉中承认,如果他的技艺不能适应大众文化新时尚,便无法生存下去。①

二战后,随着美国第三产业的迅速发展和人们生活水平的普遍提高,美国主流文化旋即发生显在的变化,以下层民众为主体的消费观念、娱乐兴趣和自我实现的思想开始流行,在"反文化运动"(Counterculture Movement)席卷美国的1960年代末1970年代初尤其如此。于是,大众文化逐步构成了美国文化的主干,在很大程度上成为了当代美国文化的同义词,意味深长地为美国人提供着某种想象性的满足,一如美国前国家安全顾问兹比格纽·布热津斯基(Zbigniew Brzezinski)所言:"如果说,罗马献给世界的是法律,英国献给世界的是议会民主政体,法国献给世界的是共和制度民族主义,那么,现代美国献给世界的是科学技术进步和大众文化。"②

文化研究在美国得以发展的另一个重要原因,是英国文化理论家或具有"英国血统"的文化理论家的持续影响。雷蒙德·威廉斯、迪克·赫布迪格、珍尼特·巴兹利尔(Janet Batsleer)、约翰·菲斯克、劳拉·穆尔维等英国或从英国移民到美国的文化研究理论家的著述,以及理查德·约翰逊作为伯明翰当代文化研究中心主任适时地在美国发表的题为"文化研究究竟是什么"的宣言,1980年代以来一直回荡在北美大陆的上空,普及与提升了美国知识分子及左翼批评家在文化研究、媒体研究方面的基本教养,而且更为重要的是,使他们看到了可资利用的新的学术资源、确定了极具生产潜力的新的学术志趣。正因如此,文化研究作为一门学科驻扎在了美国大学的高墙之内,并迅速成了其间的显学,比如在菲斯克任教的威斯康星大学、在格罗斯伯格任教的伊利诺伊斯大学与北卡罗来纳大学。当然,始于19世纪中期、在20世纪初被芝加哥学派(Chicago School)学科化的美国亚文化研究无疑也可谓是美国文化研究的重要形塑力量之一。在1910—1930年代期间,受当时在美国居于支配地位的实用主义哲学思潮的影响,芝加哥学派基于解决实际社会问题的需要,以参与式观察等手段考察与探究了芝加哥的一系列社会问题,比如移民与种族问题、异常行为与犯罪问题、职业亚文化

---

① 理查德·H.佩尔斯:《激进的理想与美国之梦——大萧条中的文化与社会思想》,卢元中等译,上海外语教育出版社,1992年,第312—313页。

② 转引自赵勇:《大众文化》,载赵一凡、张中载、李德恩主编:《西方文论关键词》,外语教学与研究出版社,2006年,第25页。

等,其代表人物包括罗伯特·E.帕克(Robert Ezra Park)、弥尔顿·M.戈登(Milton M. Gordon)等,以及以E.富兰克林·弗雷泽(Edward Franklin Frazier)为代表的诸多黑人学者。无论是在研究对象还是研究方法上,芝加哥社会学派与伯明翰学派文化研究不无相似之处,比如,芝加哥学派研究的重点是移民和底层阶级,而伯明翰学派重点研究的是工人阶级;又如,芝加哥学派重点研究青少年犯罪,特别是与移民潮相伴的青少年犯罪,而伯明翰学派的重点之一则是战后英国的青年亚文化现象,特别是工人阶级的青年亚文化。所以,当伯明翰学派文化研究播散到美国的时候,它并未遭遇到任何形式的抵抗,哪怕是仪式性的抵抗。

从1980年代中期开始,文化研究被迎进了美国大学校园;甫入美国学院体制,文化研究便显示出了不无在地特征的多元性与灵活性:所考察的"话语"涵盖广告、艺术、建筑、青年亚文化、电影、电视、音乐、戏剧、批评理论、妇女问题、种族问题等诸多不同范畴,所采用的研究方法则滑动于文本阐释、人种志、意识形态批评、体制/机构分析(institutional analysis)之间。进入1990年代以后,美国文化研究一方面逐渐摆脱英国文化研究的影响,另一方面细化抑或拓展其研究对象,区隔出更具跨学科性及当下性的若干研究领域,比如安德鲁·罗斯(Andrew Ross)、唐娜·哈拉韦(Donna Haraway)所致力的科技领域,苏珊·博尔多(Susan Bordo)所开辟的身体研究。这些在地特征在促成文化研究打破美国社会学科与人文学科之间的既定平衡、为美国文化研究赢得高能见度的同时,引发了一些文化理论家对美国文化研究的谱系的再认识,尤其是它与英国文化研究之关系。首先,正如一直在为文化研究摇旗呐喊的美国文化理论家詹姆斯·W.凯瑞(James W. Carey)所指出的,相较于英国文化研究,

> 美国文化研究项目势必与众不同,因为它置身于其间的文化无论是智识文化与否,都与众不同。美国文化研究作用有限,因为孕育它的型构与众不同;唯有在实证科学已然于其间成为作为一个整体的文化的范式的那些地方,它才行之有效。①

换言之,在凯瑞看来,威廉斯、霍加特与汤普森的三人组合所发起的文化研究工程固然重要,但美国文化研究的主要任务是挑战约翰·杜威(John Dewey)所代表的美国实用主义,"质疑以实证科学之名进行的若干理论与

---

① James W. Carey (1997) "Reflections on the project of (American) cultural studies", in Marjorie Ferguson and Peter Golding (eds.) *Cultural Studies in Question*, London: Sage, p.4.

经验工作,以及质疑以实证知识之名或含蓄或显在地进行的社会重建工程"。① 其次,就政治文化及民族神话而言,美国文化研究也有别于英国文化研究:"恐红症"(The Red Menace)、"邪恶帝国"(The Evil Empire)、中产阶级化、缺少强大劳工组织及社会主义政党等因素,致使美国文化研究并不像英国文化研究那样,以阶级为轴心而运作,而是恰恰相反,在很大程度上拒绝阶级。② 再次,虽然作为理论资源的马克思主义深刻地影响着大西洋两岸的文化研究,但英国文化研究所挪用的主要是阿尔都塞式、葛兰西式马克思主义,而美国文化研究则在很大程度上受到了法兰克福学派马克思主义的影响。尤其需要指出的是,就由学生数量、课程及教材销售量所代表的文化研究的学院化程度而言,美国远胜英国,虽然它也因此付出了物化的代价。一如伊恩·戴维斯(Ioan Davis)论及美国文化研究对英国文化研究的挪用时所言,虽然汤普森夫妇的社会历史运动研究经验得到了美国同行的重视,但是

> 文化研究被美国的某些团体派定为一种物的方式提出了一个迥然不同的问题。毋庸置疑,它在各处都被接受为一种**学术**发展,而不是政治发展或教育发展,忘记了在英国的诸多论争发生于《新左评论》、《今日马克思主义》,以及若干非学术性的杂志与刊物。③

所以,从一定意义上讲,虽然文化研究在美国的"与众不同"的发展填补了社会学在艺术及文化等方面研究的空白,但也意味着文化研究走向了对现实世界的抛弃,在一定程度上成为了符号学、新历史主义或者其他新理论的同义词。正如珍妮特·沃尔夫(Janet Wolff)所指出的:"文化研究的发展,尤其是在美国,在一定程度上是基于文本化的变迁,其结果是原有的文化研究工程的去政治化及社会学批判研究演变为一种新的阐释学"。④ 尽管美国文化研究已成为英国文化研究最强劲的竞争对手,尤其是在文化研究教学方面,但它

---

① James W. Carey (1997) "Reflections on the project of (American) cultural studies", in Marjorie Ferguson and Peter Golding (eds.) *Cultural Studies in Question*, London: Sage, p.3.

② Marjorie Ferguson and Peter Golding (1997) "Cultural studies and changing times: an introduction", in Marjorie Ferguson and Peter Golding (eds.) *Cultural Studies in Question*, London: Sage, xvi.

③ Ioan Davis ([1995]1996) *Cultural Studies and Beyond: Fragments of Empire*, London and New York: Routledge, p.158.

④ Janet Wolff ([1983]1993) *Aesthetics and the Sociology of Art*, London: MacMillan, pp.149—50.

却是"大学最无序的'学科',其无序程度较之妇女研究,或种族性研究更甚"。① 基于这样一种现实:作为美国化的必然结果的文化研究去政治化无异于对之进行无害化处理,无异于它的一种别样死亡,卡里·纳尔逊于1991 年发表了著名的《文化研究宣言》,②旨在通过同时指出文化研究是什么与文化研究不是什么,实现美国文化研究的"去—去政治化",让参与文化研究工程的美国学人回归伯明翰文化研究传统。

必须指出的是,与英国文化研究、澳大利亚文化研究类似,美国文化研究的形成与发展同样是以文化理论家为中心的;尽管英国文化理论家可谓是美国文化研究不可或缺的催生力量,但在美国文化研究形塑过程中发挥灵魂作用的,无疑是"一个在伯明翰的美国人"——劳伦斯·格罗斯伯格,"讨论美国的文化研究是以格罗斯伯格的工作为特别参照而进行的"。③ 通过主编《文化研究》、组织召开文化研究大会,格罗斯伯格彰显了美国文化研究在世界文化研究共同体中的地位、整合了美国文化研究的教学与科研资源。基于格罗斯伯格给《文化研究》的定位:"在世界范围内发展,使来自各个国家、拥有不同知识传统的学者、研究人员、学者及从业人员相互联系并了解各自的工作",美国文化研究"采取了决定性的、整合松散的下属学科的形式,包括突出的媒介研究,性事、性、身体研究,科技研究,身份和多元文化研究,都市和社区研究,政治、经济、文化和全球化研究,以及通俗文化、商品化和消费主义研究"。④ 格罗斯伯格在 1983 年组织召开的以"马克思主义与阐释"为主题的世界文化研究大会,把文化研究的视野扩大到了"整个文化实践领域",完成了文化研究转变为学术性文化研究的准备工作。⑤ 1990年,格罗斯伯格组织召开了以"文化研究:现状与未来"为主题的文化研究大会;这次会议成就了菲斯克的学术性文化研究第一普及人地位,并因此加速了

---

① 文森特·B. 利奇(Vincent B. Leitch)、卡特尔·R. 刘易斯(Mitchell R. Lewis):《美国的文化研究》,王晓路译,《文化研究》第 7 辑,广西师范大学出版社,2007 年,第 237 页。

② 该宣言最初载于《中西部现代语言协会会刊》(*Journal of the Midwest Modern Language Association*)1991 年第 24 期,其中文译介见拙文《重温"文化研究宣言"》,《外国文学评论》,2012 年第 2 期,第 235—239 页。

③ Alan O'Conner (1996) "The problem of American cultural studies", in John Storey (ed.) *What Is Cultural Studies? A Reader*, London: Arnold, p. 187.

④ 文森特·B. 利奇(Vincent B. Leitch)、卡特尔·R. 刘易斯(Mitchell R. Lewis):《美国的文化研究》,王晓路译,《文化研究》第 7 辑,广西师范大学出版社,2007 年,第 234 页。

⑤ 一些批评家对这次会议进行了批评,认为它把文化研究原有的激进主义简约为了文本化的阐释;详见 John Hartley (2003) *A Short History of Cultural Studies*, London: Sage, p. 157.

美国文化研究全面转化为教学机器。

格罗斯伯格的努力得到了纳尔逊等同道的帮助、菲斯克与米勒等友人的策应,美国因此成为了文化研究教学的大国,文化理论的枢纽与中转站;经过美国化过滤的主要作为一种学术实践的文化研究,从美国先后播散到世界各地,包括邻近的加拿大,①同处西半球的拉丁美洲,②遥远的亚洲。③ 意蕴丰富的"三 A 轴心"(Three-A Axis)文化研究帝国随之出现。作为一个文化研究术语,"三 A 轴心"的"三 A"源自分别表示英国、澳大利亚、美国三国的 Anglo-saxon、Australia、America 等三个单词的首字母;"三 A 轴心"的形成不仅标志着伯明翰学派所代表的英国文化研究"联系并跨越了传播及大众传媒研究诸领域,已然具有世界影响,在英语国家尤其如此",④而且因为它的形成过程同时也是文化研究孕育、显影于世界其他国家和地区,同时标志着文化研究世界帝国的出现。如今,作为文化研究世界帝国化身的世界文化研究协会(Cultural Studies Association)已有会员国 100 多个,分布在世界各地,卓有成效地推动了文化研究在世界范围内的普及与发展;从作为学科发展衡量标准的文献索引来看,文化研究的发展规模与速度是毋庸置疑的。首先,根据 WorldCat(世界书目)与 Eric(艾瑞克)两大人文、社会科学与媒体数据库,文化研究与大众文化在 1960 年的索引数据分别仅为 23 与 34,到 1970 年时分别大幅增加到了 100 与 77,到 1991 年时则分别飙升到了 431 与 314。其次,作为一个市场的文化研究出版空前繁荣;以 Sage(圣贤)、Routledge(劳特里奇)、Arnold(阿诺德)、Verso(韦尔索)为代表的知

---

① 2003 年于 1 月 31 日,加拿大文化研究学会(Canadian Association for Cultural Studies)在麦克马斯特(McMaster)大学召开了第一届年会;详见唐维敏:"文化研究:'中心'的消失、'学会'的跨界、出版的'热火'",http://media.szu.edu.cn/Article/ShowArticle.asp?ArticleID=3268,2006-11-11。

② 面对由本土大众文化与以美国为代表的外来大众文化混杂而成的大众文化及大众文化实践,以加西亚·康克林尼(García Canclini)及马丁·巴伯托(Martin-Barberto)为代表的拉丁美洲文化研究理论家通过聚焦于媒体与民主、多声部公共空间的建立等问题,以及融合(syncetism)、杂交(hybridization)、混血(mestizaje)等分析范畴的提出,卓有成效地分析了自己身处其中的独特大众文化实践——种种文化挪用、改造与发言(vocalization)。详见 Marjorie Ferguson and Peter Golding (1995) "Cultural Studies and Changing Times: An Introduction", in Marjorie Ferguson and Peter Golding (eds.) *Cultural Studies in Question*, London: Sage, xvii。

③ 1992 年,题为"踪迹"(Trajectories)的第一次亚洲文化研究会议在中国台北召开,它不仅促成了"亚际文化研究学会"(Inter-Asia Cultural Studies Society)的诞生,而且催生了作为阵地的《亚际文化研究》(*Inter-Asia Cultural Studies*)。

④ Jim McGuigan (1992) *Cultural Populism*, London: Routledge, p.4。

名文化研究出版机构出版的各类文化研究图书,在1995—1996年期间为234种,①在2010—2011年期间已经突破1000种。

文化研究"三A轴心"的存在标志着使用相同语言、拥有大致相同文献及思想家的英、澳、美三国分享世界文化研究的支配权,或者正如阿克巴·阿巴斯(Ackbar Abbas)与约翰·厄尼(John Erni)所指出的那样,尽管文化研究如今已国际化到世界的每个角落,文化研究的话语权仍然由英、澳、美三国紧紧地把持,而它们之外的文化研究仅能作为在场的缺席出现在文化研究史的书写之中。② 然而,这并非是文化研究世界大同的能指。在文化研究"三A轴心"的形成及文化研究世界帝国的建立过程中,作为一门学科、一种另类学术实践的文化研究已然发生一系列异质性变化:

> 同时从智识与空间的角度来看,文化研究的跨国与跨专业发展已成为类似旅行见闻的东西。记录一次更具好莱坞风格而不是荷马式的奥德赛,我们可以追踪思想、理论、方法与人——守护神、超级明星、热心的信徒,以及真正的信仰者——的全球播散。在这个过程中,工作方式与特定利益的国家、地区及流散差异根植于历史、地理、文化与政治的具体经验之中。③

更加准确地讲,当下的文化研究正呈现出一种"差异中的同一性",同时表征同一性、全球性、地方性、混杂性、碎片化。"[19]80年代中期以后,文化研究已经逐渐不再具有特定的指称,它已经快速地浸入各个领域,所召唤的是一群不愿意被绑锁在单一既定的学科之中,或是仅专注于特定文化形式的研究者"。④ 文化研究异质性变化的发生,既与文化研究旅行所到之处的政治、文化、历史及地理语境的差异有关,同时也关乎旅行本身。爱德华·萨义德在论述"旅行理论"这一概念时指出,理论和思想的旅行必然经历四

---

① Marjorie Ferguson and Peter Golding (1995) "Cultural Studies and Changing Times: An Introduction", in Marjorie Ferguson and Peter Golding (eds.) *Cultural Studies in Question*, London: Sage, xiv—xv.

② Ackbar Abbas and John N. Erni (2006) *Internationalizing Cultural Studies: An Anthology*, Beijing: Peking University Press.

③ Marjorie Ferguson and Peter Golding (1995) "Cultural Studies and Changing Times: An Introduction", in Marjorie Ferguson and Peter Golding (eds.) *Cultural Studies in Question*, London: Sage, xiv.

④ 陈光兴:《英国文化研究的谱系学》,《思想文综》第4辑,暨南大学出版社,1999年,第10页。

个主要阶段：

> 首先,存在着出发点,或者似乎类似于一组起始的环境,在那里思想得以降生或者进入话语之内。其次,存在着一个被穿越的距离,一个通过各种语境之压力的通道,而思想从较早一个点进入另一种时间和空间,从而获得了一种新的重要性。第三,存在着一组条件——称之为接受的条件好了,或者是抵抗(接受过程必不可少的一部分)的条件——而抵抗的条件对抗着被移植过来的理论或思想,也使得对这种理论与思想的引进和默认成为可能,无论它们显得多么疏远。最后,现在已经完全(或者部分)被纳(或吸收)的思想,在某种程度上被其新的用法及其在新的时间与空间中的新位置所改变。①

即是说,"旅行"一词已经不再纯真无邪,势必导致跨语境旅行的理论发生变化、呈现出异质性；环球旅行之后的文化研究不再可能是发端于伯明翰当代文化研究中心时的文化研究。尽管文化研究仍为哈特利所谓的"一个由读者及学生构成的想象性社区",但这个社区的成员/读者已然发生很大变化：

> 最初,文化研究的读者被认为是成人,也许是男性,政治激进或者在信仰方面已经是社会主义者,在某些政治或者智识追求方面是激进主义者。后来,其读者变为年轻化的、女性化的、种族多元的、文化多元的、体制化的学生。虽然他们不再被认为是激进的或激进主义者,但仍然经常受到极端激进主义者的鼓励(通常是用笔,而不是用剑)。他们也被国际化了,从英格兰及欧洲到美国,再从那里到出版商所谓的ROW——世界其他各地。②

文化研究这一想象性社区的成员/读者的变化,不但体现在如上所述的历时或纵向差异,而且也有共时或横向的差异。文化研究繁荣于 1980 年代的英国时,它所吸引的读者主要为本科生,但在美国,文化研究研习者则主要为研究生。这一变化或差异不仅造成了文化研究在英美两国学院机构中的发展壮大速度的差异,而且导致了文化研究在英美两国学术生产、出版方面的

---

① 转引自刘禾:《跨文化研究的语言问题》,宋伟杰译,载许宝强、袁伟选编:《语言与翻译的政治》,中央编译出版社,2001 年,第 228—229 页。原文见 Edward Said (1983) *The World, the Text, and the Critic*, Cambridge: Harvard University Press, pp. 226—7。

② John Hartley (2003) *A Short History of Cultural Studies*, London: Sage, p. 150.

差异。

　　与读者的变化密切相关的,是文化研究出版物作用的微妙变化。当初的文化研究出版物旨在建立起作者与读者间的平等关系、启蒙关系,比如《文化的用途》旨在吸引"智识的门外汉"、激发起他们保护本真工人阶级文化的热情,《通俗艺术》旨在服务于激进的或有改革思想的中学老师及社会改革活跃分子、帮助他们形成对大众媒体的正确认识。进入1980年代以后,文化研究出版物试图在作者与读者之间建立起一种权力关系:作者为有知识的主体——教育者、读者为索取知识的客体——学位课程的攻读者。近年来,随着代表文化研究研发阶段结束的文化研究选集的方兴未艾,文化研究出版物的功能定位进一步发生变化;正逐渐走向智识财产的标准化及商业化,成为一种谋取商业利润的工具。

　　另外,文化研究的研究方法渐趋多元化。如何做文化研究? 如何实现文化产品(比如书籍、戏剧)、文化实践(比如交流、意义生产)的意义由"沉默"到"显在"的转化? 或者具体地讲,如何收集素材? 是否可以将所收集素材进行归纳推理? 如何分析或解读语言、视觉形象、视听材料的文化意义? 如何在意义世界与权力世界建立因果联系? 如何实现理论与实践的结合? 文化研究诞生以降,这些方法问题一直在困扰着文化研究理论家及实践者。作为"丰盈的哲学"(philosophy of plenty)的文化研究,其先锋性特征使得它难以接受研究或实践方法的标准化或典范化;人们不但可以自愿选择是否进入文化研究领域,而且可以根据自己的喜好、目的挪用不同理论及方法。所以,总体而言,流行于当下文化研究中的研究方法不仅包括艺术及人文背景的实践者所惯常使用的不具复制性(one-off)的定性分析方法,比如文本细读、意识形态批判、人种志,而且一些源自社会科学的可复制的定量分析方法也加入了其中,比如统计分析。或者如哈特利所言:"文化研究所继承下来的方法论包括主要从视觉艺术那里引入的构成主义(constructivist)法,以及在社会科学之中更为熟悉的现实主义方法"。[①] 前者试图显现真实的被建构性,尤其是其社会被建构性,聚焦于事物所表征的权力,而非其本质;后者则主张使用科学的观察及经验性方法探寻独立于观察者而存在的客观信息。

　　源自旅行的文化研究异质性变化已然有目共睹。就世界范围而言,这一情势非但没有损伤文化研究揭示文化与权力间关系的本旨,而且赋予它

---

[①] John Hartley（2003）*A Short History of Cultural Studies*, London: Sage, p.61.

更为强大的生命力,促成它将殖民小旗插满全球。文化研究异质性变化的发生与存在,既是文化研究的动态特征,同时也是其开放性的能指。文化研究,尤其是伯明翰学派所代表的英国文化研究,始终是一个开放的场域;正因如此,文化研究"已经证明为一个活跃的论辩及对话场域",①或者更加形象地讲,一个竞技场,其间的各种理论或方法持续地对决,各领风骚若干年。这一现象的发生,在一定程度上是因为没有人能够简单或精确地回答"什么是文化研究?"这一问题,②以及文化研究对这一问题的长期不屑一顾。一如柯林·斯巴克斯(Colin Sparks)所言:

> 对"文化研究"进行任何精准程度的界定都极为困难。不可能划出一条明晰的线来,说我们可以在其一侧找到文化研究的恰当领域。也不可能指出独特于它或者代表它的整齐划一的理论或者方法。出自文学批评、社会学、历史、媒体研究等的观念、方法及关切所组成的真切的"破烂之物"(ragbag),总括为文化研究这一方便之名。③

所以,文化研究所挪用的各种理论资源及研究方法,彼此间不断进行形式多样且内容丰富的博弈。不同于普通竞技场的是,在"代表对世代继承的真理获得认同的持续能力的普遍怀疑及觉醒"的文化研究中,④没有胜利者和失败者,唯有中心与边缘之别,因为"从辩论的策略上来讲,文化研究通常拒绝被逼到死角,走向极端,而往往在辩论的两极之间寻中间位置;他们深信辩论的目的不在于获胜,而在于如何使分析能够贴近现实世界"。⑤ 在不同历史发展时期、不同语境下具支配或中心地位的理论资源、研究方法各不相同,但这并不意味着处于从属或边缘地位的理论资源、研究方法全然失效,因为文化研究一直拒绝"为界定其边界或中心而生产或接受经典化的标准;尽管该领域并非无形,但其地貌特征远非固定,其间的任何立场都可

---

① John Hartley (2003) *A Short History of Cultural Studies*, London: Sage, p. 2.
② 对"何为英国文化研究?"这一问题的回答同样如此:尽管我们可以清晰地辨识出英国文化研究的专业刊物、学术会议、学位课程等,尽管我们很明了英国文化研究直接联系着威廉斯、霍加特、汤普森、霍尔等英国学者,但鉴于英国文化研究对异域资源的挪用,比如阿尔都塞的意识形态国家机器理论、福柯的权力话语理论、葛兰西的霸权理论,我们的意识立刻便会模糊起来,无法为该问题提供满意的答案。
③ Colin Sparks (1996) "The evolution of cultural studies...", in John Storey (ed.) *What Is Cultural Studies?: A Reader*, London: Arnold, p. 15.
④ John Hartley (2003) *A Short History of Cultural Studies*, London: Sage, p. 2.
⑤ 陈光兴:《英国文化研究的谱系学》,《思想文综》第4辑,暨南大学出版社,1999年,第15—16页。

宣称自己所占据的位置比其他立场更高或者离中心更近"。① 正因如此,不同历史发展时期、不同地区的文化研究之间既有异质性变化的存在,同时又会呈现出同质的特征,比如论战性、跨学科性、现实关怀、学院性等。

最后必须指出的是,由"三 A 轴心"帝国的建立所代表的文化研究全球大发展并非意味着文化研究已与危机绝缘;事实恰好相反。1980 年代以降,文化研究体制化在促成"三 A 轴心"帝国建立的同时,不无悖论地制造了文化研究的一场又一场危机,让文化研究一次又一次徘徊在"十字路口";自从 1996 年在芬兰坦佩雷(Tampere)召开第一届"文化研究十字路口大会"(Crossroads in Cultural Studies)以来,世界文化研究协会已经九次开会讨论文化研究的何去何从。② 尽管《文化研究》曾在 1998 年发专刊讨论文化研究的学科体制化问题,尤其是体制化的风险,但文化研究却未能因此免遭体制化之害:2002 年 6 月 26 日,伯明翰大学以科研水平低下为由、专业重组为名关闭了其文化研究与社会学系。③ 如果说伯明翰当代文化研究中心在 1987 年与社会系的合并表示文化研究开始走向衰落,④那么关闭或撤销文化研究与社会学系说明文化研究因为"权力"的毁灭不再拥有"一间属于自己的房间"。此后,越来越多的文化理论家与实践者参与到了"保卫文化研究运动"之中。根据文化研究十字路口大会官方网站(http://www.crossroads2012.org/? q = en/node/5),3100 多位分布在世界各地的文化理论家与实践者向 2012 年 7 月 2—6 日在巴黎举办的第九次文化研究十字路口大会提交了论文;这一事实是否标志着(英国)文化研究的发展已然柳暗花明尚待考察,但确实证明了不再有家的(英国)文化研究实则处处有家。从其发展历程来看,文化研究定将持续繁荣,继续作为一门学科稳步发展。首

---

① John Fiske (1996) "Down with cultural studies", *Cultural Studies*, 10(2), p. 370.

② "文化研究十字路口大会"由世界文化研究协会主办,定位于考察文化研究的现状、规划文化研究的未来,每两年召开一次,迄今已在世界不同地方召开过九次。参见唐维敏:"文化研究:'中心'的消失、'学会'的跨界、出版的'热火'", http://media.szu.cn/Article/ShowArticle.asp? ArticleID = 3268。

③ 2002 年 4 月,伯明翰大学即将关闭其"赚钱机器"——文化研究与社会学系——的消息开始在校园传播;2002 年 6 月 21 日,该系老师收到了校方的电子邮件,被告知学校决定将文化研究与社会学系重组为社会学系,以及该决定将于 6 月 26 日正式生效。详见 *The Guardian*, June 27, 2002。

④ Charlotte Brunsdon (1996) "A Thief in the Night: Stories of feminism in the 1970s at CCCS", in David Morley and Kuan-Hsing Chen (eds.) *Stuart Hall: Critical Dialogues in Cultural Studies*, London: Routledge, p. 285.

先,如前所述,英国文化研究诞生于二战后人文知识分子介入社会的需要,发展于论争;围绕文化现实进行论争、揭示其间的不平等关系,这既是英国文化研究的根本特征之一,同时也是其活力之源。尽管从理论上讲,英国文化研究可能会随着学院体制的进一步规训逐渐丧失论战的空间,但事实上,其间的论战空间仍旧巨大;一方面是新的文化现实不断涌现,另一方面是"什么是文化?"、"如何做文化研究?"等问题常谈常新。所以,"理论之后"的文化研究仍将动力十足。其次,孕育了文化研究的高等教育危机依然悬而未决。就英国人文及社会科学而言,这场始于"标准之争"的高等教育危机主要针对那些"工学院讲师",虽然作为大学教授的威廉斯也曾遭遇"教育不足"的指责。① 在人们的定型化想象中,那些未能在1960年代谋到大学教职而在工学院讲授人文及社会科学的讲师们是"不符合标准"的,因此经常被人戏谑地称为"60年代的野蛮人"、被第一个贴上了高文盲率制造者的标签。标准之争至今尚未了结,而且大有蔓延之势。自撒切尔政府的《贝克教育议案》(The Baker Education Bill)出台以来,被指控者的范围进一步扩大:除以前的高等教育以外,又加上了免费公立教育制度、学校体制;指控者的范围也扩大了:除以前的人文学科宿敌以外,英国王室也加入了进来。

标准之争的新近发展既表征着英国支配集团对教育体系实行计算机化管理和公司化管理的希望,也传递着它对以改革现有文学及历史教育为核心的民族性教学大纲的迫切要求。如果说前者是全球技术官僚化的结果,那么后者便是对撒切尔主义的策应,其目的在于分清敌友或者发现谁仍是真正的英国人。当下的英国支配集团急迫地盼望着这一目的实现,因为作为现代民族国家的大英帝国的衰落、瓦解不但使英国人的民族身份、民族文化纷纷陷入了危机之中,而且使英国遭遇了一系列"他者"的威胁:苏格兰与北爱地区等国内各地、欧洲大陆、美国、日本。在这样一种情势之下,有望消除不安与不确定性的民族性教学大纲应运而生,已被全球移民及文化权力争夺等因素离间的等级制传统文化重新回到了教学的中心舞台。然而,这并非是人文学科的胜利;它们只不过被询唤为防御性运作中的最后堡垒而已。人文学科同样受制于支配集团的技术管理体制,更何况技术官僚体制已然侵透于其中;民族身份、民族文化的建构仍将由支配集团控制。从这

---

① 当威廉斯最初对"文化"一词的不同用法提出疑问时,人们认为这主要是他的"教育不足"(incomplete education)使然;详见 Raymond Williams([1976]1985) *Key Words: A vocabulary of culture and society*, New York: Oxford University Press, p.16。

个意义上讲,旨在揭示战后英国社会的社会与文化变迁的文化研究依然任重而道远,因此仍可大有作为:

> 文化研究的使命一直是致力于帮助人们理解正在发生的现实,尤其是向所有的这类人提供思考方法、生存策略及进行抵抗的资源,他们现在——在经济、政治及文化意义上——被排除在了任何可被称做是通往民族共同体的民族文化的路径之外:从这个意义上讲,文化研究仍然肩负着它曾经在1960年代及1970年代所肩负过的历史重任。[①]

英国文化研究如此,相对年轻的中国文化研究更是如此。在文化研究后发之地从事文化研究的中国学人,毋庸置疑可以借助文化研究在现实改造中大有作为,只要他们(抑或我们)愿意重返伯明翰,从源头上了解英国文化研究的发展历程,把握可资利用的理论资源及研究范式,有效地实现文化研究的本土化。

---

① Stuart Hall (1990) "The Emergence of Cultural Studies and the Crisis of the Humanities", *October*, vol. 53, p. 22.

# 主要参考文献

## 中文部分

〔美〕本尼迪克特·安德森:《想象的共同体:民族主义的起源与散布》,吴叡人译,上海世纪出版集团,2005 年

〔英〕佩里·安德森、帕屈克·卡米勒主编:《西方左派图绘》,张亮、吴勇立译,江苏人民出版社,2002 年

〔英〕安诺德:《安诺德文学评论选集》,殷葆瑺译,人民文学出版社,1958 年

〔法〕路易·阿尔都塞:《保卫马克思》,顾良译,商务印书馆,1984 年

〔英〕马修·阿诺德:《文化与无政府状态:政治与社会批评》(修订译本),韩敏中译,生活·读书·新知三联书店,2008 年

〔法〕罗兰·巴尔特:《符号学原理》,王东亮等译,生活·读书·新知三联书店,1999 年

〔法〕罗兰·巴特:《神话——大众文化诠释》,许蔷蔷、许绮玲译,上海人民出版社,1999 年

〔法〕罗兰·巴特:《神话修辞术,批评与真实》,屠有祥、温晋仪译,上海人民出版社,2009 年

〔法〕罗兰·巴特:《文艺批评文集》,怀宇译,中国人民大学出版社,2010 年

〔英〕齐格蒙特·鲍曼:《作为实践的文化》,郑莉译,北京大学出版社,2009 年

〔英〕贝弗里奇:《贝弗里奇报告——社会保障和相关服务》,劳动和社会保障部社会保险研究所译,中国劳动社会保障出版社,1995 年

〔美〕杰里·本特利、赫伯特·齐格勒:《新全球史》(第三版),魏凤莲、张颖、白玉广译,北京大学出版社,2009 年

〔匈〕雷尼·彼得编:《1956 年匈牙利事件的经过和历史教训》,赵平生等译,人民出版社,1984 年

〔法〕让·波德里亚:《象征交换与死亡》,车槿山译,译林出版社,2006 年

〔法〕让·波德里亚:《消费社会》,刘成富、全志钢译,南京大学出版社,2001 年

〔英〕彼得·伯克:《欧洲近代早期的大众文化》,杨豫、王海良等译,上海人民出版社,2005 年

〔英〕彼得·伯克:《法国史学革命:年鉴学派 1929—1989》,刘永年译,北京大学出版社,2006 年

〔美〕艾莉森·利·布朗:《福柯》,聂保平译,中华书局,2002 年

〔法〕马克·布洛赫:《为历史学辩护》,张和声、程郁译,中国人民大学出版社,2006 年

〔法〕J. M. 布罗克曼:《结构主义》,李幼燕译,商务印书馆,1980 年

陈来:《中国近代思想史研究》,商务印书馆,2003 年

陈辽:《新时期的文学思潮》,辽宁大学出版社,1986 年

陈晓律:《英国福利制度的由来与发展》,南京大学出版社,1996 年

程汉大:《英国政治制度史》,中国社会科学出版社,1995 年

程西筠、王璋辉:《英国简史》,商务印书馆,1981 年

程巍:《中产阶级的孩子们》,生活·读书·新知三联书店,2006 年

程巍:《隐匿的整体》,河南大学出版社,2009 年

戴锦华:《隐形书写——90 年代中国文化研究》,江苏人民出版社,1999 年

戴锦华:《犹在镜中——戴锦华访谈录》,知识出版社,1999 年

戴锦华:《雾中风景:中国电影文化 1978—1998》,北京大学出版社,2000 年

戴锦华主编:《书写文化英雄:世纪之交的文化研究》,江苏人民出版社,2000 年

戴锦华:《涉渡之舟——新时期中国女性写作与女性文化》,陕西人民教育出版社,2002 年

戴锦华:《电影批评》,北京大学出版社,2004 年

戴锦华:《镜与世俗神话:影片精读 18 例》,中国人民大学出版社,2004 年

〔法〕雅克·德里达:《论文字学》,汪堂家译,上海译文出版社,1999 年

〔法〕雅克·德里达:《多义的记忆——为保罗·德曼而作》,蒋梓骅译,中央编译出版社,1999 年

〔法〕雅克·德里达:《马克思的幽灵:债务国家、哀悼活动和新国际》,何一译,中国人民大学出版社,1999 年

〔法〕雅克·德里达:《书写与差异》(上、下册),张宁译,生活·读书·新知三联书店,2001 年

〔法〕雅克·德里达:《声音与现象》,杜小真译,商务印书馆,2005 年

丁建成、杨凤娟:《英国社会保障制度的发展》,中国劳动社会保障出版社,2004 年

〔日〕渡边公三:《列维-斯特劳斯结构》,周维宏等译,河北教育出版社,2002 年

〔澳〕约翰·多克:《后现代主义与大众文化》,吴松江、张天飞译,辽宁教育出版社,2001 年

〔法〕弗朗索瓦·多斯:《从结构到解构:法国 20 世纪思想主潮》(上、下卷),季广茂译,中央编译出版社,2005 年

〔法〕弗朗兹·法农:《全世界受苦的人》,万冰译,译林出版社,2005年
〔法〕弗朗兹·法农:《黑皮肤,白面具》,万冰译,译林出版社,2005年
〔美〕凡勃伦:《有闲阶级论》,蔡受百译,商务印书馆,2004年
方汉文:《后现代主义文化心理:拉康研究》,上海三联书店,2000年
方汉文:《比较文化学》,广西师范大学出版社,2003年
〔英〕迈克·费瑟斯通:《消费主义与后现代主义》,刘精明译,译林出版社,2000年
〔美〕斯坦利·费什:《读者反应批评:理论与实践》,文楚安译,中国社会科学出版社,1998年
〔美〕约翰·菲斯克等编:《关键概念:传播与文化研究辞典》,李彬译注,新华出版社,2003年
付德根、王杰:《20世纪英国马克思主义文艺理论研究》,北京大学出版社,2012年
〔法〕米歇尔·福柯:《规训与惩罚》,刘北成、杨远婴译,生活·读书·新知三联书店,2003年
〔法〕米歇尔·福柯:《词与物》,莫伟民译,上海三联书店,2001年
〔法〕米歇尔·福柯:《性经验史》(增订版),畲碧平译,上海人民出版社,2002年
〔法〕米歇尔·福柯:《知识考古学》,谢强、马月译,生活·读书·新知三联书店,2003年
〔法〕米歇尔·福柯:《古典时期疯狂史》,林志明译,生活·读书·新知三联书店,2005年
高宣扬:《流行文化社会学》,中国人民大学出版社,2006年
〔法〕吕西安·戈德曼:《文学社会学方法论》,段毅、牛宏宝译,工人出版社,1989年
〔法〕吕西安·戈德曼:《隐蔽的上帝》,蔡鸿宾译,百花文艺出版社,1998年
〔美〕克里福德·格尔茨:《文化的解释》,韩莉译,译林出版社,1999年
〔意〕安东尼奥·葛兰西:《狱中札记》,曹雷雨等译,中国社会科学出版社,2000年
〔德〕马丁·海德格尔:《在通向语言的途中》,孙周兴译,商务印书馆,2001年
贺桂梅:《人文学的想象力——当代中国思想文化与文学问题》,河南大学出版社,2005年
洪堡:《中央情报局档案》,上海社会科学院出版社,2005年
扈海鹂:《解读大众文化——在社会学的视野中》,上海人民出版社,2003年
〔美〕华勒斯坦等:《学科·知识·权力》,刘健芝等编译,生活·读书·新知三联书店,1999年

黄伟合:《英国近代自由主义研究——从洛克、边沁到密尔》,北京大学出版社,2005年

〔美〕海登·怀特:《后现代历史叙事学》,陈永国、张万娟译,中国社会科学出版社,2003年

〔英〕斯图亚特·霍尔编:《表征——文化表象与意指实践》,徐亮、陆兴华译,商务印书馆,2003年

〔德〕马克斯·霍克海默、西奥多·阿道尔诺:《启蒙辩证法:哲学断片》,渠敬东、曹卫东译,上海世纪出版集团,2006年

〔英〕特伦斯·霍克斯:《结构主义和符号学》,瞿铁鹏译,上海译文出版社,1987年

〔英〕F.E.霍利迪:《简明英国史》,洪永珊译,江西人民出版社,1985年

〔英〕安东尼·吉登斯:《现代性的后果》,田禾译,译林出版社,2000年

〔美〕弗雷德里克·杰姆逊:《后现代主义与文化理论——弗·杰姆逊教授演讲录》,唐小兵译,陕西师范大学出版社,1987年

〔美〕弗雷德里克·杰姆逊:《文化转向》,胡亚敏等译,中国社会科学出版社,2000年

〔美〕弗雷德里克·杰姆逊、三江好夫主编:《全球化的文化》,马丁译,南京大学出版社,2002年

〔英〕约翰·凯里:《知识分子与大众:文学知识界与偏见,1880—1939》,吴庆宏译,译林出版社,2008年

〔德〕康德:《纯粹理性批判》,蓝公武译,商务印书馆,2004年

〔美〕戴安娜·克兰:《文化生产:媒体与都市艺术》,赵国新译,译林出版社,2001年

〔英〕丹尼·卡瓦拉罗:《文化理论关键词》,张卫东、张生、赵顺宏译,江苏人民出版社,2006年

〔法〕雅克·拉康:《拉康选集》,褚孝泉译,上海三联书店,2000年

〔英〕恩斯特·拉克劳、查特尔·墨菲:《领导权与社会主义的策略——走向激进民主政治》,尹树广、鉴传今译,黑龙江人民出版社,2003年

〔法〕让-弗朗索瓦·利奥塔:《后现代状况》,车槿山译,生活·读书·新知三联书店,1997年

〔英〕埃德蒙·利奇:《列维-斯特劳斯》,吴琼译,昆仑出版社,1999年

〔英〕F.R.利维斯:《伟大的传统》,袁伟译,生活·读书·新知三联书店,2002年

李泽厚:《中国现代思想史论》,天津社会科学院出版社,2003年

〔法〕克劳德·列维-斯特劳斯:《忧郁的热带》(第二版),王志明译,生活·读书·新知三联书店,2005年

〔法〕克洛德·列维-斯特劳斯:《神话学:生食和熟食》,周昌忠译,中国人民大学出版社,2007年

刘成:《理想与现实——英国工党与公有制》,江苏人民出版社,2003年

刘纲纪主编:《马克思主义美学研究》第三辑,广西师范大学出版社,2000年

刘守兰:《英美名诗解读》,上海外语教育出版社,2003年

刘文龙、袁传伟主编:《世界文化史》(近代卷),浙江人民出版社,1999年

楼宇烈主编:《东方文化大观》,安徽人民出版社,1996年

〔匈〕卢卡奇:《历史与阶级意识》,杜章智等译,商务印书馆,2004年

陆扬、王毅选编:《大众文化研究》,上海三联书店,2001年

陆扬、王毅:《文化研究导论》,复旦大学出版社,2006年

〔美〕布鲁斯·罗宾斯:《全球化中的知识左派》,徐晓雯译,中国社会科学出版社,2000年

〔美〕利奥·洛文塔尔:《文学、通俗文化和社会》,甘锋译,中国人民出版社,2012年

罗钢、刘象愚主编:《大众文化读本》,中国社会科学出版社,2000年

罗钢、王中忱主编:《消费文化读本》,中国社会科学出版社,2003年

马海良:《文化政治美学——伊格尔顿批评理论研究》,中国社会科学出版社,2004年

〔英〕马林诺夫斯基:《文化论》,费孝通等译,中国民间文艺出版社,1987年

〔英〕吉姆·麦克盖根:《文化民粹主义》,桂万先译,南京大学出版社,2001年

〔英〕安吉拉·麦克罗比:《文化研究的用途》,李庆本译,北京大学出版社,2007年

〔意〕萨尔沃·马斯泰罗内主编:《一个未完成的政治思索:葛兰西的〈狱中札记〉》,黄华光、徐力源译,社会科学文献出版社,2001年

〔英〕W.N.梅德利科特:《英国现代史(1914—1964)》,张毓文等译,商务印书馆,1990年

〔英〕劳拉·穆尔维:《恋物与好奇》,钟仁译,上海人民出版社,2007年

〔美〕理查德·H.佩尔斯:《激进的理想与美国之梦——大萧条中的文化与社会思想》,卢元中等译,上海外语教育出版社,1992年

钱乘旦、陈晓律:《英国文化模式溯源》,上海社会科学院出版社,2003年

钱乘旦、许洁明:《英国通史》,上海社会科学院出版社,2007年

钱穆:《中国文化史导论》(修订本),商务印书馆,1994年

秦喜清:《让-弗·利奥塔:独树一帜的后现代理论家》,文化艺术出版社,2002年

〔日〕日本世界教育史研究会编:《六国教育技术史》,李永连、赵秀琴、李秀英译,教育科学出版社,1984年

〔法〕弗朗西斯·让松:《存在与自由——让-保罗·萨特传》,刘甲桂译,北京大学出版社,1997年

〔美〕爱德华·W. 萨义德:《文化与帝国主义》,李琨译,生活·读书·新知三联书店,2003年

〔美〕爱德华·W. 萨义德:《东方学》,王宇根译,生活·读书·新知三联书店,2007年

单天伦主编:《当代美国社会科学》,社会科学出版社,1993年

〔英〕尼克·史蒂文森:《认识媒介文化——社会理论与大众传播》,王文斌译,商务印书馆,2001年

〔英〕阿伦·斯克特、克里斯·库克:《战后英国政治史》,王子珍、秦新民译,世界知识出版社,1985年

〔英〕约翰·斯道雷:《文化理论与通俗文化导论》,杨竹山等译,南京大学出版社,2001年

〔英〕约翰·斯道雷:《文化消费与日常生活》,张君玫译,台湾巨流图书公司,2002年

〔英〕约翰·斯道雷:《记忆与欲望的耦合——英国文化研究中的文化与权力》,徐德林译,广西师范大学出版社,2007年

〔美〕约翰·斯梅尔:《中产阶级文化的起源》,陈勇译,上海人民出版社,2006年

〔英〕多米尼克·斯特里纳蒂:《通俗文化理论导论》,阎嘉译,商务印书馆,2003年

〔英〕阿兰·斯威伍德:《大众文化的神话》,冯建三译,生活·读书·新知三联书店,2003年

〔英〕休·索海姆:《激情的疏离:女性主义电影理论导读》,艾晓明等译,广西师范大学出版社,2007年

〔瑞士〕费尔迪南·德·索绪尔:《普通语言学教程》,高名凯译,商务印书馆,1980年

〔英〕爱德华·泰勒:《人类学:人及其文化研究》,连树声译,广西师范大学出版社,2004年

〔英〕汤林森:《文化帝国主义》,冯建三译,上海人民出版社,1999年

〔英〕E. P. 汤普森:《英国工人阶级的形成》(上、下册),钱乘旦译,译林出版社,2001年

陶东风:《文化研究:西方与东方》,北京师范大学出版社,2001年

陶东风主编:《文化研究精粹读本》,中国人民大学出版社,2006年

〔澳〕Graeme Turner(格雷姆·特纳):《英国文化研究导论》,唐维敏译,台湾亚太出版社,1998年

〔英〕伊恩·P. 瓦特:《小说的兴起:笛福、理查逊、菲尔丁研究》,高原、董红钧

译,生活·读书·新知三联书店,1992 年

王逢振主编:《詹姆逊文集》(1—4 卷),中国人民大学出版社,2004 年
王逢振、王晓路、张中载编:《文化研究选读》,外语教学与研究出版社,2007 年
汪民安:《谁是罗兰·巴特》,江苏人民出版社,2005 年
汪民安主编:《文化研究关键词》,江苏人民出版社,2007 年
王晓路等:《文化批评关键词研究》,北京大学出版社,2007 年
王晓明主编:《在新意识形态的笼罩下——90 年代的文化和文学分析》,江苏人民出版社,2000 年
王岳川:《发现东方》,北京图书馆出版社,2003 年
〔意〕维·维达利:《"苏联共产党第二十次代表大会"日记》,王德树译,东方出版社,2006 年
〔美〕罗尔夫·魏格豪斯:《法兰克福学派:历史、理论及政治影响》,孟登迎、赵文、刘凯译,上海人民出版社,2010 年
〔英〕雷蒙德·威廉斯:《文化与社会》,吴松江、张文定译,北京大学出版社,1991 年
〔英〕雷蒙德·威廉斯:《现代主义的政治——反对新国教》,阎嘉译,商务印书馆,2002 年
〔英〕雷蒙·威廉斯:《关键词:文化与社会的词汇》,刘建基译,生活·读书·新知三联书店,2005 年
〔英〕雷蒙德·威廉斯:《现代悲剧》,丁尔苏译,译林出版社,2007 年
吴猛、和新凤:《文化权力的终结:与福柯对话》,四川人民出版社,2003 年
萧俊明:《文化转向的由来》,社会科学文献出版社,2004 年
许宝强:《资本主义不是什么》,上海人民出版社,2007 年
许宝强、袁伟选编:《语言与翻译的政治》,中央编译出版社,2001 年
徐崇温:《结构主义与后结构主义》,辽宁人民出版社,1986 年
徐浩、侯建新:《当代西方史学流派》,中国人民大学出版社,1996 年
〔英〕雪莱:《雪莱政治论文选》,杨熙龄译,商务印书馆,1981 年
杨击:《传播·文化·社会——英国大众传播理论透视》,复旦大学出版社,2006 年
〔英〕特里·伊格尔顿:《马克思主义与文学批评》,文宝译,人民文学出版社,1980 年
〔英〕特里·伊格尔顿:《历史中的政治、哲学、爱欲》,马海良译,中国社会科学出版社,1999 年
〔英〕特里·伊格尔顿:《后现代主义的幻象》,华明译,商务印书馆,2002 年
〔英〕特里·伊格尔顿:《文化的观念》,方杰译,南京大学出版社,2003 年
〔英〕特里·伊格尔顿:《理论之后》,李尚远译,台湾商周出版社,2005 年

〔英〕特里·伊格尔顿:《二十世纪西方文学理论》,伍晓明译,北京大学出版社,2007年

查建英:《八十年代》,生活·读书·新知三联书店,2006年

赵一凡、张中载、李德恩主编:《西方文论关键词》,外语教学与研究出版社,2006年

赵勇:《整合与颠覆:大众文化的辩证法——法兰克福学派的大众文化理论》,北京大学出版社,2005年

曾军主编:《文化批评教程》,上海大学出版社,2008年

张亮:《阶级、文化与民族传统——爱德华·P.汤普森的历史唯物主义研究》,江苏人民出版社,2008年

张泰金:《英国的高等教育:历史·现状》,上海外语教育出版社,1994年

张旭东:《批评的踪迹:文化理论与文化批评1985—2002》,生活·读书·新知三联书店,2003年

中共中央马克思、恩格斯、列宁、斯大林著作编译局编:《马克思恩格斯选集》(1—4卷),人民出版社,1972年

周凡:《后马克思主义导论》,中央编译出版社,2010年

朱效梅:《大众文化研究——一个文化与经济互动发展的视角》,清华大学出版社,2003年

## 外文部分

Abbas, Ackbar and Erni, John, N. (2006) *Internationalizing Cultural Studies: An Anthology*, Beijing: Peking University Press

Abrams, M. H. (2004) *A Glossary of Literary Terms*, Beijing: Foreign Language Teaching and Research Press

Adorno, Theodor W. ([1991]2006) *The Culture Industry: Selected Essays on Mass Culture*, London and New York: Routledge

Agger, Ben (1992) *Cultural Studies as Critical Theory*, London and Washington, DC: The Falmer Press

Alan, O'conor (1989) *Raymond Williams on Television: Selected Writings*, New York and London: Routledge

Althusser, Louis and Balibar, Etienne (1979) *Reading Capital*, London: Verso

Always, Joan (1995) *Critical Theory and Political Possiblities: Conceptions of Emancipatory Politics in the Works of Horkheimer, Adorno, Marcuse, and Habermas*, London: Greenwood Press

American Council of Learned Societies Devoted to Humanistic Studies (1942) *Studies in the History of Culture: The Disciplines of Humanities*, Menasha: The George Banta

Publication Co.

Anderson, Perry (1979) *Consideration on Western Marxism*, London: Verso

Anderson, Perry (1980) *Arguments within English Marxism*, London: Verso

Anderson, Perry (1992) *English Questions*, London: Verso

Archer, Robin *et al.* (1989) *Out of Apathy*, London: Verso

Arnold, Matthew (1961) *Culture and Anarchy*, London: Cambridge University Press

Arnold, Matthew (1993) *Culture and Anarchy and Other Writings*, Cambridge: Cambridge University Press

Ashcroft, Bill, Griffiths, Govreth and Helen Tiffin (1989) *The Empire Writes Back: Theory and Practice in Post-colonial Literature*, London and New York: Routledge

Baldick, Chris (1987) *The Social Mission of English Criticism: 1848—1932*, Oxford: Oxford University Press

Baldwin, Elaine *et al.* (2005) *Intorducing Cultural Studies*, Beijing: Peking University Press

Bannet, Eve Tavor (1993) *Postcultural Theory: Critical Theory after the Parxist Paradigm*, London: MacMillan

Barker, Chris (2000) *Cultural Studies: Theory and Practice*, London: Sage

Barker, F. *et al.* (1984) *Europe and Its Others*, Colchester: The University of Essex Press

Barrett, Michèle *et al.* (1979) *Ideology and Cultural Production*, London: Croom Helm

Barthes, Roland ([1953]1968) *Writing Degree Zero*, New York: Hill and Wang

Barthes, Roland (1972) *Mythologies*, New York: Hill and Wang

Barthes, Roland (1974) *S/Z*, New York: Hill and Wang

Barthes, Roland ([1964]1977) *Elements of Semiology*, New York: Hill and Wang

Barthes, Roland ([1967]1984) *The Fashion System*, New York: Hill and Wang

Bassnett, Susan (1997) *Studying British Cultures: An Introduction*, London and New York: Routledge

Baudrillard, Jean (1983) *Simulations*, New York: Columbia University Press

Bauman, Zygmunt (1973) *Culture as Praxis*, London: Routledge and Kegan Paul.

Bell, Daniel ([1973]1976) *The Coming of Post-industrial Society*, New York: Basic Books

Bennett, Tony ([1979] 1981) *Formalism and Marxism*, London and New York: Methuen

Bennett, Tony (1982) *Popular Culture: Themes and issues*, Milton Keynes: Open University Press

Bennett, Tony (1998) *Culture: A Reformer's Science*, London: Sage

Bennett, Tony and Woollacott, Janet (1987) *Bond and Beyond: The Political Career of a Popular Hero*, New York: Methuen

Berger, Arthur Asa (1995) *Cultural Criticism: A Primer of Key Concepts*, London: Sage

Berger, John (1972) *Ways of Seeing*, London: Penguin

Bermingham, Ann and Brewer, John ([1995]1997) *The Consumption of Culture 1600—1800: Image, Object, Text*, London and New York: Routledge

Bernstein, Basil (1975) *Class, Codes and Control*, London: Routledge and Kegan Paul

Bethell, S. L. (1944) *Shakespeare and the Popular Dramatic Tradition*, London: Staples

Blundell, Valda, Shepherd, John and Ian Taylor (1993) *Relocating Cultural Studies: Developments in Theory and Research*, London and New York: Routledge

Bouchard, Donald F. (1977) *Language, Counter-memory, Practice: Selected Essays and Interviews by Michel Foucault*, Ithaca: Cornell University Press

Bourdieu, Pierre (1993) *The Field of Cultural Production*, Cambridge: Polity Press

Bourdieu, Pierre ([1986]2003) *Distinction: A Social Critique of the Judgement of Taste*, New York and London: Routledge

Brantlinger, Patrick (1990) *Crusoe's Footprint: Cultural Studies in Britain and America*, New York and London: Routledge

Brunsdon, Charlotte and Morley, David (1978) *Everyday Television: "Nationwide"*, London: BFI

Bürger, Peter (1984) *Theory of the Avant-garde*, Minneapolis: University of Minnesota Press

Carey, James (1989) *Communication and Culture: Essays on Media and Society*, Boston: Unwin Hyman

The Centre for Contemporary Cultural Studies (1978) *On Ideology*, London: Hutchinson

The Centre for Contemporary Cultural Studies ([1978]2007) *Women Take Issue: Aspects of Women's Subordination*, London and New York: Routledge

The Centre for Contemporary Cultural Studies ([1980]1981) *Culture, Media, Language: Working Papers in Cultural Studies*, London: Hutchinson & Co. Ltd.

The Centre for Contemporary Cultural Studies ([1981]2007) *Unpopular Education: Schooling and Social Democracy in England since 1944*, London and New York: Routledge

The Centre for Contemporary Cultural Studies (1982) *The Empire Strikes Back: Race and Racism in the 70s Britain*, London: Hutchinson

The Centre for Contemporary Cultural Studies (1982) *Making Histories: Studies in history-writing and politics*, London: Hutchinson

Chaney, David (1994) *The Cultural Turn: Scene-setting Essays on Contemporary Cultural History*, London and New York: Routledge

Chartier, Roger (1988) *Cultural History*, Oxford: Polity Press

Clarke, John, Chas Critcher and Richard Johnson ([1979]1980) *Working-Class Culture: Studies in history and theory*, London: Hutchinson

Clifford, James and Marcus, George E. (1986) (eds.) *Writing Culture: The Poetics and Politics of Ethnography*, Berkely: University of California Press

*Contemporary Criticism*, Stratford-Upon-Avon Studies, London: Edward Arnold

Couldry, Nick (2000) *Inside Culture—Re-imagining the Method of Cultural Studies*, London: Sage

Cunningham, Stuart (1992) *Framing Culture—Criticism and Policy in Australia*, Sydney: Allen & Unwyn

Curran, J., Gurevitch, M. and J. Wollacott (1977) *Mass Communication and Society*, London: Edward Arnold

Curran, James and Morley, David (2006) *Media and Cultural Theory*, London and New York: Routledge

Davis, Ioan (1996) *Cultural Studies and Beyond: Fragments of Empire*, London and New York: Routledge

de Certeau, Michel ([1984]1988) *The Practice of Everyday Life*, Berkeley, Los Angles: University of California Press

de Certeau, Michel ([1997]2001) *Culture in the Plural*, Minneapolis and London: Open University Press

Denning, Michael (1987) *Cover Stories: Narrative and Ideology in the British Spy Thriller*, London: Routledge and Kegan Paul

Denys, Thompson (1964) *Discrimination and Popular Culture*, Baltimore: Penguin

Dermody, Susan, Docker, John and Drusilla Modjeska, (1992) (eds.) *Nellie Melba, Ginger Meggs and Friends: Essays in Australlian Cultural History*, Malmsbury, Australia: Kibble

Derridas, Jacques ([1972]1981) *The Positions*, Chicago: The University of Chicago Press

Derridas, Jacques ([1972]1981) *Dissemination*, Chicago: The University of Chicago Press

Derridas, Jacques ([1978]1995) *Writing and Difference*, London: Routledge

Docker, John ([1994]1996) *Postmodernism and Popular Culture: A Cultural History*, Cambridge: Cambridge University Press

During, Simon ([1993]1999) *The Cultural Studies Reader*, London and New York: Routledge

During, Simon (2005) *Cultural Studies: A Critical Introduction*, London and New York: Routledge

Dworkin, Dennis (1997) *Cultural Marxism in Postwar Britain: History, the New Left, and the Origins of Cultural Studies*, Durham and London: Duke University Press

Eagleton, Terry (1976) *Criticism and Ideology: A Study in Marxist Literary Theory*, London: NLB and Verso

Eagleton, Terry (1983) *Literary Theory: An Intoduction*, London: Blackwell

Eagleton, Terry ([1984]2000) *The Function of Criticism: From The Spectator to Post-Structuralism*, London and New York: Verso

Eagleton, Terry (2000) *The Idea of Culture*, Oxford: Blackwell

Eagleton, Terry (2003) *After Theory*, New York: Basic Books.

Easthope, Antony (1988) *British Post-structuralism: since 1968*, London and New York: Routledge

Easthope, Antony and McGowan, Kate ([1992]2004) *A Critical and Cultural Theory Reader*, Maidenhead: Open University Press

Eco, Umberto ([1992]1994) *Interpretation and Overinterpretation*, Cambridge: Cambridge University Press

Edgar, Andrew and Sedgwick, Peter (2002) *Cultural Theory: The Key Thinkers*, London and New York: Routledge

Eliot, T. S. (1949) *Notes towards the Definition of Culture*, New York: Harcourt, Brace and Company

Fairclough, Norman (2001) *Language and Power*, London and New York: Longman

Featherstone, Mike (1992) (ed.) *Cultural Theory and Cultural Changes*, London: Sage

Featherstone, Simon (2005) *Postcolonial Cultures*, Edinburgh: Edinburgh University Press

Ferguson, Adam (2003) *An Essay on the History of Civil Society*, Beijing: China University of Political Science and Law Press

Ferguson, Marjorie and Golding, Peter (1997)(eds.) *Cultural Studies in Question*, London: Sage

Fiske, John ([1978]2003) *Reading Television*, London and New York: Routledge

Fiske, John (1989) *Reading the Popular*, London and New York: Routledge

Fiske, John (1989) *Understanding Popular Culture*, London and New York: Routledge

Fiske, John (1994) *Media Matters*, Minnesota: University of Minnesota Press

Fiske, John, Hodge, Bob, and Graeme Turner (1987) *Myths of OZ: Reading Australian Popular Culture*, St Leonards: Allen & Unwin

Foucault, Michael (1972) *The Archaeology of Knowledge*, New York: Pantheon Books

Foucault, Michel (1973) *The Order of Things*, New York: Vintage Books

Foucault, Michel (1975) *I, Pierre Rivière, having slaughtered my mother, my sister and my brother: A Case of Parricide in the 19$^{th}$ Century*, Lincoln: University of Nebraska University Press

Foucault, Michel (1978) *The History of Sexuality*, vol. I: An Introduction, New York: Pantheon Books

Foucault, Michel (1984) *The Foucault Reader*, New York: Pantheon Books

Foucault, Michel (1995) *Discipline and Punish: The Birth of Prison*, New York: Vantage Books

Foucault, Michel (2006) *History of Madness*, London and New York: Routledge

Franklin, Sarah, Lury, Celia and Jackie Stacey ([1991]2007) *Off-Centre: Feminism and Cultural Studies*, London and New York: Routledge

Frow, John and Morris, Meaghan ([1992]1993) *Australian Cultural Studies: A Reader*, Urbana and Chicago: University of Illinois Press

Fuery, Patric (1994) (ed.) *Representation, Discourse and Desire: Contemporary Australlian Culture and Critical Theory*, Melburne: Longman Cheshire

Gelder, Ken (2005) *The Subcultures Reader*, London and New York: Routledge

Geraghty, Christine (1991) *Women and Soap Opera: A Study of Prime Time Soaps*, Cambridge: Polity Press

Gibson, Mark (2007) *Culture and Power: A History of Cultural Studies*, Oxford and New York: Berg

Giddens, Antony (1991) *Modernity and Self-identity*, Cambridge: Polity Press

Giles, Judy and Middleton, Tim (1999) *Studying Culture: A Practical Introduction*, Oxford: Blackwell

Gillespie, Marie (1995) *Television, Ethnicity, and Cultural Change*, London: Routledge

Gilroy, Paul ([1987]1992) *There Ain't No Black in the Union Jack: The Cultural Politics of Race and Nation*, London and New York: Routledge

Gilroy, Paul ([1993]1994) *The Black Atlantic: Modernity and Double Consciousness*, Cambridge: Harvard University Press

Gilroy, Paul (2000) *Against Race: Imagining Politcal Culture beyond the Color Line*, Cambridge: Harvard University Press

Gilroy, Paul, Grossberg, Lawrence and Angela McRobbie (2000) *Without Guarantees: In Honour of Stuart Hall*, London: Verso

Gorden, Colin (1988) *Power/Knowledge: Selected Interviews and Other Writings 1972—1977*, New York: Pantheon Books

Gramsci, Antony (1971) *Selections from the Prison Notebooks*, London: Lawrence & Wishart

Gramsci, Antony (1971) *The Prison Notebooks*, London: Lawrence & Wishart

Gray, Ann and McGuigan, Jim (1993) *Studying Culture: An Introductory Reader*, London: Edward Arnold

Gray, Robert (1976) *The Labour Aristocracy in Victorian Edinburgh*, Oxford: Clarendon Press

Groden, Michael and Kreiswirth, Martin (1994) *The Johns Hopkins Guide to Literry Theory and Criticism*, Baltimore and London: The Johns Hopkins University Press

Grossberg, Lawrence, Nelson, Cary and Paula A. Treichler, (1992) (eds.) *Cultural Studies*, New York and London: Routledge

Grossberg, Lawrence et al. (1998) *It's a Sin: Essays on Postmodernism, Politics and Culture*, Sydney: Power Publications

Guerin, Wilfred L. (2004) *A Handbook of Critical Approaches to Literature*, Beijing: Foreign Language Teaching and Research Press, Oxford University Press

Gunew, Sneja (2004) *Haunted Nations: The Colonial Dimensions of Multiculturalisms*, London and New York: Routledge

Hall, Stuart (1988) *The Hard Road to Renewal: Thatcherism and the Crisis of the Left*, London: Verso

Hall, Stuart and Whannel, Paddy ([1964]1965) *The Popular Arts*, New York: Pantheon Books

Hall, Stuart and Jefferson, Tony ([1976]1983) *Resistance through Rituals: Youth Subcultures in Post-war Britain*, London: Hutchinson

Hall, Stuart et al. ([1978]1981) *Policing the Crisis: Mugging, the state and law and order*, London: MacMillan

Hall, Stuart and Jacques, Martin (1989) *New Times: The Changing Face of Politics in the 1990s*, London: Lawrence & Wishart

Hall, S., Held D. and T. McGrew (1992) *Modernity and Its Future*, Cambridge:

Polity Press

　　Hall, Stuart and du Gay, Paul (1996) *Questions of Cultural Identity*, London: Sage

　　Harrison, Lawrence E. and Huntington, Samuel P. (2000) (eds.) *Culture Matters—How Values Shape Human Progress*, New York: Basic Books

　　Hartley, John (2003) *A Short History of Cultural Studies*, London: Sage

　　Hawkes, Terrence (1973) *Shakespeare's Talking Animals: Language and Drama in Society*, London: Edward Arnold

　　Hawkes, Terrence ([1977] 2003) *Structuralism and Semiotics*, London and New York: Routledge

　　Heath, Stephen (1981) *Questions of Cinema*, London: Macmillan

　　Hebdige, Dick ([1979] 1997) *Subculture: The Meaning of Style*, London and New York: Routledge

　　Hobsbawm, Eric, J. (1987) *The Age of Empire*, London: Cardinal

　　Hoggart, Richard (1951) *Auden: An Introductory Essay*, London: Chatto & Windus

　　Hoggart, Richard ([1957] 1970) *The Uses of Literacy: Aspects of Working-Class Life*, New York: Oxford University Press

　　Hoggart, Richard (1970) *Speaking to Each Other: Essays by Richard Hoggart*, New York: Oxford University Press

　　Hoggart, Richard ([1970] 1979) *Contemporary Criticism*, Stradford-upn-Avon 12, London: Edward Arnold

　　Hoggart, Richard (1971) *On Culture and Communicatin: The B.B.C. Reich Lectures 1971*, New York: Oxford University Press

　　Hoggart, Richard (1992) *An Imagined Life*, vol. 3: 1959—91, of *Life and Times*, London: Chatto & Windus

　　Hoggart, Richard (2004) *Mass Media in a Mass Society: Myth and Reality*, London and New York: Continuum

　　Huyssen, Andreas (1986) *After the Great Divide: Modernism, Mass Culture and Postmodernism*, Bloomington: Indiana University Press

　　Inglis, Fred ([1988] 1989) *Popular Culture and Political Power*, New York: St. Martin's Press

　　Inglis, Fred (1991) *The Cruel Peace: Everyday Life and the Cold War*, London: Basic Books

　　Inglis, Fred ([1995] 1998) *Raymond Williams*, London and New York: Routledge

　　Jameson, Frederic (1972) *The Prison-House of Language: A Critical Account of Structuralism and Russion Formalism*, Princeton: Princeton University Press

　　Jameson, Frederic ([1990] 2000) *Late Marxism: Adorno, or, The Persistence of the*

*Dialectic*, London and New York: Verso

Jameson, Frederic (1998) *The Cultural Turn: Selected Writings on the Postmodern 1983—1998*, London and New York: Verso

Jay, Martin (1987) *An Unmastered Past: The Auto-biographical Reflections of Leo Lowenthal*, Berkeley: University of California Press

Jenks, Chris (2003) *Culture: Critical Concepts in Sociology*, London and New York: Routledge

Johnson, Lesley (1979) *The Cultural Critics: From Matthew Arnold to Raymond Williams*, London: Routledge & Kegan Paul

Kelley, Donald R. (1998) *Faces of History: Historical Inquiry from Herodotus to Herder*, New Haven and London: Yale University Press

Kellner, Douglas (1989) *Critical Theory, Marxism, and Modernity*, Cambridge: Polity Press

Kendall, Gavin and Wickham, Gary (2001) *Understanding Culture: Cultural Studies, Order, Ordering*, London: Sage

Kuhn, Thomas S. (1999) *The Structure of Scientific Revolutions*, Beijing: China Social Science Publication House

Laclau, Ernesto (1977) *Politics and Ideology in Marxist Theory: Capitalism, Fascism, Populism*, London: NLB

Laing, Stuart (1986) *Representations of Working-class Life 1957—1964*, London: MacMillan

Lévi-Strauss, Claude (1963) *Structural Anthropology*, New York and London: Basic Books

Lévi-Strauss, Claude ([1962]1966) *The Savage Mind*, Chicago: The University of Chicago Press

Leavis, F. R. (1930) *Mass Civilisation and Minority Culture*, Cambridge: The Folcroft Press

Leavis, F. R. (1960) *The Great Tradition*, New York: New York University Press

Leavis, F. R. (1962) *The Common Pursuit*, Harmondsworth: Penguin

Leavis, F. R. and Thompson, Denys ([1933]1977) *Culture and Environment: The Training of Critical Awareness*, London: Chatte & Windus

Leavis, Q. D. (1932) *Fiction and the Reading Public*, London: Chatto & Windus

Lee, Martyn J. (2000) (ed.) *The Consumer Society Reader*, Oxford: Blackwell

Lee, Robert E. (2003) *Life and Times of Cultural Studies*, Durham: Duke University Press

Lefebvre, Henri ([1974]1991) *The Production of Space*, Oxford: Blackwell

Lewis, Jeff ([2002]2003) *Cultural Studies: The Basics*, London: Sage

Lin Chun (1993) *The British New Left*, Edinburgh: Edinburgh University Press

Lowenthal, Leo (1961) *Literature, Popular Culture, and Society*, London: Prentice Hall

Lury, Celia ([1988]1997) *Consumer Culture*, Cambridge: Polity Press

McGuigan, Jim (1992) *Cultural Populism*, London: Routledge

McGuigan, Jim (1997) *Cultural Methodologies*, London: Sage

McGuigan, Jim (2004) *Rethinking Cultural Policy*, Maidenhead: Open University Press

McRobbie, Angela ([1994]1996) *Postmodernism and Popular Culture*, London and New York: Routledge

MacCabe, Colin (1985) *Theoretical Essays: Film, Linguistics, Literature*, Manchester: Manchester University Press

Malpas, Simon (2001) *Postmodern Debates*, New York: Palgrave

Mannheim, Karl (1936) *Ideology and Utopia: An introduction to the sociology of knowledge*, New York: Harcourt Brace

Mao Shihui (2003) *Decoding Contemporary Britain: Essays in British Literary and Cultural Studies*, Beijing: Peking University Press

Marwick, Arthur (1991) *Culture in Britain since 1945*, Oxford: Basil Blackwell

Metz, Christian ([1982]1983) *Psychoanalysis and Cinema: The Imaginary Signifier*, London: Macmillan

Michèle, Barret et al. (1979) *Ideology and Cultural Production*, London: Croom Helm

Miller, J. Hillis (1992) *Illustration*, Cambridge: Harvard University Press

Miller, J. Hillis (2002) *On Literature*, London: Routledge

Miller, Toby (2001) *A Companion to Cultural Studies*, Malden, MA and Oxford: Blackwell

Mills, S. (1997) *Discourse*, London and New York: Routledge

Milner, Andrew (1994) *Contemporary Cultural Theory: An Introduction*, London: UCL Press

Milber, Andrew and Browitt, Jeff ([1991]2002) *Contemporary Cultural Theory*, London and New York: Routledge

Moores, Shaun ([1993]1998) *Interpreting Audiences: The Ethnography of Media Consumption*, London: Sage

Morley, David (1980) *The "Nationwide" Audience: Structure and Decoding*, London: BFI

Morley, David (1986) *Family Television: Cultural Power and Domestic Pleasure*, London: Comedia

Morley, David and Chen Kuan-Hsing ([1996]2003) (eds.) *Stuart Hall: Critical Dialogues in Cultural Studies*, London: Routledge

Morley, David and Robins, Kevin ([1995]1997) *Spaces of Identity: Global Media, Electronic Landscapes and Cultural Boundaries*, London and New York: Routledge

Morris, Meaghan (1998) *Too Soon Too Late: History in Popular Culture*, Bloomington and Indianapolis: Indian University Press

Mulhern, Francis (2000) *Culture/Metaculture*, London and New York: Routledge

Mulvey, Laura (1996) *Fetishism and Curiosity*, Bloomington and Indianapolis: Indiana University Press

Munns, Jessica and Rajan, Gita (1995) *A Cultural Studies Reader: History, Theory, Practice*, London and New York: Longman

Nairn, Tom ([1977]1981) *The Break-up of Britain: Crisis and Neo-Nationalism*, London: NLB and Verso

Norton, William (2000) *Cultural Geography: Themes, Concepts, Analyses*, Oxford: Oxford University Press

Oakland, John ([1989]2002) *British Civilization: An Introduction*, London and New York: Routledge

O'Regan, Tom (1993) *Australian Television Culture*, Sydney: Allen & Unwyn

Owen, Sue (2008) *Richard Hoggart and Cultural Studies*, Houndmills: Palgrave Macmillan

Parker, Roszika and Pollock, Griselda (1982) *Old Mistresses: Women, Art and Ideology*, New York: Pantheon Books

Prendergast, C. (1995) (ed.) *Cultural Materialism: Essays on Raymond Williams*, Minneapolis: University of Minnesota Press

Procter, James (2004) *Stuart Hall*, London and New York: Routledge

Quiller-Couch, Arthur ([1916]1946) *The Art of Writing*, London: Guild Books

Radway, Janicea (1984) *Reading the Romance: Women, Patriarchy, and Popular Literature*, Chapel Hill and London: The University of North Carolina Press

Ransome, Paul (1992) *Antonio Gramsci: An Introduction*, New York: Harvester/Wheatsheaf

Reay, Barry (1998) *Popular Cultures in England 1550—1750*, London and New York: Longman

Richards, I. A. (1934) *Principles of Literature Criticism*, London: Kegan Paul, Trench, Trubner & Co. Ltd.

Rose, Jonathan (2001) *The Intellectual Life of the British Working Classes*, New Haven and London: Yale University Press

Rowbotham, S., Segal, L. and H. Wainwright, (1979) *Beyond the Fragments: Feminism and the Making of Socialism*, London: Merlin

Rundell, John and Mennell, Stephen (1988) *Classical Readings in Culture and Civilisation*, London and New York: Routledge

Said, Edward ([1978]1979) *Orientalism*, New York: Vantage Books

Said, Edward (1983) *The World, the Text, and the Critic*, Cambridge: Harvard University Press

Samuel, Raphael (1981) *People's History and Socialist Theory*, London: Routledge and Kegan Paul

Samuel, Raphael and Jones, G. Stedman (1982) *Culture, Ideololgy and Politics: Essays for Eric Hobsbawn*, London: Routledge

Saukko, Paula (2003) *Doing Research in Cultural Studies: An Introduction to Classical and New Methodological Approaches*, London: Sage

Scott, Joan (1988) *Gender and the Politics of History*, New York: Columbia University Press

*Screen Reader 1: Cinema/Ideology/Politics*, London: The Society for Education in Film and Television, 1977

Shaw, George Bernard (1937) *The Intelligent Woman's Guide to Socialism, Capitalism, Sovietism and Fascism*, 2 vols. Harmondsworth: Pelican Books

Sheridan, Alan ([1980]1986) *Michel Foucault: The Will to Truth*, London and New York: Travistock Publications

Sivanandan, Ambalavaner (1990) *Communities of Resistance: Writings on Black Struggles for Socialism*, London: Verso

Slater, Don (1997) *Consumer Culture & Modernity*, Cambridge: Polity Press

Smith, A. C. H., Immirzi, Elizabeth and Trevor Blackwell (1975) *Paper Voices: The Popular Press and Social Changes, 1935—1965*, Totowa, NJ: Rowman and Littlefield

Smith, Mark J. (2000) *Culture: Reinventing the Social Sciences*, Buckingham and Philadelphia: Open University Press

Smith, Philip (2001) *Cultural Theory: An Introduction*, Oxford: Blackwell

Sontag, Susan ([1982]1991) *A Barthes Reader*, New York: Hill and Wang

Stavrianos, L. S. (2004) *A Global Hisory: From Prehistory to the $21^{st}$ Century*, Beijing: Peking University Press

Steele, Tom (1997) *The Emergence of Cultural Studies 1945—65: Cultural Politics,*

*Adult Education and the "English" Question*, London: Lawrence & Wishart

Stokes, Jane and Reading, Anna (1999) (eds.) *The Media in Britain: Current Debates and Developments*, New York: Palgrave

Storey, John ([1993]1997) *An Introduction to Cultural Theory and Popular Culture*, London: Prentice Hall/Harvester Wheatsheaf.

Storey, John ([1994]2006) *Cultural Theory and Popular Culture: A Reader*, London: Prentice Hall

Storey, John (1996) *Cultural Consumption and Everyday Life*, London: Arnold

Strinati, Dominic (1995) *An Introduction to Theories of Popular Culture*, London and New York: Routledge

Stromberg, Roland N. ([1966]1990) *European Intellectual History since 1789*, Englewood Cliffs: Prentice Hall

Swindells, Julia and Jardine, Lisa (1990) *What's Left?: Women in Culture and the Labour Movement*, New York: Routledge

Taylor, Barbara (1983) *Eve and the New Jerusalum: Socialism and Feminism in the Nineteenth Century*, New York: Pantheon Books

Thompson, E. P. (1968) *The Making of the English Working Class*, Harmondsworth: Penguin

Thompson, E. P. ([1978]1981) *The Poverty of Theory & Other Essays*, London: Merlin

Thompson, John B. (1995) *The Media and Modernity: A Social Theory of the Media*, Cambridge: Polity Press

Thwaites, Tony, Davis, Lloyd and Warwick Mules ([1994]2002) *Introducing Cultural and Media Studies: A Semiotic Approach*, New York: Palgrave

Tomlinson, John ([1985]1991) *Cultural Imperialism*, London: Printer Press

Turner, Graeme ([1990]2003) *British Cultural Studies: An Introduction*, London and New York: Routledge

Turner, Graeme (1993) *Nation, Culture, Text—Austalian Cultural and Media Studies*, London: Routledge

Volosinov, Valentin (1973) *Marxism and the Philosophy of Language*, New York: Seminar Press

Widdowson, Peter (1982) *Re-reading English*, London: Methuen

Williams, Raymond (1954) *Drama in Performance*, London: Frederick Muller

Williams, Raymond (1958) *Culture and Society 1780—1950*, London: Harper & Totchbooks

Williams, Raymond (1961) *The Long Revolution*, London: Chatto & Windus

Williams, Raymond ([1962]1971) *Communications*, Harmondsworth: Penguin

Williams, Raymond (1971) *Drama from Ibsen to Brecht*, London: Chatto & Windus

Williams, Raymond (1977) *Marxism and Literature*, Oxford: Oxford University Press

Williams, Raymond (1980) *Problems in Materialism and Culture*, London: Verso

Williams, Raymond ([1980]2005) *Culture and Materialism*, London: Verso

Williams, Raymond (1981) *Culture*, London: Fontana Press

Williams, Raymond (1981) *Politics and Letters: Interviews with New Left Review*, London: Verso

Williams, Raymond ([1976]1985) *Key Words: A vocabulary of culture and society*, New York: Oxford University Press

Williams, Raymond (1983) *Writing in Society*, London: Verso

Williams, Raymond ([1974] 2003) *Television: Technology and Cultural Form*, London and New York: Rotledge

Williams, Raymond ([1989] 2007) *Politics of Modernism*, London and New York: Verso

Williams, Raymond and Orrom, Michael (1954) *Preface to Film*, London: Film Drama Limited

Williamson, Judith ([1978]1984) *Decoding Advertising: Ideology and Meaning in Advertising*, London: Marion Boyars

Willis, Paul ([1977]1981) *Learning to Labour: How Working Class Kids Get Working Class Jobs*, New York: Columbia University Press

Willis, Paul (1990) *Common Culture: Symbolic work at play in the everyday cultures of the young*, Boulder & San Francisco: Westview Press

Wolff, J. ([1983]1993) *Aesthetics and the Sociology of Art*, London: MacMillan

Wollen, Peter (1969) *Signs and Meaning in the Cinema*, London: Thames and Hudson/BFI

Woolf, Virginia ([1929]1945) *A Room of One's Own*, Harmondsworth: Penguin

Wright, Will (1975) *Sixguns and Society: A structural study of the Western*, Berkeley: The University of California Press

Young, Robert J. C. (1995) *Colonial Desire: Hybridity in Theory, Culture and Race*, London and New York: Routledge

# 附　录

## （一）伯明翰当代文化研究中心主要集体成果

（以出版时间先后为序）

| 作者 | 著述名称 | 出版情况 |
| --- | --- | --- |
| A. C. H. Smith, Elizabeth Immirzi, Trevor Blackwell | Paper Voices: The Popular Press and Social Change, 1935—1965 | Totawa, NJ: Rowman & Littlefield, 1975 |
| Stuart Hall, Iain Connell, L. Curti | The "unity" of current affairs programmes, in Bennet, T. et al. (eds.) Popular Television and Film, pp. 88—117 | London: BFI, 1976 |
| Stuart Hall, Tony Jefferson | Resistance through Rituals: Youth Subcultures in Post-war Britain | London: Hutchinson, 1976 |
| CCCS | On Ideology | London: Hutchinson, 1978 |
| Stuart Hall et al. | Policing the Crisis: Mugging, the State and Law and Order | London: Macmillan, 1978 |
| Women's Studies Group | Women Take Issue: Aspects of Women's Subordination | London: Hutchinson, 1978 |
| John Clark, Chas Critcher, Richard Johnson | Working Class Culture: Studies in History and Theory | London: Hutchinson, 1979 |
| English Studies Group | Thinking the thirties, in Barker, F. et al. (eds.) 1936: The Sociology of Literature (Vol. 2), pp. 1—20 | Colchester: University of Essex Press, 1979 |
| CCCS | Unpopular Education: Schooling and Social Democracy since 1944 | London: Hutchinson, 1981 |

（续表）

| 作者 | 著述名称 | 出版情况 |
|---|---|---|
| CCCS | The Empire Strikes Back: Race and Racism in 70s Britain | London: Hutchinson, 1982 |
| CCCS | Making Histories: Studies in History Writing and Politics | London: Hutchinson, 1982 |
| Janet Batsleer et al. | Rewriting English: Cultural Politics of Gender and Class | London: Methuen, 1985 |

## （二）伯明翰学派文化研究早期代表成果

| 主题 | 作者 | 成果名称 |
|---|---|---|
| 理论与方法 | Stuart Hall | A "Reading" of Marx's 1857 Introduction to *The Grundrisse* (1973) |
| | Adrlan Mellor | Theories of Social Stratification (1972) |
| | John Clarke | Framing the Arts: The Role of the Cultural Institution (1975) |
| | Fieldwork Group | Critique of Community Studies and Its Role in Social Thought (1976) |
| | Allon White | Exposition and Critique of Julia Kristeva (1977) |
| | Richard Nice | Translation of Pierre Bourdieu: The Culture Field and the Economic Field (1977) |
| | Michael Green | Issues and Problems in the Decentralising of Cultural Planning (1977) |
| | Bob Lumley | Gramsci's Writing on the State and Hegemony (1977) |
| | Tom Jeffery | Mass Observation—A Short History (1978) |
| 理论与方法 | Richard Johnson | Three Problematics: Elements of a Theory of Working Class Culture (1979) |
| | Dick Bradley | The Cultural Study of Music: A Theoretical and Methodological Introduction (1980) |
| | Richard Johnson | What Is Cultural Studies Anyway? (1983) |
| | Bob Hollands | Working for the Best Ethnograpy (1985) |

（续表）

| 主题 | 作者 | 成果名称 |
| --- | --- | --- |
| 教育 | CCCS Education Group | Social Democracy, Education and the Crisis (1977) |
| | Merilyn Moos | Government Youth Training Policy and Its impact on Further Education (1979) |
| | Blian Doyle | Some Uses of English: Denys Thompson and the Development of English in Secondary Schools (1981) |
| | James Avis | Curriculum Innovation in P. E. : A Case Study (1983) |
| | Mariette Clare | Ideologies of Adult Literacy: Politics and Practice (1985) |
| | CCCS Media Group | Fighting over Peace: Representatians of CND in the Media, October 1981 (1982) |
| | Esther Adams | Television and the North (1985) |
| 种族 | Dick Hebdige | Reggae, Rastas and Ruddies: Style and the Subversion of Form (1974) |
| | Hazel V. Carby | Multicultural Fictions (1979) |
| | Andy Green | On the Political Economy of Black Labour and the Racial Structuring of the Working Class in England (1979) |
| | Errol Lawrence | Common Sense Racism and the Sociology of Race Relations (1981) |
| | Chas Critcher | Race and the Provincial Press: Report to UNESCO |
| 流行文化与亚文化 | Bryn Jones | The Politics of Popular Culture (1972) |
| | Paul Willis | Symbolism and Practice: The Social Meaning of Pop Music (1974) |
| | John Clarke and Tony Jefferson | Politics and Popular Culture: Culture and Sub-Culture (1974) |
| | Stuart Hall | The Hippies: An American Moment (1968) |
| | Tony Jefferson and John Clarke | Down These Mean Streets—The Meaning of Mugging (1973) |
| | Tony Jefferson and John Clarke | Working Class Youth Cultures (1973) |
| | Dick Hebdige | The Style of the Mods (1971) |

（续表）

| 主题 | 作者 | 成果名称 |
| --- | --- | --- |
| 流行文化与亚文化 | Dick Hebdige | The Kray Twins: A Study of the System of Clogure (1974) |
| | Tony Jefferson | The Teds: a Political Resurrection (1973) |
| | John Clarke | The Skinheads and the Study of Youth Culture (1974) |
| | Dick Hebdige | Sub-Cultural Conflict and Criminal Performance in Fulham (1974) |
| | Brian Roberts | Parent and Youth Culture (1973) |
| | Chas Critcher | Football since the War: Study in Social Change and Popular Culture (1974) |
| | Tony Jefferson *et al.* | Mugging and Law "n" Order (1975) |
| | John Clarke | Newsmaking and Crime (1975) |
| | John Clarke | The Three Rs—Repression, Rescue and Rehabilitation (1975) |
| | John Clarke | Football Hooliganism and the Skinheads (1973) |
| | Helga Ryan | Popular Literature in the Third Reich: Observations on the "Groschenroman" (1978) |
| | Gary Clarke | Defending Ski Jumpers: A Critique of Theories of Youth Subculture (1982) |
| 工作 | Paul Willis | Transition from School to Work Bibliography (1973) |
| | Paul Willis | Human Experience and Material Production: Shop Floor Culture (1975) |
| | Paul Willis | The Main Reality: Transition School/Work; SSRC Report (1975) |
| | Paul Willis | How Working Class Kids Get Working Class Jobs (1975) |
| | Janice Winship | Women and Work Bibliography (1978) |

（续表）

| 主题 | 作者 | 成果名称 |
|---|---|---|
| 妇女研究 | Paul Willis | Performance and Meaning: Women in Sport（1974） |
| | Andrew Tolson | The Family in a "Permissive Society"（1975） |
| | Helen Butcher et al. | Images of Women in the Media（1974） |
| | Angela McRobbie | Jackie: An Ideology of Adolescent Femininity（1978） |
| | Janice Winship | Advertising in Women's Magazines 1956/74（1980） |
| | Janice Winship | Women Becomes an Individual: Femininity and Consumption in Women's Magazines 1954/69（1981） |
| | Chris Griffin | Cultures of Femininity: Romance Revisited（1982） |
| | Chris Griffin | The Good, the Bad and the Ugly: Images of Young Women in the Labour Market（1982） |
| | Chris Griffin | Young Women and Work: The Transition from School to the Labour Market for Young Working Class Women（1984） |
| | Mariette Clare | Doris Lessing and Women's Appropriation of Science Fiction（1984） |
| 其他 | Chas Critcher et al. | Fads and Fashions（1977） |
| | Paul Lester | The Meaning of the Lochness Monster（1976） |
| | Women and Fascism Group | Breeders for Race and Nation: Women and Fascism in Britain Today（1978） |
| | The PE Dep. and CCCS | Sporting Fictions（1982） |
| | Christopher Points | Media Studies Working Papers for 16+ Media Studies |
| | Education Group II | Education Limited, Schooling and Training and the New Right Since 1979 |

（本目录整理自伯明翰大学社会学系售书单）

### （三）设置文化研究专业的部分英国大学

Cantebury Christ Church University（坎特伯雷基督教会大学）

Cardiff University（卡迪夫大学）

Goldsmiths, University of London（伦敦大学戈德史密斯学院）

Kinston University（金斯顿大学）

（续表）

| |
|---|
| Lancaster University（兰卡斯特大学） |
| London College of Communication（伦敦传播学院） |
| Middlesex University（米德尔塞克斯大学） |
| Queen's University Belfast（贝尔法斯特女王大学） |
| Roehampton University（罗汉普顿大学） |
| St Mary's University College (Twickenham)（特威克南圣玛丽大学学院） |
| Swansea University（斯旺西大学） |
| University of East London（东伦敦大学） |
| University of Edinburgh（爱丁堡大学） |
| University of the Highlands and Islands（高地与岛屿大学） |
| University of Kent（肯特大学） |
| University of Leeds（利兹大学） |
| University of Sunderland（桑德兰大学） |
| University of Surrey（萨里大学） |
| University of Sussex（苏塞克斯大学） |
| University of Nottingham（诺丁汉大学） |
| University of the West of England（西英格兰大学） |
| University of Winchester（温切斯特大学） |
| University of Wolverhampton（伍尔弗汉普顿大学） |

# 后 记

兴奋并忐忑着,少作即将付梓;它是我这些年研习文化研究的见证,但它是否能够受到读者的关注、引起读者的共鸣,实难预料,毕竟一如某位评论家所指出的,文化研究热似乎已是明日黄花。"To be, or not to be: that is the question"。

2002年初,已经教习英语多年的我开始在英国桑德兰大学(The University of Sunderland)约翰·斯道雷(John Storey)教授的指导下,攻读媒体与文化研究(Media and Cultural Studies)专业硕士学位;他以理解与包容为我打开了一扇未曾开启的大门,在有效地为我普及文化研究基本教养的同时,成功地激活了我对学术的向往。

2004年9月,意欲与往事干杯的我拜师于北京大学戴锦华教授,攻读比较文学与世界文学专业博士学位,全面系统地学习文化研究,这是我之前不敢奢望的,哪怕是在睡梦中。在随后四年的燕园生活中,戴老师不但悉心指导我的课业,而且更为重要的是,精心训练我的学术视野,尽心培养我的问题意识;从她那里,我获得的既有专业知识与素养,更有对知识分子生存方式的体悟,这无疑将是我享受终生的财富。

2008年7月,唯恐误人子弟的我选择了中国社会科学院外国文学研究所,专事文学文化理论研究;这里宽松的科研环境、让人不敢有非分之想的物质待遇,尤其是郭宏安、程巍等挚友的熏陶,让我拾起清贫寂寞和简单恬静的生活,享受着围绕"什么是文化研究"打转的快乐,虽然我深知,拒绝定义自身抑或被本质化的文化研究必然同时包括理论与实践。

一路走来,文化研究,尤其是英国文化研究,已然成为我生命中之不可或缺;因为它,我获得了一种可以洞悉不曾说出已然说出之生活的别样视野,拥有了一份可以安身立命的稳定工作,知道了自己之可为与不可为。人生如此,夫复何求?

本书是我在博士论文《英国文化研究的形成与发展——以伯明翰学派为中心》的基础上修改、扩充而成的,既有问学期间粗疏探究的痕迹,也有工作以来进一步思索的影子。除两位恩师外,我也非常感谢洪子诚、车槿山、陈跃红、贺桂梅、张辉、李杨、程光炜、蒋原伦、孟繁华、杨远婴、吴晓都等先生;没有他们在面试、开题、预答辩、答辩等环节的帮助、鼓励和支持,此书是注定无法完成的。每每想起自己的北大求学经历,我都会倍感幸运地想起万柳公寓、畅春新园、未名湖、六院、53楼,尤其是先后同学的这些朋友:滕威、孙柏、黄驿寒、刘岩、李玥阳、张慧瑜、刘斐、唐甜甜、金镇烈、金正秀、金正求;他们不但是"老徐"学习的榜样,而且在"老徐"最困难的时候纷纷伸出温暖的双手,为"老徐"单调的求学生活缀以温暖的色彩。

本书部分内容曾在《外国文学评论》《国外文学》《外国文学》《中国图书评论》等刊物发表,在此向这些刊物的负责人程巍、马海良、刘锋、周志强等先生表示由衷的感谢!

最后,感谢我的家人;在一个学术研究日益商品化、资本化的时代,没有他们持续而无私的爱,我断不能获得追求学术志趣的机会。